B언어로서의 한국어 통번역

문화소 번역의 이론과 실제

임형재 · 이석철 · 리번켈빈 著

머리말

'외국인이 한국어로 통역이나 번역을 할 수 있을까?' 하는 정말 어리석은 고민을 하던 때가 있었다. 너무도 오랜 시간을 한국어의 초급과 중급, 고급이라는 틀 안에서 생활해 왔던, 일반적인 한국어교육자의 입장에서 TOPIK1~6급의 범주는 지켜져야만 하는 굴레처럼 채워져 있었던 것 같다.

주위에 있는 한국인 영어 통역사, 번역사는 어떤 사람들일까? 당연히 영어를 외국어로 익히고 모국어가 아닌 영어로 번역도 하고 심지어는 동시통역을 수행하는 이도 있다. 물론, 그중에는 국적만 한국이지 이중언어 사용자라고 할 수 있는 해외교포 출신도 있지만, 여전히 한국에서 태어나서 영어교육을 받고, 자신의 노력을 통해 영어를 통번역을 수행하는 이는 언어권을 불문하고 이루 헤아릴 수 없을 만큼 많다.

그럼 한국어는 어떤 상황에 놓여 있을까? 출장으로 해외를 나다니면서 만나는 많은 외국인 한국어 사용자들, 그 중에서도 동남아시아나 중앙아시아에서 만나서 우리에게 가이드를 해주고, 통역을 도와주는 그들의 모습에서는 한국어 사용에 대한 자신감과 자부심이 묻어난다. 하지만 그들의 한국어는 어설픈 발음도 있었고, 간간히 의도하지 않은 통역이 전달되는 실수도 귀엽게 만날 수 있었다. 그럴 때마다 머릿속을 스치는 가벼운 느낌은 항상 '외국인이니까...'라는 손쉬운 양보였다.

이제 10년이 훌쩍 넘어가는 것 같다. 지금은 작고하신 박사 지도교수님의 학생들이 중국 천진에 모였다. 같이 공부한 이도 있고, 먼저 공부하고 다른 대학의 중진급 교수로 있는 분도 있었다. 내 기억에는 이 모임에서 처음으로 한국어 통번역에 대한 이야기가 언급되었다. 해외 한국어학과는 교원만을 양성하는 것이 아니라, 통역과 번역 인재를 양성해야 하는데, 이를 위한 교육과정이나 교재 등은 어느 곳에서도 구할 수 없다는 푸념이었다. 그리고 2010년에 이어진 소식은 중국에서 MTI라고 하는 통번역 교육과정이 도입된다는 소식이었다. 여기에 다른 언어와 함께 한국어(조선어)가 포함된다는 소식이었고, 이를 준비하는 여러 대학에서 이에 대응하는 한국내 통번역과 관련된 교육과정에 대한 문의가 이어졌다.

문제는 이에 맞는 교육과정이 없다는 것이고, 그나마 국내 통번역 대학원에서는 오히려 늘어난 외국인으로 기존 한국인 학생의 교육과정마저 어려움을 겪고 있는 상황이었다. 이후로도 국내 통번역교육 현장에서는 한국어교육 분야와 달리 외국인 교육에 대한 이해가 부족했기에, 10년이 지난 지금에서야 체계적인 준비를 위한 고민이 시작되고 있는 것으로 보인다. 이 작업 역시 이러한 준비의 하나가 아닐까한다.

한국어교육 분야에서도 이에 대한 검토가 지속적으로 연구되고 있는데, 특히 외국어로서의 영어교육 분야에서의 교육과정의 검토가 다양하게 필요하였다. 미국이나 호주, 그리고 캐나다에서 운영 중인 외국인을 위한 영어 통번역사 양성 프로그램을 검토해보면, 제2언어로서의 영어교육과 외국인 통번역교육이 맥을 같이 하고 있는 것을 볼 수 있다.

다시 말해서, 제2 언어로서의 영어교육의 스펙트럼이 폭넓게 구축되어 있고, 여기에 번역학이 교육과정에 함께 구성되어 있다. 이를 통해, 해외에서의 한국어 통번역교육에 대응할 수 있는 기본 교육과정과 B언어로서의 한국어 통번역사 양성을 위한 전문 교육과정의 필요성을 실감하게 되었다.

이 책은 외국어로서 한국어를 접하고, 이어서 한국어 통번역을 공부하는 학습자를 대상으로 하고 있다. 그래서 이 책을 엮어가면서 가장 고민을 많이 했던 부분이 학습자 대상이었다. 한국이나 또는 해외 현지에서 모국어와 한국어의 통번역을 목적으로 공부하는 학습자를 그 대상으로 삼고자 하였다. 이 책에서 B언어로서의 한국어라는 표제를 함께 달아둔 것도 바로 이 책을 공부할 학습자를 염두에 두었기 때문이다. 한국어를 모국어로 사용하는 학습자의 교육내용과 일견 유사해 보이지만, 접근하는 시각과 방법에서는 차이가 있을 수밖에 없다.

아마도, 이 책 역시 지난 10년의 고민이 없었다면 시작되지 않았을 것이다. 외국인 한국어 통번역교육이라는 영역을 새로이 열어가고 이에 맞는 교육과정과 필요한 교육 내용을 고민하게 되었는데, 그 가운데에서도 통역과 번역을 관통하고 있는 문화에 대한 고민이 가장 크게 다가왔다. 지난 20세기 중반까지의 번역에 관한 생각, 특히 '등가'에 관련된 이론의 재고가 필요함을 충분히 인식하게 되었다. 그리고 이를 반영한 새로운 번역 실천은 문화와 사회, 역사라는 문화적 배경 안에서 고찰해야 한다는 번역학의 새로운 관점으로 이어지고 있다.

즉, 문화를 이해하고, 문화를 해석하고, 문화를 기술하는 것 이 모든 과정이 통역과 번역이라는 행위로 수행되는 것이기 때문에, 문화 간 의사소통자culture communicator를 위한 번역교육의 기본 내용으로 문화소를 고민하지 않을 수 없었다.

급속한 세계화로 다른 문화와의 접촉이 더욱더 빈번해짐과 함께 다른 문화와 언어 간의 의사소통은 서로의 문화를 이해하는 것이 필수적인 조건이 되고 있다. 우리는 상대방을 이해하려는 과정에서 다른 타자의 이미지를 형성하여 자신 속에 받아들이고 또한 다른 사람에게 전달하려고 한다.

실제로 이런 상황에서 언어는 의사소통에 큰 역할을 한다. 왜냐하면, 이와 같은 상황에서 언어와 문화는 서로 깊이 관련되기 때문이다. 그것이 일상적으로 다른 타자를 맞이하는 우리 개개인의 모습이기도 하고, 다른 언어와 문화를 이해하는 수용 주체로서의 번역자, 또는 그것을 독자에게 독자의 언어로 전달하는 번역자의 모습이 함께 겹치기도 한다. 그러므로 통역과 번역의 상황에서도, 그리고 타자성을 드러내는 새로운 문화와의 만남에서도 반드시 '문화소'의 번역 문제는 번역자의 주위를 맴돌 수밖에 없다.

이를 위해서 세 사람이 몇 년에 걸쳐, 조금씩 준비한 것이 이렇게 한 권의 책으로 엮을 수 있게 되었다. 이 책에는 문화소에 대한 기본적 개념을 비롯해서, 실제로 영어와 중국어의 문화소를 한국어로 번역한 사례를 찾아서 한 데 묶어보았다. 번역자가 번역 과정에서 지불하는 노력의 비용과 더불어 문화 간 번역으로서의 문화적 거리에 대한 개념을 통해, 번역의 실제를 살펴보고자 하였다. 그리고 여기에 한국어 통번역을 궁금해 하는 한국어 통번역 학습자를 위해 영어 문화소와 중국어 문화소를 한국어 번역과 비교하면서 접근할 수 있도록 배려하였다.

책의 구성을 살펴보면, 14개의 장절을 1~3부까지 세 부분으로 구분하고 있다. 1부는 문화소 번역역에서 기본적으로 알고 있어야 할 문화소에 대한 논의에서 문화소 번역을 위한 관점을 소개하는 내용을 담고 있다. 그리고 2부에서는 문화소 번역과 거래 비용에 대한 관점으로 실제 번역 텍스트의 문화소 분석을 담고 있다. 2부의 분석 관점은 A언어로서의 한국어 번역자의 입장에서 번역된 텍스트 개념을 가지고 있다. 중국어 텍스트의 한국어 번역에서 문화소의 문제를 다루고 있지만, 영어 번역 텍스트를 제공하여 이해를 돕고 있다. 반대로 3부에서는 문화적 거리를 중심으로 영어과 중국어 텍스트의 한국어 번역을 살피고 있다. 그리고 여기에서는 B언어로서의 한국어 번역자의 관점을 담고 있다.

이 책을 출판하기까지 저자로 참여한 우리 세 사람 외에도 여러 사람의 수고로움이 있었다. 허은혜, 이수연, 곽영 선생이 그들이다. 한국어교육을 전공하거나 한국어번역을 전공한 선생님들이 모여서, 어려운 부분은 함께 논의하고 토론하면서 이 책의 부족한 부분을 한땀 한땀 메워주었다.

사실 이 분들이 노력과 정성이 아니었다면 이 책은 몇 년을 더 기다려야 했을 수도 있고, 더 많은 어색한 표현으로 여러분을 만날 수도 있었다. 대부분 책을 쓰는 과정에서 여러 고마운 분들을 언급하고 그들의 노고에 감사를 표시한다. 하지만 이 책만큼은 그 고마움의 깊이가 다르다. 왜냐하면 이 책에는 외국인 저자가 함께 참여하고 있어서 글을 쓰고, 이를 다시 수정하는 지난한 과정이 계속 이어질 수 밖에 없었다. 이런 힘겨운 과정을 서로의 도움으로 이겨냈기 때문이다. 그 지난한 시간을 지나, 이런 결과가 만들어질 수 있었다는 고마운 마을을 다시 한 번 이곳에 남긴다.

이문동에서

세 집필자를 대표하여

목차

3부_문화소 번역과 문화적 거리 · 303

부록_참고문헌 · 455

PROLOGUE

PROLOGUE

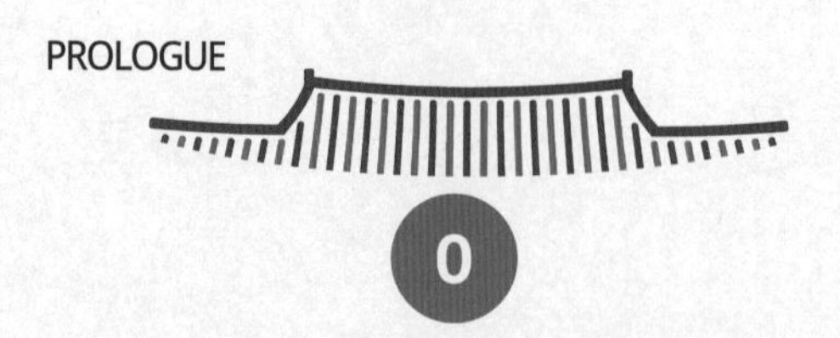

0 번역 기제와 B언어로서의 한국어번역

외국어교육 범주와 번역 기제

사실 먼 과거도 아니다. 20세기 초까지 세계 여러 나라의 외국어교육에서는 과학적 검증이나 교육학적인 효과를 논하지 않은 교육 방법처럼 설명되는 '문법-번역식 교수법'이 사용되고 있었고, 이런 교육 방법이 비교적 전통적으로 자연스럽게 받아들여졌다. 이것을 이론이라고 부르기에는 적절하지 않을 수도 있는 교육 방법론의 성격을 가지고 있었다. 다만 이 방법이 문법을 중심으로 번역이라는 교육 방법을 따르고 있다고 해서 '문법-번역식 교수법'이라 불렸다.

이러한 관점에 따라서 20세기의 외국어교육은 동양의 한자 교육이나, 서양의 라틴어 교육에서 적용되었던 것과 동일한 절차, 즉 추상적인 문법 규칙을 중심으로, 어휘 목록을 제공하고 이를 익히도록 하였다. 이러한 절차 중심의 교육에서는 가장 공통된 교육 기제[1]로 주요 문법을 적용하여 만든 개별 문장을 번역하는 방법을 통해 교육하였다. 하지만 이러한 접근법과 교육 원리는 학습자의 외국어 사용을 위한 구술 능력을 신장시키는 것에는 그다지 큰 관심이 없었다. 이 때문에 자연스럽게 외국어교육 과정에서 학습자의 모국어L1를 노출하고 이를 통해서 수업이 진행되었다.

하지만 21세기에 이른 지금, 문법과 번역 중심의 교수 방법[2]은 이제 언어 교육 이론에서 지배적인 위치를 상실한지 오래되었다. 문법-번역이라는 교수 방법에 처음으로 이론적 문제점을 지적한 것은 19세기 중후반 개혁운동가들[3]이었다. 이 개혁 운동가들은 언어 교육의 초점에 대한 변화를 주장하였는데, 그들의 주장을 살펴보면, 먼저 언어는 더 이상 추상적인 문법 규칙과 어휘 목록을 통해 교육되어서는 안 된다는 것이었다. 그리고 그 문법은 존재를 가정한 연역적 방법에서 벗어나 귀납적[4]으로 다루어져야 하며, 새로운 어휘는 학습자의 모어L1와의 관계가 아닌, 목표언어 안에서의 개념적 연관 관계를 만들어 감으로써 습득되어야 한다고 강조한다. 또 여기에 교육은 개별문장 단위의 학습이 아니라 텍스트 전체를 대상으로 하는 것이 바른 교육이라고 지적하였다.

개혁운동가의 주장은 여기에서 더 나아가 외국어교육은 말하기와 듣기 기술이 중시되어야 하며, 수업 진행도 목표언어로 이루어져야 한다고 주장했다. 그리고 이 모든 관점에 따라 번역은 자연스럽게 피해야 할 것으로 인식되었다. 지금에 와서 돌아보면 이러한 주장은 21세기 외국어교육에서 외국어교육의 기본적인 상식으로 인지되고, 자연스럽다고 생각되는 기저 인식까지 자리 잡고 있음을 알 수 있다.

1 교육의 효과와 효율에 영향을 미치는 교육에 관계된 작용이나 원리(교육적인 기체)를 말한다.

2 문법-번역식 교수법 Grammar Translation Method 주로 텍스트에 대한 번역 중심의 외국어 교육 방법이다.

3 개혁운동가(members of Reform Movement)-기존의 교육 방법에 대한 문제를 제기하고 실용적인 외국어교육을 주장하였다. 이로 인해 이해 중심의 언어교육에서 표현 중심의 교육으로 변화하는 계기를 마련하였다.

4 귀납적 방법이란, 번역에서 경험적 사실을 우선 수집한 후, 경험적 사실이 시사하는 이론적 의미를 분석하고, 정리함으로써 번역에 대한 이론을 구성하는 방법을 말한다. 귀납적 분석과 반대로 이론에서부터 출발하여 번역의 실천적 경험적 사실을 분석방법은 연역적 방법(deductive method)이라고 부른다.

리차드와 로저스Richards & Rodgers, 1986에 따르면, 이러한 개혁 운동의 관점이 확산되면서 문법-번역 중심의 교수 방법이 1940년대 이후로 언어 교육의 관행에서 점차 지배적인 위치를 상실하고, 축소되기 시작하였다고 한다. 하지만 그렇다고 해서 이러한 교수 방법이 외국어교육 현장에서 완전히 사라진 것은 아니다. 여러 연구에서 언급하고 있는 바와 같이 문법-번역은 약간의 변형을 거쳐 지금도 세계 여러 나라의 외국어교육 현장에서 적용되고 있다.

개혁운동의 관점이 확산됨에 따라, 19세기에서 20세기로의 변화로 '자연적 방식'의 외국어교육이 선호되었고, 자연교수법 중에서 가장 널리 알려진 직접적 방식(직접교수법)이 발전하였다. 이 직접적 방식의 교수법은 20세기 이전 언어 교육부터 20세기를 넘어서까지 행동주의를 근간으로 하여, 외국어교육의 주요한 관점을 지배하고 있었던 접근법이었다.

직접교수법의 방식은 명칭에서 알 수 있듯이, 학습자 모국어의 관여 없이, 외국어를 학습자에게 바로 노출하는 외국어교육 방법이다. 직접교수법의 과점에 따르면, 외국어 학습도 학습자가 모국어L1를 배웠던 방식과 유사하게 자연적으로 배우도록 유도되어야 한다. 따라서 이러한 수업에서는 전환이라는 기제가 담긴 번역을 사용하는 것은 이전에 비해 많이 어려워졌다.

20세기 외국어교육에서 제시되었던 다양한 외국어교육 방법론의 대부분은 이러한 직접적 교육 방식과 직·간접적으로 관련이 있었다. 그리고 21세기의 외국어 교수법이나, 한국어교육에서 사용되는 교육방법 역시 이러한 관점의 DNA를 담고 있다. 이러한 이유로 인해서 외국어교육의 다양한 이론과 관점을 설명하고, 교원을 양성하는 상당수의 연구에서 번역을 교육의 도구로 사용하는 것에 대해 여전히 부정적인 입장이다.

하지만 20세기 외국어교육의 현장에서 번역의 장점에 대한 재평가가 꾸준히 제기되었으며, 이에 따라 직접적 교육의 문제점과 단점을 보완할 수 있는 번역을 교육의 도구로 사용하고자 하는 노력이 이어지고 있다. 다시 말해서, 직접적 방식이 교실 환경에서 외국어의 자연스러운 습득에 일정한 한계가 있음을 인정하고, 지난 20세기 외국어교육의 경험에서 L2만으로 수업을 진행하는 것이 현실적이지도 않고, 추천할만하지도 않다는 인식이 확산되고 있다. 그리고 이처럼 외국어 학습에서 LI이 결국 어떠한 역할을 수행해야 한다면, L1과 L2 간의 번역이라는 기제를 배제할 이유가 없다.

한국어교육에서 번역의 역할을 논의할 때, 또 교수법에서 문법-번역식의 요소로서 번역을 논의할 때는 번역을 한국어교육의 도구로 활용하는 방법 중 하나일 뿐이라는 점을 간과해서는 안 된다. 즉, 번역은 한국어교육에서 학습자가 한국어를 학습하는 효과적인 도구가 될 수 있다는 것이다. 실제로 L2 수업에서 번역을 사용 방법을 비난하는 사람들은 이러한 측면을 간과하는 경향이 있다.

그렇다면 번역이라는 기제는 한국어교육의 현장에서 어떻게 활용되고 적용될 수 있는 기제인지에 대해 살펴보고자 한다. 여기에서는 번역을 포함하는 한국어교육의 범주를 일반적인 한국어교육, 기능교육으로서의 번역교육 그리고 특수목적 한국어교육으로서의 전문성을 갖춘 번역사 훈련이라는 세 가지 유형으로 살펴보자.

일반적인 한국어교육의 범주

국어기본법에서 규정하고 있는 한국어교육 양성을 위한 교과목의 범주를 살펴보면, 이미 한국어번역교육과 통역교육에 대한 기본 능력을 한국어 교원이 갖추어야 하는 기본 소양으로 제시하고 있다. 하지만 국내 한국어교원을 양성하고 있는 대부분의 교육과정에서 한국어 번역교육 교육 과정에 포함하고 있는 곳은 없다.

그럼에도 불구하고 학습자 언어가 동일한 해외 한국어교육 현장이나 현지 외국인 한국어교원에 의한 한국어교육 상황에서 문법-번역 방법을 변형해 활용하는 교수자와 교실 활동을 많이 찾아볼 수 있다. 물론, 여기에서도 많은 경우에 있어서 번역이라는 기제를 밝히기 보다는 쓰기나 말하기 등의 기능교육으로 변형되어 적용되는 것이 대부분이다. 여기에서 번역이라는 기체는 주로 한국어 능력을 교육하고 확인하는 수단으로 본다.

학습자의 언어L1를 이해하고 활용하는 교수자의 번역 기제 활용에서 L1에서 L2로의 번역은 한국어의 생산과 표현능력을 확인하기 위한 것이다.[5] 그리고 반대 방향인 L2에서 L1으로의 번역은 수용과 이해능력을 확인하기 위한 것이다. 이러한 한국어 교육 현장은 지금까지 해외 한국어교육 현장과 일부 해외 중등학교 한국어교육에서 많이 사용되어 왔으나, 대부분의 경우에는 의사소통적 교육을 앞세워 번역이라는 기제의 교육적 효과에 대한 논의를 터부시하였다.[6]

문제는 해외 한국어교육 현장의 확장에서 중등학교 교육이 빠르게 확장하고 있다는 점이다. 2020년, 해외 중등학교에 개설된 한국어교육 과정은 39개국 1,669개교로 확대되고 있으며,

5 여기에서 L2는 학습자의 외국어에 해당하는 한국어를 가리킨다. B언어로서의 한국어의 위치를 고려할 필요가 있다.

6 영어교육을 통해서 살펴보면 번역은 초등교육이나 고등교육의 상황보다는 중등교육의 현장에서 적극적으로 활용되고 있으며, 대부분의 국가에서 영어교육의 평가 과정에서 L2능력에 대한 보조적인 확인 수단으로 L1의 활용을 의미적으로 포함하고 있으며, 구술시험에서는 L1번역에 해당하는 문장구역을, 필기시험에서는 L2번역을 포함하고 있다.

이를 뒷받침하기 위한 중등학교 교재개발 진행도 함께 진행되고 있다. 이들 교육 현장에서도 번역이라는 기제는 한국어교육의 주요한 교육 방법의 하나로 다양하게 활용될 것이다.

기능 중심교육으로서의 번역

번역은 언어 교육 프로그램으로 별개의 전환기능transfer 과정을 중심으로 교육될 수도 있다. 여기에서도 번역은 L2 능력을 교육하고 확인하는 수단으로 사용될 수 있지만, 보다 독립적인 위치가 주어지면서 번역 자체를 목적으로 가르칠 수 있는 여지가 좀 더 있다.

국내 외국어교육 현장에서는 이러한 번역 기제를 활용한 외국어교육이 지금도 자연스럽게 이루어지고 있으며, 해외 한국어 전공 교육과정에서도 3학년 또는 4학년 과정에서 통역과 번역이 필수 교과목으로 운영되고 있다. 이와 같은 교육과정은 외국어교육 교육과정의 내용 구성에서 일반적인 교육 범주로 인정받고 있으며, 최근 온라인 가상공간에서의 의사소통과 온라인 시대 일상의 정보화Instagram, SNS로 인해 더 빠르게 요구가 확산하고 있다. 이러한 영향으로 최근에는 석·박사 과정의 통번역 교육뿐만 아니라 학부과정의 통역교육과 번역교육에 대한 연구도 빠르게 늘고 있다.

사실 20세기까지 통번역 교육은 이중언어 화자[7]를 대상으로 한 동시통역과 같이 외국어교육의 상위에 놓은 별도 교육과정으로 인식되었다. 하지만 최근 국내외 연구에서 외국어 학습자를 분석해보면, 대부분 전문성을 고려할 필요가 있는 통역과 번역

7 여기에서 이중언어 화자라는 개념은 최소한 두언어를 모두 이상적이로 균형있게 사용할 수 있는 사람을 말한다. 이상적인 이중언어 사용자의 개념이다.

의 상황을 처음 접하는 것은 시기는 한국어 중급 수준 정도에 도달한 시기라고 한다. 한국어교육에서도 한국어와 모국어의 통역과 번역 상황을 경험한 조사에서 토픽 3급과 4급 수준에서 통번역을 접하는 것으로 조사되었다. 뿐만 아니라 이들 한국어 학습자 중에서 국내에서 주요 언어(영, 불, 러, 중, 일 등)로 인식되지 않는 특수 언어권의 한국어 학습자[8] 일수록 더 이른 시기에 다양한 목적으로 통번역을 수행하는 상황에 노출된다.

물론, 해외 한국어전공 3-4학년 교육과정에서 한국어 통번역교육이 기능으로서의 통번역에 초점을 맞추고 있긴 하지만, 교육내용을 구성하는 학습목표가 여전히 한국어L2 능력을 확인하는 데 있다는 사실을 부인하기는 어렵다. 대부분 평가와 관련되어 번역 능력에 대한 평가에 대한 언급은 없으며, 학습자들이 한국어의 통사 구조, 문체, 어휘, 관용표현, 그리고 난이도가 있는 비전문 텍스트[9]에 대한 문어 번역 능력을 갖춰야 한다는 내용을 포함하고 있다.

특수목적 한국어교육으로서의 전문 번역교육

끝으로, 번역 교육은 외국어 학습자의 직무 능력으로서의 범위와 특수 목적의 전문가로서의 범위를 포함하여 교육될 수 있다. 일반적으로 20세기 통역사, 번역사라고 하는 전문 직업군에 대한 교육은 특별한 대상이 특별한 환경에서 특별한 능력을 발휘하는 것으로 인식되어왔다. 그래서 이러한 교육을 원하는 학습자는 세계통번역대학(원) 협회[10] 회원인 교육기관에서 번역 석사 과정을 졸업하면, 공인된 통번역사가 될 수 있는 자격을 취

8 일반적으로 주요 언어에 해당하지 않은 제3세계 중심의 언어권을 특수 언어권이라고 한다. 일반적으로 영, 불, 독, 러, 중, 일, 아랍어를 제외한 대부분의 언어가 여기에 해당한다.

9 전문 영역의 텍스트를 제외한 문장 장르를 가리키는 개념으로, 이해를 위해 전문 지식이 반드시 필요한 텍스트 장르를 전문 텍스트라고 하고, 그 반대를 비전문 텍스트라고 한다. 이와 유사하게 텍스트를 구분할 때 문학성을 중심으로 문학 텍스트와 비문학 텍스트를 구분하기도 한다.

10 세계통번역대학원 협회 Conférence International d'instituts Universitaires de Traducteurs et Interprètes(CIUTI)

득하게 되는 구조를 만들어냈다. 비록 이러한 특수 직업군으로서의 통번역사의 지위는 최근 들어 조금씩 변화하고 있다. 하지만 그들의 통번역 능력에 대한 특수성과 전문성에 대한 인식만큼은 하직도 변함이 없다. 이러한 20세기의 이중언어 화자, 외국어 전문가로서의 언어사용 행위를 말하는 통번역은 21세기의 시작과 함께 다음과 같은 새로운 변화의 중심에 놓이게 되었다.

변화의 첫 번째는 20세기 말부터 우리 일상이 되어버린 국제화를 넘어선 세계화globalization[11]의 바람으로 지구촌이라는 단어가 우리에게 통역과 번역을 일상으로 인도해주었다. 국제사회의 협상과 국가 간의 협의가 진행되는 현장의 통역과 상위 문화를 자문화로의 유입하기 위한 목적의 번역이 다양한 집단과 주체, 심지어 개인 간의 통역에서 외국어교육 환경의 변화와 타문화를 기술하는 참여 관찰의 관점 등의 변화는 번역의 방향에 새로운 변화를 이끌었다.

변화의 두 번째 바람은 인터넷을 통한 온라인 공간이 인류의 새로운 소통의 공간을 만들어주었다는 것이다. 온라인 공간은 단순히 정보를 공유하고 나누는 공간에 머무르지 않고 정보 생산의 주체를 개인으로 변화시켰다. 다시 말해서, 인터넷 홈페이지와 같은 온라인에서 정보를 공급하는 전통적인 주체는 기업과, 공공기관, 또는 다양한 목적의 정보 관리 기관이 주를 이루고 있었다. 하지만 21세기에 들어서면서 온라인 정보 생산의 주체는 다양한 문화와 언어를 사용하는 개인이 그 중심에 놓이게 되었다. 각종 SNS를 중심으로페이스북Facebook, 인스타그램Instagram 등이 개인을 정보 생산의 중심에 놓이게 했으며, 소수 집단도 글로벌 시장의 다양한 문화를 가진 개별 소비자와의 소통이 가능해졌다. 그 대표적인 것이 BTS의 아미ARMY 이라고 설

11 국제화란 한 나라가 경제·환경·정치·문화적으로 다른 여러 나라와 교류하는 것을 말한다. 세계 무대를 발판으로 하는 세계화와는 달리 국제화는 두 나라 이상이면 성립된다. 21세기를 바라보는 오늘날의 시점에서 국제화는 전 지구화를 필두로 하는 다차원적인 변화를 일컫는다.

세계화란 여러 가지 의미가 있지만, 기본적으로 사람들의 의식이나 행동이 한 나라의 국경을 초월하여 전 세계를 무대로 나타나는 것을 말한다. 즉, 생활의 질을 세계의 수준으로 평준화시키는 것이라고 할 수 있다. 세계화를 강조하게 되면 세계를 주도하고 있는 국가의 힘이나 문화를 쫓아가야 한다는 것이다.

명할 수 있다.

변화를 불러온 세 번째 바람은 기계번역[12]MT의 성장이다. 언어 간 번역을 자동화하기 위한 노력은 1950년대부터 시작되어 지속적인 노력을 기울여왔다. 하지만 최소한 80~90년대까지 기계번역의 목표는 인간 언어에 대한 분석과 재구성의 자동화에 머무르고 있었다. 그런데 90년대 이후, 온라인을 통한 정보 축적의 속도가 빨라지면서, 수많은 언어로 생산된 정보의 각축장이 되어버린 온라인에서 언어 간의 장벽을 허물어낼 수 있는 유일한 방법으로 기계번역이 관심을 끌 수밖에 없었다. 그리고 2016년 11월 구글이 한국어, 영어, 중국어, 프랑스어, 스페인어, 일본어, 터키어 등 8개 언어에 대한 인공신경망 번역을 적용하겠다고 발표한 이후, 온라인에서 기계번역의 역할은 비약적으로 발전하였다.

12 Machine translation : 컴퓨터를 사용하여 서로 다른 언어를 번역하는 일을 말한다. 완전 자동형 기계 번역, 인간의 도움을 받는 기계 번역, 기계 도움을 받는 인간의 번역 등으로 분류할 수 있다.

이러한 변화를 계기로 통역과 번역은 외국어 사용의 범주 안으로 성큼 들어오게 되었다. 그리고 타문화에 대한 자문화로의 번역과 통역의 방향도 자문화에 대한 타문화로, 또는 자문화 오프라인에서 세계화를 위한 온라인으로 변화하였다. 뿐만 아니라, 이러한 변화로 인해, 외국어교육과 이중언어 화자의 특수기능교육으로 구별되었던 통번역 교육은 외국어교육의 연장선에서, 그리고 외국어 능력의 확장된 범위에서 통번역 능력으로 서로 접점을 찾아가고 있다.

사실, 그동안 외국어교육에서 번역 방법의 활용에 반대하는 사람들은 외국어L2 방향의 번역 연습에 특히 비판적이다. 예를 들어 외국인에 의한 한국어L2 번역은 모국어L1 화자로만 수행하는 번역의 실무 업계의 규범에 어긋난다는 것이 대표적인 주장이다. 번역 현장에서 이러한 규범이 자리 잡고 있는 이유는 L1

번역사만이 전문가로서의 기준을 충족시킨다는 생각이 널리 확산되어 있기 때문이다.[13]

반대	찬성
번역은 쓸모가 없다 번역은 L1 간섭을 강화한다 L2 번역은 비윤리적이다	번역은 유용하다 번역은 L1 간섭을 해소한다 L2 번역은 비윤리적이지 않다

심지어 외국어 수업 시간에 외국어 번역을 활용하는 것은 쓸모가 전혀 없거나 역효과를 낼 뿐 아니라, 학습자들에게 자신이 실무에서도 그러한 번역을 수행할 수 있는 자격을 갖추었다고 생각하도록 할 수 있다는 측면에서 비윤리적이라고 평가 절하하기도 하였다. 하지만 이러한 주장과 번역 교육에 대한 편견, 그리고 외국어교육과 구분되는 새로운 학문으로서의 번역학에 대한 주장으로 널리 알려지지는 못했지만, 지금까지도 정반대의 이유로 번역 교육을 찬성하는 학자들의 주장이 끊이지 않고 있음을 주목해야 한다.

21세기에 들어서면서 인류는 언어 환경의 많은 변화와 함께, 20세기 중·후반의 외국어교육 내용이나 방법 그리고 환경과는 비교할 수 없을 정도로 큰 변화와 발전을 이뤘다. 그리고 앞서 살펴본 바와 같이 외국어를 학습하고 사용하는 영역이 달라졌으며, 외국어를 통한 의사소통이 먼 다른 나라와의 관계가 아닌 우리의 삶 안에서 자연스럽게 행해지는 문화 간 의사소통 또한 우리의 일상이 되었다. 그리고 온라인에서의 다양한 언어로 된 정보가 기계번역MT에 의해 전 세계 언어로 번역되고 있다.

이런 변화에 따라 국내 유학생 외에도 해외 현지 한국어 학습자가 빠르게 증가하고, 고등교육을 넘어 해외 여러 나라의 중등

13 이는 국제회의통역사협회(AIIC)에서 밝히고 있는 것으로, 20세기 초·중반의 외국어교육 환경을 기반으로 20세기 전에 논의된 것이고, 직업적 국제회의와 관련된 회원제 통역사 조직(union)으로서의 입장이다. 그러므로 학문적 접근이나 과학적 논지로 이러한 결론에 접근하고 있지 않음을 이해해야 한다.

교육에서도 한국어가 제2 외국어로 채택되고 있다. 이러한 변화는 지난 20세기 후반까지도 상상할 수도 없었다. 그리고 그 당시에는 외국어로서의 한국어 학습자라는 개념조차 명확히 할 수 없었기 때문에, 이러한 변화를 고려한다면, 외국인의 한국어 통번역 교육에 대한 수요와 교육과정의 요구는 이전시기에 당연히 논의되거나 고려될 수 없었다.[14]

지금까지의 논의를 뒤로하고 한국어교육의 상황에서만 살펴본다면, 보수적인 관점에서 번역교육의 대상을 한국어교육에서 새로운 목표가 필요한 6급 이상의 학습자로 정의된다고 보면, 토픽TOPIK을 통해 매년 6급을 통과하는 학습자 수가 2만 명이 넘을 것으로 추정되니, 그 수가 적지 않고, 지금까지 누적된 수에 대한 추정만으로도 교육의 필요성과 수요를 이해할 수 있다. 그리고 21세기, 인류의 언어사용과 의사소통의 변화에 따라, 통번역학은 외국어교육과 경계를 함께 접할 수밖에 없고, 학습자의 요구와 사회적인 외국어 사용 환경(직무 능력, 정보 생산의 주체 변화 등)등 변화에 따라서 외국어교육의 확장된 범주와 중첩되어 놓일 수밖에 없음을 인식해야 한다.

다시 앞에서 이야기한 번역 기제에 대한 논의를 살펴보자. 번역이 한국어를 가르치기 위한 교육과정[15]에 포함되어야 하는지에 대해 생각해볼 필요가 있다. 이에 대해서는 아마도 기존의 무용론과 유용론의 견해가 모두 얽혀있을 수밖에 없다. 하지만 문제는 각각의 견해를 뒷받침하는 경험적 근거가 매우 부족하다는 것이고, 이런 경험적 근거를 위한 연구 또한 지금까지 많지 않았다. 그래서 학습자들의 한국어 습득에 번역을 활용한 기제가 도움이 된다고 생각할 수도 있고, 오히려 방해가 된다고 생각할 수도 있다. 하지만 이에 대한 충분한 과학적인 검증과정이

14 이러한 변화를 인류의 언어사용의 환경으로 설명하는 이유는 이러한 언어교육의 확장이 한국어에서만 일어나는 특별한 상황이 아니라는 점이다. 또 선진국의 주요 언어만을 중심으로 일어나는 현상도 아니다. 동남아 언어를 비롯한 제3 세계 언어를 포함해서 취미, 직업, 관심, 노동, 환경 등의 다양한 목적으로 외국어교육이 확산되고 있다.

15 학교와 같은 교육기관에서 교육목표를 달성하기 위한 다양한 교육 활동의 기준을 체계적으로 선정하고 조직해 놓은 계획을 말한다. 그리고 여기에 이것을 실행하기 위한 과정과 성취한 결과를 포함하는 일련의 총체적인 교육을 위한 과정을 말한다.

나 근거가 없기 때문에 어떤 견해가 맞는지에 대해 확신할 수는 없다.

물론 이전의 연구에서 조금씩 관련된 연구를 찾아볼 수 있는데, 베르그렌Berggren, 1972의 연구와 우자와Uzawa, 1996의 연구는 L2 능력의 평가에 대한 연구에서 시험 도구로서 번역 기제에 초점을 맞추고 있을 뿐, 교육 도구로서의 번역을 다루지는 못하였다. 그리고 통역이나 번역을 수행하는 직업적인 이유로 L2 번역을 지지하거나 반대하는 근거에 대한 연구 역시 거의 찾아볼 수 없다.

이는 반대로 L1번역으로의 방향적인 제한을 논하는 것에 아무런 근거가 없음을 역설적으로 설명하기도 한다. 그리고 이러한 관점을 받아들여, 한국어 학습자의 모국어 번역 능력을 위해서라도 한국어교육에서 번역 기제의 사용은 검토될 수 있어야 한다. 그리고 우리가 간과하지 말아야 할 것은 오래전부터 외국어교육에서 번역 방법론의 유용성을 주장하는 연구가 적지 않다는 점과 최근 이러한 주장이 더 많아지고 있다는 점이다.[16] 그리고 이러한 논의 속에서 외국어교육이라는 범주 안에서 번역이라는 기제가 말하기, 듣기, 읽기, 쓰기와 함께 다섯 번째 언어의 기능에 속한다는 외국어 교육의 견해를 진지하게 받아들일 수 있어야 한다. 그리고 외국어교육에서의 학습자 언어와 목표 언어 간의 차이가 번역 교육에서는 두 언어의 번역 방법과 기법으로 다루어진다는 사실을 좀 더 학문적인 관점에서 접근할 필요가 있다.

16 외국어교육에서 번역의 유용성을 논하는 연구로는 widowson, 2003; House 2009; Cook 2010; Pym 2013 등이 있다.

B언어로서의 한국어 통번역의 개념

영어 통번역의 경우, 전형적인 영국인나 미국인에 의한 통번역의 접근과 더불어 더 큰 규모의 영어 통번역이 비영어권 통번역사에 의한 영어 통번역 수행이다. 여기서 말하는 비영어권 통번역사는 모국어가 다른 언어임에도, 영어를 제2 언어로 학습하고 습득하여, 통번역을 수행하는 사람을 말한다. 즉, 영어를 A언어가 아닌 B언어로 학습한 통번역사의 통번역 행위이다.

일반적으로 영어교육에서는 캐나다와 미국, 영국 등의 다양한 교육기관에서 타언어권 통번역사를 위한 영어교육 및 통번역 교육을 운영하고 있다. 하지만 한국어를 중심으로 한 한국어 통번역은 앞서 언급한 바와 같이 조금은 생소하게 받아들여지고 있는 것이 사실이다. 하지만 최근 한국어교육이나 통번역학[17]의 관점에서 가장 활발하게 논의되고, 관심을 끌고 있는 분야가 바로 외국인에 의한 한국어 통번역으로 'B언어로서의 한국어 통번역'에 대한 접근이다.

한국어를 제2 언어 또는 외국어로 학습한 언어 사용자가 한국어를 통역과 번역의 출발언어나 목표언어로 사용하는 것을 B언어로서의 한국어 통번역이라고 한다. 즉, 한국어가 아닌 다른 언어를 모국어로 하고, 한국어를 통역·번역의 출발언어 또는 도착언어로 사용하는 한국어 사용 행위를 B언어로서의 한국어 통번역이라고 한다.

17 인류가 발전하는 과정에서 번역은 우리 인류의 발전과 항상 함께 해왔다. 1970년대부터 시작되어 1990년대, 통번역학이 처음으로 학문적으로 온전한 모습을 보여주기까지 오랫동안 통번역이라는 행위는 과학적 연구의 대상 밖에 놓여있었다.

<table>
<tr><th></th><th>출발언어</th><th>도착언어</th><th>비고</th></tr>
<tr><td>A언어로서의 한국어</td><td>B언어
외국어</td><td>A언어
한국어
(모국어)</td><td rowspan="2">-한국인 외국어 학습자의 한국어 번역
-외국인 한국어 학습자의 모국어 번역
-번역자의 외국어 이해능력에 따른 번역 행위
-타문화를 자문화에 소개하기 위한 Inbound 번역
-아름답지만 진실하지 않을 수 있는 번역
-번역 능력에 대한 과대평가를 경계</td></tr>
<tr><td>B언어로서의 한국어</td><td>B언어
한국어
(외국어)</td><td>A언어
모국어</td></tr>
<tr><td>A언어로서의 한국어</td><td>A언어
한국어
(모국어)</td><td>B언어
외국어</td><td rowspan="2">-한국인 외국어 학습자의 외국어 번역
-외국인 한국어 학습자의 한국어 번역
-번역자의 외국어 표현능력에 따른 번역 행위
-자문화를 타문화에 소개하기 위한 Outbound 번역
-진실하지만 아름답지 않을 수 있는 번역
-번역 능력에 대한 과소평가를 경계</td></tr>
<tr><td>B언어로서의 한국어</td><td>A언어
모국어</td><td>B언어
한국어
(외국어)</td></tr>
</table>

정반대의 개념에서, 한국어가 모국어이고, 다른 외국어를 습득하여 통번역을 수행하는 것을 A언어로서의 한국어 통번역이라고 할 수 있다. 물론 여기에는 대부분 한국어가 모국어인 화자들이며, 일부 한국어를 모어로 습득한 교포 중심의 이중언어 사용자도 여기에 포함된다. A언어로서의 한국어 통번역과 B언어로서의 한국어 통번역은 위의 도표에서 보는 바와 같이, 통번역에 참여하는 언어의 방향을 중심으로 나누어볼 수 있다. 즉, 통번역에서 한국어의 참여는 한국어를 출발언어로 하는 번역과 한국어를 도착언어로 하는 두 가지 방향에서 이루어진다.

그러므로 외국인 한국어 학습자는 한국인 외국어 학습자에 의한 통번역과의 언어적 접근 방향에서 차이를 보인다. 다시 말해서, 외국인 통번역에서 사용하고자 하는 한국어는 B언어의 위치에 놓이고, 한국어 모어화자의 한국어는 통번역에서 A언어의 위치에 놓인다.

결국, 위와 같은 도표가 의미하는 바는 A언어로서의 한국어 통번역사와 B언어로서의 한국어 통번역사가 서로 경쟁 관계에 있지 않고, 적어도 통번역이라는 행위에 대해서만큼은 상호보완적인 관계에 놓여있음을 설명한다.

20세기 한국어의 번역의 상황

20세기 B언어로서의 통번역 교육 과정을 가진 언어는 영국, 캐나다, 미국, 호주 등의 교육과정에서 운영되었던 영어 통번역 교육이 대표적이다. 이외에도 프랑스어, 독일어 등이 비모국어 화자를 대상으로 통번역 교육을 진행하였다. 사실 통역과 번역으로의 접근은 낮은 문화권의 언어사용자가 높은 문화권의 언어를 학습하여, 대상 문화에 대한 이해를 자문화로 유입하는 기본 모형을 가지고 있다. 물론 21세기인 지금은 더 다양한 원인과 요구에 의해 수행되고 있지만 이와 같은 기본 모형은 지금도 거의 동일하게 작동하고 있다.

이러한 관점에서 20세기에는 한국어를 B언어로 하는 통번역을 시도하는 외국인 한국어 학습자를 찾아보기는 쉽지 않았다. 물론 한국어로 번역을 할 수 있을 정도로 한국어 능력을 갖춘 외국인을 찾기도 어려웠던 것이 사실이다. 이는 한국어만의 문제가 아니고, 대부분의 언어도 유사한 환경에 놓여 있었는데, 이는 20세기 중·후반 인류의 타문화 접촉의 빈도와 양이 21세기와는 비교할 수 없을 정도였기 때문이다. 그래서 초기 번역학에서는 통번역의 대표적인 현장을 국제회의나 국제교류에 제한해서 말하였다.

이러한 배경 위에서 20세기 말까지 언어사용의 방법과 의사소통의 규모 면에서 그리고 한국이라는 국가적 지위에서도 한국어는 주요 언어에 비해 B언어로서의 지위가 높지 않았다. 이 때문에 대부분의 한국어와 관련된 통번역은 주요 언어를 중심으로 A언어로서의 한국어 통번역사가 담당하였다. 그리고 심지어 B언어로서의 영어, 불어, 독일어, 러시아어 등의 통번역도 이들에 의해 수행되는 것이 자연스러운 일이었다. 이러한 지난 시기의 관례적인 통번역 현장 상황이 B언어로서의 한국어 통번역이라는 교육과 연구를 낯설게 한다.

이런 과정을 통해서 20세기에는 한국어를 B언어로 삼아 번역을 남긴 경우는 매우 적어서 한국어 성경 번역에 참여한 피터스 목사를 비롯한 몇몇 선교사와, 한국에서 오래 활동한 일본이나 대만 등 주변지역의 공관원으로 활동하던 인물 중에서 몇몇 한국어 통번역사를 찾을 수 있는 정도였다. 그러므로 B언어로서의 한국어 통번역에 대한 정규적인 교육과정이나 한국어 통번역사 양성과 같은 특수 목적을 가진 외국어로서의 한국어교육이 발전하는 것은 매우 어려운 상황이었다.

21세기 언어 사용과 환경의 변화

하지만 90년대 말, 인류는 정보화의 시대를 맞이하고, 인터넷을 통한 정보의 새로운 흐름이 발생하였음을 인지하였다. 특히 인터넷을 통한 온라인의 정보 축적은 지난 세기의 문화 간 정보 접촉의 가능성과 정보 유입, 그리고 타문화 정보 선택 방법에 큰 변화를 이끌어 냈다. 그래서 21세기 온라인 공간을 활용한 정보의 흐름의 변화는 자문화를 알리고자 하는 국제화의 소통에서, 자문화의 가치를 타문화 공동체와 함께 향유하기 위한 세계화의 의사소통으로 변화하였다.

그 결과 20세기, 의사소통 언어로서의 영어, 그리고 문화 예술 정보 언어인 프랑스어, 법률 과학 기술 언어인 독일어 중심의 글로벌 사회의 외국어 교육과 학습의 기조는 21세기에 들어오면서 업무 능력, 직무 능력, 문화 향유와 개인적 관심 중심의 외국어 학습과 교육으로 그 목적과 필요성이 바뀌게 되었다. 이러한 변화를 가능하게 한 것은 18세기 이후부터 인류의 의사소통과 통번역으로 통한 인류의 정보 축적이 영어로 흘러들었고, 20세기에는 이러한 경향은 더욱 가속화 되었다. 그 결과로 아시아와 제3 세계 국가를 중심으로 20세기까지 주요 외국어로 자리를 잡고 있던 프랑스어와 독일어 등의 제2 외국어가 조금씩 그 세력을 줄이게 되었다.

학문적 과학적 정보 접근을 위한 채널로서의 언어학습 부담이 줄어든 학습자는 주변 언어와 관심 언어로의 주의를 돌리 수 있는 여유를 갖게 되었다. 특히 이 기저에는 20세기 말, 냉전의 종식으로 문화를 접하는 데 정치적 장벽이 없어졌으며, 빠른 교통수단의 발달과 이를 통한 문화적 세계화가 큰 영향을 미쳤다고 할 수 있다. 하지만 여기에서 빼놓을 수 없는 인류 환경의 변화는 IT라 불리는 정보통신의 발달로 구축된 인터넷과 온라인이라는 정보 축적이의 공간이다.

결국 통번역을 통해 영어로 인류 문명의 정보가 축적되고, 다양한 언어로 산출된 인류의 정보가 온라인이라는 가상공간[18]에

18 Cyberspace: 사이버 공간이라고도 부르며, 인터넷, 컴퓨터 통신망이 만들어 내는 가상사회이자 인터넷 · 컴퓨터 통신망 그 자체를 가리키기도 한다.

서 공유되는 21세기를 맞이하였다. 그리고 이 가상공간에 존재하는 타문화에 대한 언어적 장벽을 기계번역MT 활약을 통해서 공유하는 시대를 만들어 가고 있다. 그 결과 주요 언어 중심의 외국어교육이 다양한 언어 중심으로 다변화된 외국어교육으로 넘어갈 수 있었다.

21세기 한국어와 주변 환경의 변화

한국어가 다른 언어권의 학습자에게 외국어로서의 학습의 대상이 된다는 것은 그들이 선택할 수 있는 외국어의 범주에서 그만큼의 경쟁력을 가지고 있어야 한다. 21세기에서의 외국어 학습은 앞서 언급한 바와 같이 단지 교육적 환경이 제공하는 일방적인 학습일 수는 없다. 현대 외국어교육과 학습자의 외국어 학습은 매우 구체적인 접근 이유를 요구한다. 예를 들어, 개인적 취미, 직업적 필요성이나 거주 지역의 변화 등 실제적인 필요성이 우선된다. 과거처럼 교육 제도의 일방적 제공이나 막연한 미래의 필요 가능성 등은 더 이상 고려의 대상이 되지 않는다.

한국어는 이러한 조건에서 다른 언어들과 경쟁하고 있으며, 2000년대를 넘어서면서 제2 언어로서의 한국어교육의 규모를 빠르게 키워가고 있다. 물론 문화적인 확장도 여기에 한 몫을 하고 있다. 1990년대 중반부터 시작된 한류를 시작점으로 잠시 순화하는 문화적 흥행이라는 관점을 넘어, 한국의 IT 산업, 문화 콘텐츠 산업과 어우러져, 전 세계인이 한국 문화의 가치를 함께 향유하는 세계화를 목적으로 지속적으로 발전을 꾀하고 있다.

위와 같은 관점이 한국의 경쟁력을 기반으로 보는 것이라면,

앞서 21세기 인류의 언어사용의 환경의 변화에 대해서 살펴보아야 한다. 무엇보다 한국어를 학습하는 외국인 학습자의 증가하는 현상이 한국이라는 국격의 신장과 산업의 발전, 한류의 지속 등으로 한국어에서만 나타나는 제한적인 현상이 아니라는 점을 분명히 해야 한다. 아시아를 비롯한 다양한 나라에서 그러한 현상이 나타나고 있으며, 신흥국가를 비롯한 제3세계 국가의 언어를 학습하고 배우는 학습자가 빠르게 증가하고 있다.

이러한 현상을 단적으로 이해할 수 있는 것은 국내 대학의 제2 외국어 선택과목의 변화이다. 국내 대학의 제2 외국어교육은 지난 시기 독일어, 프랑스어 중심에서 중국어, 일본어, 스페인어, 베트남어, 태국어 등으로 다양화되었다. 이와 비슷한 현상은 제도적인 제2 외국어교육을 실시하고 있는 아시아, 아프리카, 남미의 여러 나라에서 발생하고 있다. 이러한 영향으로 해외 한국어 학습자가 빠르게 증가하고 있을 뿐만 아니라 해외 중등학교 외국어교육에 한국어가 포함되는 사례가 늘고 있다.

B언어로서의 한국어 통번역에 대한 관심

B언어로서의 한국어에서 B언어라고 함은 앞서 살펴본 바와 같이, 번역학에서 통번역사의 모국어가 아닌 언어를 가리킨다. 그래서 마치 외국어로서의 한국어와 같은 의미를 가지는 것처럼 보이지만, 개념적인 차이를 갖는다. 외국어로서의 한국어는 한국어를 외국어교육의 대상으로 보고 한국어라고 하는 개별 언어를 대상으로 한 학습과 습득, 그리고 그 교육을 설명하고 있다.

반면에 B언어로서의 한국어라고 하는 것은 A언어에서 B언어로, B언어에서 A언어로의 전환transfer의 대상이 되는 통번역자의 두 번째 언어를 말한다. 그러므로 여기에서는 외국어로서의 능력이 아닌 두 언어 간의 전환을 위한 능력과 두 언어가 가진 문화적 해석 능력과 그 해석에 대한 전환 능력에 주요한 관심을 갖는다. 물론 여기에는 통번역사의 양성과 교육과정에 대한 과학적 접근이 담겨 있으며, B언어로서의 한국어 사용과 활용, 그리고 전환 능력을 신장시키기 위한 교육까지 모두 포함한다.

최근 한국어교육의 확산과 한국어교육의 발전으로 제2 언어로 한국어를 사용하는 학습자가 빠르게 늘고 있으며, 한국의 국격 신장과 산업의 발전, 문화 콘텐츠를 중심으로 한 한국 문화의 확산으로 세계 여러 나라와의 교류가 빠르게 늘고 있다. 특히, 동남아시아를 비롯한 제3세계 국가들과의 교류가 증가하고, 그 지역으로부터 한국 사회로의 경제적 이주가 급속하게 늘고 있다. 뿐만 아니라 한국의 출산율 저하로 인한 노동력 감소로 인해 다양한 국가들과 밀접한 교류가 늘고 있다. 우리 사회가 빠르게 다문화화 되어가고, 세계화되어가고 있다는 것을 알 수 있다.

이 과정에서 A언어로 한국어 통번역사와 함께 B언어로서의 한국어 통번역사의 활동이 크게 늘고 있다. 특히 한국어를 외국어로 번역하는 아웃바운드out-bound 통번역에서 이들의 활동은 두드러지게 늘고 있으며, 2000년 이후, 해외 한국어 통번역 시장의 빠른 성장과 함께 통번역사 양성도 많아지고 있다. 이 외에도 한국 문화적 확장으로 인한 해외 현지의 팬번역 시장은 추산하기 어려울 만큼 커지고 있고, 온라인 공간을 활용해 다른 문화의 정보가 번역되어 한국어로 제공되는 B언어로서의 한국어번역도 빠르게 늘고 있다.

사실 한국에서 한국어 모국어 화자의 통번역사 양성은 주요 언어영어, 중국어, 일어, 러시아어, 아랍어, 프랑스어, 독일어를 중심으로 진행되고 있기 때문에, 특수 언어권동남아시아, 중앙아시아, 남미, 중동부 유럽 등의 언어의 통번역사 양성은 제한적일 수밖에 없다. 반면에 특수 언어권의 한국어 학습자는 B언어로서의 한국어 통번역사라는 직업을 선호할 뿐만 아니라 현지 한국 관련 기업에서의 업무 능력으로 인정받을 수 있는 교육과정이 된다. 그러므로 이들의 B언어로서의 한국어 통번역에 대한 관심은 클 수밖에 없다.

통번역에 대한 외국어 학습자의 동경

통번역은 일반적으로 두 언어를 완벽하게 사용하는 이중언어 사용자의 전유물로 여겨진다. 왜냐하면, 통·번역은 두 언어를 자유롭게 사용할 수 있어야 하고, 두 언어에 대한 언어적인 직관이 있는 전문가에 의해 행해지는 행위로, 전문적인 훈련과 언어 전이에 대한 경험적 지식이 요구된다고 정의하기 때문이다. 그래서 이러한 이유로 20세기 우리 사회에서는 국제회의에서 동시통역을 수행하는 통번역사란 직업은 많은 외국어 학습자에게 선망의 대상이자 꿈의 직업처럼 인식되었다.

국가 간 협상과 타협, 충돌의 현장에서 활동하는 통·번역사는 그 이전 시기의 일반적인 두 언어 사용자의 이미지를 탈피하고, 전문성을 가진 기능적 직업인으로서의 강한 이미지를 갖게 되었다. 돌이켜 보면, 국가 간의 경쟁이 팽배하고, 정치적 냉전으로 인해 국가의 이익을 중심으로 정보의 소유와 협상과 타협의 현장이 지속되던 20세기라는 시대 배경과 맞물린 이미지의 형성이라고 생각할 수도 있다.

이러한 이미지와 인식 배경 때문인지 외국어로서 한국어를 학습하는 사람들은 많지만, 번역이나 통역을 말하거나 생각하는 사람은 많지 않다. 한국어를 공부하는 학습자라면, "한국어 능력이 어느 정도가 되면 통·번역을 할 수 있을까?"라는 질문을 누구나 한 번쯤은 던져봤을 것이다. 또 어떤 학습자는 그런 수준이 한국어 학습의 목표가 되기도 한다. 하지만 우리는 모국어가 아닌 다른 언어를 배우기 시작하는 순간부터 구어는 통역하고 문어는 번역하는 행위를 지속하고 있음을 인지하는 사람은 많지 않다. 이렇게 보면 우리가 통·번역이라는 행위에 대해 가지고 있는 막연한 경외는 그러한 현장에서 활동하는 직업인으로서의 전문성을 말하는 경우가 많다. 즉, 통역과 번역이라는 외국어 사용 능력에 대한 경외(접근할 수 없는 수준의 언어사용)를 말하는 것은 아니라는 점에 대해 생각해야 한다.

통번역은 이중언어 사용자의 전유물이 아니다.

실제로 20세기 여러 연구에서 살펴보면, 기본 전제에서는 출발언어와 도착언어에 대해 모두 완벽하게 구사할 수 있는 능력이 있어야 한다고 되어 있다. 그리고 나이다의 3단계 번역 체계와 같은 기본적인 번역 모델에서 분석, 전이 및 재구성의 개념을 설명하는 것도 모두 온전한 균형 잡힌 이중언어 학습자로 설명하고 있다.

하지만 구체적인 통번역교육과 통번역에 대한 평가 등에서는 독자의 이해를 위해 다양한 어휘 및 문법적 기능과 의미의 전이를 넘어, 심미적인 표현을 위한 모국어 능력에 주목하고 있음을 알 수 있다.[19] 이러한 관점은 중국의 번역학에서 푸레이傅雷와 쉬쥔許鈞과 같은 학자들도 비슷한 견해를 보였다. 사실 이상적인 이중언어 사용자에 의해서만 통번역이 행해진다면, 그리고 통번역이 그들의 전유물이라면, 위와 같이 통번역사의 모국어 능력에 주목하거나 의존하지 않아도 된다.

한편, 르드레르Lederer나 셀레스코비치Seleskovitch 등의 연구에서 자주 언급되는 것처럼, 국제회의통역사협회AIIC에서는 국제회의에서 통역사나 번역사의 모국어로의 통번역을 기본으로 한다고 정하고 있고, 언어분류를 통번역사의 언어 숙달도에 따라, 크게 'A언어', 'B언어', 'C언어' 세 범주로 나누고 있다. 그리고 통번역사의 언어를 구사할 수 있는 능력에 따라 다시 '능동언어active language'와 '수동언어passive language'로 구분해서 설명한다.

결국, 이렇게 통번역사의 언어를 숙달도에 따라 구분하거나, 언어의 숙달도를 기준으로 통번역이 가능한 언어를 규정하고 있다는 것은 일반적으로 언어의 능력이 이상적인 이중언어 화자가 아닐 수 있음을 역설적으로 설명하고 있다.

19 영문 원문: Nida' s three-stage translation system such as analysis, transfer and restructuring contributes to translators paying attention to foreign language competence necessary for accurate analysis of the ST, various lexical and grammatical translation shifts vital for readers' understanding and native language competence essential for more aesthetic expressions.(Gilja Byun, Wonbo Kim, 2014:115)

통번역사를 위한 B언어의 교육과 학습

어떤 이는 통번역 교육과정은 기능 훈련에 있다고 하지만, 앞서 살펴본 바와 같이 통번역사 양성을 위한 교육과정의 기본은 B언어교육이 그 핵심을 차지할 수밖에 없다. 그래서 어느 나라에서든 통번역사 양성을 전문 교육과정에는 대상이 되는 학습자의 B언어를 붙여, 중국어 통번역, 영어 통번역과 같이 교육과정을 구분하고 있다. 만약 이것이 단순하게 통역과 번역에 대한 기능 훈련이라고 한다면, B언어에 따른 구분 역시도 필요 없다.

무엇보다도 앞서 살펴본 바와 같이 통번역은 이상적인 이중언어 사용자의 전유물도 아니며, 심지어는 최소한 고급 수준의 B언어를 구사하거나, 모어화자와 유사한 B언어 능력을 요구하지 않을 수도 있다. 그리고 여기에서 정의하는 통번역은 언어능력에만 의존하지 않는다. 통번역을 '언어 간의 전환이라는 형식과 문화 간 소통이라는 내용'이라고 설명하는 것도 바로 이런 이유에서다.

외국어로서의 한국어교육을 통해, 한국어를 습득한 학습자가 한국어 통번역에 접근하는 것을 우리는 번역학의 개념으로 B언어로서의 한국어 통번역이라고 정의한다. 그리고 통번역에 목표를 가진 한국어 학습자가 통번역사로 양성될 수 있는 교육과정과 교육내용 구성에서 한국어 능력의 신장과 한국문화에 대한 이해와 표현 능력의 신장은 가장 기본이 된다. 학습자의 통번역의 접근 시기에 따른, 그리고 학습자의 한국어 통번역의 목적과 목표, 그리고 수준에 맞는 교육내용도 필요하다.

정리하기

번역의 전략과 방법(Translation Strategies and Methods)

여러 번역된 여러 책이나 연구에서 전략과 방법이라는 술어를 혼란스럽게 사용하고 있는 것을 볼 수 있다. 이로 인해서 번역 전략과 번역 방법이라는 두 가지 술어의 개념을 정확하게 구분하지 못하고 사용하는 경우를 많이 찾아볼 수 있다.

통번역학에서 번역 전략이라고 함은 번역자가 번역을 시작해서 마무리하기까지 하나의 번역을 완성하는 과정에서 번역물에 적용하는 일관된 작업의 관점과 방향이라고 할 수 있다. 그러므로 전략이라고 하는 것은 번역자가 독자의 이해에 도움이 되거나, 반대로 출발텍스트의 저자의 의도를 전달하기 위해서 번역물에 전반에 적용하는 번역 방향이라고 할 수 있다. 물론 이 외에도 텍스트의 종류나 장르적 특징에 따라 전략이 선택되기도 한다. 이러한 이유에서 하나의 번역을 수행하는 과정에서 서로 충돌하는 두 개 이상의 전략이 함께 고려될 수도 있다. 앞서 보았던 자국화와 이국화라는 두 관점도 그러하다.

한편, 번역 방법이라고 함은 번역과정에서 마주하게 되는 출발텍스트의 문장과 표현과 관계된다. 번역 방법은 이렇게 구체적인 번역 과정에서 만나게 되는 문제를 해결하기 위한 구체적인 방안이라고 할 수 있다. 즉, 동일한 번역의 문제에 대해서도 번역 환경이나 조건에 따라 번역자가 다르게 적용할 수 있는, 번역자의 결정 방안이라고 설명할 수 있다.

하지만 여기서 발생하는 문제는 종종 번역 방법으로 제시된 술어가 번역 전략에서도 사용되는 경우가 있고, 반대로 번역 전략으로 설명되는 술어가 번역 방법을 설명하는 상황에서 나타나기도 한다. 예를 들어 '삽입 전략'과 같이 마치 '삽입'이라는 번역 방법의 술어가 전략과 함께 쓰이면, 번역자가 작업하는 번역물 전반에서 만나는 번역의 문제를 해결하기 위해, 여러 상황에서 경우에서 일관성 있게 '텍스트 내외에서 의 '삽입'을 전략으로 사용하는 것을 가리킨다. 이 때문에 전략과 방법이라는 술어 사용에 어려움이 있으며, 종종 둘의 관계를 반대로 이해하는 경우도 발생한다. 간략하게 번역자의 의도된 전략, 문제 해결을 위한 방법으로 이해하는 것이 좋다.

통번역학에서 가장 전형적인 전략이라는 술어 사용은 명시화 전략, 이국화 전략과 같이, 번역 전반에 걸친 번역사의 번역 기조를 나타내는 술어 사용이다.

1부

번역학에서 문화와 문화소

1 한국어 번역에서 문화소 연구는 왜 필요할까?

1 등가(equivalence)
동일한 상황을 표현하면서도 사용되는 문체나 문장 구성이 다른 경우 이것을 등가라고 부른다고 정리하고 있다. 다만 여기에 나오는 '등가'는 번역의 원리로서의 '등가' 개념과 달리 더욱 협의적이고, 단순한 번역 방법일 뿐이다. 예를 들어 'there was not a soul'이라는 문장은 '쥐 한 마리도 얼씬거리지 않았다'라고 번역하는 것이 이에 해당한다.

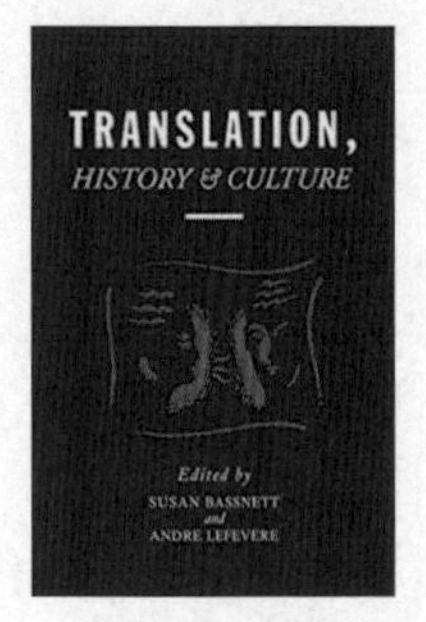

「Translation, History and Culture」

번역학에서의 문화적 전환

번역의 역사를 돌이켜보면, 원문에 대한 '충실성'과 언어적 차원의 '등가[1]' 논쟁이 오랫동안 거론되던 데로부터 폴리시스템, 기술론적 번역학, 문화학적 번역학의 학자들에 의해 번역본과 도착어권 문화에 관심을 돌리기 시작하였다.

특히 수잔 배스넷Susan Bassnett과 앙드레 르페브르Andre Lefevere가 공동 편집한 『Translation, History and Culture』의 출판은 '문화적 전환'의 서막을 열고, 연구 중심을 원문에서 역문으로, 출발어권 문화에서 도착어권 문화의 연구로 전환하게 하였다.

인류가 창조한 문화는 그 자체적으로 중요한 가치를 지닌 동시에 민족, 지역, 시대적인 특성을 구비하고 있다. 따라서 서로 상이한 문화라면 소통을 필요로 하고 그러한 소통은 번역을 떠날 수 없다. 다시 말하면 번역은 문화 소통에 의한 산물이기 때문에 번역은 문화를 떠나 담론할 수 없다.

특히 '지구촌', '세계화globalization', '국제화internationalization' 등 다양한 개념이 홍수처럼 사용되고 있는 오늘날에는 국가와 국가, 민족과 민족, 문화와 문화 간의 연결고리는 정치, 경제, 문화 등 여러 면에서 실타래처럼 복잡하게 엉켜 있다. 그러나 국경은 엄연히 존재하고 민족과 가치관, 종교 등의 갈등도 있어서 문화적인 상호간의 교류와 협력은 여간 쉬운 일이 아니다.

바로 이러한 이유로 번역은 오늘날까지도 상이한 문화적 배경을 가진 의사소통의 참여자들에게 언어와 문화적 장벽을 넘어 서로의 간극을 조율하고 메울 수 있는 불가결의 존재로 거듭나고 있다.

문화 번역 가능성에 대한 시선

번역의 가장 뚜렷한 기능은 서로 다른 문화를 이어주는 다리가 되어 두 문화 사이 또는 나아가 더 다양한 문화 간의 의사소통 수단과 방법이 된다. 이러한 이유로는 각 문화에 속한 정치, 경제, 사회, 관습, 예술, 종교, 언어 등 다양한 영역에서 서로 다르므로 번역은 원천 문화source culture에 나타나는 요소를 도착 문화target culture의 요소로 전환하는 것이다. 다시 말하면 번역은 수많은 문화적 요소에 영향을 받는 활동이라고 볼 수 있다. 이로부터 우리는 번역이 문화적 요소들로 인해 수행하기 어려운 활동, 심지어 수행할 수 없는 활동이 된다는 점을 짐작할 수 있다.

리스 & 베르메르Reiss & Vermeer, 2013에서 '(영어, 프랑스어, 독일어와 같이 유사한 표면 구조를 가진 언어들 사이에서도) 번역 작업은 언어문화의 패러다임을 이해하지 못한다면 불가능하다'라고 하였고, 노드Nord, 2006는 '… (번역은) 등가 요건이 불가능한 일을 가능하게 하라는 요구와 같다고 느껴질 것이다'라고 지적하였다.[2]

이는 훔볼트Humboldt를 비롯한 학자들이 주장하는 '절대적 번역불가능성'과 맥락이 유사하다. 이들은 서로 다른 두 언어는 같은 뜻의 단어, 같은 문법구조가 존재하지 않아 언어적 번역 불가능뿐만 아니라 동일한 문화적 상황이 없어서 문화적 번역도 불가능하다고 보았다. 그러나 슐라이어마허Schleiermacher를 비롯한 해석학의 학자들은 언어가 존재하는 독특한 개별성을 인정하면서 의미와 표현 간의 중개를 통해 번역이 가능하다는 입장을 취한다. 이들은 출발텍스트의 형태에 대한 맹목적인 충실성을 버리는 대신 의사소통의 의도 또는 텍스트의 내용에 대한 충실성을 견지함으로써 번역이 가능하다고 말한다.

다시 말해서, 이질적인 '문화요소'를 반영하고 있는 의미도 번역사가 대상독자에게 이해가 용이하도록 전달하게 되면 두 언어문화집단 간의 문화적 장벽을 넘을 수 있고 상대적 번역가능성을 구현할 수 있다.

따라서 번역사가 출발어와 도착어를 각기 모국어로 사용하는 언어문화집단의 문화경험의 차이를 인식하고, 이 간극을 반영하는 언어적 표현의 공백과 문화간극을 중개하는 노력은 상대적 번역가능성을 중시하는 번역접근법의 근간이라고 할 수 있다.

2 Nord의 영문 번역 참조: Translational action (even between languages with similar surface structures like English, French and German) is impossible unless we understand the paradigms of linguacultures....

문화소 전환에 따른 선택 변수

문화의 한 부분에 소속되는 문학 번역에서 문화소의 전환은 가장 큰 난제라고 할 수 있다. 왜냐하면 문학번역은 단순한 언어적 차원의 전환을 넘어 가치관, 이데올로기, 종교(신앙), 사유방식 등을 포함한 지극히 복잡한 문화적 차원의 전환을 요구하고 있다. 그러므로 문화적 요소가 번역에서 가장 어려움을 겪게 된다.

또한 문화적 요소가 내포하고 있는 정보의 총합이 출발어문화권과 도착어문화권에서 반드시 일치하다고 볼 수도 없다. 따라서 이에 함께 나타나는 문제가 바로 문화소 번역에 대한 번역자의 선택이라는 변수이다. 예컨대, 번역자가 문화소를 전환함에 있어서 그 속에 포함된 정보들을 전달할 것인가 말 것인가, 전달한다면 어느 정도까지, 어떻게 전달할 것인가, 일단 그대로 옮긴 후 설명을 덧붙일 것인가 아니면 일반화할 것인가, 또는 독자의 이해를 높이기 위해 도착어 문화권의 문화소로 대체할 것인가, 대체한다면 도착어 문화권의 독자들은 그러한 전환에 대해 어디까지 수용할 수 있는가, 그리고 노력을 들여서 번역한 만큼 과연 번역 품질에 대해 좋은 평가를 받을 수 있는가 등 일련의 선택에 직면하게 된다. 번역자가 이러한 난제에 대한 답을 찾아가는 데에는 번역자 개개인에 따라 서로 다를 것이며, 특히 전문번역가라면 그들만의 일관되거나 특성을 보여주는 전환 전략이 있다.

문학 텍스트에서의 문화소는 맥락의 중요성과 해석의 다양성을 겸비하고 있다. 도착텍스트 독자들이 원작의 문화적 맥락을 이해할 수 있게끔 하기 위해서 번역자는 중개인의 역할로서 문화소의 해석에 적극적인 개입을 하고 원본과 번역본 간의 역동적 등가를 이루어 독자들에게 동일한 효과를 유발하고자 할 것이다. 그러나 이러한 과정에서 번역자가 기울이는 노력에는 비용이 따르게 된다. 예를 들어 한 작품 중에 '你不该拿我们打碴'라는 문구가 나오는데, 여기서의 '打碴'는 중국 중원central plains지역에서 많이 쓰이는 방언으로 맥락에 따라 다양한 의미를 갖는다.[3]

이 문구의 영어 번역 'You should not be playing games with him'을 살펴보면 '打碴'의 대응한 번역은 'playing games'이다. 중국어 방언 '打碴'라는 표현은 다양한 의미를 지니고 영어에서 일대일 대응 번역을 찾기가 쉽지 않다. 이러한 출발어SL에서만 나타난 문화소가 도착어TL에서 찾을 수 없어서 해당 문화소의 문화적 거리가 먼 것으로 볼 수 있다. 만약 원문 안에 '打碴'라는 문화소에 관한 설명이 없는 경우 번역자가 이를 번역할 때 번역자의 개입이나 중재가 필요하다.

이러한 방언은 특정된 지역에서 사용되고 의미도 다양하기 때문에 일반 중국인들도 의미를 제대로 이해하려면 관련 정보를 찾아봐야 한다. 더욱이 번역자라면 해당 내용을 정확하게 이해하기 위해서는 인터넷으로 검색하거나 저자 또는 지인에게 연락하여 확인해야 한다. 그리고 정보를 전달하기 위해 보충 설명을 추가하거나, 이해가 용이하도록 일반화하거나 또는 자신이 이해한 의미대로 창작할 수도 있고, 아니면 아예 삭제하는 등 방법을 고민하게 되는데, 이 과정에서 번역자에 따라 시간적, 금전적으로 비용의 차이가 발생하게 된다.

이렇듯 텍스트에 따라 정보를 수집하고, 전달하고, 처리하고, 이해가능하도록 번역하는 데에 드는 노력의 차이가 있게 되는데 이것이 바로 번역의 거래 비용이라 할 수 있다. 특히 번역

3 중국 소설 『나는 남편을 죽이지 않았다(我不是潘金莲)』에서 나오는 표현이다. '打碴'는 대화 맥락에 따라 '농담하다', '놀리다', '제멋대로 하다', '헛짓하다', '실속 없다' 등을 뜻하는데 대부분 경우 부정적인 의미로 쓰인다. 위의 문구는 실제 번역작품에서 '아주머니도 우리에게 어깃장을 놓으시면 안 되죠.'로 번역되었다.

분야의 전문직 종사자라면 경제적 이익과 밀접한 관련을 맺기 때문에 이러한 시간적, 금전적 비용에 민감해질 수밖에 없고 최대한 비용을 줄이고자 한다. 번역은 어떠한 가치와 교환된다. 좋은 번역 결과물로 독자들의 신뢰를 얻기 위해 번역자는 상당한 정도의 현실적 노력을 들이게 된다. 따라서 문화소를 빠르고 적절하게 번역하는 방법을 모색하기 위해서 상이한 언어권에서의 문화적 거리를 재량하고 '최소비용, 최대효과'라는 경제원칙을 번역에 접목하여 살펴볼 필요가 있다.

한국어 번역에서의 문화소

번역 텍스트의 해석행위로 볼 때, 도착어가 모국어인 번역자에게는 자문화의 틀에 근거하여 타문화를 해석하려는 시도라 할 수 있겠지만, 반면 모국어가 출발어인 번역자의 경우에는 자문화의 틀에 근거한 자문화의 해석이 된다. 따라서 외국인 번역자라면 모국어로 된 문화소를 한국어로 번역하는 과정에서 자기 문화의 틀에 갇혀 글자 그대로 번역하거나 장황한 설명으로 풀어쓰는 경우를 완전히 배제할 수 없다.

특히 한국어 학습 단계에 있는 외국인이라면 한국의 문화소로 대체한다고 해도 맥락에 적절하지 않은 문화소를 사용하여 어색한 문장을 만들어낼 수 있는 가능성은 충분히 존재한다. 그에 비해 모국어가 한국어인 전문번역가들의 실제 번역결과물을 분석해보면 문화소에 대한 번역 전략은 훨씬 다양하고 복합적이다.

이로부터 볼 때, 동일한 문화소를 정면에서 다루되 심도있게 분석할 수 있는 동력을 알아보기 위해서는 '역자'의 번역 전략에 주목해야 할 필요가 있다. 또한 번역교육의 관점에서 이러한 차이는 역설적으로 외국인 학습자가 문화소 번역에 대해 어떻게 접근해야 하는가에 대한 유의미한 실마리를 제공할 수 있다. 그리고 문화소가 다양한 양상의 번역이 존재할 수 있음에도 번역자에 의해 최종으로 어떻게 번역되었고, 그리고 그 번역이 갖는 의미 전달의 효과와 번역의 질이 어떻게 평가받는지 살펴볼 필요가 있다.

이러한 관점의 연구를 통해서 기존의 번역을 분석하고 정리하는 것은 기존의 번역가의 번역 행위를 설명하는 것에만 그치지 않는다. 그러한 노력은 전문 번역가의 꿈을 가진 학습자뿐만 아니라, 번역 현상을 이해하고 연구하고자 하는 통번역 연구자에게도 유용한 자료를 제공한다.

정리하기

여러분의 모국어로 한국어 번역에서 문화소 연구의 필요성을 정리해보세요.

....

....

....

....

....

2

문화소 번역의 발전과 연구의 흐름

언어는 기본적으로 민족 단위로 형성되었고 그를 토대로 문화나 삶이 형성되었다. 이처럼 언어가 인간의 기본적인 삶을 영위하기 위한 의사소통의 도구가 되면서 공동체의 언어에는 그 공통체가 가진 다양한 삶의 형태와 문화가 축적되었다. 즉 언어와 문화는 서로 떼려야 뗄 수 없는 불가분의 관계에 있다. 바로 이러한 이유에서 통번역은 '하나의 언어를 다른 언어로 전달하는 행위'를 넘어서는 서로 다른 문화 간의 소통 행위로 정의할 수 있다.[4]

더욱이 민족과 국가의 경계를 넘나들고 융합하는 21세기에 들어선 지금의 번역은 단순히 언어 간의 대응에 관한 기계적인 전환을 넘어, 매우 복잡하게 얽힌 문화적 정체성을 다루는 문제로 파악되기 시작하였다.

다시 말해 번역은 마르쿠스 툴리우스 키케로Marcus Tullius Cicero, BC 106~BC 43를 비롯해서 인류 발전을 대표하는 여러 학자들에 의

4 의사소통에는 메시지의 생산사, 메시지 사용자, 메시지 및 의사소통 상황 등 4대 요소가 포함되는데, 번역과정에서 동일한 메시지라도 위의 4대 요소에 의해 메시지가 전달하고자 하는 정보 의도는 완전히 달라진다.

키케로(Marcus Tullius Cicero) 고대 로마의 정치가 겸 저술가

해 오랜 역사 속에서 관심의 대상이 되어 왔었다. 그리고 지금에 이르러서는 역사 속에서 번역으로 규정되었던 단어 대 단어word to word를 강조하는 직역直譯과 의미 대 의미sense to sense의 의역意譯 사이의 대립을 뛰어넘고 있다.

번역의 본질적인 문제는 의미를 갖는 어휘나 문구 등 그 어떤 것이든 문화권에 따라 기능이 다르다. 따라서 번역은 의사소통에 참여하는 메시지 생산자와 사용자가 속해 있는 '문화적 거리cultural distance'에 따라 번역사의 중개를 필요로 하고 있다.

바로 이러한 이유에서 번역학자들은 20세기 후반부터 번역을 '문화적 전환'의 시각으로 바라보게 되었고, '문화 번역cultural translation'이라는 개념을 내세운 논의가 통번역학 연구에서 활발하게 진행되기 시작하였다. 그 가운데에서도 '문화소'에 대한 연구가 각광을 받았는데, 그렇게 될 수 있었던 이유는 문화소가 한 언어권의 문화적인 특성과 문화적인 정체성을 가장 잘 나타내고 설명해 줄 수 있기 때문이었다.

이렇듯 문화와 번역을 접목한 연구는 20세기 말에서부터 21세기까지 이어지면서 지금까지도 활발하게 이루어지고 있을 뿐만 아니라 그동안 문화소 번역에 대한 다양한 연구 성과도 축적되었다.

문화소에 관한 해외 연구를 보면, 한국에서의 연구보다 훨씬 일찍 전개되었고 더욱 풍성한 연구 성과를 거두고 있다. 우선 문화소의 용어에 대해 살펴보면, 나이다Nida, 1964에서는 문화적 특성cultural specialties 용어를 제시하였는데 이는 본질적으로 현 단계 학계에서의 문화소의 정의와 매우 유사하다. 그리고 비슷한 시기에 카데Kade, 1964에서는 실제성realia이라는 용어를 제시하며 개념을 정의하였다. 그리고 베르메르Vermeer, 1983에서는

'culturemes'라는 용어를 제시하였고 그 이후 문화소culturemes라는 용어는 통번역학에서 문화적 요소의 기본 개념어가 되었다.

이 밖에도 뉴마크Newmark, 1988는 'cultural categories'라고 해서 문화(소)의 분류 방법을 제시하였고 이를 계기로 문화소에 대한 다양한 연구가 활발하게 이루어졌을 뿐만 아니라 다양한 개념적 술어가 만들어지고 정의되었다. 예를 들어 아이헤라Aixelá, 1996에서는 '문화 특정 항목culture specific items-CSIs'라는 용어를 제시하여 그의 특징을 설명하였고, 노드Nord, 1997a는 문화소culture 및 문화 특징culture specificity을 다시 정의하기도 하였다. 이 밖에도 페더슨Pedersen, 2011에서는 언어외적 문화지시어ECR라는 개념을 제시하였다.

서구의 문화소 연구

문화소와 관련된 통번역 전략과 방법에 대한 서구의 연구를 살펴보면, 먼저 비나이 & 다르벨넷 Vinay & Darbelnet, 1958에서는 영어와 프랑스어 간의 번역에서 문화 번역을 설명하기 위해 '차용loan', '모사calque', '직역literal translation', '치환transposition', '변조modulation', '등가equivalence', '번안adaptation' 이렇게 7가지의 번역 방법을 제시하였다.

60년대 이후, 나이다Nida, 1964에서는 '형태적 등가formal equivalence' 및 '동태적 등가dynamic equivalence', '매끄러운 번역natural translation', '공동 적합성co-suitability', '의성어 표현onomatopoeic express', '시대오류anachronism', '각주footnotes' 등 문화 번역과 관련한 번역 전략과 방법을 제시하였다. 그리고 콜러

Koller, 1979에서는 '대응correspondence' 및 '등가equivalence'전략을 제시하였다. 1980년대 들어서는 뉴마크Newmark, 1988가 12가지의 '번역 절차translation procedures'를 제시하였고, 이후 베이커Baker, 1992에 의해 비非등가표현의 8가지 번역 전략을 제시되었다. 그리고 이어서 베누티Venuti, 1995는 콜러Koller의 연구 바탕으로 '이국화foreinizing' 및 '자국화domestication[5]' 2가지 번역 전략을 제시하였다.

본격적으로 문화소의 번역 전략을 제시한 학자는 아이헤라Aixelá를 들 수 있다. 아이헤라Aixelá, 1996에서는 문화특정항목 번역 전략을 14가지 제시하였다. 또한, 페드슨Pedersen, 2011에서는 언어 외적 문화지시어ECR의 7가지 번역 방법유지, 구체화, 직접번역, 일반화, 대체, 생략, 공식 등가을 제시하였다.

5 이국화(異國化, foreignization)
1. 원천어에 충실한 번역 방법
2. 원천 언어의 고유한 '이국적' 특징을 그대로 남겨두는 방법
3. 독자를 작가에게 데려가기
4. '번역자의 가시성(可視性)'이 높은 번역

자국화(自國化, domestication)
1. 최대한 목표 언어인 '자국어'의 특성을 살려 번역하는 방법
2. 외래성을 최소화하면서 매끄러운 번역하기
3. 원천 텍스트의 저자를 목표 텍스트의 독자에게 접근시키는 방법
4. '번역자의 불가시성(不可視性)'이 높은 번역

한국의 문화소 연구

한국에서는 문화 번역에 대한 연구와 관심은 비교적 이른 시기부터 시작되었으나, 문화소를 정의하고 문화소에 대한 체계적인 관점을 도입한 본격적인 연구는 21세기에 들어서면서 시작되었다.

우선 문화소의 정의를 보면, 학자마다 다양한 번역을 통해 문화소를 설명하거나 좀 더 구체적인 개념으로 접근하고자 노력하였다. 문화소 번역 연구에서 이근희2003는 '문화와 밀접한 상관어'라고 문화소를 표현하였다. 그리고 그는 하나의 언어를 사용하는 공동체의 고유한 사회·문화로부터 비롯되는 특정된 의미를 가진 어휘나 언어 사용의 관습이라고 문화소를 정의하였다.

이후 2005년에 발행된 『번역산책』이라는 책에서는 문화소를 '문화관련 어휘culture-bound lexis'라는 표현을 사용하여 문화소의 실체에 접근하고자 하였다.

한편 이 분야에 대한 연구를 수행하면서 지속적인 관심을 가지고 있었던 김효중2004은 문화소에 대해서 특정한 상황에서의 특정한 이해, 그리고 이에 상응하는 행위를 유발하는 특정 언어권의 모든 문화적, 사회·경제적 소여성을 일컫는다고 정의하였다.[6] 이는 문화소에 언어적 요인뿐만 아니라, 출발어 문화권에는 나타나지만 도착어 문화권에서는 알려져 있지 않거나, 다르게 정의되는 비언어적 현상이나 제도 등도 포함된다는 것을 설명하고자 하였다.

이와 달리 심재기2004는 한 문화권에서 시공간적으로 특정한 대상을 가리키는 표현이 상이한 문화 간에 소통에서 장애요소가 되는 것이라 보고, '토속적인 표현'이라는 표현으로 문화소를 설명하였다. 그리고 김혜림2016은 '문화용어'라는 개념을 사용하여 한국인의 삶, 혹은 삶의 양식과 관련된 개념어로 문화소를 정의하였다. 이를 좀 더 구체적으로 설명하면, 한국에서 자생적으로 발전한 문화 외에도 다른 문화에서 유래하였으나, 이것이 한국 고유의 문화로 정착되어 뿌리내린 문화 관련 어휘와 표현도 한국어 문화소에 포함되어야 한다는 관점을 제시하였다.

이렇듯 연구자에 따라 문화소에 대한 정의는 조금씩 차이를 보이지만 출발어 문화와 밀접한 관련을 맺고, 통번역 상황에서 주요하게 통역과 번역의 대상이 되는 문화 언어적 요소를 가리키고 있다는 점에서는 모두 같은 맥락에 놓여 있다는 것을 알 수 있다.

이밖에도 한국에서 진행된 문화소 연구의 방향은 연구자에

6 소여성(Gegebenheit, 所與性)이란 철학 용어로서 '사실이나 대상으로 나타나기 이전에 주어진 경험의 내용 범주'를 가리키는 말이다.

따라서 문화소의 정보성에 대한 등가, 문화소의 탈언어적 요소, 문화소의 번역 변수 등 다양한 영역에 걸쳐 연구의 초점을 두고 있다. 예를 들어 정호정2008은 「번역된 문화텍스트의 정보성 등가와 로마자 표기 방식의 문제점」이라는 연구에서 번역 자료 분석을 통해 출발 텍스트와 도착 텍스트 간의 정보성의 등가 문제를 다루고 있다. 그리고 김경선2015의 연구에서는 문화 번역에서의 언어 외적인 제반 요소들에 대해 초점을 두고 있는데, 정치학적 요소, 시간 상황적 요소, 문화 환경적 요소, 감정적 요소 등에 대한 분석을 통해서 문화 환경이 번역에 주는 영향에 대해 기술하고 있다.

문화소의 내용적 연구에서는 언어적 범주의 문화소만을 다룬 연구도 있었는데, 예를 들어 김정연2011에서는 문학 텍스트에서 문화적 요소로 분류되는 어휘와 표현들이 어떻게 다른 언어로 번역되고, 표현되는지를 분석하였다. 이 연구에서는 문화소의 번역 방법을 선택할 때, 영향을 미칠 수 있는 변수들에는 어떤 것들이 있는지를 중심으로 기술하고 있다. 그리고 이를 위해 이문열과 황석영 소설의 실재 번역 텍스트에서 한국적인 문화 요소를 가리키는 어휘와 표현이 어떻게 다른 언어로 번역되었는지를 분석하고 있다.

구체적인 문화소에 대한 연구를 넘어, 문화소에 대한 번역 전략과 방법에 대한 연구도 찾아볼 수 있다. 이에 관한 연구로는 김도훈2006a, 2006b을 들 수 있다. 이 연구는 문화소 번역에서의 인지적 축적물의 개념을 재정립하고, 실제 번역을 통해 문화소의 부등성이 있을 경우, 출발어 독자와 도착어 독자 사이에서 인지적 축적물을 공유할 수 있는 번역 전략과 방법을 살피고 있다.

번역 전략과 방법에 대한 연구는 비교적 한국에서 다양한 관심을 끌었던 연구 분야로, 양창헌2014은 구트Gutt의 적합성 번역 이론에 기반하여 소설『순이 삼촌』을 분석한 연구이다. 여기에서는 문화 특정어가 영어 번역본에서 최적성과 적합성 이론에 얼마나 부합하는지를 논의하였다. 그리고 이를 검증하기 위해서 TT1과 TT2의 번역 전략과 방법에 대한 정량적 분석을 시도하였다.

이밖에 조재범2014의『한영 자막 번역과 문화 번역 전략』연구에서는 한국 영화의 영자 자막 번역에서 유의하게 나타나는 번역 전략의 양상 및 유형을 살펴보았다. 이를 위해 12편의 영화를 대상으로, 보편적으로 사용되는 문화소 번역 전략에는 무엇이 있으며, 이에 관여되는 번역의 변수에는 어떤 것이 있는가를 설명하고자 하였다.

이 외에도 이현경2014, 노진서2005, 2007, 2013, 황지연2007, 정인영2011, 정일영 외2011, 권인경2013 등의 연구에서는 아동문학작품, 시, 소설, 드라마, 관광안내문 등 다양한 장르의 텍스트를 중심으로 문화소 번역에 대한 연구를 진행하기도 하였다. 다만 이러한 연구들은 텍스트 장르가 한정되었었기 때문에, 텍스트의 장르적 특성에 따라 번역 전략을 분석하고 정의하는 데 일정한 한계가 있다는 것 역시 부정할 수는 없다.

이와 같이 한국에서의 문화소 연구를 살펴보면 주로 기존 학자들의 문화소 정의와 문화소 분류방법을 기반으로 문화소의 번역 전략과 선택 변수를 분석한 연구가 대다수이긴 하지만, 문화소 분류에 대한 포괄 범주가 제한적인 것이 가장 큰 아쉬움으로 남는다.

중국의 문화소 연구

한편 아시아에서의 문화소에 대한 연구를 살펴보면, 중국에서는 1980년대 말부터 '문화적 요소cultural elements, 文化因素'라는 개념이 학자들에 의해 제기되었다. 그리고 거의 동시에 외국어 교육과 여타 다른 분야의 학문 연구에서 문화적 요소라는 개념이 사용되기 시작하였다. 하지만 본격적인 문화소에 대한 연구는 1990년대 말부터 비교적 활발하게 진행되었다. 그 중에는 문화 참여, 문화 적응, 문화 해석 등을 기반으로, 문화소를 다룬 연구들과 문화소에 대한 오역과 오독, 이국화와 자국화 번역 등을 다룬 연구들이 대부분을 차지하였다.

우선 문화소 번역 방법에 관한 연구王东风, 1997에서는 문화소 번역에 있어 5가지 방법을 제시하며, 번역 사례를 통해 문화적 결여가 텍스트 이해에 미치는 영향을 설명하였다. 여기에서는 원문의 저자와 번역본의 독자 사이에 의사소통의 장애가 발생하지 않기 위해서는 번역자가 원문의 저자가 원하는 가장 이상적인 독자가 되어야 한다. 그리고 동시에 또 다른 저자의 자리에서 번역문 독자들과 소통을 할 수 있어야함을 말하고 있다. 그리고 '문화 및 번역(文化及其翻译)'邱懋如, 1998이라는 연구에서는 '문화색채어(文化色彩词)'라는 용어를 사용하여, 어휘 차원에서 문화소 번역을 고찰하고, 문화소 번역을 위한 7가지 방법을 제시하였다.

그러나 이 두 학자가 제시한 번역 방법을 살펴보면, 용어는 다르지만 개념적인 정의는 상당히 유사하거나 중복되는 부분이 있었기에 아이헤라Aixelá의 문화소에 관한 번역 전략을 중국어와 영어 번역에서 살피고 있는 것으로 볼 수 있다. 그리고 이러한 연구는 중국의 여러 연구자에 의해서 문화소에 대한 아이헤라Aixelá의 분류 방법을 소개하고, 실제 번역사례 검증을 시도하는 연구로 볼 수 있다.

그리고 이러한 연구에서는 아이헤라Aixelá의 이론을 중·영 번역에 적용시키기 위해 일부 중복되는 분류 사항을 재정리하거나 수정하는 의견을 내놓기도 하였다. 하지만 번역에 대한 분석의 초점을 이국화와 자국화에 두고 제시한 번역이 결국은 이국화와 자국화로 실현 정도로만으로 설명되는 것은 앞의 번역 전략에 대한 연구가 아직도 제한적인 한계가 있었음을 보여 준다.[7]

또한 중국에서는 문학작품을 기반으로 문화소 번역 전략을 분석한 연구도 많이 찾아 볼 수 있는데, 예를 들어『三国演义』의 중·영 번역본 중 문화소 번역에 대해 실증조사陈甜, 2013도 있고, 번역으로 인한 문화 결여 현상을 다루고 있는『홍루몽(红楼梦)』의 러시아어 번역본에서 나타난 문화 결여 현상 및 그에 대한 보상 전략의 연구章小凤, 2015도 이러한 예로 찾아볼 수 있었다.

이처럼 한국과 중국을 중심으로 진행된 문화소와 관련된 연구를 살펴보면, 문화소를 지칭하는 용어와 문화소가 포함하는 범주 그리고 분석을 위한 내용 구성이 비교적 다양하였음을 알 수 있다. 하지만 문화소 분류 방법에 있어서도 범주적 특징을 서로 다르게 설정하고 있었기 때문에, 문화소를 다루는 연구와 그 성과가 제한적이었다. 특히 대부분 어휘 차원에 한정하여 분석을 시도한다든지, 또는 문화소의 번역 전략을 이국화나 자국화로만 한정하여 논의를 시도한 연구가 많아서 그 다양성과 연구의 깊이라는 면에서는 아직도 진행 중이라고 분석하는 것이 옳다.

7 영어의 'domestication'과 'foreignization'에 해당하는 개념을 중국에서는 '歸化'와 '異化'라고 하고, 한국에서는 학자에 따라 '자국화'와 '타국화', '자국화'와 '이국화', '현지화'와 '타지화' 등으로 번역하고 있다. 본 연구에서는 '자국화'와 '이국화'로 통일하여 서술한다.

한국어 번역의 문화소 연구

여기에서는 한국과 가장 가까이에서, 서로 가장 많은 번역의 사례와 가장 오랜 시간 번역의 역사를 함께한 한국어와 중국어 간의 문화소 번역에 대한 연구는 어떤 모습으로 진행되고 있는지 알아보자.

실제로 한국어와 중국어는 앞서 언급한 바와 같이 한국어의 가장 오랜 번역의 대상 언어였으며, 번역의 양과 텍스트의 다양성에서도 가장 넓은 번역 시장을 형성하고 있다는 것은 부인할 수 없는 사실이다. 이 때문에 한국어 번역을 살피고 이야기하는 데에 중국어의 한국어 번역 연구는 영어와 함께 가장 좋은 분석 대상이다. 먼저 여기에서는 중국어 문학작품의 한국어 번역을 통해 중국 문화소의 한국어 번역 전략을 분석한 연구를 보고자 한다.

2008년 전기정의 연구는 중국 작가 노신魯迅의 『阿Q正傳』 번역 텍스트를 대상으로 이근희2004에서 제시한 문화소의 범주를 그대로 수용하고 있다. 그래서 고유명사, 특정한 문화적 배경을 가진 어휘, 역사적 배경을 가진 사건이나 인물, 관용어, 도량형을 기본으로 문화소 분석을 시도하였다. 다만 이 연구에서는 출발어의 언어적 특징을 수용하여 중국어 텍스트에서 자주 등장하는 '언어유희'를 문화소로 추가, 총 6가지의 문화소에 대한 번역 전략을 고찰하였다. 다만 문화소의 번역 전략으로는 자국화와 이국화를 중심으로 살펴보았는데, 이 연구에서 고찰한 4종의 번역본이 전반적으로 자국화보다는 이국화의 전략을 사용하고 있음을 확인하는 것에 머물렀다.

이 외에 「중국 소설 『师傅越来越幽默』에 보이는 문화소의 번역 고찰」남철진, 2014이라는 연구에서는 문화소를 호칭어와 전통생활 관련 어휘, 정치 및 사회제도 관련 어휘, 관용어로 분류하였다. 그리고 이를 통해서 전문 번역자가 선택한 문화소 번역 전략과 방법 그리고 배경 등을 분석하였으며 일부 사례에 대해서는 다른 대안역도 함께 논의하였다. 다만, 이 연구 역시 문화소를 어휘 차원에서만 분석하는 한계를 가지고 있었다.

다음으로 김윤진2015의 연구는 문화소 연구를 통해서 문화 오독과 번역에서의 내적 원인을 살피기 위해 모옌莫言이라는 작가의 소설『紅高粱』·『高粱酒』의 영어 번역본 1종과 한국어 번역본 3종을 비교, 분석하였다. 이 연구에서는 문화 범주의 분류 방법에 따라 문화소를 분류하고, 문화소 번역과 문화 오독과의 관계를 살펴보고자 시도하였다.

어떤 문화소는 문화 차이로 인하여 출발어 문화권에만 존재하고 도착어 문화권에서는 동일한 문화소가 존재하지 않을 경우, 이를 번역하는 여러 가지 번역 방법 중에 다양한 오독이 나타날 수 있음을 설명하였다. 그러나 이 두 작품만으로는 문화 오독과 오역을 보여줄 수는 있었지만 이를 없애거나 줄이는 데에 대해 구체적인 대안을 제시하지는 못했다는 점에서 또 다른 한계를 보였다.

반대로 출발어가 한국어이고 도착어가 중국어인 번역에서 한국 문화소에 대한 번역을 분석한 연구를 보면,「한국어 문화 어휘의 중국어 번역 연구」서준, 2015를 대표적인 사례로 들 수 있다. 여기에서는 프레임이론을 문화 어휘 번역에 접목시켜서 한국 정부에서 간행한 한국의 해외 홍보물을 대상으로 문화 어휘를 유형화하여 분류하고 있다. 그리고 중국인 독자들의 설문조사를 통해, 한국어의 문화 어휘에 대한 수용 가능성을 정리하였다.

이 연구의 목적은 문화 어휘 번역에서 발생하는 문제점을 도출해 낸 후에 가독성을 높이기 위한 문화 어휘 번역 방법과 번역 전략을 기술하는 것에 있었다.

이 외에도 『우리문화 길라잡이-한국인이 꼭 알아야 할 전통문화 233가지』 국립국어연구원, 2002에서는 중국어 번역본에 있는 한국어 문화소 중에서 등가를 이루지 않는 107가지 사례를 발췌하여, 역시 자국화와 이국화 전략[8]을 중심으로 중국어 번역본에 대한 분석을 시도하였다. 이와 유사하게 「중한 번역에서 문화소의 부등성에 따른 번역 전략」 강수정, 2010에서는 문화소를 스톨제R. Stolze의 실제적 부등성, 형식적 부등성, 의미적 부등성을 중심으로 한자사용에서의 부등성까지 4가지 부등성을 정의하였다. 그리고 연구를 통해 고유명사와 속담의 중·한 번역에서 이국화와 자국화를 중심으로 한 번역 전략을 분석하였다.[9]

이처럼 한국어와 중국어 간의 문화소 번역에 초점을 두고 살펴본 기존 연구를 정리하면, 대부분 어휘 차원의 분석에 머물러 분석 대상이 제한적일 수밖에 없다. 그리고 두 언어 간의 문화소 번역 전략에 대한 연구방법 또한 단조로운 분석틀을 넘어서지 못하였다. 그리고 번역 전략에 대한 양상을 기술하는 분석은 이국화와 자국화라는 전략 분석의 한계에 그대로 노출되어 있었다. 이 때문에 여러 연구들은 번역 전략의 다양한 모습을 분석할 수 없었으며, 효과적인 문화소 번역 방법을 기술하는 것도 일정한 한계를 가질 수밖에 없었다.

8 자국화와 이국화는 서로 상반된 개념으로 통번역학에서는 종종 [이국화]라는 자질의 유무에 따라서만 설명하기도 한다. 그러므로 번역사의 전략으로서 설명할 때는 두 개의 전략이라기 보다는 번역 자체가 독자의 자국화 방향을 가지고 있음으로 독자에게 이국화의 요소를 얼마나 남겨줄 것인지에 대한 이국화 전략 하나로 설명할 수도 있다.

9 문화소의 부등성에 관해서 강수정은 스톨제의 개념을 인용하여 다음과 같이 분류하였다.(김효중, 2004:39 재인용) ① 실제적 부등성: 역어 문화권에 존재하지 않는 원어 문화권의 문화소, ② 형식적 부등성: 역어 문화권에 문화소로서 존재하지만 다른 언어적 형태를 지닌 원어 문화권의 문화소, ③ 의미적 부등성: 역어에서 원어의 뜻으로부터 일탈하거나 원하지 않는 연상작용을 일으키는 어휘의 문화특유의 함축성

정리하기

학생의 모국어로 문화소 번역의 발전에 대해 요약해 보세요.

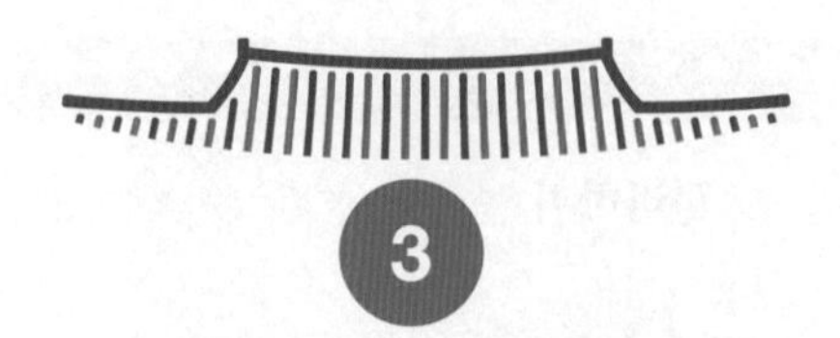

3

문화소 정의와 분류 방법(문화와 문화소)

문화소 개념이 문화에서 비롯되었음은 설명할 필요가 없는 지극히 자명한 사실이다. 따라서 문화소의 정의와 분류를 위한 정확한 기준을 마련하기 위해서는 우선 그 상위 개념인 문화가 무엇이고, 문화에는 어떤 것들이 포함되며, 문화를 어떻게 분류할 수 있는지에 대해 먼저 살펴보아야 한다.

문화의 정의

문화의 개념을 명확하게 정의하기는 그리 쉽지 않다. 왜냐하면 문화의 개념은 학자에 따라, 그리고 문화라는 개념이 사용되는 목적에 따라 다양하게 정의될 수 있기 때문이다. 윌리엄스Williams, 1983는 문화의 개념을 인간의 활동으로서의 문화와 인간의 삶의 방식으로서의 문화, 그리고 과정과 발전으로서의 문화로 구분하여 문화에 접근을 시도하였다. 사실 문화라는 말은 '유형적, 무형적, 공시적, 통시적'으로 모두 변화 가능한 개념이다. 그러므로 역사 단계, 연구 시각, 연구 영역, 연구 중점, 연구 방법 등에 의해 문화의 정의와 분류 기준은 직접적 영향을 받게 된다.

이 때문에 문화에 대한 정의는 실로 다양함과 동시에 정의를 내리기가 매우 까다로운 개념이라는 것에는 여러 학자들이 모두 일치된 견해를 보인다.[10]

사회와 문화에 대한 대표적인 연구자 테일러Tyler, 1872는 문화를 '사회의 구성원으로서 인간이 획득한 신념, 지식, 예술, 법률, 도덕, 기타 모든 능력과 습관을 포함하는 복합적 총체'라고 정의하였다. 또 다른 미국 인류학자 워드 구드너프Ward Goodenough는 문화를 '사람의 행위나 구체적인 사물 그 자체patterns of behavior가 아니라 사회 성원들의 생활양식이나 행위를 규제patterns for behavior하는 관념체 또는 개념체'라고 설명하였다.

한편, 인간의 행위와 삶의 방식으로서의 문화를 정의한 윌리암스Williams, 1984는 『문화 사회학』이라는 책에서 문화를 '단어 중에서 가장 설명하기 난해한 몇몇 단어 중 하나다'라고 지적하였고, 로버트슨Robertson, 1990은 『사회학』이라는 책에서 '문화는 인류 모두가 공동으로 향유하는 사회적 산물'이라고 정의하였다. 그리고 문화를 물질문화와 비물질문화로 구분하며, '물질문화는 인류가 창조해내고 의미를 부여한 제품 또는 물체이고, 비물질문화는 비교적 추상적인 창조물이라고 주장하면서, 인간과 환경, 사회와 문화 사이의 상호관계로 문화'에 대해 정의를 내리고자 했다.

이처럼 문화는 인류학적 관점에 따라 사회학에서도 비교적

테일러
(Tyler,1832~1917)
영국의 인류학자

10 미국의 두 인류학자 앨프리드 크로버(Alfred Kroeber)와 클라이드 클러컨(Clyde Kluckhohn)의 공저 『문화: 개념과 정의에 대한 비판적 검토』(Culture: A Critical Review of Concepts and Definitions, 1952)에서 문화에 대해 내린 무려 162가지의 상이한 정의를 정리·검토해 새로운 최종 정의를 정리하고자 시도하였다. 그러나 이러한 노력은 결국 수포로 돌아가고 또 하나의 정의를 첨가하였을 따름이다. 이후 50여 년이 지나 발윈(Balwin, 2006)은 다시 문화의 개념을 정리하여 300여 개가 넘는 문화의 정의를 제시하기도 하였다.

포괄적인 개념을 따라 정의하였는데, 중복되는 주요한 내용은 다음 두 가지로 정의할 수 있다.

문화는 첫째로 사회 성원들이 사회생활을 통해 배우고 공유하는 모든 것을 가리킨다. 그리고 둘째로 문화는 한 사회의 생활양식의 총체를 말한다. 하지만 초기 사회학에서는 문화에 대해서 인류학의 이러한 포괄적인 개념을 그대로 수용하여 사용해 왔으나, 시간이 흐르면서 사회학에서는 좀 더 제한적 개념의 용어로 문화를 규정하였다Marvin, 1968.

이 밖에도 철학, 역사학, 고고인류학, 인문학, 정치학, 경제학, 행정학 등 다양한 학문적 범주 안에서 문화는 부동한 관점에서 다양한 개념으로 정의된다. 지금까지 알려진 문화라는 개념에 대한 수많은 정의를 크게 두 가지로 유형화하면 총체론적 관점totalist view의 정의와 관념론적 관점mentalist view의 정의로 구분할 수 있다.

(1) 총체론적 관점에서 본 문화는 특정한 인간집단이 향유하는 생활양식의 총체totality를 말한다. 대표적으로 학자 Tylor가 문화를 '생활양식의 복합체'로 규정하고 있는 주장이다.
(2) 관념론적 관점은 총체론적 관점과는 달리 문화를 주로 주관적인 측면에서 고찰하고 있다. 대표적인 학자 워드 헌트 굿이너프Ward Hent Goodenough의 '생활 양식이나 행위를 규제patterns for behavior하는 관념체 또는 개념체'의 주장이다.

이를 표로 정리하면 다음과 같다.

분류	총체론적 관점	관념론적 관점
정의	특정한 인간집단이 향유하는 생활양식의 총체(totality)	사회 성원들의 생활양식이나 행위를 규제하는 관념체 또는 개념체
대표학자	Edward Burnett Tylor	Ward Hent Goodenough
범주	구체적인 사물 및 사건	추상적인 무형의 것

<표 1> 문화에 대한 정의와 관점

이상의 논의를 정리하면, 문화의 개념을 거시적으로 보는가, 아니면 미시적으로 보는가에 따라 문화의 정의는 달라질 수 있다. 실제로 거시적인 관점에서 문화를 보는 학자들은 문화를 모든 인류의 창조물이라는 개념으로 정의하게 된다. 반대로 미시적 관점에서 문화를 정의하는 학자들은 비록 다루는 범주가 다소 차이가 있다고 하더라도 기본적으로 문화를 '정신' 또는 '관념'에서 파생된 물건이나 그에 관련된 행위 규범으로 정의하게 된다.

앞서 문화소 번역의 연구 흐름에서 간단하게 언급한 바와 같이, 기존 연구의 문화소의 분류 범주와 2분법적인 번역 방법에 대한 분류는 문화소 번역의 번역 분석에서 제한적일 수밖에 없었다. 따라서 보다 보편적인 개념에서 확대된 문화소 번역을 논의하기 위해서는 확대된 문화의 범주와 개념을 수요할 수 있어야 한다. 다시 말하면 인간이 창조한 모든 물질, 정신, 행위 등에 관련된 것을 모두 문화로 간주해야 한다.

문화를 이렇게 확장된 개념으로 살펴본다면, 문화에 대한 거시적 관점에서 출발하여 문화를 '사회적 구성원으로서 인간에 관한 전체적인 삶의 양식'으로 정의하는 것이 바람직하다.

문화와 문화소

위에서 우리는 문화의 정의를 통해, 문화란 인간이 이룩한 전부를 그 개념 안에 포함할 수 있음을 확인하였다. 아울러 구체적인 내용으로는 지식, 신앙, 가치관, 이념, 예술, 규범의 전달양식과 이러한 양식을 유지, 전수, 창조하는 수단인 교육, 종교, 이념, 예술의 전달매체 등의 비물질적인 요소뿐만 아니라, 기구, 건물, 도로, 교통수단 등 물질적인 요소도 포함되며, 사회제도, 집단, 조직과 같은 사회조직도 포함된다는 것을 확인하였다Marvin, 1968.

이와 같이 문화 개념에서 구체적으로 제시되는 요소들은 문화소를 정의하는 데에 기본적인 토대를 마련해주게 된다. 그러므로 문화소는 문화를 구성하는 요소 혹은 특징과 관련되는 요소라고 말할 수 있다.

언어학에서 설명하는 어휘 구성은 최소 형태소가 다른 형태소를 만나 더 큰 단어를 형성하는 것처럼, 물질문화와 정신문화에 관련된 각각 요소들이 문화를 구성하므로, 문화의 최소 단위가 바로 문화소다. 따라서 문화소는 특정한 문화적 함의를 내포하면서도 한 문화권의 문화적인 특성을 보여주고 다른 문화권과의 문화적 차이를 나타내는 표지가 된다.

문화적 차이는 이렇게 상이한 문화 간에 나타는 상이한 사유구조, 가치관, 인지방식, 행동양식 등에 의해 발생한다. 다시 말해서, 상이한 문화는 구체적인 서로 다른 문화소에 의해 의사소통의 장애를 겪게 된다. 하지만 어떤 문화소에 대해, 서로 다른 문화권의 의사소통 참여자 간에 인지 환경이나 배경지식이 서로 공유되고 있다면, 문화적 간극은 좁혀지고 소통은 원활해질 것이다.

아래의 사례를 통해 더 구체적으로 살펴보면 다음과 같다.

사례: 음식	
ST:	但老冯不再理老邓，让杨摩西又舞了四天社火。不但天天让杨摩西吃**烧饼**，中饭和晚饭，还各加一碗**胡辣汤**。并且准备明年舞社火时，还用这个阎罗。(『一句』, p. 123)
TT-E:	But Feng did not ask Deng again; he chose to let Moses play the King of Hell for the remaining four days of the festivity. Moses got to eat **flatcakes** every day, plus a bowl of **spicy soup** for lunch and dinner. Feng decided that Moses would be his choice again the next year.
TT-K:	하지만 라오펑은 더이상 라오덩을 상관하지 않고 양모세에게 나흘 더 명절놀이 춤을 추게 하였다. 그리고 양모세에게 **샤오빙**뿐만 아니라 점심과 저녁에 각각 **후라탕**도 한 그릇씩 제공하였다. 게다가 내년 명절놀이 춤을 출 때도 그를 염라대왕으로 쓰기로 하였다. (『한마디』, p. 263)

음식은 의·식·주衣食住 문화의 범주에 속하는 하나의 문화소라고 정의할 수 있다. 위의 사례에서 나오는 '후라탕'은 해당 작품에서 총 8회 나타나는데, 번역본에서 이 음식명이 가장 처음 출현할 때 번역자는 각주를 통해서 '고기와 두부, 다양한 채소를 넣어 만든 허난 토속 음식'이라고 소개한다. 후라탕은 중국의 허난河南, 산시陝西 등 지역에서 많이 먹는 대표적인 향토 음식으로, 한국의 육개장처럼 서민들이 부담 없이 끼니를 때울 수 있는 대중적인 음식이다.

하지만 소설 속에서 '양모세'는 하루건너 끼니를 굶다시피 살아가는 생활환경에서 우연한 기회에 '샤오빙'에 '후라탕'까지 대접을 받아, 비록 서민적인 음식임에도 감지덕지한 상황을 맞았다. 만약 독자들이 단지 이 음식의 재료나 제조 방법뿐만 아니라 '후라탕'이 갖는 문화적 특성과 그것에 깃든 배경지식을 파악할 수 있다면 작품의 맥락과 인물을 이해하는 데에 훨씬 큰 도움을 받을 수 있다.

이와 같이 번역이라는 상황에서 보았을 때, 문화소가 내포하고 있는 문화적인 특징과 함께 그 배경지식이 제대로 파악되고 전달될 수 있다면, 문화 간의 의사소통은 성공적으로 진행될 것이고, 그러한 번역은 양질의 번역이라는 평가를 받게 될 것이다.

따라서 문화와 문화소의 관계를 고려한다면, 문화소는 문화의 근원을 구성하는 요소로서 한 문화권의 문화적인 특성과 문화적인 정체성을 보여주는 요소일 뿐만 아니라, 다른 문화권과의 문화적 차이를 가장 잘 나타내는 표지로써 특정한 문화적 함의를 내포한 문화적 배경지식이라고 할 수 있다.

생각하기

How to Bake Flat Cakes | Liv for Cake
livforcake.com

Cheese Flat Cakes with Herbs | Baked Goo...
geniuscook.com

Spicy Chicken Pasta Soup Recipe – Eatwell1...
eatwell101.com

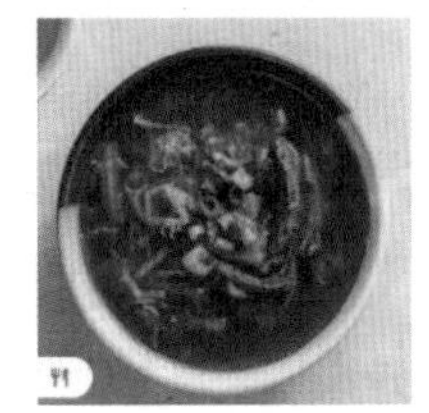
Korean Spicy Beef Soup (Yukaejan...
thespruceeats.com

이 그림은 구글에서 'flatcake'와 'spicy soup'를 이미지로 검색하여 나온 것입니다.

일반화의 방법으로 문화소를 번역하면 원문에 담긴 정보나 의미를 얼마나 살릴 수 있을까요?

번역가가 문화소를 번역할 때 이러한 방법을 자주 사용하는 이유는 무엇일까요?

문화소의 개념

문화소라는 개념은 독일의 한센Hansen, 1996이 처음으로 제시한 용어로써 언어학에서 말하는 음소와 유사한 개념으로 번역에서의 기본 단위로 개념화하였다. 하지만 문화소에 대한 논의는 '문화적 차이'를 드러내는 실체적 요소로 인식되면서 언어학과 번역학 뿐만 아니라 외국어교육과 통역과 번역 교육 등의 연구 목적으로 지속적인 관심을 끌어왔다.

Nida (1914~2011)

등가이론으로 잘 알려진 나이다Nida, 1964는 언어학적 관점에서 언어의 의미 도출과 텍스트 맥락의 파악을 위한 수단으로 문화에 접근하였다. 이후 나이다Nida, 1993는 '문화어휘'에 대해 특정 문화 범위에 속하는 어휘로서 간접 또는 직접적으로 한 민족의 문화를 반영하고 있는 어휘라고 정의하였다, 그리고 이렇게 출발어와 도착어 간의 비등가성으로 야기되는 영역을 '생태학, 문질문화, 사회문화, 종교문화, 언어문화' 5가지 범주로 나누어 그 영역을 설명하였다.

Peter Newmark (1916-2011)

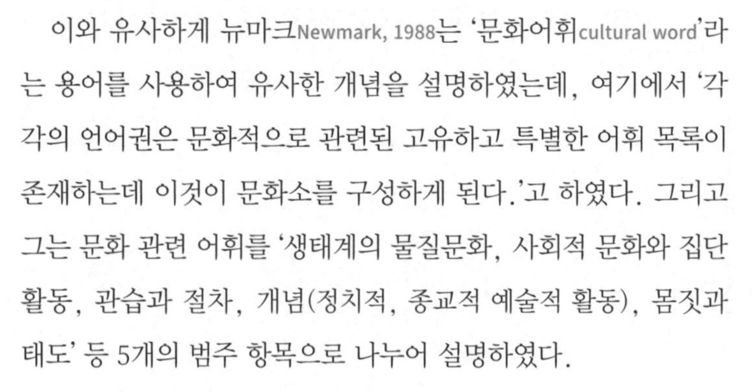

이와 유사하게 뉴마크Newmark, 1988는 '문화어휘cultural word'라는 용어를 사용하여 유사한 개념을 설명하였는데, 여기에서 '각각의 언어권은 문화적으로 관련된 고유하고 특별한 어휘 목록이 존재하는데 이것이 문화소를 구성하게 된다.'고 하였다. 그리고 그는 문화 관련 어휘를 '생태계의 물질문화, 사회적 문화와 집단 활동, 관습과 절차, 개념(정치적, 종교적 예술적 활동), 몸짓과 태도' 등 5개의 범주 항목으로 나누어 설명하였다.

한편 스코포스 이론으로 우리에게 잘 알려진 베르메르Vermeer, 1990는 언어를 문화의 일부로 보고, 문화소의 개념을 논의 안에서 별도로 개념화하지는 않았지만, 번역자가 도착문화를 번역에 수용할 준비가 되어있음을 보여주는 것으로 정의하였다. 그리고 베이커Baker, 1992의 연구에서는 문화소, 문화의 고유한 개념culture-specific concepts을 출발어 단어가 도착어 문화에 전혀 알려지지 않은 개념을 표현하고 있는 것으로 설명하였다. 그리고 그는 이러한 개념이 추상적이거나 구체적일 수도 있다고 설명하고, 종교적인 신념이나 사회적인 관심, 음식의 형태와도 관련이 있을 수 있으며, 가끔은 이러한 개념이 그 사회의 특별한 문화를 언급한다고 하였다.

스톨제Stolze, 1992는 출발어 문화권에서는 일반적이고 보편적인 개념이나 대상이기 때문에 누구나 다 알고 이해하지만, 도착어 문화권에서는 생소한 낯섦을 주는 요소를 말한다고 하였다. 그리고 이런 요소는 출발어 문화권에서는 어떤 특정한 관습적, 관용적, 직관적 연상 작용을 불러일으키는 데 반해, 도착어 문화권에서는 전혀 그러한 역할을 하지 못 한다고 설명하였다. 또 반대로 출발어 문화권에서는 아무런 의미 없이, 자연스럽게 사용되지만, 도착어 문화권에서는 매우 특정한 연상 작용을 불러일으키는 텍스트적 요소가 될 수 있는 것을 '문화소'라고 정의하였다.

이밖에도 문화소에 대한 정의와 개념적 설명은 다양한 학자들에 의해 시도되었다. 그 중에서 문화 관련 지시 대상에 따라 문화소를 정의하고 있는 학자들을 보면, 아이헤라Aixelá, 1996의 문화소 정의가 눈에 띈다. 그는 문화소를 '문화 특정 항목culture specific items'이라고 정의하고 이에 대한 분류를 '고유명사와 일반명사'로 나누어 분류하였다. 여기에서 고유명사에는 인명, 지명, 기관명, 역사적 인물, 예술작품 등을 포함하여 제시하였고, 일반명사에는 일반명사이면서도 특정적 의미를 함의하는 명사의 사용 사례로 성경에서의 '양sheep'의 쓰임을 예를 들어 설명하기도 하였다. 사실 성경에서의 양은 유목 문화 기반의 문화적 의미를 담고 있어서 한국 문화에서는 '양'이 도착어로서의 유사 함축을 갖지 못한다.

이 밖에 노드2006는 문화소에 대해서 "X라는 문화에서 구성원이 관련이 있다고 생각하는 사회적 현상을 가리키는 것으로, 이를 Y라는 문화의 사회 현상과 비교할 때는 X문화에만 한정되는 요소가 된다."라고 정의하였다. 그리고 하비Harvey, 2000는 문화 관련 어휘를 '출발 문화권의 특정한 개념, 제도 혹은 인물을 지칭하는 용어'라고 비교적 간단하게 정의하였다.

이처럼 문화소에 대한 개념이 다양하고 그 분류 방법과 기준이 추상적일 뿐만 아니라 관점에 따라 서로 다양한 이견을 갖고 있으니 문화소에 대한 정의가 다르고, 가리키는 용어와 술어도 학자마다 차이를 보일 수 밖에 없다. 이러한 이유로 인해서 앞서 소개한 술어적인 개념 외에도 리스Reiss, 2000의 '실제소realia'라는 용어의 사용이라든지, 하그포스Hagfors, 2003의 '문화의존 요소culture-bound elements'라는 술어도 사용되었으며, 아가Agha, 2006의 '문화특정 개념culture specific concepts', 오르두다리Orduadary, 2007는 '문화특정 용어culture specific terms'라는 술어를 사용한 바 있다.

문화소에 대한 개념을 수용하여 통역과 번역 연구에 반영한 한국의 사례를 살펴보면, 문화소는 그것이 가리키는 문화 대상이나 문화적 실체로 정의되었다.

대표적인 연구로 이근희2003는 문화소를 '문화와 밀접한 상관어'라고 설명하였고, 이후에 남성우2006는 그의 책에서 이와 관련된 개념어로 '문화소'를 제시하였다. 이후, 이근희2008는 다시 문화와의 관련성을 강조하는 의미에서 '문화 관련 어휘'라는 표현으로 술어를 다시 수정하기도 하였다. 이근희는 여기에서 '출발어를 사용하는 언어공동체의 역사, 사회, 경제, 정치, 언어관습 등을 둘러싼 문화적 고유성을 드러낼 뿐만 아니라 특정 문화 안에서 비롯되는 어휘'라고 정의하였다.

물론 이러한 관점에서는 좀 벗어나 심재기2004에서는 한 문화권에서 '시간적, 공간적으로 특정한 대상을 지칭하는 표현은 상이한 문화 간에 소통의 장애 요소로 나타날 수 있다'고 설명하고 이러한 요소로 범주화 할 수 있는 것을 '토속적인 표현'이라고 하여 문화소를 개념화하기도 하였다. 그리고 김혜림 외2014에서는 '문화용어'라는 개념을 사용하여 '문화소'를 표현하였는데, '문화용어'란 한국인의 삶, 혹은 삶의 양식과 관련된 개념어뿐 아니라, 외래문화에서 유래하였으나 우리 고유의 문화로 뿌리내린 문화 등과 관련된 것을 가리키는 술어라고 정의를 내렸다.

한편 김효중2004은 베르메르의 주장을 소개하면서 '문화소'라는 용어를 사용하여, 특정한 상황에서 특정한 이해를 유도하고, 그에 상응하는 행위를 유발시키는 것으로 모든 문화적, 사회 경제적 소여성所與性을 일컫는 것으로 소개하였다. 그리고 여기에서는 언어적 요소뿐만 아니라 출발어 문화권에 나타나지만, 도착어 문화권에는 알려져 있지 않거나 전혀 다르게 이해되거나 정의될 수 있는 비언어적 현상 또는 제도, 사회 관습 등을 포함하는 것으로 정의하였다.

이러한 문화소의 정의와 용어, 술어 개념의 다양성과 개념적 혼란과 추상적 기준의 갑론을박은 비단 한국만의 문제가 아니라, 중국과 일본의 문화소 연구에서도 비슷한 양상으로 논의를 거쳐 왔다.

중국의 문화소 연구에 대한 상황을 살펴보면, 가장 먼저 논의를 이끈 왕동펑王东风, 1997의 '문화 결여文化缺省, cultural default'라는 용어의 개념이 눈길을 끈다. 여기에 정의된 문화소의 개념은 번역과정에서 필연적으로 발생하는 결속구조의 재구성 과정에서 '의사소통에 참여하는 참여자'가 서로의 문화적 배경지식이 공유되어 있지 않는 경우, 이를 '문화 결여'라고 정의한다. 이 밖에도 바오후이난包惠南, 2004은 '문화부재어文化负载词, culture-loaded words' 라는 용어를 사용하고 이를 어휘 결여词汇空缺의 개념에서 설명하기도 하였다. 즉, 출발어의 어휘가 담고 있는 문화 정보가 도착어에서 대응어를 찾을 수 없는 경우를 말한다고 설명하였다. 그리고 허위안젠何元建, 2010은 문화소를 '본원개념本源概念, indigenous information'이라는 용어로 설명하였다. 그리고 이것을 '하나의 언어적 사회집단이 자신의 역사, 문화, 사회, 사회와 사유방식의 발전과정에서 키워낸 특유의 개념'으로 다른 언어적 사회집단이 이를 보았을 때는 외래적인 것으로 인식한다고 정의하였다. 이 외에도 왕츠王辞, 2002의 '문화결실文化缺失, culture loss', 장난펑张南峰, 2004의 '문화전유항목文化专有项, cultural specific items'라는 용어들이 문화소의 개념을 소개하는 데 사용되었다.

이 밖에 중국에서 '문화소'는 외국어 교육이라는 분야에서는 자오진밍赵金铭, 2004이 '文化因素'라는 용어를 사용하여, 목표어에 대한 이해 및 표현과 밀접한 관련이 있는 것으로 한 민족의 여러 분야에 걸친 문화적 내용을 반영하는 요소로 설명하기도 하였다. 그리고 어휘론의 차원에서는 왕더춘王德春, 1998이 한 국가의 정치, 경제, 문화, 역사 및 풍속과 관련되어 있으며 민족 문화의 특색을 지닌 어휘로 개념화하여 사용하기도 하였다.

이러한 관점을 종합해 보면 문화소와 같이 문화적인 요소가 함유된 어휘는 '문화적으로 특별한 단어, 구, 관용어로서 다른 언어 공동체와는 다르게 해당 언어 공동체에서만 사용되는 독특한 행동 양식을 반영하고 있음을 지적하고 있다. 그리고 그것은 오랫동안 역사 속에서 점차 형성되어 온 것'이라고 설명될 수 있다.

이와 같이 문화소에 대해 여러 나라에서 많은 학자들이 다양한 용어와 개념을 통해서 정의를 내려왔지만, 공통적으로 문화소에 함의하고 있는 개념은 통역과 번역과정 중에 문화적 차이로 인해 문제를 야기할 수 있는 문화적 차이를 반영하고 있는 언어적 요소라는 점이다.

다만 앞서 살펴보았던 다양한 기존의 연구들의 논의를 수용하기에 앞서 몇 가지 확인해야 할 부분이 있다.

첫째는 문화소를 적용시키는 범주에 있어, 일부 학자는 어휘 차원으로 보았고, 일부는 텍스트적 차원으로 보고 설명하였다는 점이다. 문화소라고 하면, 대부분 어휘적 차원에서 논의되는 것이 일반적인 것으로 보이지만, 실제로 문화소는 문화적 배경지식이 공유되어 있지 않는 상황에서 발생하는 문화적 차이를 반영하고 있기 때문에 통역과 번역의 입장에서는 당연히 더 넓은 층위에서 해결방안을 고민하는 것이 맞다.

예를 들어 중국어 표현에서 "您吃了吗？"라는 문구가 나왔을 경우, 상황에 따라 한국어로 "식사하셨습니까?" 또는 "안녕하십니까?"로 번역될 수 있다. 또한 경어법에 따라서도 다양한 번역이 가능하다. 이러한 요소들은 중국어 텍스트에 대한 어휘 차원의 대응에 그치지 않을 뿐만 아니라 도착언어인 한국어에서도 어휘 차원의 문제로만 설명되지 않는다.

더욱이 한국어에서는 경어법[11]은 윗사람이든 아랫사람이든 다양한 상황에 따라 서로를 공경하는 마음을 담아 사용하는 하나의 사회적인 문화로 설명될 수 있다. 이러한 이유에서 번역자라면 자연스럽게 이러한 텍스트 맥락을 고려해서 통역이나 번역을 시도해야 한다. 다시 말하면 어휘 차원으로만 문화소를 바라보는 것은 문화소와 연관되는 다양한 문화적 요소를 간과하기 쉽다.

11 높임말 또는 존댓말(尊待말)은 대화의 주체가 임금이거나 자신보다 나이가 많은 상대에게 경의를 표하기 위하여 쓰는 언어 또는 말하는 것을 말한다. 한자로 경어(敬語) 또는 경칭(敬稱)이라고 한다.

둘째는 문화소에 포함되는 요소가 실제 통번역 같은 문화적 전환과정에 놓였을 때 문화적으로 충돌을 일으키는가에 대한 확인이 필요하다.

예를 들어 음식문화의 경우, 중국의 문학 작품이나 일상 텍스트에서 '馒头'라는 음식이 자주 등장하는데 한국 번역본을 보면 '만두' 또는 '찐빵' 등으로 번역된 사례를 많이 찾아볼 수 있다. 하지만 그럼에도 이 번역이 제대로 된 번역이고 실제로 전달되는 의미에 아무런 문제가 없는 것인가에 대한 의문은 남는다.

중국에서 '馒头'라는 음식은 북방지역에서 주식으로 흔히 먹는 음식이지만, 한국에서는 한자로 대응하는 '만두'나 의미적으로 대응하는 '찐빵'이 주식에 해당되지는 않는다. 단지 끼니를 해결하는 경우라면 '만두', '찐빵'이라는 번역으로도 족하겠지만, 이러한 번역이 문학 작품에서 특정 맥락이나 상황과 관련하여 음식에 부여되는 문화적 의미가 있을 경우, 원본과 번역본 사이에서 충돌을 일으키지는 않는지에 대한 판단이 필요하다.

앞서 살펴본 정의와 개념에서 학자들이 '특별한 연상작용', '특정 상황', '특정 이해' 등의 표현을 강조해 정의한 것도 바로 이러한 이유를 감안한 표현이라고 이해된다. 따라서 이러한 문제점에 비추어 번역에서의 문화소는 시간적, 공간적으로 해당 문화권의 구성원들에게 부여된 문화적 의미를 가진 것을 가리킨다. 그리고 이것을 번역과정에서 텍스트의 상황과 맥락으로 인해, 구체적으로 제한된 이해 작용을 불러일으키는 텍스트적 요소라고 정의할 수 있다.

문화소 분류의 연구

지금까지 문화와 번역의 관련성을 밝히기 위한 연구는 번역학에서도 활발하게 진행되어왔고, 이 가운데서도 문화소에 대한 연구가 다양하고도 많은 연구의 중심을 이루고 있었다. 그리고 이 연구에서는 번역에서 문제가 되었던 문화소를 정리하고, 학문적으로 분석하기 위해 체계적인 분류기준을 논의해왔다. 그 중에서 나이다의 분류체계는 문화소 번역의 다양한 연구에서 대표적인 분류기준으로 자주 언급되었으며, 다양한 연구에서 체계적인 분류를 위해 인용되어왔다.

나이다Nida, 1964는 번역과정에서 문화의 차이로 인해 번역 문제가 야기되는 문화소 분류의 범주를 다음의 5가지로 나누어 설명하였다.

(1) 생태학Ecology: 동식물, 기후, 지리환경 등 인간이 생존하고 문명을 만들어 가는 터전인 자연환경.
(2) 물질문화material culture: 물질적 산물로서 의식주 등의 인위적 가공물.
(3) 사회문화social culture: 사회 제도와 행위를 포괄하는 넓은 개념적 범주. 예로 문화배경, 사회규칙, 지역 풍습, 역사, 전통, 도덕 등.

(4) 종교문화religious culture: 신앙을 바탕으로 하는 인간의 우주관과 세계관, 예를 들어 숭배와 금기의 대상, 전설 등.
(5) 언어문화linguistic culture: 언어적 특징으로, 언어의 음성, 형태, 통사, 어휘 등.

이와 유사하게 문화소의 분류 방안을 제시하고 있는 대표적인 학자로는 뉴마크Newmark, 1988를 들 수 있다. 그는 다양한 언어 공동체로 대표되는 인류 사회는 공동체 안에서 같은 문화를 함께 공유하며 살아가기 때문에 각각의 언어권은 문화적으로 각기 다른 고유한 특징을 가진다고 설명하였다. 그리고 그 고유한 특징을 담고 있는 문화소를 다음과 같이 분류할 수 있다고 하였다.

(1) 생태: 식물, 동물, 자연지형, 지역풍 등.
(2) 물질문화(인공물):음식, 의복, 전통가옥과 마을, 운송수단.
(3) 사회문화: 일과 여가 관련 어휘.
(4) 조직, 관습, 행동, 과정, 개념. 여기에는 정치 및 행정 관련, 종교 관련, 예술 관련 등 내용이 포함된다.
(5) 몸짓과 태도: 침 뱉기, 윙크, 손가락 욕 등.

이 외에 체스터만Chesterman, 1997은 문화소를 언어적(어휘, 통사, 화용, 맥락) 문화요소linguistic memetic level와 비언어적 문화요소extra-linguistic memetic level로 분류하였고, 스톨제Stolze, 1992는 문화적 차이에서 나타나는 문화소의 부등성을 중심으로 그 범주를 3종류로 나누어 분류하였다.

(1) 실제적 부등성: 도착문화권에 존재하지 않는 출발문화권의 문화소.
(2) 형식적 부등성: 출발문화권에 문화소로서 존재하지만 다른 언어적 형태를 지닌 출발문화권의 문화소.
(3) 의미적 부등성: 도착어가 출발어의 뜻으로부터 일탈하거나 원하지 않는 연상 작용을 일으키는 어휘의 문화 특유의 함축성.

이상의 분류 방법을 비교해 볼 때, 문화소의 구성적 특성을 보는 체스터만과 스톨제의 분류보다는 분류적 범주를 제시하고 있는 나이다와 뉴마크의 분류가 좀 더 세분화되어 있음을 알 수 있다.

이러한 관점을 받아들인 한국 내 연구자의 문화소에 대한 분류 기준에 대한 연구를 살펴보면, 이근희2008에서는 문화소를 '문화 관련 어휘'라는 표현을 통해 설명하면 문화소를 다음과 같이 5가지 범주로 구분하여 분류하였다.

(1) 고유명사: 특정 인물이나 건물, 조직, 단체, 저서 등의 이름과 관련된 어휘.
(2) 특정 문화와 관련된 어휘: 의식주, 지역, 사회, 관습 등과 관련된 어휘.
(3) 특정 사건이나 인물과 관련된 어휘.
(4) 관용어: 관습적으로 많이 쓰이는 속담, 유행어, 은어, 관용구 등과 관련된 관용어.
(5) 도량형의 단위: 화폐, 거리, 높이, 중량 등과 관련된 도량형의 단위.

이와 달리 심재기2004의 연구에서는 문화소를 앞서 언급한 것과 같이 '토속적인 표현'으로 정의하고, 문화소를 분류하기 위한 범주로 다음 4가지 분류 기준을 제시하였다.

(1) 물질적, 정신적 문화의 대상
(2) 호칭과 관직
(3) 인사말
(4) 감탄사 (아이구, 에구구 등이 포함)

이 네 가지의 분류기준을 살펴보면, 문화 영역 전반에 걸친 다양한 문화소를 여기서 모두 구분하고 분류하기 위한 것이 아니라, 비교적 제한적인 범주에서 어휘적 차원의 문화소만을 대상으로 삼고 있음을 알 수 있다. 그러므로 네 가지 분류기준으로는 분류기준 안에서 포괄할 수 있는 문화소는 제한적인 범주에 그칠 수밖에 없다.

마지막으로 문화소에 대한 범주화와 분류 기준을 제시한 김혜림2014에서는 문화소를 크게 표층문화, 중층문화, 심층문화로 나눈 후, 이에 해당되는 구체적인 세부 항목을 그 기준으로 기술하고 있는데 기술된 내용을 살펴보면 아래와 같다.

(1) 심층문화: 한민족의 정체성, 지각, 가치, 신념, 세계관 등 특정 문화적 행위를 유도하는 정신문화를 의미하는데, 민속신앙, 철학, 종교 등과 관련된 용어들이 여기에 해당된다.
(2) 중층문화: 한 문화권 내의 구성원 간의 상호작용 방식, 사회 공동체의 형성 및 유지를 위한 규범, 민간의 생활양식과 관습 등을 포괄한다. 역사(기록, 사건 등), 정치, 경제,

사회, 제도, 언어(한글), 향토문화, 상징, 세시풍속(절기, 놀이 등), 의례와 관련된 용어들이 해당된다.

(3) 표층문화: 심층문화와 중층문화에 의해 실제 생활 속에서 형태화된 정신·물질적 산물을 의미하며, 대중문화(가요, 드라마, 영화), 전통예술(공연, 공예, 무용, 음악, 미술, 건축, 문학 등), 문화유산(유형문화재, 무형문화재, 유물, 유적), 생활문화(의식주, 도구, 운동경기), 관광(지역축제 등)관련 용어들로 구성된다.

정리해보면, 가장 먼저 살펴보았던 이근희2008의 분류는 제시된 다섯 가지의 분류기준을 논리적으로 설정하고 있음에도 문화소의 특성으로 인해 구체적인 항목에서 분류 기준이 중첩될 수 있다는 모호성이 있는 것으로 보인다. 사실 유명사라는 개념은 단지 인명, 지명만을 포함하는 것이 아니라 어떤 단체명, 사건명도 포함될 수 있다. 그렇다면 '여성가족부'와 같은 경우는 고유명사에 포함될 뿐만 아니라 특정 문화와 관련된 어휘라는 분류에도 포함될 수 있다. 그리고 고유명사에서 제시한 인물은 세 번째 범주인 '특정 사건이나 인물과 관련 어휘'와도 중첩될 수 있다는 점에서 문화소 분류의 방법과 기준의 설정은 추상성과 모호성의 한계를 가질 수밖에 없다.

뿐만 아니라 '특정 문화와 관련된 어휘'가 가리키는 범주는 문화소의 상당한 범주를 포함할 수 있을 만큼 넓게 해석될 수 있는 반면, '도량형 단위'의 분류 기준은 상대적으로 구체적이고 범주화의 영역이 협소하여 어찌 보면 '도량형 단위'는 '특정문화와 관련된 어휘'의 하위인 범주로 기술할 수도 있을 것이다.

다음으로 김혜림2014의 분류는 세 개의 대분류 안에서 분류기준의 모호함을 줄이기 위해 구체적으로 제시한 문화소의 소분류 항목은 매우 세분화하여 제시하고 있다. 그리고 마지막으로 맹주억·서예진2017은 정신문화, 언어문화, 예술문화, 생활문화, 민족문화, 제도문화, 지리, 역사, 상징문화, 과학기술, 캠퍼스 문화, 신조어, 사회적 교제 등 13개의 분류기준을 제시하고 있는데 이 역시 대분류의 한계를 극복하고자 하는 시도로 보인다.

이에 비해, 중국의 연구자들이 제시한 문화소 분류는 대분류와 기준 항목으로 나누지 않고 구체적인 문화소를 중심으로 기준 항목을 제시하고 있다. 예를 들어, 쉬밍우许明武, 2000는 '문화 특정항목'이라는 용어로 관념, 풍속과 습관, 역사, 문화배경, 지역, 종교, 신체언어와 손짓 등 일곱 가지의 분류기준을 제시하였고, 양더펑杨德峰, 1999은 역사, 지리, 정치, 제도, 종교, 인물, 문예, 의류, 음식, 절기, 풍습, 의례, 기구, 건축, 성어 속담 등 열다섯 가지의 분류기준으로 제시하였다.

학자	분류항목
Newmark (1988)	(1) 생태 (2) 물질문화(인공물) (3) 사회문화 (4) 조직, 관습, 행동, 과정, 개념. - 정치 및 행정 관련, 종교 관련, 예술 관련 등 (5) 몸짓과 태도
Chesterman (1997)	(1) 언어적 문화요소(어휘, 통사, 화용, 맥락) (2) 비언어적 문화요소
Stolze (1992)	(1) 실제적 부등성 (2) 형식적 부등성 (3) 의미적 부등성
Nida (1964)	(1) 생태학 (2) 물질문화 (3) 사회문화 (4) 종교문화 (5) 언어문화

김혜림 외 (2014)	(1) 심층문화 (2) 중층문화 (3) 표층문화
심재기 (2004)	(1) 물질적, 정신적 문화의 대상 (2) 호칭과 관직 (3) 인사말 (4) 감탄사
이근희 (2008)	(1) 고유명사 (2) 특정 문화와 관련된 어휘 (3) 특정 사건이나 인물과 관련된 어휘. (4) 관용어 (5) 도량형의 단위
맹주억 서예진 (2017)	정신문화, 언어문화, 예술문화, 생활문화, 민족문화, 제도문화, 지리, 역사, 상징문화, 과학기술, 캠퍼스문화, 신조어, 사회교제 등 13종
许明武 (2000)	관념, 풍속과 습관, 역사, 문화배경, 지역, 종교, 신체언어와 손짓 등 7종
杨德峰 (1999)	역사, 지리, 정치, 제도, 종교, 인물, 문예, 의류, 음식, 절기, 풍습, 의례, 기구, 건축, 성어 속담 등 15종

<표 2> 학자에 따른 문화소 분류

위 도표에서 볼 수 있듯이, 김혜림2014와 양더펑杨德峰, 1999의 분류기준을 살펴보면, 문화소의 추상성, 모호성을 벗어나기 위해 대분류를 두고 세부 항목을 기준으로 제시하는 방법과 기존 문화에 대한 분류의 기준을 그대로 활용하여 분류의 세부 기준으로 제시하고 있는 단적인 두 관점을 볼 수 있다.

대분류를 기준을 통해 문화소 분류의 모호함이 내포된 분류기준은 번역의 연구결과 분석에서 문화소 유형에 따른 보편적인 번역 방법을 논의하는데 어려움이 있을 수 있다. 반대로 문화의 영역을 세분화하여 너무 다양한 분류기준을 제시한다면 문화소의 분류를 통한 자료 구조화만으로도 많은 어려움을 겪을 수 있다. 하나의 예로 위에서 사용된 분류에서 '캠퍼스문화'와 '사회교제'를 별도의 범주로 분류하는 것도 쉽지 않지만 '생활문화'의 문화소와의 영역적 중첩 역시 벗어나기 어려울 수 있다.

또한 나이다Nida, 1964와 뉴마크Newmark, 1988의 분류도 문제점이 없는 것은 아니다. 나이다의 분류를 보면 종교문화와 사회문화에서 일정정도의 영역의 중첩이 발생할 수밖에 없다. 일례로 단오절같은 경우, 중국의 시인 굴원屈原이 멱라강에 몸을 던져 죽은 날을 기념하기 위한 것인데 오늘날 명절의 하나로 되었다. 이런 점을 본다면 숭배에 의한 종교문화와 풍습에 의한 사회문화에 모두 속할 수 있다.

이 외에도 뉴마크의 분류에서는 몸짓과 태도의 경우, 그 문화권 사람들의 관습으로 볼 수도 있어 동일한 분류의 층위 간 중첩도 문제될 수 있다. 하지만 문화라는 영역 자체가 포괄하는 내용이 광범위하기 때문에 빈틈없이 완벽하게 분류기준을 만들어 제시하는 것은 어려움이 있을 수밖에 없다. 따라서 나이다Nida, 1964와 뉴마크Newmark, 1988 두 학자의 분류기준의 장점을 수용하고, 다른 학자들의 분류를 참조하여 중첩되거나 부족한 부분을 적절히 조율하여 정리하면 다음과 같은 분류기준을 구성해 볼 수 있다.

분류	세부 항목
생태문화소	자연적 요소: 동식물, 산맥, 강, 기후 등
	인위적 요소: 도시, 시골, 마을 등
물질문화소	의복, 주거, 음식, 교통, 통신, 도구 등
제도문화소	정치, 경제, 군사, 역사, 법률, 교육, 예체능, 기술 등
관습문화소	명절, 관습, 풍속, 예의, 호칭, 몸짓 등
관념문화소	사유방식, 가치관, 이데올로기, 이념, 종교, 토속신앙

언어문화소	규범적	관용적 표현: 관용구, 속담, 성어, 헐후어, 격언 등
		상징: 색채어, 비유표현 등
		경어법: 존경법, 겸양법, 공손법 등
		말장난: 유머, 언어유희 등
	비규범적	외국어: 중국식 외국어 등
		비속어: 비어, 속어, 은어, 욕설 등
		방언: 지역방언, 사회방언
		말투: 일상적 말투, 격식적 말투, 성별·연령대 말투

<표 3> 문화소 분류

위의 도표를 보면, 첫 번째 분류로서의 생태문화소는 먼저 자연적 요소(동식물, 산맥, 강, 기후 등)와 인위적 요소(도시, 시골, 마을 등)로 분류기준을 구분하고, 각기 세부 분류 항목을 구성하였다. 두 번째 물질문화소는 문화적 공동체가 공유하는 의복, 주거, 음식, 교통, 통신, 도구 등을 포함하는 분류로 기준을 삼았다. 그리고 세 번째 제도문화소는 정치, 경제, 군사, 역사, 법률, 교육, 예체능, 기술 등 공동체의 구성과 관련된 문화소를 포함한다. 네 번째 관습문화소는 공동체가 공유하는 무형적 관습을 비롯해서 명절, 관습, 풍속, 예의, 호칭, 몸짓 등 공동체의 문화적 규약을 담고 있다. 다섯 번째, 관념문화소는 대표적인 무형문화소로 공동체 특성으로서의 사유방식, 공동의 가치관, 이데올로기, 이념, 종교, 토속신앙 등을 포함한다.

마지막으로 여섯 번째, 언어문화소는 크게 규범적 언어문화소와 비규범적 문화소로 구분하고, 규범적 언어문화소에는 관용적 표현(관용구, 속담, 성어, 헐후어, 격언 등), 형상표현(색채어, 비유표현 등), 경어법(존경법, 겸양법, 공손법 등)을 포함하도록 하였다. 그리고 비규범적 언어문화소에는 말장난(유머, 언어 유희 등), 외국어 표현[12], 비속어(비어, 속어, 은어, 욕설 등), 방언(지역방언, 사회방언), 말투(일상적 말투, 격식적 말투, 성별·연령대 말투) 등을 포함하도록 정의하였다.

하지만 이러한 분류 방안의 제시에도 다양한 문화소를 모두 담거나 가장 합리적인 분류 기준을 제시하는 것에는 어려움이 있다. 예를 들어 위에서 관습문화소와 관념문화소의 구분이 과연 필요할까 하는 질문을 던질 수도 있다. 왜냐하면 둘 모두 무형적 문화소로 인식되기 쉽고, 개인이 가진 공동체와의 연동된 문화소라는 점에서 하나의 분류로 인식될 수 있기 때문이다.

하지만 관습은 사회적 집단 구성원 대다수의 행동양식을 의미하는 반면, 관념은 그 집단 구성원들이 어떤 일이나 물건에 대한 견해나 생각을 의미하기에 이 두 개념은 엄연히 다르다는 판단 하에 별도로 분류할 수 있도록 개념화를 시도하였다.

다시 말하면 집단 구성원들에 의해 '보편적으로 인정된 행위'와 '보편적으로 인정된 생각'을 구분하기 위한 것이다. 물론 이러한 분류가 온전하게 구분된 범주를 제시하지는 못 한다는 점도 인정한다.

예를 들어 '중국어 老婆孩子热炕头(처자식에게 따뜻한 잠자리를 마련하다)'라는 관용구는 소박한 서민들의 삶에서 더도 말고, 덜도 말고, 근심 걱정 없이 가장 소박한 삶을 기원하는 서민적 가치관을 담고 있다. 그러므로 이 관용구는 언어문화소에 속하면서도 관념문화소에 포함할 수도 있다.

이와 같은 문화소 분류에 대한 다양한 고려를 통한 연구와 반복된 재정리의 과정을 거침에도 불구하고 문화소에 대한 온전하고 완벽한 분류 기준을 마련하는 것은 쉽지 않은 일이다. 그만

12 '외국어 표현'이란 저자가 모국어로 외국인의 말을 흉내내어 표현하는 방식을 말한다. 이는 저자가 일부러 '외국어'라는 것을 강조하거나 유머, 조롱 등 효과를 내기 위해 쓰는 유표적인 형식이다. 예로 중국인들은 '먹다'를 일본어로 표현하고자 할 때 '米西米西(미시미시)'라는 어휘로 표현한다.

'헐후어'는 원칙상 앞뒤 두 부분으로 나뉘어져 있는데, 앞부분은 수수께끼 문제처럼 비유하고 뒷부분은 수수께끼 답안처럼 그 비유를 설명하는 말이다. 예를 들면 '泥菩萨过江; (自身难保)'는 '진흙으로 만든 보살이 강을 건너다'라는 말로 '제 자신도 보전하기 힘들다'의 의미를 담고 있다.

큼 인류가 공동체의 삶을 통해 생산한 산물인 문화의 영역은 넓고 복잡한 개념화가 필요한 대상이기 때문이다.

결국 문화는 극히 복잡한 사회현상의 하나로 많은 학자들이 각기 다른 각도에서 문화를 분류하였음에도 어떤 분류법이든지 모두 그 나름의 장점과 단점을 가질 수 밖에 없다. 그리고 일정 영역에서는 중복과 중첩의 범주와 영역으로 논의를 지속할 수밖에 없다.

생각하기

위의 문화소의 분류 기준에 대해 어떻게 생각하세요?
부족한 부분이 있다면 어떤 부분을 보완하면 좋을까요?

4

문화소 번역 전략의 이해

우리는 종종 번역을 의사소통을 위한 코드 전환으로 보고 단편적으로 '언어 기호 간의 전환'이라는 협의적인 개념을 적용하곤 한다. 하지만 우리가 목표로 하는 번역은 이와 같이 제한적인 언어학적 관점을 넘어 언어 외적인 영역과 범주를 포함하는 폭넓은 개념으로 이해해야 한다.

따라서 전문성을 갖춘 번역자라면 단순한 단어의 옮김이나 전환에 그치는 것이 아니라, 그 단어와 표현, 텍스트가 가지고 있는 기능과 의미를 넘어 문화적 맥락까지 파악한다. 이러한 번역을 위한 전환transfer 과정에서 번역자는 텍스트에 담긴 정보를 이해하고, 해체하고 선별하여 전달할 수 있도록 재구조화하는 노력을 기울이게 된다.

특히, 이 전환 과정에서 전환의 대상이 문화소라면, 그 번역은 더욱더 많은 노력과 신중함을 요구한다. 그리고 번역자는 더 나은 번역을 완성하기 위해 두 문화에 대한 자신의 배경지식을 최대한 활용하고자 노력할 것이다. 바로 이런 이유로 인해, 번역자는 문화소의 전환 과정에서 결국은 주관적일 수밖에는 없지만, 최대한 객관적인 좋은 번역을 찾아 다양한 방법과 전략을 고민하게 된다.

우리가 문화소라고 규정하는 것은 언어로의 전환 과정에서 대응하는 표현이나 등가에 해당하는 표현을 찾기 어려운 것을 말한다. 그러므로 문화소에 대한 번역의 중요성을 강조해서 표현한다면, 번역의 어려움이 곧 문화소이고, 문화소를 풀어가고 해석, 해제하는 것이 곧 번역의 유일한 과제라고도 말할 수 있다.

문화소에 대한 번역의 중요성을 역설하였던 모나 베이커Mona Baker, 1992는 문화소 번역의 방법과 전략을 설명하기 위해 노력하였다. 그 중에서도 베이커는 단어 차원이나 관용구 차원에서 문화소 번역 방법에 대해 자세히 기술하였다. 여기에서는 먼저 베이커의 문화소 번역을 이해하기 위해, 베이커가 설명하고 있는 번역에서 어휘적 차원의 등가가 존재하지 않는 열한 가지 경우를 살펴보자.

Mona Baker

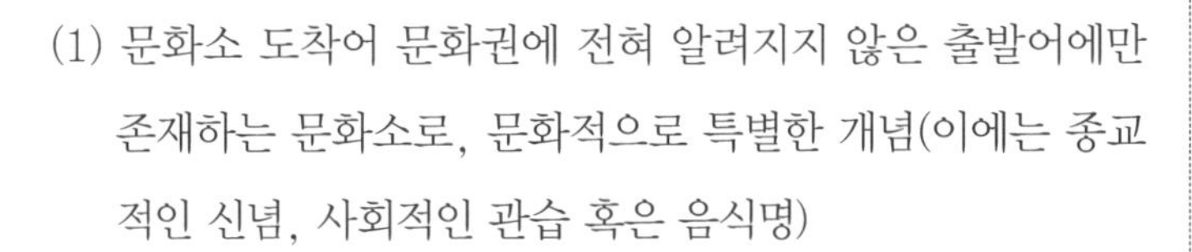
(1) 문화소 도착어 문화권에 전혀 알려지지 않은 출발어에만 존재하는 문화소로, 문화적으로 특별한 개념(이에는 종교적인 신념, 사회적인 관습 혹은 음식명)

(2) 도착어에 어휘화되어 있지 않은 출발어 개념

(3) 의미가 복잡한 출발어 어휘: 하나의 형태소로 이루어진 단어임에도 불구하고 그 단어가 내포하고 있는 의미가 복잡한 경우

(4) 의미상 차이가 있는 출발어와 도착어

(5) 도착어에 상위어가 없는 경우

(6) 도착어에 하위어가 없는 경우

(7) 물리적 관점과 대인적 관점에서의 차이, 사물이나 사람의 물리적인 관점에 따라 달리 번역을 하여야 되는 경우

(8) 표현된 의미가 차이가 있는 경우(도착어에 출발어와 동일한 의미의 어휘가 있지만 그 표현된 의미가 차이가 있는 경우)

(9) 형태가 다른 경우(예로 접미사나 접두사의 차이로 인하여 의미가 달라지는 경우)

(10) 출발어에 사용된 차용어로 등가를 찾을 수 없는 경우

(11) 출발어에서 어휘를 차용하여 사용하는 경우

위의 열거한 내용을 살펴보면 어휘적 차원의 문화소로 설명할 수 있는 것이 대부분이다. 즉 이는 출발언어, 출발문화에 의존하고 있는 것이 대부분이기 때문에 자연스럽게 도착언어와 도착문화에서 이를 전달하기 위한 등가를 찾는 것은 매우 험난한 여정이 아닐 수 없다. 이러한 어려움을 극복하고 번역자의 고민과 수고를 조금이나마 덜기 위해, 베이커는 문화소 번역을 일반화하여 적용할 수 있는 몇 가지 번역 방법을 제시하였다.

(1) 보다 일반적인 단어(상위어)로의 번역

(2) 보다 중립적이며 덜 표현적인 단어로 번역

(3) 문화대체어cultural substitution로 번역

(4) 차용어나 설명을 덧붙인 차용어를 사용한 번역

(5) 관련어를 사용한 풀어쓰기 번역elaboration and explication

(6) 비관련어를 사용한 풀어쓰기 번역

(7) 생략omission

(8) 삽화

물론 각각의 경우에 온전히 적용 가능한 방법을 제시할 수는 없지만, 다양한 문화소의 번역 상황에서 적용 가능한 번역 방법을 제시함으로써 번역자가 떠안아야 할 수고를 조금이라고 덜 수 있도록 문화소의 번역 방법을 일반화하고자 하였다. 그리고 삽화라는 전략은 실제로 다른 번역 방법론 연구에서 찾기 어려운 것으로 시각적 텍스트로서의 삽화의 기능을 문화소 번역에 적용한 사례가 된다.

위의 문화소 외에도 Baker는 출발언어의 관용어를 번역하는 전략으로 (1) 비슷한 형태와 의미를 사용한 번역, (2) 의미는 비슷하지만 다른 형태를 사용한 번역, (3) 다른 말로 바꾼 번역, (4) 생략을 사용한 번역 등 4가지 방법을 제시하기도 하였다.

이와 유사한 관점을 가진 연구로 김도훈2006a의 연구를 들 수 있는데, 이 연구에서는 텍스트를 제대로 이해하기 위해서 해당 문화권의 인지적 축적물에 대한 이해가 필요하다고 강조하고 있다.[13] 그리고 이 연구에서도 주요하게 어휘적 차원과 관용구를 중심으로 한 번역 전략과 방법을 살피고 있다. 그리고 다양한 번역 사례를 분석하여, 어휘 차원에서의 번역 방법 4가지와 관용구 차원에서의 번역 방법 3가지를 아래와 같이 제시하고 있다.

13 Lederer(1994)는 인지적 축적물(bagage cognitif)을 비언어적인 상태로 뇌 속에 저장되어 있는 총체적이고 방대한 범위의 지식으로 규정하며 이러한 축적물이 공유되고 있을 경우에만 원활한 의사소통이 가능하다고 논증한다(김도훈, 2006a:4 재인용)

1) 단어 차원의 번역 방법

(1) 상위어 사용

(2) 문화대체어 사용

(3) 설명을 덧붙인 차용어 사용

(4) 단어차원의 부연설명 제공

2) 관용구 차원의 번역 방법

(1) 유사한 형태(어휘), 유사한 의미의 관용구 사용 방법

(2) 상이한 형태(어휘), 유사한 의미의 관용구 사용 방법

(3) 부연설명 제공 전략

그리고 이어진 연구 '문화적 부등성 보상을 위한 번역 전략의 연구'에서는 위에서 상술한 7가지의 번역 방법 이외에 중립적 어휘 사용이라는 번역 방법을 추가하여 모두 8가지의 번역 방법을 제시하였다. 물론 이러한 번역 방법을 통한 분석과 번역 방법의 적용 가능성을 높이 평가할 수는 있지만 그럼에도 앞의 두 연구는 문화소를 어휘적 차원에서만 다루고 있다는 제한적인 범주를 벗어나지 못하였다.

반면에 이근희2015의 연구에서는 문화소 번역이라는 상황의 특수성을 설명하고 문화소 번역에서 번역자의 관여에 대해 다음과 같이 설명하고 있다. 출발텍스트ST에 보인 문화관련 어휘와 표현은 그 이해과정에서 출발문화와 불가분한 관계에 있음으로, 독자가 출발문화에 대한 배경지식이 없는 경우, 관련 어휘(문화소)와 텍스트의 문화적 맥락에 대한 이해가 어려울 수밖에 없다. 이러한 상황에서 출발텍스트의 저자가 의도하는 바가 목표독자에게 잘 전달하기 위해서는 번역자의 개입이 불가피하다고 지적하고 있다.

그리고 이러한 상황에서 문화소를 번역할 수 있는 방법을 5개의 범주로 구분하여 아래와 같이 제시하였다.

1) 고유명사의 번역 방법

(1) 명칭 전체를 음차 번역하는 방법

(2) 명칭에서 일부만 음차하여 번역하는 방법
(3) 도착어문화권에 알려진 다른 이름으로 번역하는 방법
(4) 구체적인 명칭을 생략하는 방법

2) 출발텍스트 문화권의 특정 문화와 관련된 어휘의 번역 방법

(1) 관련 정보의 삽입 없이 음차 번역하는 방법
(2) 음차번역 후 관련 정보를 문장 내에 자연스럽게 삽입하는 방법
(3) 음차번역 후 관련 정보를 문장 내에 괄호 처리하여 삽입하는 방법
(4) 음차번역 후 관련 정보를 역주의 형식으로 문장 내에 삽입하는 방법
(5) 상위어로 번역하는 방법
(6) 대응되는 도착텍스트의 어휘에 관련 정보를 괄호 처리하여 삽입하는 방법

3) 출발문화 내의 특정 사건이나 인물과 관련된 어휘의 번역 방법

(1) 관련 정보를 자연스럽게 문장 내에 삽입하는 방법
(2) 관련 정보를 문장 내에 괄호 처리하여 삽입하는 방법
(3) 생략하는 방법

4) 관용어의 번역 방법

(1) 직역으로 번역하는 방법
(2) 도착어의 속담으로 번역하는 방법
(3) 도착어의 유행어로 번역하는 방법

(4) 도착어의 관용구로 번역하는 방법
(5) 의역(풀어쓰기)하여 번역하는 방법

5) 도량형 단위의 번역 방법

(1) 출발텍스트 문화권의 도량형 단위로 번역하는 방법
(2) 출발텍스트 문화권의 도량형 단위로 번역하고 도착텍스트 문화권의 도량형 단위를 역주 등의 방법으로 삽입하는 방법
(3) 도착텍스트 문화권의 도량형 단위로 환산해 번역하는 방법

이 밖에도 문화소와 관련된 번역 방법 연구는 90년대부터 본격화되어 최근까지도 지속적인 관심의 대상이 되고 있다.[14] 한국에서는 문화용어 번역 실태에 대한 연구에서부터 번역 방안 연구까지 폭넓은 연구가 진행되고 있으며, 온라인에서의 정보 교류라는 21세기 의사소통의 연구 범위 안에서 대표적인 화두가 되고 있다.

한편 중국의 학자 치우마오루邱懋如, 1998는 번역자들에게 문화적 차이를 넘어서기 위한 적합한 번역 방법을 연구하였다. 그는 이 연구에서 문화 간 번역에서 문화적 불균형을 해소하고 '문화적 등가'를 이룰 수 있는 7가지 번역 방법을 다음과 같이 제시하였다.

(1) 원문의 문화적 색채를 보존. 예를 들어 직역
(2) 축자번역: 출발어의 구조를 유지하는 번역
(3) 음차하여 번역
(4) 음역에 도착어를 더하는 방법, 예) 지프차(Jeep+차)

14 이 밖에도 문화소의 분류보다는 일반화된 번역 방법을 제시하기 위한 연구도 있는데, 대표적인 연구는 김혜림(2014)의 연구를 들 수 있다. 이 연구에서는 문화소 번역의 실태를 조사하고 4가지 문화소 번역 방법을 제안하였는데, 첫 번째는 음역이고 두 번째는 대응식 의미역, 세 번째는 설명식 의미역, 그리고 마지막으로 음역과 의역의 병기로 나눠서 살펴보았다.

(5) 도착어의 문화적 색채가 담긴 표현으로 출발어의 문화적 색채를 대체하는 번역
(6) 문화적 간극은 해석으로 없애는 번역
(7) 의미 번역, 관용구와 같은 함축적 의미 번역

그리고 왕동펑王东风, 1997은 그의 연구 '문화결여(文化缺省)와 번역'에서는 텍스트의 결속구조에 대한 연구를 통해서 기본 번역에서 문화소 번역 사례에 대한 효과와 사용빈도를 중심으로 그 방법의 위계를 아래와 같이 5개로 구분하여 제시하였다.

(1) 텍스트 외부 역주 추가, 즉 직역한 다음 각주나 미주를 다는 방법.
(2) 텍스트 내부 명시, 즉 직역과 의역을 결합하는 방법.
(3) 귀화, 즉 출발어의 문화적 표현을 도착어로 대체하는 방법.
(4) 삭제.
(5) 억지스러운 번역, 즉 글자 그대로 번역하는 방법.

여기에서는 앞서 언급한 바와 같이 실제 사례에서 번역 방법의 출현 빈도를 기준으로 제시하고 있다. 이렇게 빈도를 중심으로 번역 방법의 위계를 설명하다보니, 여러 번역 방법 연구에서 항상 가장 먼저 설명되던 직역이나 축어역은 중국어와 한국어에서 많이 사용되지 않음을 알 수 있다.

이는 세계 주요언어와 중국어 번역에서도 비슷하지만, 한국어 번역에서도 언어적, 문화적 간극이 유럽언어 간의 번역에서 보이는 것보다 훨씬 크게 나타나기 때문이다. 그 결과, 유럽이나 서구 학자들이 제시하는 번역 방법 연구에서, 빠지지 않고 가장 먼

저 언급되던 직역이나 축어역은 가장 마지막에 위치하고 있다. 즉, 직접 번역 방법에 의한 빈도가 낮음을 말하고 있다.

여기에 앞의 연구에서는 문화적 거리가 먼 두 언어 간의 번역에서 (1)과 (2)의 번역 방법을 사용할 것을 권장하고 있다. 그리고 언어적, 문화적 거리가 먼 두 언어 간의 번역에서 출발언어의 요소를 무리하게 '귀화'시키는 번역, 직역이나 축어역 또는 음차와 같은 번역 방법은 오히려 독자의 이해를 가로막아 출발언어와 문화를 존중하지 않은 번역이 될 수 있다고 지적하였다.[15]

15 출반언어의 문화나 언어적 요소를 그대로 직역 또는 차용하는 것이 출발문화를 존중하는 것인지, 아니면 형태 구조의 차이가 있을지라도 독자가 잘 이해할 수 있도록 번역해서 전달하는 것이 출발언어와 문화를 존중해주는 것인지에 대한 고민이 필요하다. 20세기 번역에서는 번역자 중심의 통번역을 기술하다보니 제공자의 관점에서 '오전히, 그대로'라는 직역 번역의 방법이 강조되었다. 하지만 21세기 통번역은 독자와 청자를 중심으로 변화하였고, 소통적 번역의 중요성이 높아지고 있어서 이에 대한 더 깊은 고민이 필요하다.

문화소 번역의 전략과 방법을 위한 여러 논의 중에서 비교적 구체적인 방법론은 제시하고 있는 것으로는 아이헤라Aixelá, 1996의 연구를 들 수 있다. 아이헤라는 이 글에서 문화소의 개념을 정의하고 문화소 번역 방법을 더 세분화하여 제시하였다. 이 번역 방법은 먼저 보존방식의 다섯 가지 번역 방법과 대체방식이라고 하는 여섯 가지 번역 방법, 그리고 기타 사용가능 방법으로 세 가지를 구분하여 설명하였다. 여기서 보존 방식이라고 함은 문화소를 번역하는데 출발언어의 요소를 가급적 유지하고자 하는 것을 말하고, 대체방식이라고 하는 것은 도착언어로의 전환을 통해 독자 중심으로 번역하는 것을 말한다. 이 외에도 두 관점을 혼용하는 세 가지 방법을 제시하였는데, 구체적인 것은 아래와 같다.

1) 보존방식(5종)

(1) 반복repetition: 출발텍스트의 지시어를 그대로 사용하는 방법을 말한다. 주로 지명에 사용된다.

(2) 철자법의 적용orthographic adaptation: 출발어와 도착어의 문

자가 다른 경우 출발어의 발음을 도착어의 언어규범에 맞추어 도착어의 문자로 표기하는 방법이다. 음차번역에 해당한다.

(3) 언어중심(비문화적)번역linguistic translation, non-cultural translation: 도량법, 화폐 단위 등과 같이 출발텍스트에서 사용한 단어와 최대한 유사한 어휘를 선정하는 번역 방법이다.

(4) 텍스트 외부 역주용extratextual gloss: 상기 3가지 전략들을 이용하면서 각주, 미주, 용어풀이, 논평, 괄호 안 설명, 이탤릭체를 사용하여 추가적인 설명을 덧붙이는 방법이다.

(5) 텍스트 내부 역주intratextual gloss: 독자의 주의를 산만하게 하지 않기 위하여 따로 역주 등을 붙이지 않고 설명을 텍스트 내에 추가하여 명시하는 방법이다.

2) 대체방식(6종)

(1) 동의어synonymy: 특정 문화소가 반복되어 나오는 경우 같은 어휘의 반복을 피하기 위하여 동의어나 해당 문화소를 표현할 수 있는 어휘를 사용하는 방법이다.

(2) 제한적 일반화limited universalization: 문화소가 도착어 사회에 너무 낯설다고 판단되는 경우 해당 문화소와 같은 의미를 가지면서 도착어 독자에게는 보다 친숙한 문화소로 대체하여 번역하는 방법이다.

(3) 절대적 일반화absolute universalization: 이질적인 요소를 없애고 보편적인 어휘로 번역하는 방법이다.

(4) 자국어화naturalization: 도착어 문화권에 친숙한 어휘로 대체하는 전략, 주로 아동문학에 사용된다.

(5) 삭제deletion: 도착어의 규범이나 문체에 맞지 않거나, 독자가 이해하기 어렵다고 판단되거나, 역주 등을 통한 부연설명이 어려운 경우 문화소를 삭제하는 방법이다.

(6) 자율적 창작autonomous creation: 출발텍스트에는 사용되지 않은 문화소를 임의로 추가하여 번역하는 전략으로 스페인의 영화제목 번역에서 많이 찾아볼 수 있다.

이 외에도 이용 가능한 전략으로서 다음 세 가지를 들고 있다.

(1) 보충compensation: 혼합 방식으로 출발어의 문화소를 삭제하고 도착어에는 존재하지 않지만 대응되는 내용을 새롭게 창작하여 추가하는 방법이다.

(2) 희석attenution: 도착어 사회에서 너무 원색적이거나 이데올로기적으로 받아들여지기 어려운 어휘들을 도착어 문화나 규범에 맞추어 완화시키거나 독자들이 받아들이기 쉬운 표현으로 대체하는 방법이다.

(3) 치환dislocation: 텍스트에서 문화소가 다른 곳으로 이동하는 방법이다.

앞서 여러 연구를 살펴보았지만 문화소의 번역은 전통적인 관점이 현대 번역학의 방법론에서도 크게 다르지 않다. 그리고 지난 수백 년 동안 번역에 던진 질문에서 크게 벗어나지도 않는다. 이는 결국 번역사가 출발텍스트ST를 유지하여 독자를 텍스트 저자에게 데리고 올 것인가, 아니면 도착문화를 중심으로 번역하여 저자의 의도를 독자에게로 데리고 갈 것인가에 대한 고민이다.

그러므로 여러 학자들이 문화소 번역 방법과 전략에 대해 조금씩 의견을 달리하고는 있지만, 아이헤라를 비롯한 학자들의 번역 방법에 대한 연구를 통합하고, 중첩되는 부분을 정리해보면, 결국 출발언어에 대한 보존과 대체로 나누어진다. 그리고 여기에 두 범주에 포함되지 않는 삭제를 추가하면, 번역 방법의 세 가지 분류를 구성할 수 있다.

비록 삭제 방법은 대체 방법에 포함되는 것이라고 설명할 수도 있지만, 삭제는 결과적인 분석이라는 면에서, 번역자가 누락하여 번역한 것 외에도 의도적으로 생략한 경우도 여기에 해당된다. 결국 생략에서는 최소한 번역자가 도착언어를 재구성하는데 들이는 노력만큼은 적어진다고 할 수 있다. 그리고 전문 번역가라면 원문의 정보를 가감하거나 삭제 없이 전달해야 하는 것이 번역의 기본임을 인지하고 있을 것이기 때문에, 삭제 방법을 따로 분류하여 전문 번역가들은 어떠한 정보를 삭제하고 그 의도가 무엇인지도 살펴볼 필요가 있다.

세부적으로 들어가서, 구체화된 번역 전략과 방법을 정리해보면, 다음과 같이 분류할 수 있다.

분류	구체 전략
보존	**1. 음역**: 원음, 한자음, 한자로 표기 **2. 축자번역**: 글자 그대로 번역하는 경우
	3. 텍스트 외적설명: 각주, 내주 곁텍스트(서문, 옮긴이의 말, 후기) **4. 텍스트 내적설명**: 텍스트 안에 부연 설명하는 경우 예: 都喊他 "赵大头" → 조대두(趙大頭)라고 불렀다. '조 큰 머리'라는 뜻이었다.

대체	**5. 동의어**: 한 문화소를 도착어의 여러 가지 동의어로 번역 예: 无足轻重 → 별 볼 일 없다, 대수롭지 않다, 하잘 것 없다 **6. 일반화(제한적, 절대적)**: 문화소를 도착어 일반적인 표현으로 대체, - **제한적 일반화**: 출발어의 일부 정보를 남기는 경우 예: 老婆孩子热炕头 → 마누라, 자식이랑 등 따시고 배부르게 살다 - **절대적 일반화**: 전부 도착어 일반 표현으로 대체하는 경우 예: 旦角 → 여배우 **7. 자국화**: 도착어의 문화소로 대체 예: 八竿子打不着 → 사돈에 팔촌 **8. 창작**: 새로운 내용으로 다시쓰기 하는 경우 예: 哪吒 → 확실히 머리 셋에 팔이 여섯인 괴물
삭제	**9. 삭제**: 출발어 문화소를 도착어에서 생략, 누락하는 경우

<표 1> 문화소 번역 전략 분류

보존방식에는 음역번역, 축자번역과 같은 직접 번역의 방법들이 포함되고, 출발언어의 요소를 유지하면서도 소통 가능성을 보완하기 위한 방법으로 텍스트 외적 설명(각주, 내주, 곁텍스트)[16], 텍스트 내적 설명(부연 설명) 등의 방법이 있다. 한편 대체 방식에는 출발언어의 요소에 대한 도착언어로의 간접 번역의 방법을 담고 있다. 대표적인 간접 번역의 방법으로 의미적 등가 전환을 시도하는 동의어, 범주의 전환을 시도하는 일반화(제한적, 절대적), 언어 사용의 차원에서 자국화, 창작 등으로 담고 있다. 그리고 마지막으로 삭제 방식에는 의도적 생략, 번역자의 누락으로 나누고 있다.

16 곁텍스트는 작품 본문이나 대화 텍스트의 주변에 위치한 텍스트이다. 곁텍스트에는 서문, 후기, 언론의 리뷰, 독자 서평, 신문 기사 등이 있을 수 있다. 본 연구에서는 번역자의 서문, 후기에만 한해서 문화소에 대해 해석을 하였는지를 고찰한다.

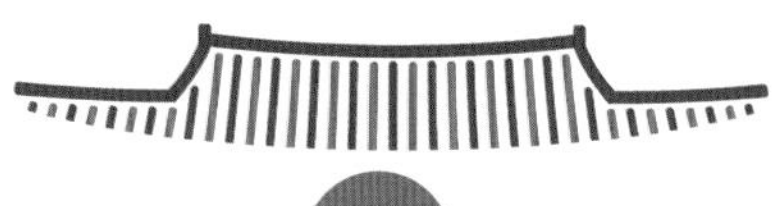

5

문화소 번역과 거래 비용

번역과 경제적 효과

오랜 시간 동안, 번역이론의 연구는 줄곧 출발텍스트인 원문ST이 중심이 되어야 하는가와 도착텍스트인 역문TT 중심이 되어야 하는가에 대해 논쟁을 해오고 있다. 물론 수많은 중간 번역이 존재할 수는 있지만, 번역가마다 의식적으로든, 무의식적으로든 어느 한쪽으로 편향되는 논리 선상의 어딘가에 설 수밖에 없다.

이를테면 '어의적 번역'과 '소통적 번역'을 제안한 뉴마크Newmark, 1981는 직역을 최상의 접근법으로 보는가 하면, '형식적 등가'와 '동태적 등가' 이론을 주장한 나이다Nida, 1964는 독자의 반응을 중시하며 '의미의 대응이 문체의 대응보다 우선해야 한다.'는 일반 원칙을 주장하기도 하였다. 하지만 상당한 시간이 지난 지금에도 이에 대한 명확한 옳고 그름을 구분하기 위한 노

Anthony Pym

17 스페인 로비라 이 비르길리(Rovira i Virgili) 대학의 번역학 교수이자 비교문화연구그룹(Intercultural Studies Group)의 주임 교수이다. 2015년 비엔나대학(University of Vienna)에서 발터 벤자민 의장직(Walter Benjamin Chair)을 맡았다.

력은 계속되고 있고, 이러한 모순의 충돌이 번역임을 설명하면서도 그 실체에 좀 더 다가서기 위한 노력은 이어지고 있다.

이러한 모순을 해결하기 위하여 스페인에서 활동하고 있는 번역학자 핌Pym은[17] 신고전경제학Neoclassical Economics 이론을 도입하고 이를 하나의 번역모델로 제안하였다. 즉 번역에서의 출발텍스트와 도착텍스트를 사회적 관계에서의 두 주체로 간주하여, 번역이라는 상황을 서로 간의 이익 취득을 위해 진행되는 협력의 과정으로 설명하고 있다.

그는 신고전경제학에서의 '협상이론' 원칙을 번역과 관련지어 개념화하여 설명하고 있는데, 번역에서 협상이론은 출발텍스트와 도착텍스트간의 협력 과정, 즉 번역이라는 과정 중, 투입된 사회적 노력을 말하는 것으로 설명하고 있다. 여기에서 사회적 노력이라고 함은 사회적 관계 안에서의 거래 비용을 말하는 것으로 텍스트 전환에 참여하는 번역사의 노력과 텍스트를 이해하기 위한 독자의 노력이 번역의 거래 비용으로 설명된다. 이 협상이론은 거래 비용이 성공적인 협력을 통해 취득한 이익을 넘어서는 안 된다는 것을 전제하고 있다.

이처럼 번역자의 번역 행위는 일종의 두 경제 주체의 제한된 거래이며, 앞서 설명한 사회적 행위와 유사하게 번역과정에서도 통제 가능한 거래 비용이 발생한다고 보았다. 그리고 번역행위에서 발생하는 거래 비용은 사회적 거래와 유사하게 경제성과 도덕성의 제약을 받는다고 설명하고 있다Pym, 1995.

핌은 이러한 전제하에서 번역이라는 행위는 대체 어떠한 상황에서 발생하며, 의사소통에서 어느 정도의 사회적 비용이 발생하는가의 문제를 설명하는 것에 관심을 갖고 있었다. 그리고 자신이 설명하고자 하는 번역 모델을 신고전주의 협력cooperation의 관점, 즉 게임이론Game Theory을 통해, 번역 행위가 이루어지는 과정을 일종의 특수한 거래 비용 발생하는 과정과 관련지어 다음과 같이 설명하고 있다.

A와 B라는 두 사람이 한 마을에 살고 있다. 이 두 사람에게는 자유롭게 투자할 수 있는 자금이 있었는데 그들은 이 자금을 펀드에 투자하여 수익을 취하고자 하였다. 그런데 만약 공동 펀드의 투자이익이 개별펀드보다 30%로 높다고 가정한다면, A와 B는 투자금의 일부를 공동펀드에 투자하고자 협력을 꾀할 것이다. 한 사람의 제한된 금액보다 두 사람이 합친 금액으로 투자하는 방식이 더 많은 이익을 창출할 수 있기 때문이다. 그래서 A와 B는 각자가 가진 10달러의 자금에서 일부 금액을 공동펀드에 투자하기로 합의하였다.

(1) 협상을 통한 협력

우선 A와 B는 각자 5달러씩 출자하여 공동펀드에 투자한다면 펀드의 수익은 13달러(5+5=10×30%)가 된다. 그러므로 A와 B의 출자금과 수익금의 합은 각자 6.5달러(13달러의 절반)가 되어, 나머지 보유자금과 더하면 각자 11.5달러의 자금을 확보하게 된다.

이때 두 사람의 이익은 개별펀드의 투자보다 수익률이 높고, 이러한 출자 비례를 유지한다면 양쪽의 이익은 계속 유지될 수 있다. 그러나 사회생활을 하다 보면 언제나 자신의 이익을 추구하는 사람이 있기 마련이고 이로 인해서 상황의 변화가 발생한다.

(2) 비용의 차이는 불균형을 발생하게 함

B가 보다 적은 투자로 높은 수익률을 추구하고자 하는 심리적 변화가 있었다고 가정하자. B는 3달러만 투자하고 A는 계속 5달러를 투자할 경우, 공동펀드의 수익은 10.4달러(5+3=8×30%)가 될 것이고 각자 5.2달러를 받았다. 여기에 보유 자금을 더하면 이로써 A와 B는 각자 10.2달러와 12.2달러를 확보하게 된다.

비록 양쪽의 투자비용에는 차이가 있었지만 협력은 여전히 두 사람에게 이익을 가져다주기에 이러한 협력은 지속될 수 있다. 또한 이러한 협력 방식은 사회에서 부의 재분배를 설명하는 모델에도 부합된다.

(3) 비용의 차이가 협력을 붕괴함

그럼에도 불구하고 사회적으로 볼 때 투자는 이윤의 극대화를 목표로 하고 있으므로 일부 사람은 모든 방법을 동원하여 투자를 줄이고 자본의 최대가치를 실현하고자 한다.

가령 B가 계속 투자를 줄여서 2달러만 투자하고, A는 여전히 5달러를 투자한다고 하면, 이때의 공동펀드는 9.1달러(5+2=7×30%)로 되고, 각자 4.55달러씩 나누게 된다. 이를 보유 자본과 더하면 A와 B는 각자 9.55달러와 12.55달러로, B는 비교적 높은 이익을 취하지만, A의 투자는 손실을 초래하게 된다.

따라서 A는 이성적인 판단 하에 B와 협력을 하지 않거나 다른 사람과 협력고자 고안한다. 왜냐하면 B의 행위로 인해 협력은 한쪽만 수익을 내는 거래로 변질되었기 때문이다.

다음은 위에서 설명한 세 가지의 투자 상황을 비교한 것이다.

분류	투자금액($)		수익($)	
	A	B	A	B
상황 1	5	5	11.5	11.5
상황 2	5	3	10.2	12.2
상황 3	5	2	9.55	12.55

<표 1> 상황별 투자자의 거래 비용과 수익 비교

위의 표에서 볼 수 있듯이, 상황 3과 같은 경우가 발생하다면 A는 경제적으로 손실을 보게 되어 협력을 중지하게 된다.[18] 사실 우리 주변의 실생활에서도 이와 유사한 사례들을 찾아볼 수 있다. 투자라고 하는 것은 사람마다 자신의 이익을 추구하기 위한 목적을 그 기반에 두고 있기 때문에 상대를 모르는 상황 하에서는 상대의 투자 정보를 필요로 하고, 서로에 대한 신뢰를 구축하고자 노력하게 된다. 바로 이러한 것에서도 모두 비용이 동반된다.

위 사례를 통해서 우리는 협력이 거래의 효용utility 가치를 높여줄 수 있음을 알 수 있었다. 실제로 사회적 협력이 참여하는 두 주체 모두에게 공동이익을 가져다주는 경우는 그렇게 특별한 것이 아니다.

실제로 전 세계의 여러 나라들이 공동의 경제적 이익을 취득하기 위해, 세계무역기구WTO에 가입하고, 나라와 나라는 자유무역협정 등을 체결하는 것도 이와 같다. 그리고 이와 같은 상황에서 협력하고자 하는 측은 최대한 상대방의 현황과 향후 취할 조치 등을 예측해볼 것이다.

다만 이러한 예측은 쉬운 일이 아니다. 간단한 예로 만약 어떤 회사에서 직원을 뽑을 때, 고용주는 응시자의 나이나 차림새

18 여기에 참여하는 두 주체A와 B를 번역의 주체로 대응하여, A를 저자, B를 번역자로 설명할 수 있다. 즉 저자는 원문의 정보를 그대로 유지하기를 원하는 반면, 번역자는 번역 작업에 많은 시간과 노력을 들이는 것을 원하지 않거나, 가급적 빨리 완성하여 다른 번역 작업을 새로 시작하고자 할 수도 있다. 이런 상황이 발생할 경우 저자의 투자는 변함없지만, 번역자의 투자가 지속적으로 줄어들게 되는 상황과 같아져 협력을 통한 이익에 영향을 주는 상황이 발생하게 된다.

를 통해 근무 가능 여부를 판단하게 된다. 그리고 응시자는 기업의 규모나 회사 외관과 근무 환경을 곁눈질하여 근무 가능 여부를 예측한다면, 이는 지극히 주관적이어서 결국은 잘못된 판단을 수반할 수 있다.

따라서 고용주와 응모자는 이력서나 면접을 통해, 서로 간의 정보를 파악하고, 향후 협력할 수 있는지를 판단하게 되는데, 이러한 정보 수집을 위해 비용이 발생하는 것은 자연스러운 것이다. 그러나 문제가 되는 것은 이런 정보 수집을 위해서 많은 금전과 시간이 소요될 수 있다. 그러므로 협력을 원하는 쌍방은 예측 가능한 이익에 대해 투자를 해야 할 뿐만 아니라, 정보 수집을 위한 비용도 지불해야 하는데, 이러한 것이 바로 거래 비용이다.

만약, 거래 비용이 양쪽의 협력으로 인해 생기는 예상이익보다 높다고 판단되면, 이익을 취하지 못하는 상황에서 협력은 진행될 수 없다. 따라서 거래 비용은 당연히 낮으면 낮을수록 좋다. 그렇다면 '거래 비용이 영zero으로 되는 협력이 가능할까'라고 질문한다면, 이는 단지 한 사람만 존재하는 '사회'에서 발생할 수 있는 것으로 이러한 '최상의 거래 조건'은 논할 수 없다.

우리가 생활하는 사회는 항상 불확정적인 요소가 존재하며 사람들은 결정을 내릴 때 흔히 논리적 예상이나 주관적 직관에 의존한다. 그렇기 때문에 다자간의 협력에서 거래 비용이 전혀 없다는 것 또한 좋은 조건이라고 할 수 없다. 예를 들어, 이런 상황이라면 모든 사람은 자신이 필요한 정보를 임의로 얻을 수 있다는 것이고, 이를 통해 임의의 사람과 협력하여 최대의 이익을 취득할 수 있음을 의미한다. 따라서 한 사람이 누군가와 협력한다는 것은 일방적인 것이 되며, 자신에게 누군가와 협력할 의향만 남아 있다면, 다음 날 바로 더 나은 협력자를 찾을 수 있게 되어 협력의 두 주체 간에는 신뢰가 쌓일 수 없는 상황이 된다.

번역에서의 거래 비용

번역은 어떤 재화 가치와 교환될 수밖에 없다. 번역이 아무리 자발적이고 희생의 노력을 통해 행해지는 협력voluntary collaborative translation 모델이라 하더라도 번역에 참여하는 주체로서의 번역자는 자신의 노동과 사회적, 문화적, 지식적 재화와 교환될 수밖에 없다Pym, 2016. 사실 번역에 참여한 번역자는 일종의 특권을 얻을 수도 있고, 번역이라는 대의적 명분을 가지고 참여했다는 도덕적, 윤리적 보상과 함께 심리적 위로를 함께 얻을 수 있다. 이 밖에도 번역을 통해 사회적 동료를 확대할 수도 있으며, 이를 바탕으로 향후 더 높은 경제적 활동에 참여하기 위한 시장 진입의 기회를 얻을 수도 있다.

결국 노력에는 보상이 뒤따를 수밖에 없고, 번역자의 이러한 노력에 대한 보상은 번역자가 기대하는 보상의 종류kinds뿐만 아니라 보상의 양quantity과도 깊은 관계가 있을 수밖에 없다. 그래서 논리적으로만 본다면, 번역자가 번역에 더 많은 노력을 기울이면 기울일수록 번역자는 더 큰 보상을 기대할 수밖에 없다. 하지만 실제 번역 작업을 수행하는 과정에서는 번역자가 무제한의 보상을 요구하는 것은 아니다. 또 그렇게 할 수도 없다. 때문에 번역자는 번역과정에서 투입된 노력과 이에 따른 보상 사이에서 적절한 균형을 찾으려고 한다.

이러한 번역자의 입장이 번역자로 하여금 하나의 질문을 끝

없이 던지게 한다. '그럼 어떻게 번역해야 할 것인가?' 그러면 이를 설명하기 위해 다시 핌이 말하는 거래 비용의 개념으로 돌아가 살펴보자.

번역에서의 거래 비용은 지식을 수집하고, 전달하고, 처리하고, 때로는 번역하고, 이용 가능한 정보가 되도록 하는 데 드는 노력을 포함하고 있다. 그리고 이 연결된 번역과정의 연쇄에서 전환이 나타나는 번역(처리)이 연쇄의 핵심 요소가 된다.

이와 함께 동반되는 또 다른 진문은 '번역을 거래 비용으로 볼 수 있는가?' 이에 대해 답으로 핌은 번역을 일종의 거래 비용으로 간주하고 번역의 과정을 비용의 지불과 보상의 관계로 설명할 수 있음을 주장한다. 이런 주장을 뒷받침하는 핌의 논지를 세 가지로 정리하면 다음과 같다.

첫째, 번역은 일종의 특수한 (문화 간) 의사소통이지만 번역 규범은 다른 문화 간 교류 영역에 비해 성숙되어 있지 않다.

둘째, 번역 비용은 상대적으로 높지만 통제할 수 있다. 그리고 만약 번역비용이 높은 수준을 유지한다면, 잠재적인 협력 관계가 실패로 향할 수 있다.

셋째, 번역 비용과 번역 평가는 직접적인 관련이 있다Pym, 1995.

이를 좀 더 자세히 살펴보면, 첫째로 번역은 문화 간의 의사소통이므로 협력 두 주체가 되는 문화 사이에 서로 공유되는 보편적 가치관이나 보편적 규범이 많이 정형화되어 있지 않다. 따라서 번역은 상호 간의 이해를 증가하고, 신뢰를 한층 더 강화하기 위한 노력이 필수적이다.

둘째로 번역자가 번역에 들인 비용이 너무 높아진다면, 언어 간, 문화 간, 협력은 실패를 초래하게 된다. 번역비용을 조절할 수 있다는 것은 번역 모델에서 매우 중요한 관점이고, 핵심적인 요소가 된다.

번역자는 번역이라는 협력의 성공을 위해, 필요한 정보를 추가하거나 협력에 무관하다고 판단되는 잉여 정보는 과감하게 삭제할 수도 있다. 왜냐하면, 과다한 또는 반대로 과소한 번역은 협력을 저해하기 때문이다.

셋째로 번역 비용과 번역 평가가 직접적인 관련을 가진다는 것은 기계번역MT의 번역본을 예로 설명해보자. 기계번역이 비록 번역 비용을 효과적으로 감소시킬 수 있다는 것에는 동의할 수 있다. 하지만 현재의 기술로써는 아직까지 논리적 일관성과 인지적 부정확성으로 인해 독자가 원하는 결과는 만들어낼 수 없다는 것은 잘 알려진 사실이다.

따라서 기계번역을 통해 만들어진 번역 결과를 평가하고, 독자가 수용 가능한 번역으로 수정PE하는 데는 그에 따른 높은 번역 비용이 필요하게 된다. 그러나 향후, 기술의 발전과 함께 '구글 번역'와 같은 기계번역 엔진이 개선되면 번역 비용을 감소시키는 데에 큰 역할을 하게 된다. 다시 말해서 번역자가 정보를 처리하고 이해 가능하도록 번역하는 데에 투입되는 노력이 적어질 수 있다. 따라서 이와 같은 논리적 관계를 종합하면, 번역이라는 과정에서는 목적하는 바를 얻기 위해 일종의 거래 비용이 지불되고 있음을 이해할 수 있다.

이처럼 번역과정에 직접적인 참여자의 위치에 놓은 저자와 번역자 그리고 번역자와 독자는 모두 협력적의 관계에 놓여 있고, 이 관계 안에서 경제적 활동을 완성하기 위해서는 일종의 협상의 거래가 진행되고 있다고 할 수 있다. 그래서 번역자의 입장에서는 번역에 들어가는 비용을 최대한 줄이고, 독자의 이해 가능한 번역 효과를 최대치로 끌어올리게 된다면, 이것이 번역자가 추구하는 가장 이상적인 번역과정이 된다. 그렇다면 여기에서 번역 전략과 번역의 거래 비용은 어떤 관계에 놓여 있는지 좀 더 구체적으로 살펴보자.

앞서 살펴보았던 핌의 거래 비용을 개념을 다시 정리해보면, 번역의 거래 비용에는 정보수집 비용, 정보전달 비용, 정보처리 비용, 정보의 수용과 이해 비용이라는 네 가지 비용이 포함되어 있다이향, 2007. 이들 네 가지 비용에 대한 개념을 하나씩 살펴보면, 번역과정 안에서 번역자의 역할에 따라 비용이 발생함을 설명하고 있다.

먼저 번역자가 정보를 수집하고, 다음으로 쌓인 정보에서 필요한 정보를 추출·전달한 다음 번역사는 사용 가능한 방법으로 다시 처리한다. 그리고 마지막으로 독자들이 수용하고 이해할 수 있게 하는 연속된 행위를 거친다. 바로 이 연속된 과정에서 각 과정에 따른 비용이 발생할 수 있음을 설명하고 있다.

1) 정보수집 비용

정보수집이란 번역과정 중 번역자가 텍스트 안에서 발견되는 생소하거나, 도착언어에서 찾을 수 없는 번역 문제를 해결하기 위해 필요한 비용을 말한다. 일반적으로는 부연 설명(또는 각주)을 첨가하여 독자들의 이해 가능성을 높이기 위해서 번역 내용과 관련 정보를 번역 텍스트 밖에서 수집할 때 드는 비용을 가리키다. 예를 들면 다음과 같다.

사례1) 방언	
ST:	老马：“一个**二半糙子**，活能做好吗？是因为他过去当过县令。” 又说：世上的木匠千千万，但当过县令的木匠，也就老胡一个人。” (『一句』, p. 40)
TT-E:	“How could an **amateur** be a good carpenter at his age? It was simply because he was the county magistrate.” He continued, “There are thousands of carpenters in the world, but Old Hu is the only one who has been a county magistrate.
TT-K:	라오마가 말하였다. “**그렇게 조심성이 없는 사람**이 어떻게 목공을 잘 할 수 있겠나? 그가 과거에 현장에서 일했기 때문일세. 세상에 목공 장인은 수천수만이지만 현장 출신인 목공 장인은 라오후 한 사람뿐이거든.” (『한마디』, p. 89)

사례 1)에서의 중국어 ‘二半糙子’는『한마디』라는 소설에서 나오는 표현이다. 중국 북방 지역에서 쓰이는 방언이면서 비속어로 표현의 의미는 ‘어떤 일에 전문적인 지식이 없어 잘 알지도 못하면서 함부로 말하거나 행동하는 사람을 탓하여 이르는 말이다. 그러나 한국어 번역에서 ‘조심성이 없는 사람’으로 번역되어 본래의 뜻과 의미적 거리가 있어 보이고, 비속어로서의 문화소적 특징을 찾을 수 없게 되었다.[19] 반면 영어 번역을 보면 비록 TT의 ‘amateur’는 ST ‘二半糙子’보다 비속어의 느낌이 강하지 않지만 ‘비전문가’라는 뜻으로 ‘二半糙子’에 담긴 ‘전문지식의 부재’라는 의미를 살리고 있다.

위의 방언의 번역 사례를 통해 알 수 있듯이, 번역자는 우선 정확한 번역을 위해 이 방언이 무엇을 뜻하는지, 그리고 어떤 상황에서 어떻게 사용되는지를 파악하기 위해 정보를 수집하는 것에 노력을 들여야 한다. 가볍게는 사전 또는 인터넷에서 검색하거나, 저자 또는 지인에게 연락하여 문의할 수도 있고, 또 만약 각주를 달고자 한다면 이에 관련된 구체적인 정보를 찾아봐

19 이에 대한 대안역으로 '얼치기, 반거들충이' 등을 사용하면 비속어의 기능을 살릴 수 있다.

야 한다. 이러한 과정에서 번역자는 번역에 노력이라는 비용을 지불하게 되고, 그것이 정보수집 비용이 된다.[20]

아래와 같은 사례에서도 정보수집 비용을 살필 수 있다.

사례2) 지명	
ST:	他们当时的行走路线是，从重庆飞抵宝鸡，**乘陇海线火车**从宝鸡到西安，到黄河，到潼关，然后进入河南。(『温故』, p. 455)
TT-E:	They made the trip by flying to Baoji from Chongqing, then transferring to **a railroad handcar at Tongguan and arriving in Luoyang** after a day-long journey, going in the opposite direction of the fleeing refugees.[21]
TT-K:	그들은 충칭에서 비행기로 바오지(寶鷄)로 날아간 뒤, 바오지에서 룽하이선 **隴海线(간쑤성 란저우난주蘭州에서 롄윈항連雲港까지의 철로. -옮긴이)**을 기차를 타고 시안에 간 뒤, 황허와 퉁관을 거쳐 허난성으로 들어왔다. (『닭털』, p. 227-228)

20 비용을 적게 들이려면 번역자가 바로 삭제해버리거나 작품 맥락에 따라 번역자 자신이 창작할 수도 있다. 그러나 이러한 경우 정보를 정확하게 전달하지 못할 위험성이 높아진다. 예를 들어 작품 『닭털같은 나날』에서의 "陈是蒋的贴身人物(侍卫室二组组长)"라는 원문을 번연문에서 "그는 장제스의 심복"으로 번역되었는데 '호위실 2조의 조장'이라는 정보가 사라지면서 정보 완전성이 떨어지게 된다.

21 영어 번역본에서 '陇海线'은 생략되어 있다. 해당 부분의 번역에 대해서 한·영 역본을 비교하면 영어 번역본은 정보수집 단계에서 비용을 들이지 않았다.

위의 사례에서는 '陇海线'이라는 기차 노선이 나온다. 중국에서는 기차의 출발지와 도착지의 지명에서 한 글자씩을 따서 노선 명칭을 정한다. 번역자는 이 노선의 정확한 지명을 파악하기 위해 관련된 지리 정보를 수집해야 한다. 인터넷으로 검색하거나 저자 또는 지인에게 문의하는 이러한 수고와 노력이 모두 정보수집 단계에서 필요한 비용이 된다.

2) 정보전달 비용

정보전달 비용이란, 번역자가 해당 내용의 의미를 파악하고 필요한 정보를 추출, 선별하는 데에 드는 비용을 말한다. 예를 들어, 문화소는 문맥과 맥락에 따라 한 번에 여러 가지의 내포적인 의미를 담을 수 있다. 이런 경우의 번역자가 도착 문화권 독자들에게 내포된 여러 의미 중에서 어떤 의미를 선별해서 전달해야 할지에 대해 고민할 수밖에 없다.

그렇지 않고 번역자가 이해되는 여러 의미를 모두 전달하고자 한다면, 과잉번역이라는 평가를 면하지 못하게 될 수도 있다. 그리고 이러한 경우, 정보전달 비용뿐만 아니라 정보처리 비용, 정보이해 비용까지 모두 높아질 수 있어서 주의해야 한다.

과잉번역의 사례를 살펴보면 아래와 같은 예를 찾을 수 있다.

사례3) 성어	
ST:	他：“俺爹推着独轮车，俺二大爷挑着箩筐，独轮车上装些**锅碗瓢盆**，箩筐里挑些小孩。路上拉棍要饭，吃树皮，吃杂草。后来到了洛阳，我就被抓了兵。”（『温故』, p. 449)
TT-E:	“My Pa pushed a wheelbarrow filled with **pots, pans, bowls, and other utensils**. My second uncle carried children in baskets. We begged for food along the way, but mostly we ate bark and wild grass. I was press ganged when we got to Luoyang.”
TT-K:	“우리 아버지는 바퀴 하나 달린 수레를 밀고, 둘째 할아버지는 광주리를 짊어졌어. 수레에는 **알루미늄 그릇과 표주박 대야**를 실었고 광주리에는 아이들을 실었지. 길바닥에서 지팡이를 들고 밥을 구걸하거나, 나무껍질이나 잡초를 먹으면서 겨우 연명했어. 그리고 나중에 난 뤄양에서 군대에 잡혀갔고.” (『닭털』, p. 218)

사례4) 부사의 과도한 해석	
ST:	我点头。对他佩服。李葫芦拍着巴掌说： “老弟你说到哪里去了，我当了革委会主任，还能扔下你不管？**好赖**得给你弄个副的！”（『故乡』, p. 270)
TT-E:	I admire and give a nod. Li Hulu clapped his hands and said, “Bro, where are you going? Now, I'm the director of the revolutionary committee. Can leave you alone? **Anyhow** I will arrange you a deputy!”
TT-K:	그러자 리후루가 철석 손뼉을 치며 말하였다. “동생, 지금 무슨 소리를 하는 거야? 내가 혁명위원회 주임 됐다고 자네를 내팽개칠 거 같아? **어쨌거나** 부주임 자리 하나는 자네한테 맡길 거야!(**어쨌거나(好賴)는 ‘좋은 라이허상’으로도 읽힐 수 있음 – 옮긴이**)” (『고향』, p. 569)

위의 사례 3)에서 한국어 번역을 보면, 중국어 '锅碗瓢盆'을 '알루미늄 그릇과 표주박 대야'라고 길게 번역하고 있다. 실제로 이 단어는 솥, 사발, 국자, 함지 등의 그릇을 통틀어 이르는 말인데, '알루미늄 그릇'으로 이해한 것은 '锅(솥)'을 '锅(알루미늄)'로 잘못 번역한 것으로 보인다. 여기에 '표주박 대야'라는 정보까지 도착언어로 모두 번역하였다. 이렇게 번역되는 과정에서 전달하는 정보의 양이 많아졌고, 따라서 자연스럽게 비용도 높아지게 되었다.

이 관용어 표현은 한국어로 번역할 때 '세간살이, 부엌살림'으로 대체해도 충분한 의미전달이 가능하고 이렇게 하면 정보전달 비용도 줄일 수 있다. 또한 사례 4)에서 보듯이 번역자가 한국어로 '어쨌거나'를 뜻하는 중국어 '好賴'를 말장난으로 이해하고 텍스트에 내주를 달아서 처리하였다. 이 작품에서 인물의 성씨가 '賴'이기 때문에 이렇게 해석한 것으로 보이지만, 이는 과도한 해석이라고 할 수 있다. 왜냐하면 중국어에서 사람 이름 앞에는 '好'자를 붙여 쓸 수 있지만, 성姓씨 앞에 붙여서 '좋은 누구누구'로 사용하지는 않기 때문이다. 결국 번역자는 내주 삽입을 통해 불필요한 정보를 전달하게 된 것이고, 이로 인해서 비용도 높아졌다.

이처럼 문화소에 대한 정보를 추출하고 선별하는 과정에서 번역자가 잘못된 정보로 전달하거나 또는 과잉의 정보를 전달하는 빈도가 높을수록 번역자는 전달 의미정보를 추출하는데 많은 노력을 들이게 된다. 그리고 이로 인해서 번역의 정보전달 비용은 상승하지만, 번역을 통한 협력의 가치를 결정하는 완성도는 오히려 낮아진다.

3) 정보처리 비용

정보처리 비용이란, 번역자가 필요한 의미 정보를 전달하기 위해 추출한 후, 이를 번역 텍스트에 이를 표현하는 과정에서 드는 비용을 가리킨다. 다시 말해서 전환transfer이라는 단계로 도착언어의 선정과 관련된 비용이라고 정리할 수 있다. 예를 들면 다음과 같다.

사례5) 지명	
ST:	"你说的轻巧，这块桃林，是我承包的。一到秋天，桃儿哪里还值钱，主要靠城里的人来采摘，没看到山坡下有 '**采摘园**' 的牌子吗？大家要知道这里吊死过人，谁还会来呢？" (『潘金莲』, p. 266)
TT-E:	"That's what you think," he said, a hint of anger in his voice. "I contracted for this peach grove. Peaches aren't worth much in the fall, so I make my living from people paying to pick fruit themselves in the spring. Didn't you see the sign, '**PICKING ORCHARD**' at the foot of the hill? Do you think people would come if they knew someone had hanged herself here?"[22]
TT-K:	"한창 장사할 시즌인데 재수없게! 복숭아밭은 봄여름 장사라 이 계절뿐이란 말이오! 가을에 북숭아밭이 무슨 가치가 있겠소? 시내에서 사람들이 재미로 열매를 따러 와야 장사가 좀 되는데. 산비탈에 '**채집 가능한 농원**'이라고 쓰인 팻말도 못 봤소이까? 여기서 사람이 죽기라도 하면 누가 여기로 복숭아를 따러 오겠소?" (『남편』, p. 382)

사례 6) 욕설	
ST:	牛国兴咬牙切齿骂道——但他没骂杨百利，而是骂自己： "我要再帮人，我是**龟孙**！" (『一句』, p. 60)
TT-E:	Gnashing his teeth, he cursed, not at Baili but at himself: "I'll be a **son of a bitch** if I ever help anyone again." (p.63)
TT-K:	"뉴궈씽은 어금니를 앙다물고 욕을 해댔다. 양바이리를 욕한 것이 아니라 자기 자신을 욕하였다. "또다시 남을 도와주면 내가 **거북이 자손**이다!" (『한마디』, p. 130)

22 원문 '采摘园'과 영어 번역 'PICKING ORCHARD'를 비교하면, '采摘' 대 'PICKING', '园 대 'ORCHARD'의 번역 패턴이 보여 글자 그대로 번역하는 축자 번역으로 볼 수 있다.

위의 사례 5)에서는 중국어 '采摘园'을 '채집 가능한 농원'이라고 한국어로 번역하였는데, 여기에서 이 한국어 번역이 문제가 된다. 사실 이미 이전 텍스트에서 '복숭아밭'이라는 정보가 제시되어 있고, '채집 가능한 농원'이라는 정보가 팻말에 쓰이는 것이라면, 한국어 번역 표현으로는 '체험 농장'이라는 번역이 합리적인 표현으로 보인다. 그리고 번역이라는 범주에서 가장 큰 문제는 '채집 가능한 농원'이라는 표현이 한국어 독자에게 이해 가능한 입력이 아니라는 것이다.

이어서 사례 6)을 보면, '龟孙'이 나오는데 중국어 표현이 나오는데 중국어에서는 자주 쓰이는 비속어다. 문학작품의 번역이라는 점에서 이정도의 비속어는 번역과정에서 충분하게 소통 가능한 표현이다. 영어번역에서는 'son of a bitch'로 자국화된 표현으로 사용하였으나, 한국어 번역에서는 '거북이 자손'이라고 글자 그대로 직역을 하고 있다. 이러한 번역은 거북이를 '장수와 건강', 또는 '느림'의 상징으로 여기는 한국 문화에서 이질감을 줄 수 있다.

따라서 이러한 경우는 정보를 전환하여, 도착언어로 표현하는 방식에서 문제가 발생한 것이고, 반드시 강한 비속어로 '개'나 '개자식', '개새끼'등으로만 대체할 필요도 없다. 한국어 번역에서 관용적 표현인 '~하면, 내가 그 사람 아들이다.' 정도의 번역이면 충분하다. 그리고 이렇게 번역된 문장은 한국어 독자의 이해 가능성도 훨씬 높일 수 있다.

이처럼 정보를 추출하여 전달하는 단계도 중요하지만, 앞서 핌의 거래 비용에 대한 정의에서 언급한 바와 같이, 번역자가 해당 정보를 도착어로 표현하는 처리단계가 가장 중요한 핵심 비용이라고 할 수 있다. 왜냐하면 아무리 정보처리 비용의 노력을 들여서 번역을 수행하더라도, 완성 번역물이 도착어인 한국어 독자로부터 좋은 평가를 받지 못하면 번역가의 신뢰도는 떨어질 수밖에 없다.

4) 정보이해 비용

앞에서 핌의 거래 비용에 관계된 정보수집, 정보전달, 정보처리라는 세 가지 비용의 개념을 살펴보았다. 여기에서 이 세 가지 비용을 연결하고 있는 공통분모는 번역자의 노력을 정의한 비용이라는 점이다. 핌이 언급한 이 세 가지 비용의 개념에 더해서, 여기에서는 독자의 입장에서 정보이해 비용을 추가하고자 한다. 정보이해 비용을 더하고자 한다.

정보이해 비용이란 번역자가 처리한 텍스트 정보를 도착어 독자들이 수용하고 이해하는 데에 드는 비용을 가리킨다. 그러므로 이 비용을 지불하는 주체는 도착어의 독자가 된다.

본 연구에서 정보이해 비용을 설정하고, 번역에서 독자의 수용 가능성을 이야기하고자 하는 것은 도착인 한국어가 번역자의 A언어와 일치하지 않을 수도 있다는 점 때문이다. 도착어가 번역자의 A언어라면 번역자는 번역자의 역할과 동시에 독자의 역할을 겸할 수 있다. 지난 세기 통번역은 이런 관계를 기본으로 하고 있었다.

하지만 번역자의 B언어가 한국어라면, 번역자는 자신의 번역 결과를 독자가 이해하기 위해서 얼마만큼의 비용을 지불해야 하는가가 매우 중요한 번역의 판단 기준이 된다. 즉, B언어로서 한국어 통번역을 하는 경우, 외국인 한국어 번역자뿐만 아니라 한국어 독자도 텍스트를 읽으면서 시간과 노력을 들여야 해서 이 역시 번역의 거래 비용에 해당하게 된다.

사례 7) 오역	
ST:	一开始是碎雨，后来渐渐大了，雨点砸在水洼里，声音啪啪的。老曾看着雨咂嘴："看来今天回不成了。" 杨百顺赌气说："想回也成。" 老曾伸手去接雨："这要走到家，非**淋病**不成。" (『一句』, p. 67)
TT-E:	It began to rain, a drizzle quickly turning into a downpour. Zeng watched the rain splash into puddles. "Looks like we can't make it back today." "We could if we want to," Baishun said sulkily. Zeng reached out to catch some rain in his hands. "We'll **get sick** going home in this rain."
TT-K:	처음에는 작은 빗방울이더니 점차 커져 빗방울이 '퐁당퐁당' 소리를 내면서 물웅덩이에 부딪쳤다. 라오쩡이 비를 보며 투덜거렸다. "꼴을 보니 오늘은 집에 가기 다 틀렸군." 양바이순이 화가 나서 말하였다. "집에 가고 싶으세요?" 라오쩡은 손을 뻗어 빗방물을 만지며 말을 받았다. "이런 비를 맞고 집에 가다간 **임병(淋病)**에 걸리고 말 걸세." (『한마디』, p. 146)

사례 8) 오역	
ST:	李雪莲只好撒了手。史为民一溜小跑回到办公室，一边换衣服，一边让人给**信访局长**打电话，让他来县政府大门口，处理一个妇女告状的事； (『潘金莲』, p. 51)
TT-E:	Li Xuelian was forced to let go of his sleeve, freeing Shi to run back to his office, where he changed into clean clothes and had someone call up the **County Complaint Department Head** to handle a complaint by a woman at the building entrance.
TT-K:	"리설련은 할 수 없이 손을 놓았다. 사위민은 그대로 달아나 사무실로 돌아가 옷을 갈아입으며 사람을 시켜 정보통신과장에게 전화를 걸었다. 그는 **정보통신과장**에게 현 청사 정문 앞에 가서 리설련의 고소 문제를 처리하도록 하였다. (『남편』, p. 78)

위의 사례 7)을 보면 '非淋病不成'이라는 중국어 표현이 나온다. 이 표현은 중국어의 관용적 표현으로 '이런 큰 비를 맞으면 반드시 병에 걸릴 수 있음'을 의미한다. 같은 표현의 영어 번역본에서는 정보이해에 오류가 없지만, 한국어 번역에서는 '임병'이라 쓰고 그 옆에 한자까지 표기하였다. 임병은 성병性病의 일종으로 소설의 앞뒤 내용은 물론 맥락 안에서 주인공의 성병에 걸리거나 하는 관련 정보도 없고 또 다른 근거도 없다.

따라서 독자들은 큰비를 맞았는데, 왜 성병에 걸린다고 하는 것인지에 대해, 정보이해 비용을 지불해야 하는 상황에 놓이게 된다. 번역자가 정보를 잘못 이해하고, 번역을 소홀히 하여, 처리비용을 줄일 수는 있었을지 모르지만, 이 번역을 수용해하는 하는 독자는 이로 인해서 높은 정보이해 비용을 지불해야 한다.

사례 8)에서는 정부 부서인 '信访局'를 영어 번역본에서는 'County Complaint Department'로 번역하고, 한국어 번역본에서는 '정보통신과'로 번역하였다. 중국에서의 '信访局'는 국민의 민원을 처리하는 공공성을 가진 기관이다. 소설 속 주인공이 5차례 걸쳐 민원을 제기해보았지만 모두 해결이 안돼서 살고 있는 동네의 기관장인 '사위민'을 찾아가 따지는 내용인데, 민원을 처리하는 부서가 정보통신과라고 번역이 되었기 때문에 한국어 독자는 중국에서는 왜 민원을 정보통신과에서 해결하는지에 대해 의아해 할 수도 있다.

이 번역은 대안역으로 '민원실'이라고 번역한다면 독자들이 작품 속 이야기와 인물들의 관계를 더 빨리 파악할 수 있을 뿐만 아니라, 중국의 행정부서와 체계를 이해하는 데도 도움이 된다. 이렇듯 오역이나 잘못된 이해로 인해 잘못된 번역이 만들어진다면 독자의 정보이해를 방해하게 되고, 독자로 하여금 높은 정보

이해 비용을 지불하도록 요구하게 된다. 이에 B언어로서 한국어 번역을 번역자라면 한국어 독자의 정보이해 비용에 대해 민감하게 배려할 필요가 있다.

정리하면, 번역은 번역자와 독자, 출발텍스트와 도착텍스트 간의 협력과 협상에 의해 어느 정도의 노력이 투입되어 어떤 수준의 번역이 완성되었는지를 이야기할 수 있다. 그리고 번역과정은 사회적 주체 간의 협상과 거래의 개념을 투영하여, 번역이라는 결과를 얻기 위한 비용의 지불로 설명하고 있다.

결국, 번역은 번역에 참여하는 주체간의 협력과 이런 협력에서 비용과 수익의 거래 개념으로 설명하고 있다. 번역 작업의 규모가 크든 작든 모두 하나의 거래 과정으로 보며, 정보수집, 정보전달, 정보처리, 정보이해에 따른 각각의 비용이 발생하게 됨을 보여주고 있다.

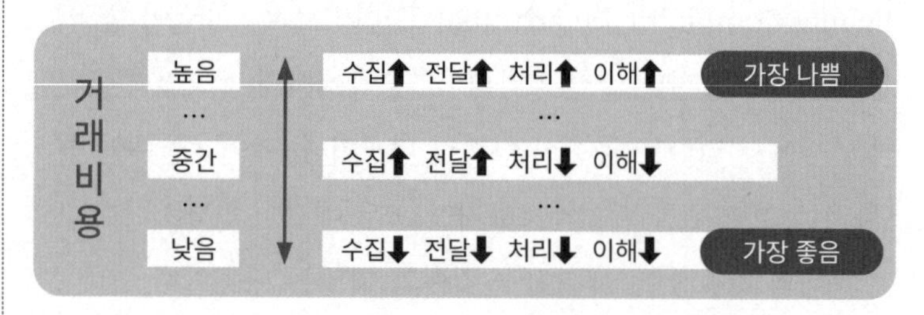

<그림 1> 번역에서의 거래 비용 분석

앞서 기술한 내용을 〈그림 1〉에서 비용 증감을 중심으로 살펴보면, 번역과정에서 번역자와 독자는 이 4가지 비용이 낮으면 낮을수록 가장 이상적인 번역을 취할 수 있는 것으로 설명된다. 하지만 많은 시간과 노력을 들여 번역을 했어도 이를 독자가 수용하는데 어려움을 느끼게 된다면 도착어 독자를 고려하지 못한 번역에 그치고 만다. 그러므로 특히 B언어로서의 한국어 번역 상황에서 번역자가 가장 주의해야 할 것이 정보이해 비용이다.

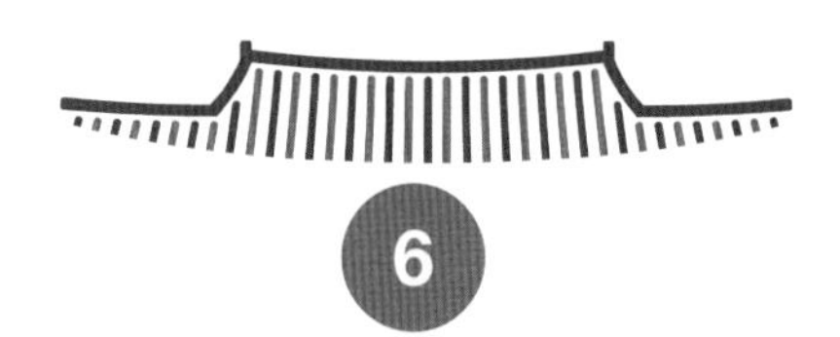

6
문화소 번역과 문화적 거리

문화적 거리

앞 장에서는 번역에서의 문화소 처리 비용에 대한 이야기를 나눠보았는데, 이번에는 문화적 거리cultural distance에 대해 생각해보고, 그 개념적인 내용을 논의하고자 한다. 사실 문화적 거리라는 개념은 앞서 살펴보았던 '문화적 비용'에 비해서는 좀 더 친숙한 개념으로 느껴진다. 하지만 문화소라는 번역의 대상을 두고 문화적 거리라는 개념은 어쩌면 매우 당연한 것이어서 오히려 당황스럽고 생소하기까지 하다. 하지만 문화적 차이, 간극이라고 생각해보면 훨씬 더 자연스럽다.

일반적으로 문화의 범주를 한 나라나 삶을 영위하며 살아가는 문화 범주를 가진 하나의 지역으로 본다면, 일상의 생활과 삶 속에서 우리는 문화적 거리라고 하는 것을 쉽게 느끼지 못할 수도 있다. 왜냐하면, 대부분의 사람들은 하나의 구체적인 문화

안에서 태어나고, 성장하고, 살아가기 때문이다. 그래서 대부분의 사람들은 일정한 유형적인 문화의 틀 안에서 살아간다고 생각한다.

실제로 일상에서는 매일같이 같은 문화를 향유하는 이웃과 친구와 함께 하고, 같은 문화를 담고 있는 언어를 통해서 서로의 생각을 소통을 한다. 이렇듯 동일 문화 속에서 생각하는 문화적 거리는 그 의미가 생소할 것이고 일상에 느끼지는 못하는 개념이다.

그렇다면 한 지역에서 하나의 언어 공동체를 이루고 살아가는 우리는 문화적 거리가 없는 것일까? 그리고 하나의 문화권에 있는 다양한 사회적 공동체는 정말 동일한 문화를 향유하고 살고 있는 것일까?

하지만 우리는 각자가 살아가는 지역과 사회 안에서 다양한 공동체를 형성하고 살아가고 있으며, 이러한 공동체는 저마다 해당 공동체 구성원만이 함께 향유할 수 있는 독특한 문화적 실체를 가지고 있기 마련이다.

예를 들어 대학에서는 대학마다 다른 역사를 가지고 있고, 그에 따른 전통을 유지하고 있으며, 제도적 차이와 학문적 관심과 분야가 다르다. 심지어 학교에서 공유되고 사용되는 전문적인 용어의 사용까지 발견된다. 즉, 대학도 나름의 문화공동체를 구성하고 있기 때문에 그 구성원이 가진 문화적 실체는 다른 대학의 공동체가 가진 문화적 실체와 차이를 드러낼 수밖에 없다.

이러한 공동체 간의 문화적 차이는 비단 공동체에 대한 심리적인 동질성을 중요시하는 대학교만의 문제는 아니다. 일반적인 영리 공동체라고 할 수 있는 회사와 같은 작은 문화 공동체 간에도 이러한 문화적 차이는 그대로 기술될 수 있다. 예를 들어

A회사에서는 노동자에게 회사에 대한 충성심을 강조하고 문화적 공동체로서의 결속을 강화하기도 하며, 반대로 B라는 회사에서는 노동자의 개인의 삶과 생활을 중요시하며, 개인적인 창의력을 위해 공동체의 결속을 요구하지 않는 문화를 가지고 있을 수도 있다. 이렇듯 가장 작은 공동체에도 공유되는 문화가 존재하며, 이렇게 문화를 공유하고 공동체의 구성원으로서 공유된 문화에 연동하려고 한다면, 여기에는 모두 문화적 거리가 존재하게 되고, 우리를 이것을 쉽게 느낄 수 있다.

이와 같이 우리가 일상에서 마치 하나의 문화권으로 동일한 문화를 향유하는 것처럼 느끼는 지역적, 사회적 공동체에는 더 작은 공동체가 존재하고 이들 공동체에는 구성원이 함께 공유하는 문화의 실체가 존재한다. 그리고 우리는 그 문화적 실체에서 문화 간 거리를 발견하고 인식할 수 있다.

하나하나의 작은 문화의 실체를 살펴보면, 마치 공간적으로, 지역적으로 구체적인 경계를 가지고 있는 것처럼 느껴지지만, 우리가 속해서 살아가는 문화적 범주는 실제로 다층적이며, 경계가 불분명한 모습을 하고 있는 경우도 많다. 그래서 그 실체를 분명히 하는 데 많은 어려움을 겪기도 한다.

하지만 문화적 실체와 차이를 언어를 통해서 살핀다면 그 차이와 거리를 유형화 할 수 있게 된다. 그리고 문화적 동질성이 이해되거나 동질성을 드러내는 표현을 비교한다면, 문화 간의 차이도 찾을 수 있고, 그 차이가 어떤 관념적 사고의 거리에서 비롯되는지도 살펴볼 수 있다.

이러한 사례가 될 수 있는 표현으로 영어, 중국어 그리고 한국어의 인사말을 살펴보자.

영어	중국어	한국어
Good morning	早上好	안녕하세요 (아침)
Good afternoon	下午好	안녕하세요 (오후)
Good evening	晚上好	안녕하세요 (저녁)

위의 예는 언어의 사용에서 문화적 거리를 드러내는 비교적 간단한 예라고 할 수 있다. 여기에서 영어, 중국어, 한국어 세 언어의 인사말을 비교하면 그 문화적 차이를 선명하게 느낄 수 있다. 실제로 많은 이들이 가장 동양적인 문화로 중국어를 보고, 대표적 서구문화로 영어를 본다면 두 언어가 드러내는 문화적 거리는 가장 멀게 드러날 것으로 기대된다.

하지만 한국어 인사말을 '좋은 아침', '좋은 오후', '좋은 저녁'으로 번역하면 어색한 표현이 되고, 오히려 아침, 오후, 저녁에 대한 구분을 두지 않고 "안녕하세요."라고 번역하면 더 한국어다운 표현이 된다는 것이다. 그러므로 위에 사례에서는 중국어와 영어의 인사는 한국어에 비해 더 가까운 문화적 관념이 존재할 수 있음을 보여주고 있고, 반면에 한국어는 가장 가까운 한자 문화권의 중국어와도 문화적 거리가 멀 수 있음을 보여준다고 하겠다.

앞서 비교적 간단한 예시를 통해 '문화적 거리'라는 개념을 살펴보았다. 이처럼 문화적 실체를 드러내는 언어적 표현에 대한 분석에서는 언어 공동체와 지역 공동체 간의 문화 차이를 구체적으로 형상화하여 기술할 수 있기 때문에, 해당 언어의 표현과 표현 방식을 통해서 문화 간의 차이를 설명하고 문화적 거리도 가늠해 볼 수 있다.

팅투미Ting-Toomey & Chung, 2012에 따르면, '문화적 거리는 출발문화SC가 되는 자신의 모국어 문화와 목표문화TC를 가진 사회의 문화적 관념을 통한 가치관과 언어에서 구어 및 문어가 가진 형식에 관한 주요 차이점"으로 설명할 수 있다고 정리하였다.

결과적으로 이 정의에서 통해 이해할 수 있는 문화적 거리는 국가나 민족 또는 언어 공동체의 문화 범주의 문화적 거리를 가리키고 있다. 그리고 이는 문화 간의 차이로부터 그 발생 원인을 찾아야 한다고 보고 있다.

이 밖에도 김유경2004은 문화적 거리에 대한 개념적 설명에서 사회적 독특성social uniqueness을 문화적 거리의 발현 원인으로 설명하고 있다. 여기서 말하는 사회적 독특성은 '외모, 종교, 철학, 사회적 태도, 언어, 문학적 유산, 자아와 우주에 대한 기본적 개념'으로 문화적 차이를 드러내는 문화의 개념적 실체라고도 할 수 있다. 그리고 이러한 개념을 중심으로 문화적 거리는 지역적, 사회적 공동체마다 그 공동체의 구분되는 독특성을 지님으로써 문화적 거리가 발생하게 되는 것이라고 설명하고 있다.

번역과 문화적 거리에 관한 국내 연구

여기에서는 앞서 살펴보았던 문화소의 거래 비용에 대한 개념에 이어서 문화소 번역을 위한 문화적 거리라는 핵심 개념을 살펴보고자 한다. 번역에서 문화소에 대한 번역이 주요한 관심의 대상으로 논의된 것은 이미 상당한 시간이 지났다. 그리고 문화학의 관점에서 문화적 거리라는 개념을 도입해서 문화소에 대해 이해하고 분석된 문화소에 대한 번역 처리 방법을 고민한 것도 시간적으로는 오래되지는 않았지만, 적지 않은 연구가 이어지고 있어 그 관심을 짐작할 수 있게 한다.

최근에 이르기까지 문화학을 중심으로 국내·외 학자의 문화적 거리, 문화적 차이, 문화적 간극에 대한 연구가 활발하게 진행되어 왔다. 그 가운데서 특히, 번역과 문화적 거리에 관한 연구 보고가 상대적으로 많이 이루어졌다. 우선, 한국에서 진행된 번역의 문화적 거리에 관한 연구를 정리하면 〈표 1〉과 같다.

번호	연구자	연구내용	연구유형
1	왕영균 외 (2009)	문화적 차이로 인한 원문 이해 정확도 오차(誤差)를 살핌	학술지
2	서유경 (2012)	여성어 번역에서 '문화 간극' 및 '맥락 간극' 개념 정의함	학술지
3	이승재 (2012b)	문화적 갭(gap)이라기보다는 그 차이를 문화적 요소로 개념화함	학술지
4	편기영 (2017)	문화 차이로 인한 고유명사 비등가 번역을 살핌	학술지
5	김재희 (2018)	'문화적인 거리가 멀수록 번역사의 개입은 필연적'이라는 번역과의 관계 설정	학술지

<표 1> 문화소 번역 전략의 국내 연구

번역에서의 문화적 거리에 관한 국내 연구에서 왕영균2009의 연구는 비교적 이른 시기의 연구로 받아들여진다. 그는 이 연구에서 문화적 차이로 인한 원문의 이해와 그 정확도에 대한 오차誤差를 살펴보았다. 그리고 서유경2012의 연구는 문화적 거리에 대한 개념적 접근을 시도하고 있는 연구로 여성어 번역에서 '문화 간극'과 '맥락 간극'의 개념적 차이를 설명하고 정의하였다.

다음으로 이승재2012의 연구에서는 문화적 거리와 번역과의 관계를 직접적으로 다루고 있는데 연구 내용을 살펴보면, '문화 갭cultural gap'은 상이한 생활과 문화의 차이에 의해 발생하므로 그에 따른 번역의 문제 역시 문화적 요소로 간주하고 있다. 그리고 편기영2017에서는 문화 차이로 인한 고유명사의 비등가적 번역을 연구하고 있으며, 김재희2018의 연구에서는 문화적인 거리와 번역자의 관계를 설정하고 문화적 거리에 의해서 번역자의 개입이 드러나게 된다는 것을 설명하고 있다.

번역과 문화적 거리에 관한 국외 연구

번역에서의 문화적 거리에 관한 국외 연구는 이런 관점을 가장 먼저 드러냈던 나이다의 1964년도 논문을 포함하고 있으나, 실제로 본격적인 개념이 정리되기 시작한 것은 1990년 좌우로 보는 것이 좋다. 이렇게 본다고 해도 한국에서의 연구와 관심에 비해 훨씬 빠른 시기였다. 대표적인 5개의 연구를 정리하면 〈표 2〉와 같다.

번호	연구자	연구내용	연구유형
1	Nida(1964)	'cultural discrepancies', 'cultural diversity', 'cultural gap' 등 용어 제시	단행본
2	Reiss & Vermeer (1984)	"'(text) producer' - 'source-text recipient(s)'"과 "'translator' - 'target-text recipient(s)'"의 정보(information) 차이	단행본
3	Nord(1997a)	'cultural distance(문화적 거리)' 3가지 가능성 제시, 스코포스(Skopos) 이론으로서의 'cultural distance' 설명 및 예시 설명	단행본
4	Nord(1997b)	발신자(sender)와 수신자(receiver) 간의 간극 메우는 역할, 문화 차이(cultural differences)로 인한 문화 갈등 및 의사소통 실패, '기록적 번역' 및 '도구적 번역' 설명	단행본
5	Nord(2005)	'cultural gap'에 대한 설명	단행본

<표 2> 문화소 번역 전략의 해외 연구

문화적 거리에 관한 국외 연구를 살펴보면, 나이다Nida, 1964에서 처음으로 'cultural discrepancies', 'cultural diversity', 'cultural gap' 등의 용어를 제시하였다는 점에서 가장 초기의 연구로 인정된다. 여기에서는 문화로 인한 격차를 설명하고, 이

에 따른 문화의 다양성 또는 문화 간의 거리를 논의하였다.

다음으로 문화적 거리와 차이에 대한 관점을 제시하고 있는 대표적인 연구로 리스 & 베르메르Reiss & Vermeer, 1984의 연구를 들 수 있다. 이 연구에서는 "(text) producer : source-text recipient(s)"과 "translator : target-text recipient(s)"의 관계를 도식화하고 이들 관계 안에서 정보information 체계의 차이가 발생함을 설명하였다. 그리고 이를 통해서 본격적으로 문화가 담긴 언어 정보로서의 문화적 거리를 설명하였다.

다음으로 노드Nord, 1997a의 연구에서는 'cultural distance (문화적 거리)'의 3가지 가능성을 제시하고 설명하였다. 여기에서는 스코포스Skopos 이론에서의 'cultural distance'에 대한 관점을 설명하고 있다. 그다음 같은 해에 발표된 노드Nord, 1997b의 두 번째 연구에서는 발신자sender와 수신자receiver 사이에서 이해의 간극을 메우기 위한 문화적 거리의 이해를 설명하고, 문화 차이cultural differences로 발생하는 문화 갈등과 의사소통의 불일치를 논의하였다. 이 밖에도 'cultural gap'에 대해 구체적인 실체를 기술하기 위해 노력한 노드Nord, 2005의 연구가 있다.

문화소 번역과 문화적 거리

번역학에서 문화적 거리라는 개념은 비교적 이른 시기부터 관심을 받아왔다. 앞서 살펴본 바와 같이 나이다Nida는 1964년 자신의 연구에서 문화적 거리를 의미하는 '문화 간극cultural gap'이라는 개념을 제시하였다. 그리고 나이다는 이 연구에서 번역에 개입하는 두 문화 사이에는 번역을 통해서 건너야 할, 하지만 좁힐 수 없는 거리가 존재함을 기술하고 있다. 이 연구에서 제시된 개념을 아래에서 문화소 번역의 사례를 통해 살펴보자.

영어(ST)	한국어(TT-K)	중국어(TT-C)
bedsit *noun* [C] UK	베드시트(음차번역)	-
	베드시트* *침대, 테이블, 의자 및 요리 공간이 있는 셋집 (음차번역 + 역주)	-
	베드룸 아파트 (구체화)	起居兼卧室两用租间 (구체화)
	-	卧室兼客厅(상황대체)
	원룸(문화대체)	单身公寓(문화대체)

영어 'bedsit'은 영어를 사용하는 문화에서 특정한 문화적 의미를 담은 문화소로, 그 단어의 의미에는 영국의 고유한 거주 문화가 담겨 있다. 물론 한국에서도 'bedsit'이 담고 있는 비슷한 거주 형태가 발견될 수도 있지만, 번역의 차원에서 전환하고자 하는 'bedsit'라는 문화소가 다른 언어에 그 문화적 의미를 온전히 보존할 수 있는 등가어를 찾는 다는 것은 거의 불가능하다. 아마도 그 단어를 번역하기 전에 그 단어에 담긴 주거 문화

를 먼저 들여오는 것이 빠를 수도 있다.

이는 앞서 나이다가 언급하였던 번역에 관계되는 두 문화 간의 간극이 존재하기 때문이며, 번역자가 그 간극을 언어적 번역으로만 메우는 것은 쉽지 않음을 설명하고 있다. 위에서 살펴본 바와 같이 'bedsit'는 한국어로 번역할 경우, 다양한 번역 방법을 통해서 전환되는데, '베드시트', '베드시트+역주 첨가', '베트룸 아파트', '원룸' 등 다양한 번역이 제시될 수 있다. 반면에 같은 단어가 중국어로 번역될 때는 '起居兼卧室两用租间(거실 겸 침실 셋방)', '卧室兼客厅(침실 겸 거실)', '单身公寓(독신자 숙소)' 등 3가지 번역이 제시되었다. 즉, 영어의 문화소가 한국어와 중국어로 번역되는 과정에서 번역 방법의 차이가 있음을 볼 수 있다. 특히 중국어 번역 결과물을 보면 'bedsit'라는 의미가 부분적으로는 번역을 통해 반영되었지만, 그럼에도 일부의 문화적 의미는 반영하지 못함을 볼 수 있다.

나이다Nida, 1964는 그의 연구에서 두 문화의 비교를 통해 얻게 되는 '문화 간극'을 번역을 통해 메우는 것은 분명한 한계가 있음을 밝히고 있다. 그래서 나이다Nida, 1964는 문화적 간극을 메워야 하는 번역에 대해서 이렇게 설명하였다.

'번역에서 심각한 문화적 격차를 포함하고 있는 텍스트는 이국적 요소를 완전히 없애고, 독자에게 온전히 자국화된 번역으로 제공하는 것은 그 어떤 번역사에게도 기대할 수 없는 번역이다.'

이밖에도 문화의 차이가 번역을 가로 막는 요소라고 인지하고, 많은 연구에서 문화적 간극과 차이, 거리를 설명하고자 하는 연구가 이어졌다. 하지만 1984년 리스와 베르메르Riess & Vermeer 1984처럼 문화적 간극이 무엇인지를 개념화하고 구체화하여, 아래와 같은 도식으로 설명해내고자 한 사례는 그리 많지 않았다.

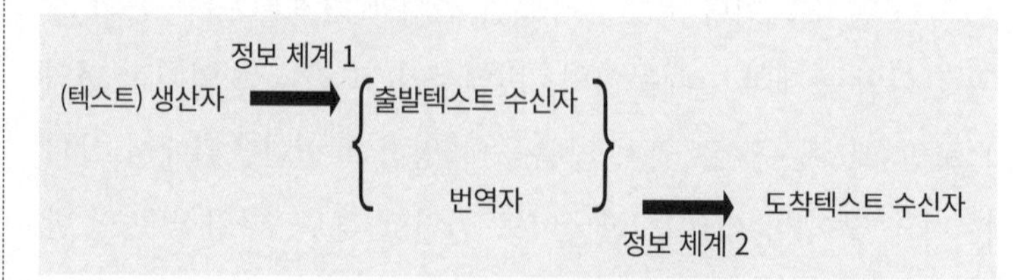

<그림 1> 의사소통 과정에서의 번역 수행

〈그림 1〉에서 리스와 베르메르Riess & Vermeer, 1984는 번역과정을 도식화하여 번역자의 역할을 출발텍스트의 수신자이자, 도착텍스트의 생산자로서의 위치로 정의하였다. 그리고 이 의사소통의 모형에서 '최종의 수신자가 되는 도착텍스트의 독자의 배경지식은 적어도 저자(텍스트 생산자)가 생산한 출발텍스트의 수신자가 가진 배경 지식과는 다르다'고 정리하였다.

이를 의사소통 과정으로 설명해보면 출발텍스트의 수신자로서의 번역자는 도착텍스트를 구성하고 전달하는 과정에서, 문화적 굴절과 왜곡을 발생시키거나 그 차이를 드러내는데, 이는 번역자의 의도가 아니라 의사소통의 구조에서 전제되는 '정보 체계1'과 '정보 체계2'에 의해서 담기게 되는 배경 지식이 서로 다르기 때문이다.

하지만 위의 모형에서 설명하고자 하는 것은 번역에서 드러나는 문화의 차이를 내보이는 것에 그치는 것이 아니라, 이 소통 과정에 대한 이해를 통해서 문화의 차이를 번역을 통해 건널 수 있음을 제안하고 있다.

앞서 'bedsit'의 예시를 다시 살펴보면, 영어ST인 'bedsit'라는 문화소에 담긴 형태적 정보로는 'bed(침대)'와 'sit(앉다)' 두 가지 정보를 들 수 있다. 그렇지만 한국어 번역 '베트룸 아파트'에 담긴 정보는 '베드(침대)', '룸(방)', '아파트'가 있고, 영어 원문에 담긴 정보와는 차이를 드러낸다. 역시 중국어 번역 '卧室兼客厅'에는 형태 정보로만 '卧室(침실)', '兼(겸)', '客厅(거실)'이라는 3가지를 담고 있다. 이는 역사 언어의 정보 체계가 다르기 때문에 같은 사물을 표현하기에도 다른 정보와 표현 방식이 존재함을 보여주고 있다.

하지만 이와 같이 영어와 한국어 중국어는 서로 정보 체계가 상이함에도 불구하고 번역자에 의해 의사소통은 진행되고 있다. 이는 노드Nord, 1997에 기술에 따르면 '번역자는 서로 다른 문화 공동체 구성원 사이에서 의사소통이 일어날 수 있도록 역할을 부여받은 사람'이기 때문이다. 그리고 이러한 역할은 언어적 행동과 비언어적 행동 또는 기대와 지식, 관점의 차이가 너무 커서, 발신자와 수신자가 독립적으로 의사소통의 주체로 작용할 수 없을 때, 효과적인 의사소통을 할 수 있도록 상황의 간극을 메워주기 위해서 개입하여 수행하게 된다고 설명하였다. 여기에서 노드는 이러한 문화 간의 정보 체계의 차이를 발생하게 하는 요소로 언어적 행동과 비언어적 행동, 그리고 기대, 지식, 관점 네 가지를 지적하고 있다.

결론적으로 문화소는 인간의 공동체 활동의 산물을 담을 수 있는 그릇으로, 출발 문화에서 담긴 문화소와 도착문화에서 담긴 문화소의 문화적 거리가 멀면 멀수록, 번역사의 개입은 필연적일 수 밖에 없다. 그리고 그 문화적 차이가 크면 클수록, 통번역사의 보상 또한 강화되어야 한다.

2부

문화소 번역과 거래 비용

A언어로서의 한국어 번역자의 관점으로 본 2부의 문화소 거래 비용

–

2부는 한국어 모어 통번역사의 관점을 다루고 있다.
여기에서는 A언어로서의 한국어 통번역 관점에서 한국어 번역을 분석한다.

7

문화소 분석 대상과 분석 기준

분석 대상과 분석 자료

본 장에서는 중한 번역에서의 문화소 번역 전략과 번역 방법을 알아보기 위해 중국의 소설가 류전윈刘震云의 문학작품에서 4권의 작품을 분석 대상 도서로 삼고 문화소 번역 양상을 분석하기로 한다. 류전윈은 중국 신사실주의를 대표하는 작가로 마오둔茅盾 문학상, 인민人民 문학상, 당대当代 문학상 등 중국의 주요 문학상을 모두 수상[1]하였으며, 여러 편의 작품이 영화화되거나 드라마로 제작되었다. 또한 위화余华, 쑤퉁苏童과 함께 전 세계에 가장 널리 알려진 중국 작가로 평가받으며, 그의 소설은 한국어를 비롯해 영어, 불어, 일본어, 독일어, 러시아어, 스페인어, 이탈리아어, 포르투갈어, 베트남어 등으로 번역, 출간되었다.

한국에서 번역, 출간된 류전윈의 작품은 총 10권이다. 본 장에서는 『나는 남편을 죽이지 않았다(我不是潘金莲)』 문현선 역,

1 이 세 문학상은 중국의 중요한 문학상이다. 그중에서 마오둔 문학상은 중국 문학계에서 가장 큰 권위를 가지고 있는 문학상으로 중국 현대문학의 거목으로 인정받고 있는 마오둔(1896~1981)이 1981년 장편소설의 발전을 위해 자신의 원고료 25만 위안을 중국작가협회에 기부함으로써 설립되었다.

『말 한마디 때문에(一句顶一万句)』 김태성 역, 『고향 하늘 아래 노란 꽃(故乡天下黄花)』 김재영 역, 『닭털 같은 나날(一地鸡毛)』 김영철 역 등 4권의 작품을 분석 대상 도서로 선정하였다.[2]

	분석 작품명	번역자	출판사	출판연도	쪽수
1	『나는 남편을 죽이지 않았다』 (我不是潘金莲)	문현선	오퍼스 프레스	2015.10	416
2	『말 한 마디 때문에』 (一句顶一万句)	김태성	아시아	2015.03	440
3	『고향 하늘 아래 노란꽃』 (故乡天下黄花)	김재영	황매	2007.12	586
4	작품집 『닭털 같은 나날』[3] (一地鸡毛)	김영철	밀리언 하우스	2011.04	586
쪽수 합계					1,714

<표 1> 분석 대상 작품

이 4권의 작품을 분석 대상 도서로 선정한 이유는 다음과 같다.

첫 번째, 위의 작품들은 중국문화번역연구사이트와 협력하여 번역된 작품이다. 중국문화번역연구사이트는 세계 각국의 서로 다른 언어를 사용하는 독자와 시청자들을 위해 우수한 중국문화 작품을 찾아내고, 번역, 창작, 공유하는 공익성 플랫폼이다. 언어권별로 전문가위원회가 구성되어 있으며 회원제로 운영되고 있고 작품의 번역자 선정 시 실력과 일정한 경험을 갖춘 번역가로 선정하여 먼저 작품에 대한 샘플 번역으로 심사를 거친 후 최종 번역을 마치는 절차로 이루어지기 때문에 번역 품질을 보장할 수 있다.

두 번째, 같은 작가의 작품이 서로 다른 번역가에 의해 번역되었으므로 다양한 번역 전략과 번역 방법을 살펴볼 수 있는 작

2 논의의 편의를 위해 이 책에서는 『나는 남편을 죽이지 않았다』를 이하 『남편』으로, 『말 한마디 때문에』를 이하 『한마디』로, 『고향 하늘 아래 노란 꽃』을 이하 『고향』으로, 『닭털 같은 나날』을 이하 『닭털』로 칭한다. 그리고 번역자에 관해서는 '문현선'을 '번역자 1'로, '김태성'을 '번역자 2'로, '김재영'을 '번역자 3'으로, '김영철'을 '번역자 4'로 칭한다. 중국어 작품은 『我不是潘金莲』을 『潘金莲』으로, 『一句顶一万句』를 『一句』로, 『故乡天下黄花』를 『故乡』으로, 『温故一九四二』(『一地鸡毛』, 『单位』, 『温故一九四二』 등 10편의 작품을 수록한 소설집)은 『温故』로 줄여서 표기한다.

3 작품집 『닭털 같은 나날』에는 소설 『닭털 같은 나날(一地鸡毛)』, 『기관(单位)』, 『1942년을 돌아보다(温故一九四二)』 3편이 수록되어 있다.

품이다. 류전윈의 한국어 번역 작품 10권을 보면 6명의 번역가에 의해서 번역되었는데, 번역가가 김태성이 5권으로 가장 많고, 기타 4권은 서로 다른 번역가가 완성하였다.[4] 따라서 서로 다른 번역가가 번역한 작품을 통해 문화소에 대한 다양한 번역 양상과 전략을 볼 수 있고, 문화소 유형별 특징과 번역가 개인의 전략 사용 특징, 정확한 정보전달을 위한 번역자의 개입과 노력을 더욱 깊이 들여다볼 수 있는 작품이다. 류전윈의 작품이 다른 번역가에 의해서도 번역되었지만, 5개의 작품은 동일한 번역가에 의해 번역되었으므로 해당 번역가에게서 보이는 번역 전략의 특징에 대해 고찰해 볼 수도 있다.

4 소설 『객소리 가득 찬 가슴(一腔废话)』은 중국문화번역연구사이트와 협력한 번역작품이 아니다. 또한 이를 분석 대상 도서로 택하지 않은 것은 동 작품이 오역이 많다는 평가를 받기 때문이다. 이 점은 김영명(2017)의 박사학위 논문 「비판 해체·대화 - 劉震雲(류전윈)의 '故鄕' 三部作을 중심으로」에서도 제기된 바가 있다.

세 번째, 중국 근 100년의 시대적 배경을 살펴볼 수 있는 작품이다. 작품 『말 한마디 때문에(一句顶一万句)』는 1912년 중화민국 초기부터 1978년의 개혁개방에까지 이르는 시간을 배경으로 했고, 『고향 하늘 아래 노란 꽃(故乡天下黄花)』은 중화민국 초기부터 항일전쟁, 중화인민공화국 성립, 문화대혁명에 이르기까지의 이야기를 다루었으며, 『나는 남편을 죽이지 않았다(我不是潘金莲)』와 『닭털 같은 나날(一地鸡毛)』은 8, 90년대를 배경으로 하는 작품이다. 따라서 20세기 전반을 가로지르면서 벌어지는 군벌전쟁, 항일전쟁, 해방, 토지개혁, 문화대혁명, 산아제한, 개혁개방 등 역사적 사실과 그와 연관된 물질적, 제도적, 정신적 문화를 엿볼 수 있다.

네 번째, 다양한 계급, 계층의 삶을 살펴볼 수 있는 작품이다. 중국을 대표하는 신사실주의 작가인 만큼 류전윈 작품의 내용을 보면 시대별로 변해가는 농촌과 도시의 일상을 소재로 삼았다. 모든 개개인이 일상 속에서 접하는 다양한 장소가 등장하며, 농민과 지주, 평민과 군벌, 소시민과 정부관리 등 인물들의 삶을 적당히 유머러스하고 평이한 문체를 이용하여 사실적으로 묘사하고 있다. 따라서 중국인의 사고와 생활방식에서 보이는 그들의 진솔한 삶의 현장을 엿볼 수 있고 이를 통해 의식주행, 풍속, 예의범절, 종교신앙 등의 다양한 문화적 현상을 관찰할 수 있다.

분석 기준과 내용

여기에서는 문화소의 번역 전략과 방법을 분석해 보는 것에 초점을 맞추고 있는데 먼저 번역 양상의 비교를 위한 자료가 필요하므로 작품 선정, 문화소 유형 분류, 번역 전략 분석의 단계로 이루어진다.

작품 속에 등장하는 문화소를 추출하기 위해 우선 기존 문화소의 정의, 범주에 따라 분류 기준을 정하였다. 학자마다 다양한 층위에서 분류 기준을 제시했기 때문에 그 장단점을 살펴본 후 크게 (1) 생태문화소, (2) 물질문화소, (3) 제도문화소, (4) 관습문화소, (5) 관념문화소, (6) 언어문화소로 나누었다. 그리고 문화소 분류 시 문화 개념과 분류 기준을 참조하였기에 문화소 범주를 세부적인 요소들로 확장시켜 정한 후 문화소를 추출하였다. 문화소 분류 기준은 다음과 같다.

분류	세부 항목
생태문화소	자연적 요소: 동식물, 산맥, 강, 기후
	인위적 요소: 도시, 시골, 마을
물질문화소	의복, 주거, 음식, 교통, 통신, 도구

<table>
<tr><td>제도문화소</td><td colspan="2">정치, 경제, 군사, 역사, 법률, 교육, 예체능, 기술</td></tr>
<tr><td>관습문화소</td><td colspan="2">명절, 관습, 풍속, 예의, 호칭, 몸짓</td></tr>
<tr><td>관념문화소</td><td colspan="2">사유방식, 가치관, 이데올로기, 이념, 종교, 토속신앙</td></tr>
<tr><td rowspan="8">언어문화소</td><td rowspan="4">규범적</td><td>관용적 표현: 관용구, 속담, 성어, 헐후어, 격언</td></tr>
<tr><td>상징: 색채어, 비유표현</td></tr>
<tr><td>경어법: 존경법, 겸양법, 공손법</td></tr>
<tr><td>말장난: 유머, 쌍관어</td></tr>
<tr><td rowspan="4">비규범적</td><td>외국어: 중국식 외국어</td></tr>
<tr><td>비속어: 비어, 속어, 은어, 욕설</td></tr>
<tr><td>방언: 지역방언, 사회방언</td></tr>
<tr><td>말투: 일상적 말투, 격식적 말투, 성별·연령대 말투</td></tr>
</table>

<표 2> 문화소 세부 분야 분류 기준

여기에서 일부 문화소는 이중성, 삼중성을 띠게 된다. 예로 속담이나 관용구 같은 경우는 언어문화소이기도 하지만 그것에 중국인들의 사유방식, 가치관이 포함될 수 있다. 따라서 이런 문화소는 함축의미와 소설의 맥락에 따라 무엇에 치중하여 전달하는가를 판단하고 해당 범주에 포함시킨다. 그러나 문화소는 경우에 따라 여러 가지 분류에 해당될 수 있고, 개인적인 주관에 따라 판단이 다를 수 있으므로, 이를 극복하기 위해 필자에 의해 1차로 추출한 문화소를 중국인 모국어 화자와 한국인 모국어 화자에 의해 검증을 받고 분석 자료를 구축했다.[5]

분석 기준은 아이헤라Aixelá, 1996와 장난펑张南峰, 2004이 제시한 번역 전략에 기반하고 중·한 언어의 번역에 부합될 수 있는 방법을 정리하여 보존, 대체, 삭제 3가지 유형으로 번역 전략을 크게 나눈다. 구체적인 세부 방법들은 다음 표에서 기재한 것과 같다.

5 중국인 모국어 화자는 한국 국내 대학원의 외국어로서 한국어 번역 전공 박사과정 수료생과 중국어 전공 박사 수료생으로 선정한 후 문화소 판별 작업을 의뢰하여 진행하였다.

분류	세부 방법
보존	1. 음역: 원음, 한자음, 한자로 표기 2. 축자번역: 글자 그대로 번역하는 경우
	3. 텍스트 외적설명: 각주, 내주 곁텍스트(서문, 옮긴이의 말, 후기) 4. 텍스트 내적설명[6]: 텍스트 안에 부연 설명하는 경우
대체	5. 동의어: 한 문화소를 도착어의 여러 가지 동의어로 번역 6. 일반화(제한적, 절대적): 문화소를 도착어 일반적인 표현으로 대체, - 제한적 일반화: 출발어의 일부 정보를 남기는 경우 - 절대적 일반화: 전부 도착어 일반 표현으로 대체하는 경우 7. 자국화: 도착어의 문화소로 대체 8. 창작: 새로운 내용으로 다시 쓰는 경우
삭제	9. 삭제: 출발어 문화소를 도착어에서 생략, 누락하는 경우

<표 3> 문화소 번역 전략 분석 기준

위의 표에서 제시한 분류 기준에 따라 문화소를 추출한 후, 원문과 번역문, 키워드, 해석, 문화소 분류, 번역 전략 분류 등 항목들로 나누고 대응 내용을 〈그림 1〉과 같이 Excel로 정리하였다.

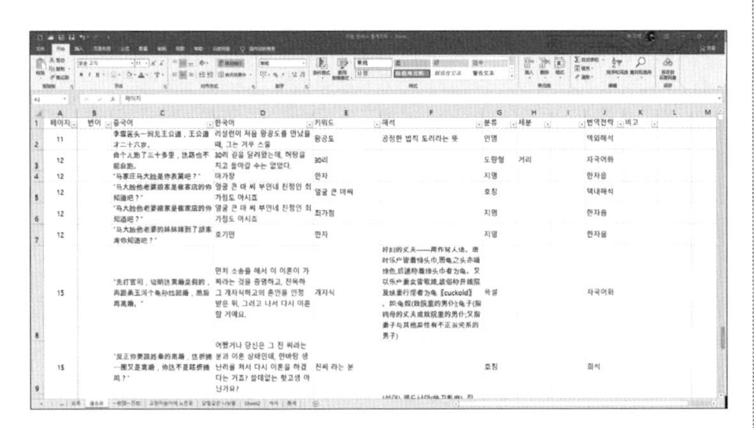

<그림 1> 분석기준에 의한 문화소 추출 화면

위의 구축자료에 따라 문화소의 자세한 하위분류와 번역 전략 하위분류를 통계한다. 그리고 번역가들이 사용한 전략과 문

6 이하는 텍스트 외적설명을 '텍외해석', 택스트 내적설명을 '텍내해석'이라고 한다.

화소 유형 사이의 관계를 재분석한다. 문화소의 정보 전환에 있어 번역가들은 어떠한 전략 차이를 보이는지를 분석했다. 그리고 더 구체적으로 들어가서, 보존한다면 어떤 문화소를 어떻게 보존하고, 대체한다면 어떠한 전략으로 대체하며, 혹은 삭제한다면 어떠한 문화소를 제거하는지를 분석할 것이다.

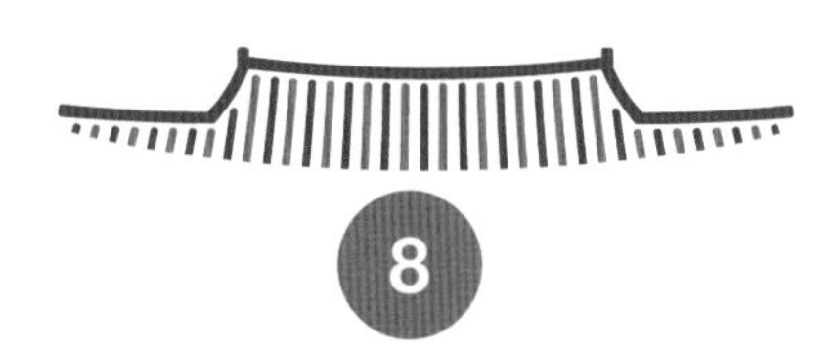

8

문화소 분포와 번역 전략

문화소 분포 양상

앞 절에서 언급한 분류에 따라 류전원의 작품 4권에서 해당 문화소를 수집하고, 작품별로 각 문화소들의 분포를 통계하여 정량적 분석을 진행하였다. 그에 따른 결과는 다음과 같다.

순번	작품명	개수	비율
1	『나는 남편을 죽이지 않았다』	721	31%
2	『말 한 마디 때문에』	828	35%
3	『고향 하늘 아래 노란 꽃』	443	19%
4	『닭털 같은 나날』	365	15%
합계		2,357	100%

<표 1> 문화소 분포 양상

〈표 1〉을 보면 4권의 작품에서 추출한 문화소는 총 2,357개

이다. 문화소 개수로 보면 『한마디』가 828개로 가장 많았고, 그 다음으로 『남편』에서 721개가 수집되었다. 『닭털』과 『고향』에서는 각각 365개, 443개로 상대적으로 적게 집계되었다. 이렇게 차이가 나는 것은 작품 내용의 시대적 배경이나 이야기 구성에 따라 문화소의 출현이 상이하기 때문이다. 예로, 작품 『한 마디』에는 다양한 등장인물과 지역적 특성을 내포한 정보가 많고, 일상생활에서의 관습 등도 다른 작품에 비해 상대적으로 많다. 그 비율을 그림으로 표시하면 다음과 같다.

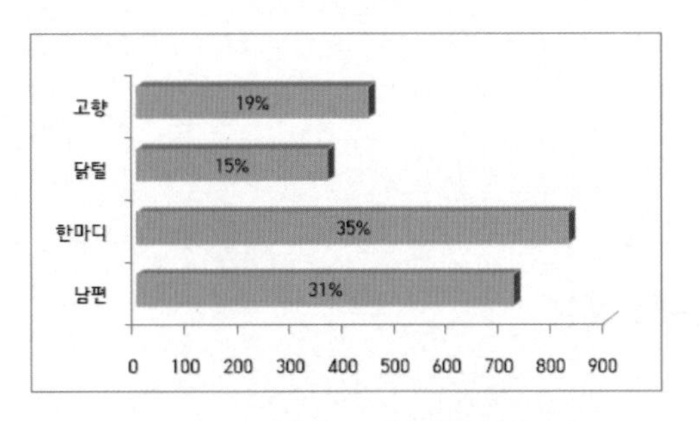

<그림 1> 문화소 분포 비율

이어서 문화소 유형별 분포 양상을 보면 다음과 같다.

분류 \ 작품	남편		한 마디		고향		닭털		합계	
	개수	비율	개수	비율	개수	비율	개수	비율	개수	비율
1. 생태문화소	47	7%	113	14%	60	13%	60	17%	280	12%
2. 물질문화소	31	4%	51	6%	21	5%	22	6%	125	5%
3. 제도문화소	85	12%	77	9%	17	4%	16	4%	195	8%
4. 관습문화소	74	10%	110	13%	94	21%	41	11%	319	13%
5. 관념문화소	45	6%	49	6%	44	10%	44	12%	182	8%
6. 언어문화소	439	60%	428	52%	207	47%	182	50%	1,256	53%
합계	721	31%	828	35%	443	19%	365	15%	2,357	100%

<표 2> 작품별 문화소 분포 양상

문화소 유형별 빈도를 보면, 언어문화소 빈도가 평균 53%로 가장 많은 비중을 차지한다. 문학 텍스트에서 속담, 성어, 헐후어, 방언, 비속어 등 특유의 표현들이 대량으로 등장하기 때문이다. 그리고 다음으로 많은 것은 관습문화소와 생태문화소이고, 관념문화소와 물질문화소가 가장 적은 비중을 차지한다. 이는 한국과 중국이 지리적으로 가까울 뿐만 아니라 사회적, 문화적으로 서로 많은 영향을 주고 받았기 때문이다. 이러한 면에서 보면 한국과 중국은 영미 문화권의 보다는 문화적 차이가 크지 않다. 이는 한국과 중국이 여러 문화소를 공유하고 있음을 설명하고, 자연스럽게 유표적인 문화소가 비교적 적게 나타난다.

다음으로는 작품별 문화소 6개 부류의 분포 양상이다.

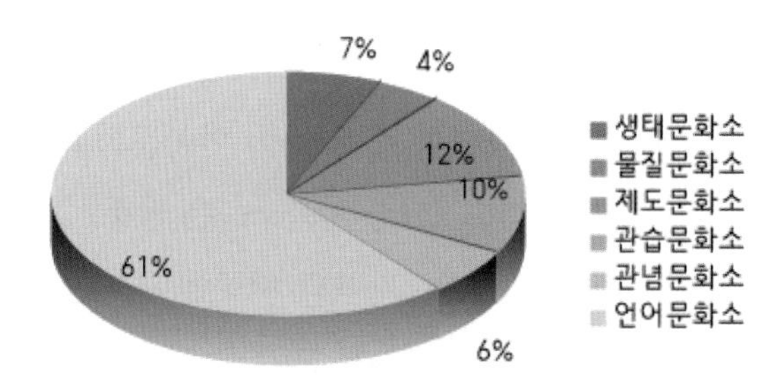

<그림 2> 작품 『남편』의 문화소 분포 양상

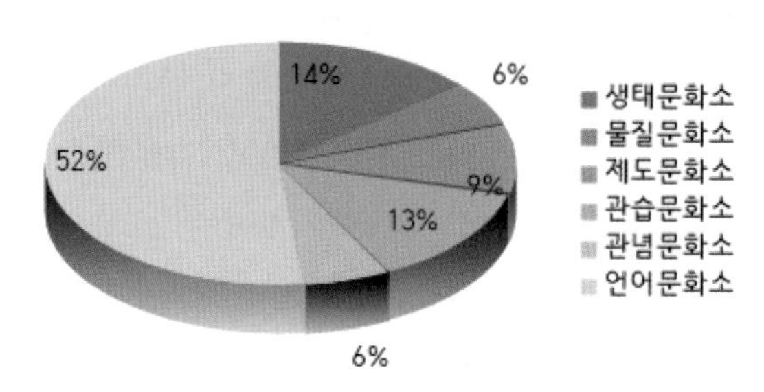

<그림 3> 작품 『한마디』의 문화소 분포 양상

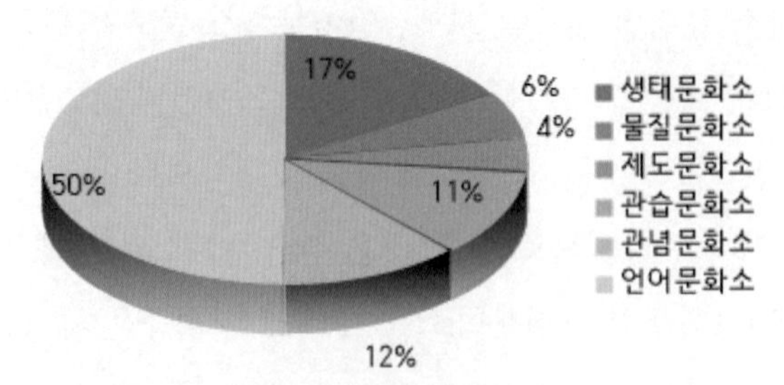

<그림 4 > 작품 『고향』의 문화소 분포 양상

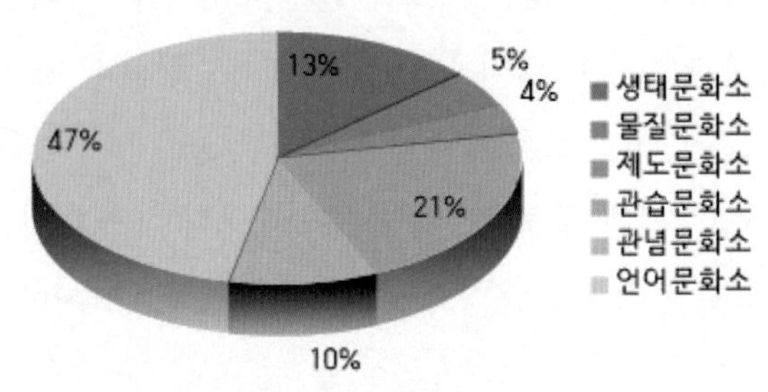

<그림 5> 작품 『닭털』의 문화소 분포 현황

위의 그림에서 재차 확인할 수 있듯이 언어문화소는 압도적으로 높은 비중을 차지하고, 기타 문화소들은 작품 내용에 따라 조금씩 차이를 보이지만 10% 가량의 비중을 유지한다는 것이 공통적인 부분이다.

문화소의 중한 번역에 있어 번역가들은 언어문화소를 전환하는 작업에 가장 많은 시간을 투입한다는 점을 알 수 있다. 이러한 점에 비추어 볼 때, 번역가가 되고자 준비하는 입문자라면 일상에서 이런 언어문화소에 유념하고 그에 대한 번역 전략의 연구 성과를 수집 및 연구해야 할 것이다. 그래야만 실제 번역작업에 들어가서도 노력과 시간을 적게 투자하여 번역의 거래비용을 줄일 수 있는 것이다.

문화소 번역 전략별 분석 결과

문화소 번역 전략 분석 시 앞 절에서 언급한 보존, 대체, 삭제 이 3가지 큰 틀에서 출발하여 더 세부적인 전략으로 분석하는 방식으로 진행한다.

우선 보존, 대체, 삭제 이 3가지 전략을 기준으로 보면 다음과 같다.

작품	보존		대체		삭제		합계
『남편』 번역자 1	234	32%	467	65%	20	3%	721
『한 마디』 번역자 2	528	63%	294	36%	6	1%	828
『고향』 번역자 3	224	50%	219	49%	4	1%	443
『닭털』 번역자 4	186	50%	159	45%	20	5%	365
합계	1,172 (50%)		1,135 (48%)		50 (2%)		2,357

<표 3> 보존, 대체, 삭제 전략의 빈도 및 비율

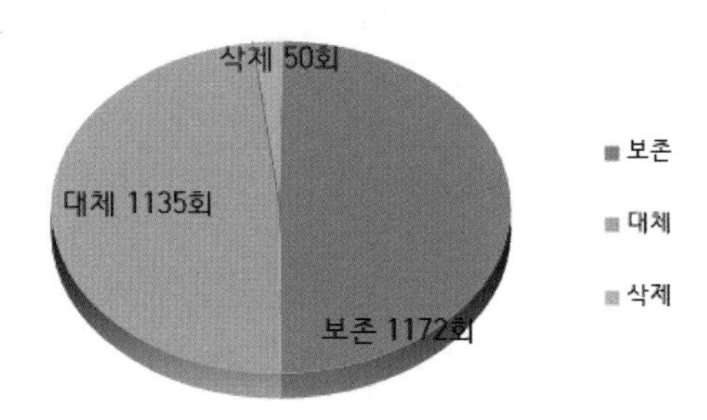

<그림 6> 번역 전략 사용빈도

〈표 3〉과 〈그림 6〉에서 보면 전체적인 문화소 번역전략 사용빈도는 보존과 대체 전략이 거의 반반에 가깝다는 것을 알 수 있

다. 삭제 전략은 총 50회로 전체 빈도수의 2%밖에 차지하지 않았다. 그리고 번역자 1은 보존 전략보다 대체 전략을 많이 쓰는 경향을 보였지만, 이와 반대로 번역자 2는 대체 전략보다 보존 전략을 더 많이 사용하였다. 기타 2명의 번역자는 보존과 대체 전략을 절반에 가까운 빈도로 유지하고 있었다. 또한 삭제 전략을 보면 번역자 1과 번역자 4가 20회씩의 삭제 전략을 사용하면서 빈도가 가장 높았고 기타 번역자들은 4회, 6회(약 1%)로 비교적 적게 사용하였다. 문화소 전체 양에 비추어 볼 때 전문번역가로서 작품의 완전성과 정확한 정보 전달을 위해 문화소를 유지해가려는 노력을 엿볼 수 있다.

보존과 대체, 삭제 전략의 하위분류에 따라 좀 더 구체적으로 보면 〈그림 7〉과 같다.

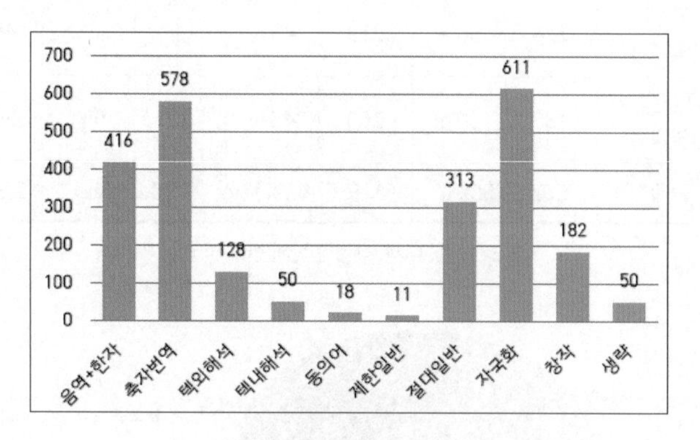

<그림 7> 문화소 번역 전략의 빈도

위 그림에서 알 수 있듯이, 전체 문화소 번역 방법에서 축자번역과 자국화 번역 방법이 가장 많은 빈도수를 보였고, 음역과 한자를 병기하는 방법과 절대적 일반화로 처리하는 방법이 그 뒤를 이었다. 가장 적게 사용하는 방법은 제한적 일반화 방법이었다.

이어서 작품별로 번역가들이 구체적으로 어떠한 방법을 사용하였지 분석해 보기로 한다.

1)『남편』

이 작품은 한 여인이 무심코 한 선택 하나로 빚어진 파란만장한 30여년의 인생을 그리고 있다. 한 여인의 인생사를 통해 삶의 부조리, 인간적 슬픔, 현실비판, 해학 그리고 삶의 통찰들을 녹여내고 있다. 작품에 관습문화소와 정치, 조직, 직함 등과 같은 제도문화소들이 많이 등장하는데 우선 계량적으로 통계하면 다음과 같다.

문화소	보존				대체					삭제	소계
	음역+한자	축자번역	텍외해석	텍내해석	동의어	제한일반	절대일반	자국화	창작	생략	
생태	20	4	1		1		5	9			40
물질	3	4	19	1			1	3			31
제도	19	10	5		1	2	10	37	5	3	92
관습	11	3	16	3	7	1	6	24		3	74
관념	1	3			2	2	15	21		1	45
언어	1	107	3		3	3	165	131	13	13	439
합계	55	131	44	4	14	8	202	225	18	20	721
비율	8%	18%	6%	1%	2%	1%	28%	31%	2%	3%	100%

<표 4> 작품『남편』의 문화소 번역 전략과 방법의 빈도

전체적인 번역 방법 사용빈도를 보면 문화소를 자국화의 방법으로 대체하거나 절대적으로 일반화시키는 방법을 가장 많이 사용하였다. 다음으로 빈도수가 높은 방법 방법은 축자번역이었다. 작품 내용이 현대를 배경으로 하고 있는데 번역자는 독자들

의 가독성과 이야기 전달에 초점을 두고 대체 전략을 많이 쓴 것으로 판단된다. 번역자 1의 '옮긴이의 말'에서도 번역에 관한 내용은 없고 작품 속 인물의 처지와 작가의 글솜씨에 대한 칭찬을 언급하고 있다. 또한 번역자 1은 기타 번역자들에 비해 삭제 전략을 총 20회 사용하여 상대적으로 많이 사용하였는데, 특히 의미가 유사한 성어들이 한 문장에서 여러 회 출현할 때 많이 생략하였다. 그러나 류전윈 작품의 특징이 이렇게 같은 표현을 반복적으로 사용하는 것이다.[7] 특히 작품에는 성어나 속담을 비롯한 관용표현들이 400여 회 넘게 등장하고, 반복되는 표현이 여러 회 등장한다. 삭제 전략을 많이 사용한 것은 번역의 거래 비용 입장에서 볼 때 작가의 특성을 살리고 완전한 정보전달에 있어서 정보의 손실과 작품의 미학에 영향을 주어 향후 번역의뢰자의 신뢰를 잃고 협력 기회가 적어질 가능성도 있다고 판단된다.

7 소설가 류전윈은 작품 속에 동일하거나 유사한 어휘들을 중복하여 쓰기를 즐기는데, 이는 류전윈의 언어적 특징으로 간주되기도 한다. 이런 사소하고 잡다한 중복은 서민들의 황당무계한 생활 일상과 비참한 인생을 보여주기 위한 데에 있다고 평가 받는다(刘妍, 2014).

2) 『한마디』

이 작품은 20세기 초의 중화민국부터 현재까지 근 100년 동안을 배경으로 농촌의 평범한 사람들의 하찮은 인생역정을 그리고 있다. 역사적인 사건에 대한 언급은 전혀 없고 지배 권력에서 소외된 사람들을 중심으로 묘사하였기 때문에 생태, 관습문화소가 많이 등장하는데 번역 전략과 방법에 관한 통계는 다음과 같다.

문화소	보존				대체					삭제	합계
	음역+한자	축자번역	텍외해석	텍내해석	동의어	제한일반	절대일반	자국화	창작	생략	
생태	99	8	2	2					1		112
물질	21	8	7	4	1			4	6		51
제도	21	19	8	5	1		1	12	10		77
관습	97	1		3	2	1		4	4	1	113
관념	1	7	1					17	21		47
언어	11	199		4		1	4	140	64	5	428
합계	250	242	18	18	4	2	5	177	106	6	828
비율	30%	29%	2%	2%	0%	0%	1%	21%	13%	1%	100%

<표 5> 작품 『한마디』의 문화소 번역 전략과 병법의 사용 빈도

표를 보면 번역자 2는 보존 전략에서도 음역과 한자를 병기하거나 글자 의미 그대로 번역하는 방법을 가장 많이 사용하였다. 그 다음으로 자국화, 창작 등 방법을 사용하였으며 삭제 전략은 6회밖에 없었다. 근대를 시대적 배경으로 한 이야기를 다루고 있는 작품이라서 중국어 원음과 한자음을 같이 표기하거나 글자 의미에 따라 그대로 전달하는 축자번역도 많이 사용되었다. 가장 주목해야 할 것은 번역자 2는 기타 번역자에 비해 보존 전략을 가장 많이 사용했다는 점이다. 이는 번역자 2가 한 인터뷰에서 얘기했듯이 "저는 번역이 일종의 해석학적 방법론이라고 생각합니다. 따라서 번역이 불가능한 텍스트란 없고, 단지 원작과 역문 사이의 일치성 또는 근접성에 대한 문제만 있다고 봅니다. (중략) 번역의 가장 중요하고 본질적인 기능은 최대한 텍스트를 손상하지 않고 수정하지 않는 것입니다."라는 원칙하에 보존 전략을 많이 사용한 것이라고 여겨진다.[8] 보존 전략을 위해 기술

8 중국어 원문: "我认为翻译是解释学的一种方法论，所以不会有不可翻译的文本，只有被翻译的原作与译文之间的一致性或逼真性的问题。翻译最重要、最本质的功能是尽可能不改动也不损伤被翻译的文本，用其他语言和另一种修辞系统传达给读者，毕竟完完全全没有改变和损伤地转换为另一种语言不太可能，因为所谓修辞不是局限于语言本身的层次，而是指结合一个语言系统里面的文化、思维、表现习惯和历史记忆等左右因素的总和。(第四次汉学家文学翻译国际研讨会上的发言)" 出처: 中国社会科学网

해야 하는 정보가 많아 그에 따라 정보처리 비용도 높아질 것이고 독자가 모두 수용할 수 있는지에 대한 이해 비용도 고려해야 한다.

3) 『고향』

이 작품은 작은 마을에서 3대에 걸친 원수 집안 간의 갈등, 지주와 소작인의 대립, 그리고 백성들끼리의 권력 투쟁, 이러한 갈등과 대립, 투쟁과정에서 발생하는 '죽음'을 담담하게 쓰고 있다. 청나라를 몰아낸 중화민국 때부터 시작해서 항일전쟁, 해방 그리고 문화대혁명 이르기까지의 긴 기간을 배경으로 하므로 생태, 제도, 관습 등의 문화소가 많이 등장하고 있는데 이 작품에서 사용한 번역 전략을 정리하면 다음과 같다.

문화소	보존				대체					삭제	합계
	음역+한자	축자번역	텍외해석	텍내해석	동의어	제한일반	절대일반	자국화	창작	생략	
생태	9	5	4	5			1				24
물질		9	9	3			3	6			30
제도	31	3	13	6			2	5			30
관습	6		8	8			2	13			101
관념	5						12	20			37
언어	15	35	10	6			74	77		4	221
합계	66	86	44	28			94	121		4	443
비율	15%	19%	10%	6%	0%	0%	21%	27%	0%	1%	100%

<표 6> 작품 『고향』의 문화소 번역 전략과 방법의 사용 빈도

표의 사용빈도와 비중을 보면 보존과 대체 전략이 절반에 가깝다. 또한 삭제 빈도가 4회로 다른 번역자에 비해 적었다. 보

존 전략에서 텍스트 외적으로는 중국어 원음과 한자로 표기한 후 내주를 달고, 텍스트 내적으로는 부연 설명을 통해 문화소의 정보를 전달하는 비율도 높았다. 작품 속에서 내주 44회, 부연 설명 28회를 사용하여 관련 문화소를 소개하였다. 그리고 기타 번역자와 달리 곁텍스트 방법을 사용하여 '번역자 서문'에 소설 제목 중 '노란 꽃'의 문화적 의미를 설명하고 인물의 이름과 별명 등 문화소 정보를 설명해 주고 있다.[9] 한편 대체 전략에서는 일반화와 자국화 방법만 쓰고 창작 방법은 쓰지 않았다. 정보 전달을 위해 많은 시간과 노력을 들인 것으로 보인다. 곁텍스트로 작품속의 문화소 관련 정보를 소개하면 작품을 처음 접한 독자들이 낯선 문화소에 대해 친숙하게 다가갈 수 있고 작품을 수용하고 이해하는 데에도 도움을 주게 된다. 번역 거래 비용으로 볼 때 독자의 정보이해 비용을 낮출 수 있으므로 권장할 만한 번역전략이 되겠다.

4) 『닭털』

『닭털 같은 나날』은 3편의 소설을 수록한 작품집이다. 중국의 8, 90년대를 배경으로 주인공이 직장과 가정에서 겪는 소시민의 힘든 일상을 그리고 있으며, 함께 수록된 『기관』은 직장에서 겪는 치열한 생존 경쟁을 그렸다. 한편 『1942년을 돌아보다』는 중국 역사상 최악의 대기근이었다는 1942년 허난성河南省의 대기근을 겪어낸 생존자들의 회상담, 여러 기사와 책, 역사자료 등을 인용하면서 취재하는 형식으로 쓴 작품이다. 서민들의 일상생활과 관련 문화소와 지리, 역사와 연관 있는 문화소들이 많이 등장하는데 이를 위해 사용한 번역 전략은 다음 표와 같다.

9 '노란 꽃'에 대해 번역자는 곁텍스트를 통해 다음과 같이 설명한다. "『고향 하늘 아래 노란 꽃』이라는 제목의 '노란 꽃(黃花)'에 대해서는 약간의 설명이 필요할 듯하다. 민속학 자료에 의하면, '근대에 들어와 중국의 장례 풍속이 서구의 영향을 받아 간소화되면서, 죽은 자와 작별하거나 망령을 추모할 때 왼쪽 가슴에 자그마한 노란 꽃 한 송이를 다는 풍습이 생겼다.' 『圖文中國民俗: 喪俗』 고 한다. 그러므로 '노란 꽃'이란 '죽음의 꽃'을 말하고, 이 소설의 제목을 '고향 마을 죽음의 연대기'라고도 풀이할 수 있다.", 출처: 『고향』의 '옮긴이의 말'

문화소	보존				대체					삭제	합계
	음역+ 한자	축자 번역	텍외 해석	텍내 해석	동의어	제한 일반	절대 일반	자국화	창작	생략	
생태	9	45	5					1			60
물질		9	4					3	6	2	24
제도	1	3	6						6	4	20
관습	22	7	5				1	2	1	2	40
관념		6	1			1	0	7	12	1	28
언어	13	49	1				11	75	33	11	193
합계	45	119	22			1	12	88	58	20	365
비율	12%	34%	6%	0%	0%	0%	3%	24%	16%	5%	100%

<표 7> 작품 『닭털』의 문화소 번역 전략과 벙법의 사용 빈도

위의 표를 보면 보존 전략을 52%, 대체 전략을 40%, 삭제 전략을 5% 빈도로 사용하였다. 보존에서는 문화소의 축자번역을 가장 많이 하였고 다음으로 음역을 하는 방법이었다. 그러나 음역 방법에서는 한자를 모두 병기했지만 중국어 원음과 한자음을 혼합 사용하여 표기법의 일관성이 없었다. 예를 들면 한자음 '왕루향王楼乡 노장촌老庄村'이 있는가 하면 원음 '중탸오산中条山, 촨베이川北' 등으로 지명을 표기하기도 하였다. 또한 번역자 4는 앞서 언급했던 번역자 1의 경우와 같이 작가 특성상 반복적인 표현을 즐겨 쓰는 부분에 대해서 성어들의 중복 표현을 생략하는 경우가 있었다. 그리고 대체 전략을 보면, 번역자 4는 제한적 일반화나 절대적 일반화 방법보다 자국화와 창작 방법을 훨씬 많이 사용하였다. 창작 방법은 거래 비용의 시각에서 보면, 대체 전략에서 정보 전달과 처리, 이해까지 모두 비용을 낮출 수 있는 방법이다. 그러나 창작으로 잘못 처리할 경우, 자칫하면 문화소 정보를 왜곡하거나 출발텍스트를 훼손할 가능성이

클 뿐만 아니라 저자의 특징이나 원작의 의도와도 멀어질 수 있다는 리스크가 따른다. 따라서 문화소 번역에 있어 과도한 창작은 지양해야 할 것이다.

5) 번역자에 따른 문화소 번역 전략

번역자에 따른 문화소에 대한 번역 전략 양상은 어떠하며 전체적으로 보았을 때 어떠한 차이가 있는지를 알아보고자 다시 〈그림 8〉로 정리하면 다음과 같다.

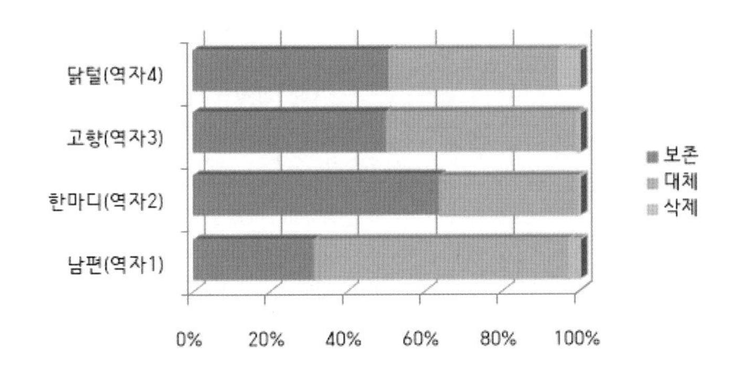

<그림 8> 번역자별 번역 전략 양상

위의 그림처럼 번역자들의 문화소 번역 전략을 집계해 보면, 번역자 1은 대체전략으로 출발텍스트의 문화소를 전환하여 독자의 이해용이성을 높이고자 한 반면, 번역자 2는 보존 전략을 많이 사용하여 원작의 의미와 효과를 최대한 살리려 했다는 점에서 차이가 있다. 한편 번역자 3과 4는 보존과 대체 전략을 비슷한 비율로 사용하였다. 그리고 전체 문화소의 양에 비추어 볼 때 삭제 전략은 아주 적게 사용한 것을 알 수 있었다.

6) 전략에 따른 문화소 거래 비용

앞서 언급했듯이 보존, 대체, 삭제 전략을 번역 거래 비용의 관점으로 본다면, 보존 전략은 비용이 높고, 대체 전략은 비용이 낮다. 삭제 전략은 경우에 따라 다르나 비용이 대체적으로 낮다고 할 수 있다. 내포적인 의미를 많이 갖고 있지만 도착텍스트로 지면에 옮기는 과정에서 정보가 전달되지 않기 때문에 비용이 적어진다. 이 기준에 따라 본 연구에서 추출한 전체 문화소에 따른 전략과 거래 비용의 관계를 보면 다음과 같다.

	보존	대체	삭제
문화소	1,172 (50%)	1,135 (48%)	50 (2%)
거래 비용	높음	낮음	낮음

<표 8> 문화소 번역 전략의 거래 비용

표에서 알 수 있듯이, 거래 비용 기준에 따라 보존을 높음, 대체를 낮음, 삭제를 낮음으로 보았을 때 보존 전략이 50%를 차지하면서 거래 비용을 높였고, 대체와 삭제 전략이 각각 48%, 2%로 비용을 낮추었다. 이로써 전체적인 문화소의 번역 전략 비용은 높음이 50%, 낮음이 50%로 나누어지면서 균형을 이루었다. 이는 번역자들이 실제 작업에서 시간을 단축하고 독자의 이해를 높이기 위해 대체 전략을 대량으로 사용하면서 비용을 줄이고자 하는 것은 아님을 말해준다. 동시에 원문의 정보를 살리고 타국의 문화를 그대로 전달하기 위해 보존전략에 공을 들이면서 비용을 높이지도 않는다는 것을 보여준다. 즉 저자와 번역자, 독자 3자 사이의 협력을 위해 번역의 비용과 효용을 적절하게 조율하고 균형을 맞춰간다는 것을 확인할 수 있다.

비용과 전략의 관계를 정리하자면, 보존을 위해 번역자가 문화소 정보를 수집하고 필요한 정보를 추출해서 처리하는 과정에는 많은 노력이 든다. 일례로 지면에 주석을 달아주는 경우, 문화소에 대해 정보를 수집하고 추출하여 작품 맥락에 맞게끔 해석을 해야 하기 때문이다. 또한 공을 들여 처리하였다고 하더라도 독자들이 수용하기 어렵다든가 다량의 주석으로 가독성이 떨어진다든가 하는 리스크도 따르게 된다. 즉 정보수집, 전달, 처리의 비용뿐만 아니라 독자의 이해에 따른 비용이 전체적으로 높아지게 된다. 반면 대체 전략은 번역자가 문화소에 대한 정보를 추출한 후 도착어문화권의 문화소로 대체하여 독자의 이해도와 수용도에서는 더 좋은 효과를 볼 것이다. 한편 삭제 전략은 '칼날의 양면'과도 같다. 특히 문화소에 있어 맥락을 흩트리지 않는 문화소라면 삭제하여도 무방하다. 그러나 그렇지 아니할 경우 독자의 정보이해 비용을 높일 수 있는 상황도 발생하므로, 번역자는 이런 리스크를 낮추기 위해 최소한의 일반화 전략을 이용해서라도 문화소를 대체하는 것이 적절한 전략이라고 하겠다.

9

문화소 번역과 거래 비용 분석

경제학의 시각으로 볼 때, 일반적인 번역 과정에서 번역을 의뢰한 자와 의뢰받은 자 간에는 일종의 거래관계가 형성된다. 즉 의뢰인은 수탁인에게 번역을 의뢰함과 동시에 보수를 지불하게 되는데 이러한 거래행위는 생산자와 소비자 간의 수급관계를 형성한다.[10] 따라서 번역의뢰인은 번역 결과물에 대한 기대가 존재할 것이고, 번역을 의뢰받은 번역자는 자신의 노력에 상응한 보수를 받기 위해서 번역에 들이는 비용을 따지게 된다. 문화소 번역으로 본다면 번역자가 번역에 투입하는 가장 주요한 생산요소는 번역자의 시간과 노력이 된다. 그러므로 번역의 생산요소의 최대 효용을 위해서는 번역 전략과 방법의 선정이 중요해지게 된다.

10 의뢰인과 수탁인은 개인이나 조직으로 구성될 수 있다. 이를테면 의뢰인은 저자, 출판사, 정부 부서 등이 될 수 있고, 수탁인은 번역사, 번역회사 등이 될 수 있다.

문화소에 대한 번역은 문화에 따른 낯섦과 해석적 차이를 수반한다. 이는 번역 과정에서 출발어와 도착어의 문화적 차이와 함께 저자의 의도, 독자의 배경지식, 그 사이에 처한 번역자의 시각이 복합적으로 작동하기 때문이다. 그중에서도 번역자는 낯선 문화소를 타문화 독자에게 전달하는 주체이므로 다양한 번역 전략을 통해 문화 간극을 줄이고자 할 것이다. 다시 말하면 문화소의 번역은 어떤 번역이라도 원문의 문화소를 완전하게 설명하지 못하는 경우가 많다. 그래서 문화소의 번역은 번역자에 의해서 고정되는 것이 아니라, 제안되는 것으로 보아야 한다.

따라서 전문번역가들은 실제 출판 번역 텍스트에 나타난 문화소를 어떠한 번역 전략과 번역 방법을 통해 중개하는지를 살펴볼 필요가 있다. 그리고 서로 다른 번역 방법에 따른 정보수집 비용, 정보전달 비용, 정보처리 비용, 정보이해 비용 및 효용성을 분석하면 거래 비용이 과대하게 발생하는 상황을 줄일 수 있을 것이다.

1. 생태문화소와 번역의 거래 비용 분석

각 나라마다 특유의 생태학적인 문화소를 갖고 있다는 것은 자명한 사실이다. 지리적인 위치와 생존하는 환경이 다르기 때문에 크고 작은 차이가 나타날 수밖에 없다. 인류가 도구를 발명, 사용하면서 오랜 시간의 발전을 통해 문명을 이루어 냈지만 여전히 자연이라는 거대한 체계 안에 속해 있고 그 영향에서 벗어날 수 없음이 분명하다. 따라서 인간은 동식물이나 기후 등을 비롯한 생태적 요소들에 명칭을 달아주고 그들이 지니고 있는 외관, 색깔, 특징 등에 따라 특별한 감정이나 의미를 부여해주었다.

이 세상의 어떠한 언어든지 모두 특정한 문화에 뿌리를 내리고 그 문화로부터 영양분을 섭취하면서 자신만의 특별한 문화적 의미를 발전시켜 왔다. 중국어 문화권에서 동풍은 봄바람을 뜻하고 가을에 부는 서풍은 처량함이나 쓸쓸함을 나타낸다. '마이

동풍'이라는 말도 따뜻한 봄바람이 말의 귀에 불어봤자 둔감하게만 느껴진다는 것에서 유래된 성어이다. 그리고 중국어에는 '喝西北風(서북풍을 마시다)'이라는 관용구가 있다. '입에 거미줄을 치다, 손가락만 빨다'의 조롱적인 의미를 '서북풍'에 담아 표현하고 있지만, 한국어에는 '서북풍'에 이러한 의미가 내포되지 않는다. 이처럼 생존환경에 따라 기후에 대해 부여한 상징의미가 다르게 되는 것이다.

지리적인 위치, 지명이나 장소에 특정 문화적 의미를 부여하는 것은 세계 어디에서나 모두 공통적이지만 각 문화권의 사람들이 생각하고 경험하고 인식하는 데에는 범주화의 차이가 있기 마련이다. 예로 '上有天堂, 下有蘇杭(하늘에 천당이 있다면, 땅에는 소주와 항주가 있다)'이라는 말이 있는데 중국인들은 '소주와 항주가 예로부터 살기 좋은 곳'이라는 문화적 배경을 공유하고 있다. '만리장성에 이르지 못하면 사내대장부가 아니다'라는 의미의 '不到長城非好漢'이나 '세력을 잃었다가 다시 재기하다, 권토중래하다'는 의미의 '東山再起', '눈이 있어도 태산을 알아보지 못한다, 즉 식견이 부족해 신분, 지위, 능력이 대단한 사람을 몰라본다'는 의미의 '有眼不識泰山' 등의 관용구와 같이 '만리장성萬里長城', '동산東山', '태산泰山'은 모두 문화적인 함의를 지니고 있다김윤진, 2015. 그러나 이러한 지역 명칭에 들어있는 문화적 의미는 번역물로 전환되었을 시 모두 수용되지 못하는 경우가 많다. 따라서 번역자가 도시, 거리 등을 비롯한 지역의 지리적 위치나 특성에 대한 배경지식을 소개한다면, 작품 속의 지역과 장소에 관련된 이야기 또는 인물의 특성과 사고방식 등을 독자들이 더욱 잘 이해할 수 있을 것이다.

지명

지명은 단순히 특정 지역을 지칭하는 일반 지명과 함축적인 의미를 내포하여 도착어 독자들에게 언어외적인 설명이 필요한 지명으로 나누어 볼 수 있다. 일반적으로 지명의 번역은 외래어 표기법에 따라 번역하면 된다고 여길 수 있을 것이다. 그러나 실제 문학작품 속의 지명 번역 양상을 보면 일정한 기준을 갖추고 통일성 있게 이루어지기보다는 번역자의 개별성에 따라 번역방법에서 차이가 뚜렷하다는 것을 확인할 수 있다.

사례 1) 한자음[11]+한자+각주	
ST:	为了找人帮自个儿杀人，李雪莲想到了在镇上杀猪的老胡。镇的名字叫**拐弯镇**。老胡是个红脸汉子，每天五更杀猪，天蒙蒙亮，把肉推到集市上卖。(『潘金莲』, p. 9)
TT-E:	Old Hu, the town's butcher, was her next candidate for an accomplice. He lived in a town called **Round the Bend**. A man with a ruddy face, Hu butchered pigs around three or four in the morning, in order to cart the meat to the marketplace before sunup.
TT-K:	자신이 살인하는 것을 도와줄 사람을 찾다가, 리설련은 진에서 돼지 잡는 호(胡)씨를 떠올렸다. 진의 이름은 **괴만진(拐灣鎭)**이었다. 호씨는 얼굴이 붉은 사내로 매일 새벽이면 돼지를 죽였고, 날이 어슴푸레 밝아오면 시장에 나가 고기를 팔았다. 각주: 모퉁이 또는 굽이라는 뜻 (『남편』, p. 19)

방법	비용 비교	
음역	괴만진	전달/처리 비용 낮음 이해 비용 높음
텍스트 외적해석	괴만진(拐灣鎭) (각주: 모퉁이 또는 굽이라는 뜻)	전달/처리 비용 높음 이해 비용 높음
대안역	괴만진(拐灣鎭) (각주: 모퉁이 또는 굽이를 이르는 말로 생각이나 말의 방향을 바꾼다는 뜻도 있음)	전달/처리 비용 높음 이해 비용 낮음

11 이 책에서 사용하는 음역이라는 용어는 중국어 한자음 음역과 중국어 음역을 모두 포함하는 개념이다. 예를 들어 '毛泽东'의 한자음 음역은 '모택동'이고 중국어 음역은 '마오쩌둥'이다.

위의 사례를 보면 '拐弯镇'은 한자음으로 '괴만진'이라고 번역한 후 옆에 한자를 달아주고 또 지명의 뜻도 각주를 사용해 설명하였다. 반면 영어 번역은 원문의 '拐弯镇'을 'Round the Bend'로 처리하였다. 'Round the Bend'의 번역을 보면 '拐' 대 'Round', '弯' 대 'Bend'로, 글자 그대로 전환하는 축자번역 방법을 택하였다. 우선 각주를 추가한 한국어 번역 방법을 보면, 단순히 원음이나 한자음으로 표기하거나 영어번역처럼 축자번역하는 방법에 비해 전달 비용과 처리 비용이 모두 높다. 그리고 각주 내용의 설명이 해당 지명이 작품에서 갖는 기능을 설명하기에는 부족하므로 이해 비용도 높아진다. 중국어에서 '拐弯'은 모퉁이라는 뜻 외에 '우회'의 의미도 있다. 즉 '구불구불한 길을 따라가다, 곡절이 많다, 빙빙 돌리다'의 뜻을 담고 있는 '拐弯抹角'의 성어에서 따온 지명이라 할 수 있다. 작품의 내용으로 보면 여자 주인공이 억울한 일을 당해 20여 년간 고소하는 과정을 묘사하고 있고, 주인공의 우여곡절이 많은 운명의 서막을 지명에 상징적으로 녹여서 나타냈기 때문이다. 또한 이 지명은 소설 속에서 '생각을 바꾸다'의 뜻으로 말장난에도 쓰인다. 따라서 이러한 말장난을 제대로 해석하기 위해서는 '생각을 바꾸다'는 비유적 의미도 추가로 설명해 주어야 한다. 번역자가 각주로 설명하는 전략은 좋았지만, '모퉁이'를 제시함과 동시에 대안으로 각주에 '생각이나 말 따위의 방향을 바꾼다는 뜻도 있다'라는 내용을 더 추가하면 독자들의 이야기 몰입에 도움이 되었을 것이다.

지명은 한자음, 한자, 각주를 동시에 사용하면 정보전달, 처리 비용이 높지만 지명 자체가 갖는 기능으로 인해 설명이 필요하므로 번역자의 조율이 따라야 한다. 우선 보존 전략의 사례를 보면 다음과 같다.

사례 2) 음역+한자	
ST:	"我去**东北**看俺姑，回来路过北京，看你来了。" (『潘金莲』, p. 80)
TT-E:	"I was visiting my aunt in the **northeast** and stopped to say hello on my way home."
TT-K:	"내가 **동북(東北)**으로 우리 고모를 보러 갔다가 돌아오는 길인데, 북경을 지나는 김에 너나 보고 가려고." (『남편』, p. 121)

사례 3) 음역+한자	
ST:	这个工作员叫老范，是从**东北**南下过来的干部，过去在东北搞过土改。(『故乡』, p. 152)
TT-E:	This worker is called Old Fan, a cadre who came from the **northeast**. He had engaged the land reform in the **northeast** in the past.
TT-K:	"판(范) 씨라 불리는 그 공작원은 **둥베이(東北)**에서 남하해 온 간부로 그곳에서 토지개혁을 진행해 본 경험이 있었다. (『고향』, p. 322)

사례 4) 음역+한자+부연 설명	
ST:	不过这六个客人并没有吃饭，坐了一会就走了，说是去**东北**出差。小林才放下心来。小林老婆脸上的颜色也转了过来，送客人时显得很热情，弄得大家都很满意。(『温故』, p. 297)
TT-E:	But the guests left soon after arriving without staying for dinner, heading **northeast** on business, they said. He felt better and his wife's face relaxed. They sent off their visitors with a great show of feelings, to everyone's satisfaction.
TT-K:	하지만 이번 손님들은 식사를 하지 않고 잠시 앉아 있다가 그냥 떠났다. 그들은 **둥베이(東北) 지방의 만주(滿州)**로 출장을 가는 길이라고 하였다. 그는 그제야 마음을 놓았고, 아내의 안색도 밝아졌다. 두 사람이 친절하게 환송하자 손님들은 무척 만족해하였다. (『닭털』, p. 66)

방법	비용 비교	
음역+한자	동북(東北), 둥베이(東北)	전달/처리 비용 낮음 이해 비용 높음
원음+부연설명	둥베이(東北) 지방의 만주(滿州)	전달/처리 비용 높음 이해 비용 낮음

위의 세 사례를 보면 모두 '동북'이라는 정보가 나온다. 동북은 중국에서 동북지역의 성급 행정단위인 헤이룽장성, 지린성, 랴오닝성을 통틀어 말하는 어휘이다. 중국 독자라면 지리적 개념과 위치를 쉽게 파악할 수 있지만, 한국 독자들에게는 생소한 개념이 될 수 있다. 사례 2)의 경우, 작품 내용을 보면 동북에 놀러 갔다가 돌아오는 길에 들렀다며 만날 구실을 만들고 있는 내용이다. 지리적 위치를 파악한다면 충분히 구실이 될 수 있다는 것을 알 수 있다. 작품에서 동북에 대한 정보는 여러 회 등장하는데 거의 모든 작품에서 사례 2), 3)과 같이 설명하지 않고 처리하였다. 유일하게 다른 경우는 사례 4)인데 번역자는 '만주'라는 개념으로 한국 독자들의 이해를 도왔다. 비록 '만주'[12]라는 용어가 정확하게 대치되는 것은 아니지만 한국 일반 독자들에게는 지리적 위치를 빠르게 인지하도록 처리하는 방법이다. 사례 4)처럼 텍스트 내에 부연 설명으로 정보를 처리하는 방법은 번역 처리 비용은 높지만 이해 비용을 낮출 수 있으므로 상황에 맞게 적절한 정보로 처리하면 효과적이다.

이어서 다음의 사례를 보기로 하자.

12 한국민족문화대백과사전에서는 "요령성(遼寧省), 길림성(吉林省), 흑룡강성(黑龍江省), 내몽고자치구(內蒙古自治區) 동부 지역"을 포함한다고 설명하였다.

사례 5) 절대적 일반화	
ST:	"中国有俩地方，布岗才这么严。" 李雪莲："哪俩地方？" 赵大头："一个是**中南海**，一个就是你家。"(『潘金莲』, p. 160)
TT-E:	He said to Xuelian: "There's only one other place in China as well guarded as this." "Where's that?" "**Zhongnan hai**, where the national leaders live."
TT-K:	"중국에서 두 군데만 이렇게 경비가 삼엄할 거야." "어디 두 군데?" "**중앙 정부**와 너네 집." (『남편』, p. 232)

사례 6) 음역+한자+내주	
ST:	谁知老孙也没什么大事，一开始东拉西扯的，说些不着边际的话，后来问：“你还住牛街吗？” 老何抬起眼镜瞪了他一眼： “不住牛街还能住哪里？我想住**中南海**，人家不让住！” (『温故』, p. 152)
TT-E:	Nothing special, it turned out. Sun began by shooting the breeze. “Are you still living on Niujie?” he asked. “Where else would I be living?” He tilted his glasses to glare at Sun. “I'd like to move to the leaders' compound at **Zhongnanhai**, but they won't let me.”
TT-K:	쑨이 중요한 이야기를 하려는 줄 누가 알았겠는가. 그는 에둘러 이야기를 꺼냈다. “자네 아직도 뉴제에 사나?” [13] 허는 안경을 추켜올리면서 눈을 크게 뜨고 쳐다보았다. “그럼 어디서 산단 말인가? **중난하이(中南海, 중국 최고의 지도자들이 모여 사는 거주지 – 옮긴이)**에 살고 싶지만, 아무도 살라고 하지 않더군!” (『닭털』, p. 106)

13 뉴제는 작품 앞부분에서 후이족(回族)들이 많이 모여 사는 곳이라고 내주를 달아 주었다.

방법	비용 비교	
직역	중난하이	전달/처리 비용 낮음 이해 비용 높음
절대적 일반화	중앙 정부	전달/처리 비용 낮음 이해 비용 높음
음역+한자+내주	중난하이(中南海, 중국 최고의 지도자들이 모여 사는 거주지 – 옮긴이)	전달/처리 비용 높음 이해 비용 낮음

위의 두 사례를 비교해 보면 사례 5)에서는 ‘중난하이(中南海)’를 ‘중앙 정부’로, 사례 6)은 원음에 한자와 내주를 달아 설명해 주었다. 반면 영어 번역을 보면 모두 음역을 택하였다. 다만 사례 5)의 경우, ‘Zhongnan+띄어쓰기+hai’로 번역하였는데 번역자가 이러한 번역 방식을 택하는 의도를 추측하자면 위치를 표현하는 ‘中‘과 ‘南’을 우선 음역으로 처리하고, 띄어쓰기를 삽입한 뒤 지역 이름의 뜻이 나타내는 ‘海’를 음역으로 번역하

였다. 중난하이는 국무원을 비롯한 최고층 기관이 소재하며 또 중요한 인물들이 여기에 거주하고 있는 곳으로 한국의 청와대에 해당된다. 이야기 맥락에 따라 사례 5)는 '경비가 삼엄하다'에 초점을 두므로 중앙 정부로 대체하는 적절한 전략을 택하여 정보 비용을 낮추었다. 그러나 사례 6)의 경우는 뉴제가 빈민촌이라는 내용과 비교하는 것이기에 이를 중앙 정부로 바꾼다면 맥락상 부자연스러울 수 있다. 따라서 번역가는 높은 전달, 처리 비용을 감수하면서라도 이런 번역을 택해서 이해 비용을 낮추고자 하였다.

생각하기

아래의 사례를 보고 원문과 번역문의 대응관계를 토론해 보세요.

사례	
ST:	"王院长叫你'表姐'，肯定叫得没边没沿，我从俺姥娘家算起，给你叫声'大姑'，还真不算冤。我给你论论啊，我妈他娘家是**严家庄**的，我妈他哥也就是俺舅，娶的是柴家庄老柴的外甥女……" (『潘金莲』, p. 132)
TT-E:	"Justice Wang may call you cousin, but he has no family claim to back it up. I, however, am perfectly justified in calling you Aunt. Hear me out. My mother's hometown is **Yan Family Village**. Her brother is my uncle, and he married the niece of Old Chai from Chai Family Village . . ."
TT-K:	"왕 법원장이 누님이라고 부르는 것은 아무런 연고도 없는 것이지마는, 저는 우리 외할머니 댁으로부터 셈을 해서 고모님이라고 부르는 것이니 전혀 까닭이 없는 소리가 아닙니다. 제가 말씀을 드리지요. 우리 어머니 친정이 바로 **엄씨네**랍니다. 우리 어머니 오빠면 제게는 외삼촌이지요. 그 분이 시 씨네 외조카 딸에게 장가를 갔으니까......" (『남편』, p. 195)

건축물

건축물은 단순히 인간의 거주나 장식을 위한 것뿐만 아니라 문화적 기능도 가지고 있다. 불교 건축물을 예로 들면 사찰에 갔을 때 처음 만나는 문이 바로 일주문이다. 이 일주문은 보통 절의 입구에 세워져 속세와 불계의 경계 역할을 하고 있는데, 부처님의 세계를 향하여 나아가는 수행자는 먼저 지극한 일심으로 부처님의 진리를 생각하면서 이 문에 들어서라는 의미를 지닌다. 즉 건축물에 따라 그것이 신성한 구역을 구분하는 경계가 되거나 어떤 사람의 상징이 될 수도 있다.

건축물의 명칭에 관한 번역 방법을 보면 대부분 음역을 택하는데 중요한 문화 기능을 갖는 건축물명은 각주를 달아주기도 한다. 그리고 일부 장소는 맥락에 따라 자국화나 창작 등 전략으로 번역할 수 있다. 대표적 사례들은 다음과 같다.

사례 7) 음역+한자+각주	
ST:	大厦前脸有个院落，院落门口有座牌坊；沿着**牌坊**，拉着警戒线；警戒线处，有五六个门卫守着，不让人进。 (『潘金莲』, p. 79)
TT-E:	A courtyard with an **arched gateway**, sealed off with police tape, fronted the building, where half a dozen gate guards kept people from entering.[14]
TT-K:	빌딩 앞에는 정원 하나 있었고, 정원 입구에는 **패방(牌坊)**이 서 있었다. 패방을 중심으로 폴리스라인이 쳐 있었고, 폴리스라인 앞에는 대여섯 명의 경비원이 지키고 서서 출입을 통제하였다. **각주: 중국의 대표적인 건축물로 어떤 지역의 입구를 표시하는 큰 문** (『남편』, p. 119)

14 별도로 숫자 표현 'dozen'에 대해서 살펴보면, 원문 '五六个门卫'에 대응한 영어 번역은 'half a dozen gate guards'이다. 영어 'dozen'는 '12개'의 의미로 영미권 일상생활이나 문학 작품에서 자주 등장하는 숫자 표현을 볼 수 있다. 이는 출발문화(source culture - SC)와 도착문화(target culture - TC)가 숫자를 표현할 때 서로 다른 방식을 택하는 결과이다. 중국어에서는 보다 자세한 정보를 제공하기 위해 숫자 '五'와 '六'를 합쳐 '五六'이라는 표현이 있는데 영어에서는 '12의 반'의 의미를 담긴 'half a dozen'이라는 표현이 있다. 이는 문화마다 자신의 고유한 표현 방식이 있는데 어떨 때는 직역보다 도착문화에 맞는 표현으로 번역하는 것은 오히려 번역의 등가에 근접할 수 있다.

방법	비용 비교	
음역	패방	수집/전달/처리 비용 낮음 이해 비용 높음
음역+한자+각주	패방(牌坊) 각주: 중국의 대표적인 건축물로 어떤 지역의 입구를 표시하는 큰 문	수집/전달/ 처리 비용 높음 이해 비용 낮음

위의 사례를 보면, 원문의 '牌坊'은 영어 번역본에서 삭제되었고 한국어 번역본에서는 각주를 활용하여 정보를 처리하였다. 각주에서 중국의 대표적인 건축물임을 밝혀서 독자들이 작품 속에서 묘사한 공간적 이미지를 잘 인지하게 하였다. 직역으로 처리하면 비용을 낮출 수 있지만, 독자의 이해 비용을 높이기 때문에 텍스트 외적 정보를 첨가하여 이해 비용을 낮춘 좋은 예시라 할 수 있겠다.

사례 8) 창작	
ST:	马文彬平时请人吃饭有三个地点：如是省上领导来，或是其他市里的同僚来，就在市政府宾馆；如是来投资的外商，在市里的"**富豪大酒店**"；如是过去的同学朋友，由市政府宾馆做好饭菜，运到家里。 (『潘金莲』, p. 129)
TT-E:	Ma hosted dinners at his three favorite spots. For provincial level officials or municipal colleagues, he reserved tables at the Municipal Government Guesthouse; for foreign investors, it was at the upscale **Regal Hotel**; and for old classmates and friends, he had food catered from the Guesthouse to his home.
TT-K:	마문빈이 평소 누군가를 식사에 초대하면 세 곳 가운데 하나를 골랐다. 성의 지도자들이 오거나 다른 시의 동료들이 오면 시 정부의 호텔로 갔고, 외지의 투자자들이 온다면 시의 **고급 레스토랑**으로 손님을 모셨다. 과거의 동창이라면 시 정부의 호텔에서 음식을 주문해 집으로 갔다. (『남편』, p. 189)

방법	비용 비교	
음역	부호대주점(富豪大酒店)	전달/처리 비용 낮음 이해 비용 높음
창작	고급 레스토랑	수집/전달/처리/ 이해 비용 낮음

사례 8)에서의 '富豪大酒店'을 보면, 영어 번역본에서는 'Regal Hotel'(제왕의 호텔)로 번역하였지만, 한국어 번역본에서는 고급 레스토랑으로 창작을 하였다.[15] 원문에서 작가가 '富豪(부호)'라는 건물명을 쓴 것은 외국의 투자자들이 왔을 때 '富豪大酒店'라는 고급 호텔에서 비싼 음식으로 대접하는 상황을 보여주기 위한 것이었다. 이런 맥락에서 고급 레스토랑으로 대체한 것은 정보 전달에 큰 손실이 없으므로 번역의 거래 비용을 낮추었다. 다만 외국 투자자를 뜻하는 '外商'을 '외지 투자자'로 이해한 것은 오류이므로, 번역의 거래 비용을 높였다.

15 구글에서 'Regal Hotel 中文'을 검색하면 중국 홍콩 지역의 '富豪香港酒店'이라는 검색 결과가 나온다. 이는 영어 번역본 번역자가 번역을 수행할 때 기존에 있는 건물 명칭을 참조하지 않았을까의 의문을 품게 한다.

생각하기

위의 사례에 나오는 중국의 '패방(牌坊)'과 유사하게 한국에는 옆의 그림과 같은 건축물이 있습니다. 이 건축물의 이름은 무엇이며 어떤 기능을 갖고 있는지 알아보세요. 그리고 번역 시 중국의 '패방'을 이 건축물로 대체할 수 있는지 토의해 보세요.

동식물

문화적인 차이로 인해 인간은 동일한 동물, 식물에 부여하는 감정이나 의미는 달라지게 되고 그에 따른 연상적 의미도 달라진다. 이를테면 한국이나 중국을 비롯한 동양문화권에서 '매난국죽(매화, 난초, 국화, 대나무)'은 사군자로 불리우며 '인, 예, 의, 지'를 상징하는 유교적 충절사상이 깃들어 있다. 그런가 하면 서양문화권에서 '붉은 장미'는 '사랑, 아름다움, 용기, 존경, 열정'을 상징하고 있는데 특히 기독교 신도들에게 예수의 순교 때 흘린 피를 상징한다.[16] 이처럼 언어마다 동식물에 관한 상징과 비유표현은 아주 풍부하지만, 그에 내포되는 의미는 상이한 경우도 상당히 많다.

16 기독교에서 하얀 장미는 성모마리아의 순결을 상징하고 붉은 장미는 예수의 순교 때 흘린 피를 상징한다. 성당에 가면 장미 모양의 둥근 창을 볼 수 있는데 이것을 '장미 창(rose window)'이라고 부른다.

사례 9) 축자번역	
ST:	小韩来延津时一番壮志，没想到**歪嘴骡子卖了个驴价钱**，吃了嘴上的亏，大半年工夫就得草草收兵。 (『一句』, p. 52)
TT-E:	Han had come to Yanjin with great ambition and grand designs, but he ran into trouble with his habit of talking, **like the proverbial crooked-mouthed mule that has to be sold for the price of a donkey**. After only six months he would have to pack up and leave.
TT-K:	그런 그가 **입이 삐뚤어졌다고 나귀 값밖에 못 받는 노새 신세**가 될 줄은 누구도 생각지 못하였다. 모든 것이 그놈의 입 때문이었다. (『한마디』, p. 114)

이 사례를 보면 '당나귀'와 '노새' 정보가 나온다. '歪嘴骡子卖个驴价钱[17]'이란 말은 헐후어이다. 이 헐후어가 나오게 된 유래를 알아보면 노새는 암말과 수나귀 사이에서 난 잡종으로 크기는 말보다 약간 작지만 몸이 튼튼하고 힘이 세다. 무거운 짐을 나를 수 있기 때문에 가축 시장에서는 노새가 나귀보다 몸값이

17 이를 직역하면 '입이 삐뚤어진 노새를 나귀 몸값에 팔았다'는 뜻이다.

비싸다. 그럼에도 미관상 입이 삐뚤어졌다고 나귀의 몸값을 받았다고 표현하는 이 헐후어는 '사람이 입을 함부로 놀려서 화를 입는다'는 뜻으로 쓰인다.

노새와 나귀가 흔치 않은 한국에서 대부분 독자들은 이러한 동물들의 몸값이 어떠한지는 잘 모를 것이다. 그러나 텍스트 내용상 앞뒤 문맥과 함께 '그놈의 입 때문'이라는 정보도 나오므로 독자들은 '입 때문에 화를 입었음'을 유추할 수 있다. 이런 방법은 일반화하는 방법에 비해 처리 비용과 이해 비용이 높을 수 있지만, 앞에서 언급했듯이 번역자 2가 최대한 출발텍스트의 정보를 보존하고자 하는 원칙을 갖고 있기 때문에 비용을 감안하면서라도 이러한 전략을 사용하는 것으로 판단된다.

사례 10) 축자번역	
ST:	在这镇上，都是赖小毛打人，哪里敢有人打赖小毛？除非他**吃了豹子胆**；现在挨了一巴掌，赖小毛倒捂着头笑了： (『潘金莲』, p. 134)
TT-E:	Lai Xiaomao was the one who hit people, not the other way around. To hit him would **have taken the courage of a leopard**. But there he stood, rubbing his head and smiling.
TT-K:	뇌 진장이 사람을 때리는 일이야 일상다반사지만, 누가 감히 뇌 진장의 머리를 때린단 말인가? 그가 **표범의 쓸개라도 떼어먹지** 않았다면 말이다. 머리통을 한 대 얻어맞고도 뇌소모는 머리를 감싸 쥐고 웃기만 하였다. (『남편』, p. 198)

방법	비용 비교	
축자역	표범의 쓸개라도 떼어먹지	전달/처리 비용 낮음 이해 비용 높음
대안역	간덩이가 붓지	전달/처리/ 이해 비용 낮음

18 이 사례를 전체적으로 보면 창작의 결과물도 볼 수 있다. 그 이유는 엄밀하게 말하면 영어에서 'have taken the courage of a leopard'라는 속담이 없기에 이 영어 번역 자체는 새로운 내용으로 다시 쓰는 창작 방법으로 볼 수 있다.

위의 사례에서 영어 번역본은 제한적 일반화를 한 반면,[18] 한국어 번역본에서는 정보를 그대로 옮기는 축자번역 방법을 택하였다.'吃了豹子胆'도 역시 관용구인데 중국어에서는 '담이 크다'는 뜻으로 한국어의 '간이 크다'에 해당된다. 이는 한·중 두 언어가 어휘의 관점, 환기되는 내용, 사고 범주에서 서로 다르다는 것을 보여주는 대표적인 사례이다. 한국에서 '쓸개'는 '간에 붙었다 쓸개에 붙었다', '쓸개 빠진 놈' 등 관용구에서도 알 수 있듯이 사람이 줏대가 없음을 비유하는 데에도 많이 쓰이면서 부정적인 이미지가 있다. 따라서 '표범의 쓸개'라는 표현보다 '간덩이가 붓다'로 대체하면 더 적절한 번역이 될 것이다. 이는 문화소 정보를 그대로 모두 옮기는 축자번역이 정보 전달, 처리 과정이 쉬워 비용이 낮지만, 경우에 따라 독자들의 이해 비용을 높일 수 있는 사례이다.

사례 11) 창작	
ST:	"好，好，咱没本事，收不了这枪！知你老许过去厉害，咱**鸡小掐不了这猴**，咱去汇报工作员，让他来收这枪，让他来跟你摔跤吧！"(『故乡』, p. 161)
TT-E:	"Okay, that's fine. We know we're not capable. We will not take the gun! Old Xu, we know you were tough. We **never send a sheep to kill a wolf**. We will report to the staff and let him take the gun. He's good enough to fight you."
TT-K:	"알았어요, 알았어. 우린 재주 없어서 그 총 못 가져가겠네! 왕년에 쉬씨 아저씨도 날렸다니까, 우리 **조무래기들이야 상대가 안 되겠지**. 가서 공작원님께 다 보고할 거요. 총도 공작원님이 직접 압수하러 올 테니까, 어디 공작원님하고나 한판 붙어 보시지!" (『고향』, p. 340)

방법	비용 비교	
축자역	닭이 작아서 원숭이와 싸울 수 없지	이해 비용 높음
창작	조무래기들이야 상대가 안 되겠지	이해 비용 낮음

이 사례에서는 '鸡小掐不了这猴(닭이 작아서 원숭이와 싸울 수 없다)'라는 말은 중국의 민간에서 '猴掐鸡'라는 관용구의 변형에서 나온 말[19]이다. 미신적인 관점으로 원숭이띠와 닭띠가 궁합이 맞지 않아 서로 괴롭힌다는 것이다. 번역자는 동물의 정보를 다 없애고 맥락에 따라 '조무래기들이 상대 안 된다'는 번역으로 창작 전략을 사용하였다. 번역자가 이런 동물 정보를 그대로 갖고 축자번역을 한다면 관용구에 대해 내주로 설명해 줄 필요가 있고, 난해한 번역문이 될 수 있다는 점에서 창작한 것으로 판단된다. 이러한 처리방식은 정보처리 비용을 줄이고 독자의 이해 비용도 낮추기 위한 방법이라고 할 수 있다.

생태문화소의 번역 방법을 살펴보면, 지명, 장소를 나타내는 문화소의 경우, 영어 번역본에서는 음역을, 한국어 번역본에서는 원음과 한자, 한자음과 한자를 함께 사용한 것이 대부분이다. 그러나 한국어 번역본에서는 이야기 맥락에 중요한 지명은 주석을 사용하여 처리 비용을 높이더라도 독자들의 이해를 위해 이런 전략을 사용하였다. 반면 특히 작품에서 시골이나 마을 이름은 村, 庄, 屯, 寨, 洼, 坑 등으로 바꾸어 가며 지리적, 역사적 특성을 보여주었지만, 번역에서는 전부 음역과 한자를 병기하는 방식으로 처리하였다.[20] 이러한 음역 전략은 번역자가 번역 과정의 정보 수집, 전달, 처리 비용을 낮출 수 있지만 실제 정보가 갖는 특성을 살리는 데에는 한계가 있고 독자의 이해를 저하시킬 수도 있다.

이 밖에 일부 장소나 건물은 일반적인 어휘로 문화적 요소를 명시화하는 전략으로 도착어 독자들에게 정보를 전달하였다. 동식물은 거의 그대로 살려서 번역하는 경향이었고, 일부만 문맥에 따라 일반화하는 전략을 택하고 있다.

19 '猴掐鸡'는 '원숭이와 닭이 싸우다'의 뜻이다.

20 중국에서는 마을의 이름을 통해 역사적인 배경과 지리적인 특성을 알 수 있다. '村'은 자연적으로 사람들이 모이면서 형성된 마을이고, '庄'은 중국 봉건사회 때 황실, 귀족, 지주 등이 점유한 토지에 장원(莊園)을 설립하여 얻어진 이름이다. '屯'은 예전에 군병들이 주둔하면서 땅을 개간하고 농사를 짓던 곳임을 알 수 있고, '寨'는 울타리나 담벽을 높게 지어 안에서 농사 또는 군사용으로 쓰던 곳임을 알 수 있다. 또 '洼'와 '坑'은 글자 의미에서도 알 수 있듯이 웅덩이처럼 지형이 파인 곳에 있는 마을을 말한다. 이 외에도 营, 埠, 墩, 沟, 坡, 湾, 铺, 岗, 桥, 崖, 山, 集, 店, 窖, 坝, 亭, 围, 圩, 庙, 堂 등의 글자들을 이름 뒤에 붙여서 쓴다.

생각하기

일본어에서는 적은 봉급을 '참새 눈물 같은 박봉'으로 비유하고 있는데 이는 한국어로 '쥐꼬리만한 박봉'으로 대체할 수 있습니다. 이처럼 '수가 매우 적은 상황'에 대해 한국어에서는 다양한 표현이 있는데 아래에 제시한 관용구들의 차이는 무엇이며 어떤 상황에서 사용하면 적절할까요?

1. 새 발의 피
2. 병아리 눈물만큼
3. 손가락으로 헤아릴 정도
4. 한 줌도 못 되다
5. 누구 입에 붙이겠는가/누구 코에 바르겠는가
6. 간에 기별도 안 가다
7. 빙산의 일각

2. 물질문화소와 번역의 거래 비용 분석

물질문화소란 인간이 매일 접하는 음식이나 도구, 의복 외에 주거에 필요한 가구, 이동에 필요한 교통 도구 등도 포함한다. 음식의 경우 중국의 북방지역은 밀가루 음식을 많이 먹지만, 남쪽 지역은 쌀을 주로 먹어서 음식문화의 차이도 아주 크다. 또한 같은 북방 지역이라도 밀가루 음식의 종류가 다양하여 지역에 따라 주식으로 먹는 음식이 다르다. 따라서 그 음식만을 통해서 지역의 위치를 알 수 있는데 이처럼 음식은 그 지역의 문화적 의미를 담고 있어 작품을 이해하는 데 중요한 문화적 요소이다. 작품에서 나타난 물질문화소의 대표적인 번역 사례는 다음과 같다.

음식

중국의 음식명은 주로 식자재와 조리법, 완성 형태 등에 따라 이름을 짓는데 이러한 음식명을 번역자들은 대체로 원음 또는 한자음에 한자를 병기하고 일부는 각주나 내주로 설명하고 있다. 보존 전략과 대체 전략을 서로 비교하여 보면 다음과 같다.

사례 12) 한자음+한자	
ST:	人人都说伙夫老艾做的饭难吃，就会炖个**杂烩菜**，把肉片和许多杂菜放到一个锅里乱炖。 (『一句』, p. 131-132)
TT-E:	The forty or more clerks at the county office complained about the cook, Old Ai, calling him a lousy provider after being served the same dish—**stewed pork slices with vegetables**—for too long.
TT-K:	모두들 조리사 라오아이(老艾)가 하는밥이 맛이 없다고 하였다. **잡회채(雜燴菜)**를 만들면서 그는 얇게 썬 고기와 잡다한 채소를 한솥에 넣고 삶았다. (『한마디』, p. 281)

사례 13) 일반화	
ST:	十六桌酒席中，前八桌是秦家的客坐，鸡鸭鱼肉齐全；后八桌是杨家的客坐，每人一碗**杂和菜**。 (『一句』, p. 88)
TT-E:	Eight of the sixteen tables, laden with delicacies, were occupied by guests from the bride's side; the other eight were taken by members of the groom's party, each given **a bowl of mixed stew**.
TT-K:	열여섯 개의 탁자 가운데 앞쪽 여덟 탁자에는 친씨 집안의 손님들이 앉아 온갖 고기로 조리한 푸짐한 음식을 즐기고 있었고, 뒤쪽 여덟 탁자에는 양씨 집안의 손님들이 앉아 **초라한 야채 음식**을 먹고 있었다. (『한마디』, p. 186-187)

사례 14) 오역	
ST:	晚饭一个炒豆角，一个炒豆芽，一碟子小泥肠，一碗昨天剩下的**杂烩菜**。 (『温故』, p. 265)

TT-E:	Their dinner that night consisted of stir-fried green beans, stir-fried bean sprouts, sausage links, and **a vegetable medley** from the night before.
TT-K:	콩깍지 볶음, 콩나물 볶음, 순대, 그리고 어제 **먹다 남은 것을 함께 볶은 반찬** 한 접시가 저녁 식탁에 올라왔다. (『닭털』, p. 15)

방법	비용 비교	
음역	잡회채	이해 비용 높음
한자음+한자	잡회채(雜燴菜)	전달/처리 비용 낮음
일반화	초라한 야채 음식	전달/처리/이해 비용낮음
오역	먹다 남은 것을 함께 볶은 반찬	거래 비용 높음

위의 3개 사례에서 나오는 '杂烩菜'나 '杂和菜'는 모두 여러 가지 식재료들을 넣고 끓인 요리로서, 중국 허난성, 산시성을 비롯한 지역에서 많이 먹는 음식이다. 사례 12)를 보면 원텍스트 내에 이미 식재료와 조리법이 나오기 때문에 한국어 번역본에서는 한자음에 한자를 더해주는 방법으로 정보전달 비용을 최소화하였지만, 영어 번역본을 보면 텍스트 내에 풀어서 설명하는 방법을 택하였다. 즉 '잡회'라는 조리법에 대해서는 'stewed/stew'로, '채'에 대해서는 'pork slices'와 'vegetables'라는 어휘를 추가해서 설명하고 있다.

반면 사례 13)에서 한국어 번역본은 '초라한 야채 음식'으로, 영어 번역본은 'mixed stew'로 모두 일반화하는 전략을 사용하였다. '杂烩菜'나 '杂和菜'는 가정식의 일반음식으로 '초라한' 정도까지는 아니므로 정보 전달에서 조금 편차가 있지만, 이는 결혼식에서 두 집안의 손님 대접에 차별이 있음을 강조하기 위해 번역자가 개입한 것으로 정보 전달이나 처리 비용은 물론, 독자의 이해 비용도 낮추었다.

그러나 사례 14)를 보면, 한국어 번역본에서 '어제 먹다 남은 것을 함께 볶은 반찬'이라 풀어서 설명하였지만, 이는 어제 먹다 남은 '杂烩菜' 요리라는 뜻으로 잘못된 정보를 전달하고 있으므로 거래 비용을 높였다. 영어 번역본의 경우를 보면 'vegetable medley'로 번역하였는데, 이는 서양 음식의 한 메뉴로 '여러 야채로 만든 음식'이다. '잡회채(杂烩菜)'에 야채뿐만 아니라 고기도 있다는 것을 감안한다면 영어 번역의 'vegetable medley'는 정보의 등가는 이루지 못한다. 그러나 이러한 자국화 방법은 서양권 독자에게 더 친숙하고 쉽게 이해될 수 있으므로 처리 비용과 이해 비용을 낮출 수 있다.

영어권에서의 'vegetable medley' 요리

사례 15) 원음+한자+각주	
ST:	既然等不到别人的酒席，便想自个儿找个街摊，喝上二两散酒，吃碗**羊肉烩面**了事。 (『潘金莲』, p. 39)
TT-E:	He turned to storm off, his mind set on a couple of drinks and a bowl of **lamb noodles** to take care of his hunger, since the others had gone to lunch without him.
TT-K:	다른 사람의 술자리를 가다릴 수 없다면, 혼자서 포장마차라도 찾아가 잔으로 파는 술이라도 한잔 마시고, **양러우라멘羊肉拉麵**으로 요기할 생각이었다. (**각주: 손으로 친 수타면을 양고기 육수에 끓여낸 음식**) (『남편』, p. 59)

사례 16) 제한적 일반화	
ST:	老孙又捅开火炉，洗洗手，做了两碗**羊肉烩面**。热腾腾地端上来，说：(省略) (『一句』, p. 19)
TT-E:	So Sun let them into the eatery, where he started a fire in the cold stove before washing his hands and making two bowls of **mutton noodles**.
TT-K:	라오쑨은 화로를 열고 손을 씻은 다음 **양고기 볶음국수** 두 그릇을 만들어 뜨거운 김이 모락모락 나게 받쳐 들고는 말하였다. (『한마디』, p. 45)

사례 17) 자국화	
ST:	最后寻到县城西关一家卖**杂碎汤**的小店，看着还干净，价钱也公道。屋里有**杂碎汤**煮着，也显得暖和，加上外边天已经黑了，便在这里落下脚。(『一句』, p. 128-129)
TT-E:	small diner in Xiguan that sold **giblets soup**. The place looked clean, the prices were reasonable, and it was warmed by **giblets** bubbling in a large wok. Since it was getting dark, they decided to go in.
TT-K:	결국 세 사람은 현성 서관(西關)에 있는 **남루한 밥집**을 하나 찾을 수 있었다. 나름대로 깨끗하고 음식 가격도 적당하였다. 실내에는 **잡채탕**이 끓고 있어 무척이나 따뜻하였다. 밖은 이미 어두워진 터라 이곳에서 쉬었다 가기로 하였다. (『한마디』, p. 275)

방법	비용 비교	
음역	양러우후이미엔	전달/처리 비용 낮음 이해 비용 높음
원음+한자 +각주	양러우라멘羊肉拉麵 (각주; 손으로 친 수타면을 양고기 육수에 끓여낸 음식)	전달/처리 비용 높음 이해 비용 낮음
일반화	양고기 볶음국수	전달/처리 비용 높음 이해 비용 낮음
자국화	잡채탕	오역으로 거래 비용 높음

'羊肉烩面'에 관해서 사례 15)는 '양러우라멘'으로 전환한 후 한자와 각주를 더하여 정보를 전달하였다. 한자와 각주로 인해

정보의 처리 비용은 높지만 독자의 이해 비용을 낮춘다는 점에서는 바람직하다. 다만 '烩面'과 '라멘'은 국수 형태나 조리법이 다르므로 정보성 차원에서는 등가를 이루지 못하였다.

반면, 사례 16)에서는 양고기 볶음국수로 처리하였는데 양고기 육수에 끓여낸 국수를 볶음국수로 전환한 것은 정보 수집단계에서 조리법을 잘못 이해하여 제대로 정보를 전달했다고는 볼 수 없다. 그러나 맥락으로 보았을 때 길거리에서 간단한 음식을 찾아 먹는 상황을 묘사한 것이므로 '양고기 볶음국수'로 번역하면 정보의 처리, 전달비용을 낮출 수 있다.

한편 사례 17)과 같은 경우는 '杂碎汤'(소, 양의 내장탕)을 잡채탕으로 번역하였는데 이는 정보 전달에서 오역이 분명하다. 중국인들의 머리속에서 떠오르는 '杂碎汤' 이미지와 한국인들의 머리속에서 '잡채탕'에 대해 떠오르는 이미지가 다르기 때문이다. 즉 요리에 대한 프레임이 상이한 것이다. 또 원문의 '一家卖杂碎汤的小店'에서는 '杂碎汤' 가게를 '남루한 밥집'으로 처리하여 처리 비용을 낮추려고 하였다. 그러나 작품에서는 '杂碎汤'이 9회나 출현하면서 왜 이 음식을 시켰는지에 대한 설명도 있기 때문에 대안역 '내장탕'으로 하면 정확한 정보 전달이 될 수 있고 처리 비용과 이해 비용을 낮출 수 있다.

사례 18) 음역+오역	
ST:	一脸盆熟肉旁，竖着两瓶 **"一马平川" 白酒**。两人大喜。 (『潘金莲』, p. 285)
TT-E:	After a brief exchanged look, they fell in behind the waitress, who escorted them into a private room, where a tub of steaming meat-on-the-bone and two bottles of colorless liquor **Ø** were laid out on a table. They were ecstatic.
TT-K:	뜨끈뜨끈한 고기 옆에는 **바이주와 이미핑촨** 두 병이 오롯이 서 있었다. 두 사람은 크게 기뻐하였다. (『남편』, p. 410)

사례 19) 자국화	
ST:	老杨除了卖豆腐，入夏还卖**凉粉**。 (『一句』, p. 3)
TT-E:	Everyone called him Old Yang the Tofu Peddler, though in the summertime he also peddled those bean-starch noodles called ***liangfen***.
TT-K:	라오양은 여름이 되면 **냉면**도 팔았다. (『한마디』, p. 13)

사례 20) 자국화	
ST:	小得给小冯专门做了一碗**炒馍**，小冯吃了。 (『故乡』, p. 86)
TT-E:	Little De specially made **a bowl of fried buns called *chaomo*** for Feng, and Feng ate it.
TT-K:	펑군은 샤오더가 특별히 만들어준 튀긴 떡을 먹었다. (『고향』, p. 187)

방법	비용 비교			
음역	이미핑촨 바이주	량펀	초우모	전달/처리 비용 낮음 이해 비용 높음
오역	바이주와 이미핑촨	-	-	거래 비용 높음
자국화	-	냉면	튀긴 떡	전달/처리/이해 비용 낮음

위에서 사례 18)은 정보를 보존하려고 음역으로 그대로 번역하였으나 오류를 범하였다. 배갈의 상표 이름이 '一马平川'이라는 것인데 '바이주와 이마핑촨' 두 병이 있는 것으로 이해하였다. 이러한 오역은 잘못된 정보 전달로 번역의 거래 비용을 높이게 된다.

다음 사례에서는 '凉粉'을 냉면으로 자국화하였는데 정보상 정확하게 등가를 이루는 것은 아니지만, 맥락에서 해당 문화소가 중요한 역할을 하지 않으므로 정보의 전달, 처리, 이해 비용을 낮추었다고 할 수 있다. 같은 맥락으로 사례 20)도 음식 정보

가 일치하지는 않지만, 자국화로 '튀긴 떡'이라고 처리하여 전체 거래 비용을 낮추었다.[21]

21 '炒馍'는 튀긴 음식이 아니고, '만터우(饅頭, 소가 없는 찐빵)'를 길게 또는 작게 썰어서 기타 야채와 함께 볶아 먹는 형식의 음식이다.

생각하기

아래의 사례를 보면 다양한 중국 음식명에 관해 번역하였는데 이러한 번역이 적절한지를 생각해 보세요.

사례	
ST:	也趁着夜里，在街道两旁摆满了。卖**灌汤包**的，卖**煎包**的，卖**胡辣汤**的，卖**糖梨**的，卖**馄饨**的，卖**杂碎汤**的，一家点一盏电石灯，亮了一街。(『一句』, p. 201)
TT-E:	Shops were lit up along the major thoroughfare outside Xiangguo Temple, while small stands crammed both sides of the street, where **soupy buns**, **pan-fried buns**, **hot and spicy soup**, **candied pears**, **wontons**, and **pig intestine soup** were sold. The street was ablaze with carbide lamps at each stand.
TT-K:	밤이 되자 간단한 음식을 파는 노점들이 길 양쪽을 가득 메웠다. **관탕바오(灌汤包)**를 파는 집도 있이 있는가 하면 **젠바오(煎包)**를 파는 집도 있고 **후라탕**을 파는 집도 있었다. **사탕배**를 파는 집도 있고 **훈툰**이나 **잡쇄탕**을 파는 집도 있었다. (『한마디』, p. 420)

의복

의복은 추위를 막고 아름다움과 개성을 표현하기 위한 기능 외에도 신분과 등급을 나타내는 계급적 속성과 경제적 속성을 지니고 있다. 한 시기의 정치제도, 경제발전의 변천은 모두 당시의 복식 변화에 어느 정도의 영향을 미칠 수 있다. 생산의 발전, 경제의 번영, 사고방식의 변화에 따라 의복은 끊임없이 변화 발전하면서 민족의 상징으로 자리잡고 사회문화의 차원으로 격상된다.

의복에 관한 문화소의 사례를 보면 다음과 같다.

사례 21) 축자번역	
ST:	正房映出一个老头，戴着一顶**瓜皮帽**，一个老婆婆，拿着线拐子在拐线， (『一句』, p. 57)
TT-E:	In the main room were an old man in a **skullcap** and an old woman who was threading a bobbin winder, likely Erniu's parents.
TT-K:	본채에서는 노인네들의 모습이 보였다. **수박 모자**를 쓴 모습이었다. 노인네 둘이 실의 양쪽 끝을 한쪽씩 붙잡고 있는 것으로 보아 (생략) (『한마디』, p. 124)

사례 22) 축자번역+한자+각주	
ST:	李老喜头戴**瓜皮帽**，身穿黑布马褂，手里攥着一条毛巾； (『故乡』, p. 4)
TT-E:	Li Laoxi wore a **skullcap** and a black jacket, holding a towel in his hand.
TT-K:	리라오시는 **수박모자(瓜皮帽, 6장의 검은 천을 꿰매 합쳐 꼭 수박 반 통처럼 보이면 정수리에 둥근 손잡이가 있는 중국 고유의 모자-옮긴이)**에 검은 마고자 차림으로 손에는 수건을 쥐고 있었다. (『고향』, p. 20)

방법	비용 비교	
음역	과피모	전달/처리 비용 낮음 이해 비용 높음
축자역	수박 모자	전달/처리 비용 낮음 이해 비용 높음
축자역+한자+각주	수박모자(瓜皮帽, 6장의 검은 천을 꿰매 합쳐 꼭 수박 반 통처럼 보이면 정수리에 둥근 손잡이가 있는 중국 고유의 모자-옮긴이)	전달/처리 비용 높음 이해 비용 낮음

위의 사례에서는 '瓜皮帽'를 모두 '수박모자'로 축자번역하였다. 다만 사례 21)에서는 이에 대해 설명이 없었지만, 사례 22)는 긴 문장의 내주로 모자 모양을 설명해 주고 있다. 중국의 역사극을 많이 접한 한국 독자라면 축자번역으로 대충 짐작할 수 있겠지만 그렇지 않은 경우는 '수박모자'에 대한 이미지가 머릿속에서 쉽게 그려지지 않을 것이다. 단 이는 문학 작품에서는 맥락의 중요성과 기능에 따라 번역자들이 선별해서 하고 있다. 두 사례에서 수박모자는 모두 1회만 나오지만 번역자들은 기능에 따라 처리 비용을 낮추는가 하면 또 처리 비용을 높여서라도 설명을 해 준다는 점을 확인할 수 있다.

사례 23) 음역	
ST:	从阴历十二三起，老史就让人把太师椅搬到津河桥上，身披**狐皮大衣**，居高临下，看万民舞社火。(『一句』, p. 120)
TT-E:	Starting on the thirteenth day of the first lunar month, Shi had his stately armchair moved to the Jin River bridge, where, with a **fur coat** draped over his shoulders, he sat high up to look down on his subjects putting on the festival show, ignoring the opera in the church-turned-theater.
TT-K:	음력 열사흘부터 라오스는 사람들에게 태사의를 진허교(津河橋)로 옮겨놓게 한 다음, **호피 외투**를 걸치고는 높은 데서 많은 사람들이 명절놀이 춤을 추는 광경을 내려다보았다. (『한마디』, p. 256)

방법	비용 비교	
음역	호피대의	전달/처리 비용 낮음 이해 비용 높음
음역	호피 외투	전달/처리 비용 낮음 이해 비용 높음
대안역	여우털 외투, 여우 모피 외투	전달/처리 비용 낮음 이해 비용 낮음

위의 사례를 보면 '狐皮大衣'가 나오는데 한자에서 알 수 있듯이 여우가죽 외투라는 것이다. 번역자가 '호피 외투'로 번역하면 한국 독자들은 '호랑이 가죽'의 외투로 이해할 수 있다. 한자음 그대로 번역해서 정보전달, 처리 비용은 낮았지만 정보 정확성은 떨어지므로 '여우털, 여우 모피' 외투로 처리하는 대안역을 제시한다.

가구

인간의 거주 환경에서 아주 중요한 역할을 하고 있는 가구는 실용적 기능과 심미적 기능을 동시에 갖추고 있다. 따라서 긴 시간을 거쳐 변화되어 온 가구를 통해 우리는 그 당시의 사회발전과 생활풍습, 문화적 소양들을 엿볼 수 있다.

가구에 관한 사례의 번역양상을 보면 주로 음역을 사용하였는데 대표적인 사례는 다음과 같다.

사례 24) 한자음+한자	
ST:	同样一张条几，别人卖五十，他卖七十；上回打了一张**八仙桌**，'丰茂源'的掌柜老李，花一百二的高价买走了，(『一句』, p. 40)
TT-E:	He charges seventy yuan for a bench that costs fifty by other carpenters. A while ago he made an **eight sages table**, for which Old Li, who owns Source of Abundance, paid one hundred and twenty. Do you know why?"

TT-K:	똑같은 탁자인데도 남들은 오십 위안을 받고 파는데 그는 칠십 위안을 받는다네. 지난번에는 **팔선탁(八仙卓)**을 하나 만들었는데 평마위안 주인장 라오리가 거금 백이십 위안을 주고 샀다더군. (『한마디』, p. 88)

사례 25) 한자음	
ST:	从阴历十二三起，老史就让人把**太师椅**搬到津河桥上，身披狐皮大衣，居高临下，看万民舞社火。 (『一句』, p. 120)
TT-E:	Starting on the thirteenth day of the first lunar month, Shi had his stately **armchair** moved to the Jin River bridge, where, with a fur coat draped over his shoulders, he sat high up to look down on his subjects putting on the festival show, ignoring the opera in the church-turned-theater.
TT-K:	음력 열사흘부터 라오스는 사람들에게 **태사의**를 진허교(津河橋)로 옮겨놓게 한 다음, 호피 외투를 걸치고는 높은 데서 많은 사람들이 명절놀이 춤을 추는 광경을 내려다보았다. (『한마디』, p. 256)

방법	비용 비교		
음역	바센줘	타이스이	전달/처리 비용 낮음 이해 비용 높음
음역+한자	팔선탁(八仙卓)	-	전달/처리 비용 낮음 이해 비용 높음
음역	-	태사의	전달/처리 비용 낮음 이해 비용 높음

위의 사례 24)에서는 '八仙桌'이라는 가구가 나오는데 '여덟 사람이 둘러앉을 만한 크기로 네모반듯하게 만든 큰 상'을 말한다. 한자음과 한자로 처리하여 이해에는 문제가 되지 않지만 '우리말샘' 사전에서는 이를 '팔선상'의 북한어로 규정하고 있기에 번역자는 정보처리에서 도착어의 규범을 고의적 또는 무의식적으로 거부 또는 준수하였다는 점을 보여준다. 또 사례 25)에서는 '태사의'라고 한자음 그대로 사용한 가구가 있는데 이는 등받

이와 팔걸이가 반원형으로 되어 있고 다리를 접을 수 있는 구식 팔걸이 나무 의자이다. 이 의자는 높은 서열이나 지위를 의미하고 있어 작품 속 새로 군수으로 부임한 인물이 얼마나 거만한지를 보여주기도 한다. 한자음으로 번역하면 처리 비용을 줄일 수 있지만, 한국 독자들에게 '태사의'가 무엇인지 생소할 수 있는 개념으로 이해 비용을 높일 수 있다.

도구

도구에 관한 문화소를 보면 한중 양국이 문화적인 측면에서 많은 부분을 공유하고 있기 때문에 도구로서 문화소에 해당되는 경우는 드물었다. 대표적인 사례의 번역 방법을 보면 다음과 같다.

사례 26) 제한적 일반화	
ST:	老裴挑着**剃头挑子**往回走，在黄河边上，遇上了曾家庄杀猪的老曾。(중략) "挑子里还有热水，就在这儿给你剃了吧。" (『一句』, p. 12)
TT-E:	On his way home with his **barber kit**, by the bank of the Yellow River, he ran into Old Zeng, a hog butcher from Zeng Village. (중략) When Pei noticed that Zeng's hair had grown long, he said, "I still have some hot water, so why don't I shave your head while we're here?"
TT-K:	라오페이는 다음 날 정오가 되어서야 머리 깎는 일을 마칠 수 있었다. **머리 깎는 도구가 든 멜통**을 어깨에 메고 돌아오는 길에 그는 황허 강가에서 쩡자좡에서 돼지를 잡는 라오쩡을 만나게 되었다. (중략) "내 멜통 안에 아직 더운 물이 남아 있으니 여기서 자네 머리를 깎아주지." (『한마디』, p. 33)

사례 27) 축자역+내주	
ST:	孙毛旦头戴战斗帽，骑一辆**东洋车**回来了。村里人没见过东洋车，听见铃响，都跑出来看。(『故乡』, p. 73)

TT-E:	Sun Maodan, wearing a combat cap, came back on a **jinrickshaw**. The villagers, who had never seen a **jinrickshaw**, ran out to see when they heard the bell ringing.
TT-K:	쑨마오단은 전투모를 쓴 채 **동양거(東洋車를, 일본에서 들어온 수레라는 뜻으로, 여기서는 자전거를 가리킴 - 옮긴이)**를 타고 돌아왔다. 마을 사람들은 동양거를 본 적이 없었던 탓에, 경적 소리를 듣고는 모두들 뛰쳐 나와 구경을 하였다. (『고향』, p. 157)

방법	비용 비교		
음역	티터우탸오즈	둥양츠어	전달/처리 비용 낮음 이해 비용 높음
일반화	머리 깎는 도구가 든 멜통	-	전달/처리 비용 낮음 이해 비용 낮음
축자역+내주	-	동양거(東洋車를, 일본에서 들어온 수레라는 뜻으로, 여기서는 자전거를 가리킴 - 옮긴이)	전달/처리 비용 높음 이해 비용 낮음

위의 사례 26)에서의 '剃头挑子'는 예전에 떠돌이 이발사들이 막대기 양 끝에 화로, 세숫대야, 의자, 이발 도구 등의 짐을 양쪽에 나눠 매달고 한쪽 어깨로 메는 멜대를 말한다. 문장 뒤에서 뜨거운 물에 대한 내용이 등장한 것은 당시 이발사가 멜대에 화로를 들고 다니며 물을 데워쓸 수 있었기 때문이다. 그러나 멜통으로 번역하면 뒤에서 떠돌이 이발사가 뜨거운 물이 있다고 한다면 뜨거운 물이 어디에서 나오는지를 이해하는 데에 어려움이 따르리라 생각된다. 자국화 방법으로 하면 처리 비용은 줄지만 이해 비용이 높아질 수 있다. 각주로 멜통을 설명해 주어 이해 비용을 줄이는 것을 대안으로 제시한다. 사례 27)에서는 해방 전의 시대 배경에서 쓰인 자전거의 명칭을 작품에서 일부러 제시하였기 때문에 번역자 4는 이를 일반화하지 않고 음역한 후 각주를 달아주는 방식으로 처리 비용을 높였지만 작품의 완전성을 유지하였다.

물질문화소의 번역 방법은 보편적으로 음역과 한자를 병기하는 방식과 자국화 방법을 사용하였다. 특히 음식에서는 대다수 각주를 달아 설명하는 방식을 사용하였고, 문화소 중요성과 기능이 강하지 않는 음식은 자국화하는 방법을 사용하였다. 도착어 독자의 이해를 최우선으로 처리 비용과 이해 비용을 줄이기 위한 데 있다고 본다.

3. 제도문화소와 번역의 거래 비용 분석

제도문화소란 인간의 사회생활을 규제하는 제도적인 측면의 문화로 정치, 경제, 군사, 역사, 법률, 예체능, 기술 등을 포괄하는 광범위한 문화소이다. 여기에는 공공성을 나타내는 조직과 직함 도량형 등의 다양한 사회적, 문화적 함의를 가진 문화소가 포함되어 있다. 특히, 이와 같이 국가나 지역에 대한 제도적 문화소는 다른 언어권의 독자에게는 매우 낯선 문화소로 다가오기 때문에 의미적 공백을 초래할 수 있다. 아래의 사례는 이러한 문화소 사용의 대표적인 예이다.

정치, 행정, 조직제도

한중 양국은 서로 다른 사회제도에 기반하고 있기 때문에 정치, 행정, 조직 등의 측면에서 상당한 차이를 보이고 있다. 따라서 이에 관련된 문화소의 번역에서도 다양한 양상을 보이는데 대표적인 사례는 다음과 같다.

사례 28) 창작	
ST:	“这可牵涉到**维稳**呀；一个县维稳出了问题，摘的就不是我信访局长的帽子了。” (『潘金莲』, p. 52)

TT-E:	"…… This involves **stability**. If a county has trouble maintaining stability, it won't be the department head who loses his official cap."
TT-K:	이건 **미리 포석을 깔아놓는 일**이라 현에서 이 일로 문제가 생기면 정보통신과장인 제 목만 위험한 게 아닙니다. (『남편』, p. 79)

사례 29) 축자번역	
ST:	**维稳**是要维护，**和谐**是要和谐，但维稳不是这么个维稳法，和谐也不是这么个和谐法。 (『潘金莲』, p. 115)
TT-E:	**Stability** is a good thing, as is **harmony**, but that is not the way to achieve either, just as concessions must not be made to terrorists, since they'll keep upping the ante.
TT-K:	**안정을 유지**한다고 하면 안정을 유지해야 하고, **협상**을 해야 한다고 하면 협상을 해야 하는 것이다. (『남편』, p. 123)

사례 30) 부연설명	
ST:	说镇上"**维稳**"这一条没达标，不能算先进乡镇； (『潘金莲』, p. 132)
TT-E:	And because of those protests, Round the Bend Township was publicly censured at every year-end county meeting over a lack of **stability**, which kept it from being labeled a progressive township.
TT-K:	'**사회 안녕 유지**' 항목에서 언제나 목표 달성에 실패했으므로 선진 향촌으로 꼽히지 못했던 것이다. 무슨 일로 연말에 굳이 북경까지 시위를 하러 오셨답니까? (『남편』, p. 157)

방법	비용 비교	
음역	웨이원	전달/처리 비용 낮음 이해 비용 높음
창작	미리 포석을 깔아놓는 일	전달/처리 이해 비용 높음
축자역	안정을 유지	전달/처리/이해 비용 낮음
부연설명	사회 안녕 유지	전달/처리/이해 비용 낮음

위의 사례 28~30)는 한 작품에서 나오는 정치적 용어이다, 중국어에서는 '사회 안정 유지'를 줄여서 하는 말인데 사례에서 번역된 결과는 서로 다르다. 여기에서 제일 문제가 되는 것은 사례 28)이다. 이는 작품속 주인공이 여러 번 고소를 하고 민원을 넣으며 군수를 막무가내로 찾아가 따지기도 하는 상황에서 민원처리 부서의 책임자가 군수한테 하는 말이다. 그러나 '미리 포석을 깔아놓는 일'이라고 창작 전략으로 번역한 것은 원문과 전혀 무관한 내용이다. 정보 전달, 처리 비용뿐만 아니라 이해 비용까지도 높인 예시이다. 반대로 사례 29), 30)은 원래 의미를 정확하게 전달하므로 전달, 처리, 이해 비용을 모두 낮춘 번역이다.

사례 31) 창작	
ST:	"大哥，啥事呀，大年关的，跑到北京**上访**？" (『潘金莲』, p. 279)
TT-E:	"What **took you to Beijing** at this time of year, friend?"
TT-K:	무슨 일로 연말에 굳이 북경까지 **시위를 하러 오셨답니까?** (『남편』, p. 401)

사례 32) 오역	
ST:	但秦玉河是化肥厂的职工，如生下二胎，除了罚款，还会开除**公职**，十几年的工作就白干了。 (『潘金莲』, p. 12)
TT-E:	But as a fertilizer plant employee, in addition to the fines, he'd lose **his job and the pension** he'd spent twelve years working toward.
TT-K:	그는 화학비료 공장의 직원이었다. 둘째를 낳게 되면 벌금만 무는 것이 아니라 **승진**에서도 배제될 테니 십여 년 간의 근무 이력이 수포로 돌아가고 만다. (『남편』, p. 157)

방법	비용 비교		
음역	상방	공직	전달/처리 비용 낮음 이해 비용 높음
창작	시위를 하러 오셨답니까	-	전달/처리 비용 높음 이해 비용 낮음
오역	-	승진	전달/처리 비용 높음 이해 비용 높음

사례 31)의 경우, '上访'을 '시위하다'로 번역하였는데 이는 지칭하는 개념이 좀 다르다. '上访'은 일반 대중이 '업무를 주관하는 정부의 상급 기관'에 문제의 해결을 요구하기 위해 찾아가는 것이지만, 한국의 독자의 편의를 위해 '시위하다'로 번역하였다. 문맥상 크게 영향을 주지 않으면서 이해 비용을 낮추려고 하였다.

반면 사례 32)에서는 '공직'에서 해제됨을 '승진'에서 배제된다고 하였는데 중국에서 산아제한정책을 어기었을 경우, 강력하게 처벌했던 과거 사실에 비추어 볼 때 승진의 문제가 아니고 해고되어 '밥줄'이 끊기는 심각한 사태이다. 소설의 맥락에 따라 강조해야 하는 상황인데 오류를 범해서 정보 처리에서 번역 거래 비용을 높인 사례이다.

사례 33) 자국화	
ST:	所谓**协警**，就是警察的帮手；不是警察，干着警察的事。 (『潘金莲』, p. 279)
TT-E:	Two **adjunct policemen**, not regular cops, one named Dong, the other Xue, were charged with the responsibility of escorting Shi back to his hometown.
TT-K:	**청원 경찰**이란, 말하자면 경찰 업무를 도와주는 일손이었다. 경찰이 아니면서 경찰 일을 돕는 사람이라는 뜻이다. (『남편』, p. 400)

사례 34) 한자음+한자+내주	
ST:	你也当了**支书**，总起说混得还算不错。 (『温故』, p. 448)
TT-E:	"…… You were a **party secretary** and have had a pretty good life."
TT-K:	"여기에서 **지서(支書, 공산당의 지부장 – 옮긴이)**도 맡았으니 잘 되신 거잖아요." (『닭털』, p. 218)

방법	비용 비교		
음역	협경	지서	전달/처리 비용 낮음 이해 비용 높음
자국화	청원 경찰	-	전달/처리 비용 높음 이해 비용 낮음
음역+한자+내주	-	지서(支書, 공산당의 지부장 – 옮긴이)	전달/처리 비용 높음 이해 비용 낮음

사례 33)은 '协警'을 청원경찰로 자국화하여 전달, 처리, 이해 비용을 낮추었다. 그러나 사례 34)의 경우는 한자음에 한자, 각주를 달아주었는데 이 문화소는 맥락에서 중요한 기능을 하지 않기에 자국화 방법을 이용하여 '당지부장'으로 대체하면 처리 비용, 이해 비용을 낮추었으리라 판단된다.

사례 35) 자국화	
ST:	但他的指示一层层传下来，从市政府到市公安局，从市公安局到**区公安分局**，又到市政大道东大街派出所，…… (『潘金莲』, p. 58)
TT-E:	His order had made its way down the chain of command, from the government office to security headquarters, and from there to **the district police station**, and finally to the local substation on Dongda Avenue, near the government office building.
TT-K:	시 정부에서 경찰국으로, 경찰국에서 **각 지역의 치안센터와 지구대**까지, 또 시 중심에 있는 동대가(東大街)파출소로 전달되었다. (『남편』, p. 218)

사례 36) 자국화	
ST:	这时省**水利厅**一个副厅长由本县一个副县长陪着，…… (『潘金莲』, p. 53)
TT-E:	As he was speaking, the vice chief of the **Provincial Water Department** walked up to the guesthouse entrance in the company of a deputy county chief.
TT-K:	이때 성 **건설교통부**의 부청장 한 사람이 부현장의 안내를 받으며… (『남편』, p. 135)

방법	비용 비교		
음역	구공안분국	수리청	전달/처리 비용 낮음 이해 비용 높음
자국화	각 지역의 치안센터와 지구대	건설교통부	전달/처리 비용 높음 이해 비용 낮음

위의 두 사례를 보면 모두 자국화하였다. 그러나 사례 35)는 '각 지역의 치안센터와 지구대'로 자국의 문화소로 대체하여 처리 비용은 조금 높더라도 독자의 이해 비용을 낮추었다. 사례 36)의 경우, 중국에서 '水利厅수리청'은 '水利部수리부'에 소속된 기관으로 한국의 '건설교통부'에 해당하지 않는다.[22] 행정 위계에서 한 단계 떨어지고 주관 업무도 차이가 있지만, 독자 이해 비용을 낮추려고 자국화한 것으로 판단된다.

김효중2004에 따르면 기관명이나 단체, 조직, 관직명을 번역하는 방법에는 다음과 같은 방법이 있다. 첫째, 출발어의 명칭을 음차하는 방법, 둘째, 출발어의 명칭을 음차하면서 이에 대한 정보를 설명하는 방법, 셋째, 출발어의 명칭을 제시하지 않고 설명하는 방법, 넷째, 유사한 기능을 가진 도착어 어휘로 번역하는 방법, 다섯째, 출발어의 기관명을 제시하지 않고, 다른 언어적 수단으로 표현하는 방법, 여섯째, 상위어로 번역하는 방법 등이 있다.

22 '水利部'는 중국 국무원 소속 부서로, 중국 내 수자원사업을 총괄한다. '水利厅'은 중국 각 성에 속한 수자원 관리 기관이다.

이 책에서 살펴볼 4종의 번역본에서는 대부분이 위 방법 중 첫 번째와 두 번째를 채택하여 전달, 처리 비용을 낮추고 있었다. 중국과 한국이 한자문화권에 속하기 때문에 영한 번역에서와는 달리 중국어 관직명을 한자어로 그대로 표기하는 경향이 두드러졌다.

경제

경제 영역에 관한 문화소는 주로 축자번역이나 일반화 전략을 많이 사용하였는데 그 중 창작된 경우도 있었다. 대표적인 사례는 다음과 같다.

사례 37) 축자번역	
ST:	成了"精神文明城市"，市里的形象就会大为改观，投资的硬环境和软环境，就有了一个明显的说法；与**外商谈判，招商引资**，也多了一个筹码。 (『潘金莲』, p. 55)
TT-E:	Nationwide, only a few dozen cities would be designated "cultured," and the image of those fortunate few would be transformed, with enhanced access to funds to improve both hard and soft environments, and a bargaining chip to **attract overseas investments**.
TT-K:	정신문명도시가 되면 시의 전체 모습이 달라질 것이고, 하드와 소프트 환경에 대한 투자에도 분명한 입장 표명이 있을 터였다. **외부 투자자와의 협상이나 자본 유치** 등 문제에서도 틀림없이 펀드가 늘어날 것이다. (『남편』, p. 168)

사례 38) 창작	
ST:	"既然做生意，你咋不做房地产哩？就会卖个生姜。你要上了**富豪榜**，咱也不用在这里发愁了。" (『潘金莲』, p. 187)
TT-E:	"If you wanted to be involved in business, why ginger? Why not go into real estate. I wouldn't be unhappy if I had a **wealthy father** at home."

TT-K:	기왕 장사를 하시려면 왜 부동산 같은 것을 안 하셨어요? 생강같은 거나 팔고 계시잖아요. 아버지가 **부동산 부자** 정도만 됐어도, 제가 여기서 이렇게 걱정하지는 않죠. (『남편』, p. 271-272)

방법	비용 비교		
음역	외상담판, 초상인자	부호방	전달/처리 비용 낮음 이해 비용 높음
축자역	외부 투자자와의 협상이나 자본 유치	-	전달/처리 비용 낮음 이해 비용 낮음
창작	-	부동산 부자	전달/처리 비용 높음 이해 비용 낮음

사례 37)을 보면 중국의 경제 분야에서 자주 사용되는 '外商谈判, 招商引资'라는 문구가 나온다.[23] 중국에서 '외국인 상인'을 '外商'으로 줄여서 말하는데 외부 투자자의 개념과 일치하지는 않다. 단 맥락에서 큰 영향을 주지 않으므로 비용에 큰 영향은 없다. 또한 사례 38)은 '富豪榜'이 나오는데 이는 중국에서 매년 '부호 리스트'라는 순위를 매기는데 대부분 부동산 최고경영자가 상위권에 있어서 번역자는 이를 부동산 부자로 대체하여 번역하는 전략으로 처리 비용과 이해 비용을 낮추고자 하였다.

23 '外商谈判, 招商引资'는 '외국 상인과 협상하고 투자를 유치한다'의 뜻이다.

역사

역사 문화소를 보면 고대 역사와 관련된 문화소는 한자를 추가하는 전략을 가장 많이 사용하였다. 그러나 작품 속의 중요한 사건에 대해서 번역자들은 축자번역을 하거나 각주, 내주를 달아 사건에 대한 정보를 전달하였다. 단순히 원음으로 옮기는 전략보다는 처리 비용이 많이 들지만 정보 전달과 독자의 이해를 위해 비용을 감수하면서도 번역자들은 텍스트 외적 해석을 이어갔다.

이를테면 작품 속에 '문화대혁명'에 관한 사례들이 많이 나타났는데 그 시기와 관련되었던 용어들이 대거 등장하였다. 그중의 사례를 보면 다음과 같다.

사례 39) 한자음+한자	
ST:	老贾开了一个会，组织了一个**分田队**，发动了一些积极分子，分了十天，地主、富农的地，全带着冻伏的麦苗分了下去。 (『故乡』, p. 144)
TT-E:	Old Jia held a meeting and organized a **land distribution team**. He mobilized some activists, and after ten days, all the landlords and rich peasants were all divided with frozen wheat seedlings.
TT-K:	자씨는 회의를 열어 **분전대(分田隊)**를 조직하고, 열성분자들을 동원해 열흘 동안 지주와 부농의 땅, 그리고 얼어붙은 보리 모종까지 전부 들어내 분배하였다. (『고향』, p. 306)

사례 40) 축자번역	
ST:	要在**地、富、坏、右子女**中找一个"可教育子女", (『故乡』, p. 215)
TT-E:	Choose an "educable child" among **the black categories of landlords, rich farmers, bad influencers and right-wingers....**
TT-K:	**지주, 부농, 반혁명 분자, 악질분자, 우파의 자녀** 중에서 '교육 가능 자녀'를 발굴해 본보기로 삼으라는 것이었다. (『고향』, p. 448)

방법	비용 비교		
음역	분전대	지, 부, 괴, 우 자녀	전달/처리 비용 낮음 이해 비용 높음
음역+한자	분전대(分田隊)	-	전달/처리 비용 낮음 이해 비용 높음
축자역	-	지주, 부농, 반혁명 분자, 악질분자, 우파의 자녀	전달/처리 비용 높음 이해 비용 낮음

사례 39)에서의 '분전대'는 한자 그대로 '땅을 나누는 조직'을 말한다. 앞의 내용에서 토지개혁을 마무리하고 땅을 나누는 내용이 전달되었기에 번역자는 여기에서 한자음과 한자로 각주를 달지 않고 처리 비용을 줄였다. 그리고 사례 40)에서의 '地、富、反、坏、右'는 문화대혁명시기 정치교육 대상으로 분류했던 사람들을 약칭한 것인데 번역자는 이에 해당하는 내용을 모두 상세하게 풀어서 설명해 주어 독자의 이해 비용을 낮추고자 하였다.

사례 41) 한자음+한자+내주	
ST:	战斗队成立以后，先让群众**破四旧**、立四新，后让大家演戏，背语录、跳**忠字舞**、早请示晚汇报。 (『故乡』, p. 209-210)
TT-E:	After the formation of the combat team, let the masses **destroy the Four Olds and cultivate the Four News**. Afterwards, let everyone act, memorize quotations, practise **the Loyalty Dance**, ask for instructions in the morning and report in the evening.
TT-K:	전투대가 구성되자 먼저 **4구(四舊, 구사상, 구문화, 구풍속, 구습관 – 옮긴이) 타파와 4신(四新, 신사상, 신문화, 신풍속, 신습관 – 옮긴이) 정립** 운동을 하였다. 그 다음 단계로 주민들에게 집체극을 시키고 마오쩌둥(毛澤東)어록을 외우게 하고, **충자무(忠字舞, 마오에 대한 충성심을 표현하는 군무 – 옮긴이)**를 연습시키고, 아침에 마오 주석의 교시를 구하고 저녁에도 하루 일을 주석께 보고드리게 하였다. (『고향』, p. 437)

사례 42) 부연설명	
ST:	"文化大革命"一开始，赵刺猬和赖和尚商量，大家成立一派就可以了，于是成立一派，派名让村中小学老师孟庆瑞给起了一个，叫"**锷未残战斗队**"。 (『故乡』, p. 209)
TT-E:	At the beginning of the Cultural Revolution, Hedgehog Zhao and Monk Lai discussed that it was enough for them to form a faction. They formed a faction, and the village school teacher Meng Qingrui gave it a name, called the "**E-weican (sword mountain) Combat Team**".

TT-K:	문화대혁명이 시작되자 자오츠웨이와 라이허상이 상의하여 다 같이 하나의 조직만 만들면 그만이라고 결론지었다. 그래서 마을에 조직이 들어서게 되었고, 이름은 마을의 초등학교 교사 멍치오루이가 **마오(毛) 주석이 지은 시구를 따서 '악미잔(鍔未殘) 전투대'**라고 지어 주었다. (『고향』, p. 435)

방법	비용 비교		
음역	파사구, 입사신	악미잔전투대	전달/처리 비용 낮음 이해 비용 높음
음역+한자+내주	4구(四舊, 구사상, 구문화, 구풍속, 구습관 – 옮긴이) 타파와 4신(四新, 신사상, 신문화, 신풍속, 신습관 – 옮긴이) 정립	-	전달/처리 비용 높음 이해 비용 낮음
부연설명	-	마오(毛) 주석이 지은 시구를 따서 '악미잔(鍔未殘)' 전투대	전달/처리 비용 높음 이해 비용 낮음

사례 41)에는 문화대혁명 시기의 용어들이 많이 나온다. 이에 대한 역사를 하나하나 다 해석하기 위해 번역자는 내주를 달아 주었는데 번역자의 해석을 보면 처리 비용이 높다. 대안으로 '4구와 4신'을 통합해서 '사상, 문화, 풍속, 습관의 옛것과 새것을 이르는 말'이라고 하면 내주의 내용을 줄이면서 정보처리 비용을 낮추고 가독성을 높일 수 있다. 그리고 충자무는 당시 '마오쩌둥 주석을'을 찬양하는 몇 곡의 노래에 맞춰서 무용 동작을 추가한 단체 무용이었는데 번역자는 핵심을 간략하게 정리함으로써 처리 비용과 이해 비용을 낮추었다.

사례 42)에서의 '鍔未殘'은 마오쩌둥 주석이 1934년에 지은 "山, 倒海翻江卷巨澜。奔腾急, 万马战犹酣"의 시구에서 따온 말이라는 것을 텍스트내에 넣어 부연설명으로 처리하고 있다. 장황한 각주를 달아줄 필요없이 텍스트 내적 설명으로 이해 비용을 낮추었다.

그밖에 고대 문구나 인물에 관한 번역 방법을 보면 다음과 같다.

사례 43) 음역	
ST:	“怎么不识字，我们俩都上过私塾，‘**周吴郑王**’都认识！” (『故乡』, p. 18)
TT-E:	“Why can’t we read? We both went to private schools and learnt **the characters in the “Hundred Family Surnames**!”
TT-K:	“우리가 왜 글을 몰라요? 둘다 글방에 다녔는데, **‘주오정왕’(周吳鄭王, 중국의 성씨 모음집<백가성 百家姓>**의 두 번째 구절임 – 옮긴이) 도 아는 걸요!” (『고향』, p. 47)

사례 44) 축자번역	
ST:	“我也不是让你去**战国**教书。恰恰是为了让你去救国救民。如何救国救民？放到战国，就你的材料，正好去当说客。说客不凭别的，就凭一张嘴。但他不是说给不懂事的娃儿们，是说给君王；说给娃儿们顶个球用。要管用还得说给管事的不是？你说得好，你身挂**六国相印**，也给老叔带些福气；一旦你说得不好，你的脑袋，咔嚓一声可就没了。贤侄，我想知道的是，大殿之上，此情此景，你能说得好吗？” (『一句』, p. 53)
TT-E:	“I did not assign you so you could return to the **Warring States Period** as a teacher, but for you to help the country and our people. How? You’d have been in your element in the time of the Warring States, for you would have been a fine negotiator who made a living with the mouth. But the mediator of those days talked to kings, not children. What good does it do to talk to children? You must talk to those in charge if you want to make a difference. If you were good at it back then, you got to wear **the official seals of six states**, bringing some of your good fortune to me. If you were no good, then, ‘ka-cha,’ off with your head. What I want to know, dear nephew, is how would you have managed by talking on and on to a head of state?”

TT-K:	"나도 자네에게 **전국시대**로 돌아가 아이들을 가르치게 하려는 게 아니라 나라와 백성들을 구하게 하려는 걸세. 어떻게 나라와 백성들을 구하냐고? 전국시대였다면 자네의 재주로 보나 세객(說客)이 되는 것이 가장 적합할 걸세. 세객은 다른 것 필요 없이 입 하나로 먹고 살거든. 하지만 세객이 아무 것도 모르는 어린 아이들에게 말을 하는 것이 아니라 군왕에게 말을 해야 하네. 꼬마들 데리고 연설해봐야 다 쓸데없고 제대로 된 세객이라도 실권자를 상대해야 하지 않겠나? 말을 잘 하면 **육국의 상인(相印)**을 차게 되고 이 아저씨에게도 큰 복을 가져다줄 수 있겠지만 말을 잘못 했다가는 '차칵'하고 당장 목이 날아갈 걸세. 조카, 내가 알고 싶은 것은 자네가 정말 대전에 나가서도 기죽지 않을 자신이 있으냐, 그런 상황에서도 할 말 제대로 할 자신이 있느냐 하는 걸세." (『한마디』, p. 115)

방법	비용 비교		
음역	주오정왕	육국상인	전달/처리 비용 낮음 이해 비용 높음
축자역	'주오정왕'(周吳鄭王, 중국의 성씨 모음집<백가성 百家姓>	-	전달/처리 비용 높음 이해 비용 낮음
축자역	-	육국의 상인(相印)	전달/처리 비용 낮음 이해 비용 높음

위의 첫 번째 예는 '주오정왕'에 대해 한자와 내주를 달아 설명해 주는 반면, 다음 사례는 한자음에 한자만 표기해 주었다. 일반적으로 한국 독자들은 '삼국지'를 통해 춘추전국시대의 이야기를 알고 맥락상 어떠한 뜻으로 이런 어휘들을 사용하였는지를 유추할 수 있기 때문에 번역자는 여기에 대해 상세하게 각주를 달고 그 관련 정보에 대해 설명하지 않았다. 이는 전달 비용과 처리 비용을 낮추는 방법이라 할 수 있다. 단 중국의 역사 관련 내용에 익숙하지 않지만 이런 내용을 이해하고자 하는 독자의 경우라면 이해 비용이 높아질 위험이 있다.

사례 45) 한자음+한자+각주	
ST:	有些憨厚，又有些调皮；有些羞涩，又有些开朗。提肩掀膀，一颦一笑，他不像阎罗，倒像**潘安**呀。(『一句』, p. 123)
TT-E:	Now with Moses Yang, the King of Hell was a striking young man who looked trustworthy but roguish, shy yet outgoing. Every body movement, every smile, and every frown made him look more like **Pan An**, the handsome scholar of old, than the King of Hell.
TT-K:	정직하고 무던하면서도 장난기가 있고, 다소 수줍어하면서도 명란한 모습이었다. 어깨를 들어 올리고 사타구니를 쳐들면서 눈살을 한 번 찌푸렸다가 한 번 웃으면 염라대왕이 아니라 오히려 번안(潘安) 같아 보였다. **각주: 고대 시에서 주로 사용되는 미남자의 대명사** (『한마디』, p. 262)

사례 46) 한자음+한자+각주	
ST:	接着又补了一句： "你是李雪莲吗, 我咋觉得你是**潘金莲**呢？" 李雪莲如五雷轰顶。如果不是伸手能扶着墙, 李雪莲会晕到地上。 (『潘金莲』, p. 68)
TT-E:	".... Are you Li Xuelian, or are you **Pan Jinlian, China's most famous adulteress?**" That remark thudded into Li Xuelian's head like a thunderbolt, and if she hadn't braced herself against the wall, she'd have fallen to the ground.
TT-K:	이어서 한마디를 더하였다. "당신이 리설련이야?" 어째서 나는 당신이 **반금련(潘金蓮)**같이 느껴지지? 리설련은 하늘에서 천둥이 울리고 머리 위로 벼락이 떨어진 것만 같았다. **각주: 고전소설 <금병매>의 여자주인공으로 정부와 짜고 남편을 독살한 악녀의 대명사** (『남편』, p. 103)

방법	비용 비교		
음역	판안	판진롄	전달/처리 비용 낮음 이해 비용 높음
음역+한자+각주	번안(潘安) 각주: 고대 시에서 주로 사용되는 미남자의 대명사	반금련(潘金蓮) 각주: 고전소설 <금병매>의 여자주인공으로 정부와 짜고 남편을 독살한 악녀의 대명사	전달/처리 비용 높음 이해 비용 낮음

위의 세 사례의 역사 문화소는 소설에 나온 역사 인물인데 각 인물은 해당 작품과 아주 긴밀한 연관이 있다. 중국어의 제목을 그대로 번역하면 '나는 반금련이 아니다'이기 때문에 '반금련'이란 문화소가 제목에서 등장하여 번역자에게 고민을 안겨주었을 것이다. 표지에 반금련의 문화적 의미를 전달할 수 없기 때문에 저자는 제목을 '나는 남편을 죽이지 않았다'로 번역하였다. 영어 번역본도 같은 제목으로 번역을 했기에 번역자는 전달, 처리, 이해 비용을 낮추고자 이런 전략을 택했으리라 판단된다. 그러나 작품에서 100페이지를 넘어서야 본격적으로 인물 이름이 등장하는 바람에 번역자는 이때 비로소 각주로 설명하고, 다음 페이지에서 반금련과 서문경, 무대랑 사이의 관계에 대해 각주로 해석한다.[24] 처리 비용이 높지만 해당 역사 인물은 작품의 인물 및 이야기와 깊이 관련된 중요한 문화소라서 각주로 처리하는 전략을 사용하였다.

24 번역자는 각주로 서문경을 '금병매의 남자주인공. 반금련을 첩으로 들이기 전 이미 네 명의 아내가 있었다', 무대랑을 '반금련의 첫 남편'이라고 설명한다.

이처럼 텍스트 외적 해석 전략의 처리 비용은 높지만 문학 작품의 완전성, 문화소의 정보전달, 독자의 이해 비용 등을 감안해야 하는 것이라면 번역이 필요하다. 즉 문화소 중요도 또는 문화소 기능 면에서 역할이 중요하므로 높은 비용을 지불하면서라도 번역한다는 점을 알 수 있다.

군사

군사에 관련된 문화소는 주로 일반화하거나 자국화한 후 각주를 달아주는 전략을 사용하였는데 일부는 창작 전략을 사용한 경우도 있었다. 대표적인 사례는 다음과 같다.

사례 47) 자국화+각주	
ST:	二十年前, 董宪法从部队**转业**, 回到县里工作。 (『潘金莲』, p. 32)
TT-E:	He had worked in the courthouse for twenty years, **following his discharge from the army** and his return to the county to find work.
TT-K:	20년 전, 동헌법은 군대에서 **전역**해서 현으로 돌아와 일을 시작하였다. **각주: 중국의 제대, 퇴역군인들은 인민대표회의에 소속된 행정, 사법, 입법 부분에 배치된다**. (『남편』, p. 49)

사례 48) 창작	
ST:	于是李雪莲指挥赵大头，骑车并无向北走，而是向东。往东不往北，也给警察摆一个**迷魂阵**。 (『潘金莲』, p. 171)
TT-E:	After escaping on bicycle, instead of heading north to Beijing to protest, Xuelian and Big Head went east, **a long detour** to throw the police off her trail.
TT-K:	그래서 리설련은 조대두를 지휘해 자전거를 몰고 북쪽이 아닌 동쪽으로 향하였다. 북쪽으로 가지 않고 동쪽으로 갔기 때문에 경찰의 **경계망이 흔들렸던 것이다**. (『남편』, p. 247)

방법	비용 비교		
음역	전역	미혼진	전달/처리 비용 낮음 이해 비용 높음
자국화+각주	전역 각주: 중국의 제대, 퇴역군인들은 인민대표회의에 소속된 행정, 사법, 입법 부분에 배치된다.	-	전달/처리 비용 높음 이해 비용 낮음
창작	-	경계망이 흔들렸던 것이다.	전달/처리 비용 높음 이해 비용 낮음

위의 사례 47)을 보면, '转业'에 관한 정보가 나온다. 한국어의 전역과 다른 개념이라는 것을 설명하기 위해 번역자는 한자

음과 한자를 병기하고 각주로 제대한 후 국가 기관에 배치되는 상황을 설명해주었다. 중국에서 군인들을 대우하기 위한 제도였다는 점을 인식하고 각주로 한국 '군인의 제대'와의 차이에 대해 설명한 것이다. 전달, 처리 비용이 높지만, 소설 맥락의 이해에 도움이 되고 양국의 제도 차이에 대한 설명을 해 준 것으로 바람직한 번역 방법이라 할 수 있다.

사례 48)에서는 '迷魂阵'에 대해 창작을 하였다. 본래는 '복잡한 진세로 적군의 진퇴 방향을 잃게 드는 진법'이라는 뜻으로 제갈량의 '팔괘진'에서 유래된 군사적 용어이며 '미궁, 미로'를 의미한다. 번역자는 전달, 처리 비용을 낮추기 위해 맥락에 따라 창작하였는데 맥락을 흩트리지 않는 범위 내에서 이러한 창작 방법은 유의미하다고 볼 수 있다.

기술

이 책의 분석 작품에서 기술과 관련된 문화소는 매우 적었는데 발견된 유일한 사례는 다음과 같다.

사례 49) 한자음	
ST:	新闻比二十年前发达了。有了互联网。有了**微博**。说不定一夜之间，全世界都会知道这件事。 (『潘金莲』, p. 126)
TT-E:	In a word, it will be big news, especially given the Internet and the **blogosphere**. The whole world could know about it within a day, and we, like our predecessors, can count on being sacked, or worse, since China's prestige will suffer in the eyes of people all around the world.
TT-K:	뉴스는 20년 전보다 훨씬 발달하였다. 쌍방향 통신이 가능한 인터넷이 있고 **웨이보**가 있다. 하룻밤 사이에도 이 일은 전 세계가 다 아는 사건이 될 것이다. (『남편』, p. 185)

방법	비용 비교	
음역	웨이보	전달/처리 비용 낮음 이해 비용 높음
대안역	웨이보 각주: 중국 대표적인 소셜네트워크서비스로 사회적 문제도 대량으로 폭로되고 있음	전달/처리 비용 높음 이해 비용 낮음

위의 사례에서 나오는 '微博'는 중국 대표적인 소셜네트워크서비스 플랫폼이다. 네티즌에 의해 다양한 정보와 내용들이 올라오는데 그중에 사회적 문제나 부조리에 관한 폭로도 많다. 이에 대해서는 원음만으로 번역했는데, 번역자가 맥락상 독자들이 인터넷과 연관이 있다는 점을 추측할 수 있다고 생각하여 각주를 달아주지 않은 것으로 보인다. 처리 비용을 낮추려고 이런 방식으로 번역했지만 역주로 '중국 대표적인 소셜네트워크서비스'라는 정보를 전달하고, 텍스트 맥락상 웨이보가 사회적 문제 폭로에도 역할을 하고 있음을 설명해 줘서 독자의 이해 비용을 낮추었다면 좋은 번역이 될 것이라고 생각된다.

예술

예술에 관한 문화소로는 분석 작품에서 전통극과 관련된 것이 많았는데 주로 축자번역하거나 일반화하는 방법을 사용하였다. 대표적인 사례는 다음과 같다.

사례 50) 일반화	
ST:	端午节到了, 大家吃油饼, **唱戏**。(중략) 而且请的是"玻璃脆"的戏班子。"玻璃脆"是当地一个有名的**旦角**, 扮相好, 声音脆。 (『故乡』, p. 37)
TT-E:	The Dragon Boat Festival is here, everyone eats oil cakes and **sings traditional Chinese operas**. (중략) And they invited the Glass Crisp's troupe. She is a famous local **leading lady *Dan* in opera** with a good appearance and a clear voice.

TT-K:	단오절이 되자 모두들 튀긴 전병을 먹고 **연극** 구경을 하였다. (중략). 게다가 거기서 부른 것은 '옥구슬'이 나오는 극단이었다. '옥구슬'은 그 지방에서 유명한 **여배우**였다. (『고향』, p. 85)

사례 51) 한자음+한자	
ST:	或是**戏**里的**生、净、旦、末、丑**, 只装扮一个大概, 不具体要求他是谁。(『一句』, p. 120)
TT-E:	...... or stock characters in popular opera, such as **Sheng the leading man, Jing the painted face, Dan the leading lady, Mo the old man, and Chou the clown**. They did not need a serious replication, just a general resemblance.
TT-K:	때로는 **전통극**에 나오는 **생(生), 정(淨), 단(旦), 말(末), 축(丑)**이 되기로 하지만 대충 분장만 할뿐, 구체적으로 어떤 배역인지는 드러내지 않았다. (『한마디』, p. 255)

방법	비용 비교				
음역	창희	단각	희	생, 정, 단, 말, 추	전달/처리 비용 낮음 이해 비용 높음
축자역	희곡을 부르다	여자 역	희곡	-	전달/처리 비용 낮음 이해 비용 낮음
일반화	연극	여배우	전통극	-	전달/처리 비용 높음 이해 비용 낮음
음역+한자	-	-	-	생(生), 정(淨), 단(旦), 말(末), 축(丑)[25]	전달/처리 비용 높음 이해 비용 높음

25 중국 경극의 인물 배역은 남자역의 생(生), 여자역의 단(旦), 강직한 캐릭터의 정(淨), 노인역의 말(末), 희극적 성격의 축(丑)으로 구분된다.

위의 사례를 보면 전통극에 대한 내용으로, 사례 50)은 전통극에서의 '旦角'을 '여배우'로 일반화하여 번역하였다. 반면 사례 51)은 전통극에서의 배우 역을 한자음과 한자만 병기하고 설명은 하지 않았다. 일반화하면 처리 비용과 이해 비용이 낮아지므로 좋은 방법이라 할 수 있다. 단 사례 51)과 같은 경우는 독자가 맥락을 잘 이해해야 어떤 배역인지를 알 수 있다. 따라서 독자의 이해 비용을 낮추기 위해 각주를 추가하면 좋았을 것이다.

사례 52) 축자번역+한자	
ST:	瞎老贾会弹喜曲儿，如**《打雁》、《算粮》、《张连卖布》、《刘大嘴娶亲》**等；也会弹悲曲，如**《李二姐上坟》、《六月雪》、《孟姜女》、《塞上泪》**等。 (『一句』, p. 114)
TT-E:	Jia could play happy melodies such as **“Shooting the Geese”, “Counting the Grain”, “Zhang Lian Sells Fabric”, or “Liu the Big Mouth Gets Married”, as well as sad tunes like “Second Sister Li Visits the Grave”, “Snow in June”, “The Woman from the Mengjiang Family”, and “Wailing at the Fort.”**
TT-K:	라오쟈는 **<기러기 사냥(打雁)>이나 <곡식 셈하기(算粮)>, <천을 파는 장롄(张连卖布)>, <류자쭈이 장가가네(刘大嘴娶亲)》** 같은 웃기는 악곡도 연주할 수 있고 **<성묘하는 리얼제(李二姐上坟)>, <유월에 내리는 눈(六月雪)>, <맹강녀(孟姜女)>, <변강의 눈물(塞上泪)>** 같은 슬픈 악곡도 연주할 수 있었다. (『한마디』, p. 242)

방법	비용 비교	
축자역 +한자	<기러기 사냥(打雁)>이나 <곡식 셈하기(算粮)>, <천을 파는 장롄(张连卖布)>, <류자쭈이 장가가네(刘大嘴娶亲)>, <성묘하는 리얼제(李二姐上坟)>, <유월에 내리는 눈(六月雪)>, <맹강녀(孟姜女)>, <변강의 눈물(塞上泪)>	전달/처리/ 비용 높음 이해 비용 높음

위의 사례에서는 중국 전통극의 종목 이름인데 모두 한자를 병기하고 내용을 풀어서 번역하였다. 전달 비용과 처리 비용이 아주 높은 번역이지만 번역자들은 정보의 완전성을 잘 유지시켰다. 저자와의 협력 관계에서 서로 존중하는 윤리원칙을 준수하고 있다는 것을 확인할 수 있다.

예술에 관련된 문화소의 번역을 살펴보면 한자음과 한자, 축자번역 등의 방식을 채택하여 전달, 처리 비용을 낮추었고, '河南梆子(허난성의 전통극)'와 같이 아주 일부만 각주를 달아 설명하는 방식으로 처리 비용을 높인 것을 알 수 있다.

4. 관습문화소와 번역의 거래 비용 분석

관습이란 사회의 거듭된 관행으로 형성된 사회생활규범이다. 따라서 관습문화소는 사회구성원들의 행위나 개념, 생활방식 등 다양한 문화적인 특징을 가지고 있는 문화소라 할 수 있다. 이에는 역사 유래나 문화변천과 관련된 명절, 풍습, 예의, 호칭 등을 비롯한 광범위한 요소들을 포함하고 있다. 특히 풍습이나 예의 등 분야들은 한 나라의 역사적 시기, 지역적 특성에 따라 복잡하고 다양할 수 있다. 그러므로 이러한 관습문화를 잘 이해하고 전달해야만 작품의 이야기 흐름이나 인물의 특성을 살릴 수 있다.

민속놀이

민속놀이는 주로 구성원들의 축제행사나 특수놀이를 말한다. 중국은 고대로부터 역법과 계절, 기후의 변화에 따라 다양한 명절과 절기들을 정하였고 그것이 대대로 전해 내려오면서 지역적 특성에 따른 풍습과 민속놀이가 만들어졌다.

이 책의 분석 작품을 살펴 보면 민속놀이에 관한 문화소는 주로 음역한 후 한자를 병기하는 방법을 사용하였는데 그 대표적인 사례는 다음과 같다.

사례 53) 일반화	
ST:	每年到年底，延津县城要闹一次**社火**。 (『一句』, p. 119)
TT-E:	Before the year was over, Yanjin had its **annual community festival**.
TT-K:	해마다 연말이면 옌진 현성 사람들은 떠들썩하게 즐기며 **명절**을 보냈다. (『한마디』, p. 255)

사례 54) 한자음+한자	
ST:	每年一到年底，老冯便集结一百多人，踩着**高跷**，穿着彩衣，用油彩涂着脸，敲锣打鼓，从城里穿过。 (『一句』, p. 119)
TT-E:	He would get a hundred people together before the year was out, dress them in colorful clothes and paint their faces to **walk on stilts** and beat gongs and drums in a parade through the town.
TT-K:	매년 연말이 다가오면 라오펑은 백여 명 정도 모아 **가오차오(高蹺)**를 하면서 울긋불긋한 차림에 유채로 얼굴에 분장을 하고서 징과 북을 치며 성내를 가로질러 가게 하였다. **각주: 죽마놀이의 일종으로 두 다리에 긴 막대기를 묶고 걸어가면서 공연하는 민속놀이** (『한마디』, p. 255)

사례 55) 한자음+한자	
ST:	特别是他把在村里舞的一个 "**拉脸**"，带到了县城的社火队里。(중략) 所谓"拉脸"，就是一边提肩掀胯，一边用双手遮住脸，然后一寸一寸拉开，露出你的真面目。 (『一句』, p. 123)
TT-E:	Moses Yang was Yang Baishun again, especially when he added a move from his village, "**face-dragging**," to his current performance. (중략) It required the performer to cover his face with both hands while lifting his shoulders and spreading his legs, and then slowly dragging his hands away before his face is completely visible to the spectators.
TT-K:	특히 그는 마을에서 추었던 **라롄(拉脸)** 춤을 현성의 명절놀이로 가져왔다. (중략) '라롄'이란 어깨를 들어올리고 사타구니를 쳐들면서 두 손으로 얼굴을 가리고 있다가 한 치씩 잡아당겨 원래의 모습을 드러내는 춤이었다. (『한마디』, p. 262)

방법	비용 비교			
음역	사화	고교	납검	전달/처리 비용 낮음 이해 비용 높음
일반화	명절	-	-	전달/처리 비용 낮음 이해 비용 낮음

음역+ 한자	-	가오차오(高蹺) 각주: 죽마놀이의 일종으로 두 다리에 긴 막대기를 묶고 걸어가면서 공연하는 민속놀이	-	전달/처리 비용 높음 이해 비용 낮음
음역+ 한자	-	-	라롄(拉脸)	전달/처리 비용 낮음 이해 비용 높음

위의 사례들은 중국의 중원을 비롯한 많은 지역에서 설날을 보내는 민속놀이이다. 사례 53)에서 나오는 '社火'의 '社'자는 사회의 '사'를 의미하고 '火'자는 중국어에서의 '紅火(불처럼 왕성하다, 번창하다, 활기넘치다)'의 '火'를 의미하는데 민속놀이의 통칭이기도 하다. '社火'에는 많은 민속놀이가 있는데 사례 54), 55)가 모두 이에 포함된다. 따라서 번역자는 '사화'를 독자들이 이해하기 쉬운 어휘 '명절'로 대체하였다.

사례 55)의 '拉脸'은 텍스트 내에서 어떤 놀이인지를 설명하고 있기 때문에 번역자는 원음과 한자로만 표기했지만, 54)는 그러한 설명이 없어서 각주를 추가해서 죽마놀이의 일종임을 설명하였다. 이처럼 텍스트 특성에 따라 각주를 사용한 것은 처리 비용을 높일 수 있지만 이해 비용을 낮추고 있다.

명절

한중 양국은 한자문화권에 속해 있으면서 설날이나 추석, 단오 등과 같은 대부분의 명절은 공유하고 있다. 그러나 구체적으로 보면 한국은 근현대화와 관련한 기념일이 많지만, 중국은 전통적인 명절이 많다. 따라서 명절에 관한 문화소 번역 시 주로 한자음과 한자를 병기하는 전략을 사용하였는데 대표적인 사례는 다음과 같다.

사례 56) 음역+한자	
ST:	这年阴历**元宵节**，老冯又领着社火队大闹县城。(『一句』, p. 120)
TT-E:	On **the fifteenth day of the year**, Old Feng got the people together again to put on a show for the residents, but something was different.
TT-K:	**음력 원소절(元宵节)**에도 라오펑이 무리를 이끌고 현성에서 대대적으로 명절놀이를 벌였다. (『한마디』, p. 255)

사례 57) 음역+한자+내주	
ST:	转眼到了阴历**二月二**，按惯例，这天孙家请长工客。因为**二月二，龙抬头**，大地动了，过节后就该下田弄地了。(중략) 二月三北山有**庙会**，孙老元还专门套个马车，拉长工去赶会。 (『故乡』, p. 35)
TT-E:	In the blink of an eye, it was **February the second** on the lunar calendar. As usual, the Sun family invited their long-term workers on that day because it was said that **the dragon raised his head** and the earth moved. After the festival, it's time to get down to the fields. (중략) On February the third, there was a **temple fair** in Beishan. Sun Laoyuan specially prepared a carriage and brought the long workers to the temple fair.
TT-K:	어느덧 음력 **2월 2일**이 다가왔다. 그날 쑨씨 집에서는 관례에 따라 소작인과 하인들을 대접하였다. 음력 **2월 2일**은 대지가 깨어나는 날이라 해서, 그 명절을 쇠고 나면 밭에 나가 농사를 지어야 했기 때문이다. (중략) 2월 3일에는 북산에서 **묘회(廟會, 명절이나 잿날에 사찰 안이나 부근에서 임시로 열렸던 시장)**가 열렸다. (『고향』, p. 80)

사례 58) 창작	
ST:	二十年前，妇女闯的是**小年**；今年要闯，可就是**大年**了。 (『潘金莲』, p. 126)
TT-E:	In previous years the woman disrupted an ordinary congress, but if she tries again this year and is successful, the political impact and ramifications will be extraordinary.
TT-K:	20년전, 한 여성이 대회당에 난입한 것은 **작은 일**이었지만 올해 그 여성이 또 난입한다면 **큰 문제**다. (『남편』, p. 185)

방법	비용 비교			
음역	원소절	묘회	소년, 대년	전달/처리 비용 낮음 이해 비용 높음
음역+ 한자	음력 원소절 (元宵节)	-	-	전달/처리 비용 낮음 이해 비용 높음
음역+ 한자+ 내주	-	묘회(廟會, 명절이나 잿날에 사찰 안이나 부근에서 임시로 열렸던 시장)	-	전달/처리 비용 높음 이해 비용 낮음
창작	-	-	작은 일, 큰 문제	전달/처리 비용 높음 이해비용 낮음

위의 세 사례를 보면, 사례 55)에서는 정월 대보름을 뜻하는 '元宵节'을 한자음과 한자로만 병기해서 처리하였다. 자국화 방법을 이용해 '정월 대보름'으로 처리하면 독자의 이해 비용을 낮출 수 있지만, 원문의 정보를 최대한 유지하고자 하는 번역자 2의 원칙 하에 그대로 살려서 한국 독자들에게 중국의 명절을 인지시키고자 한 노력이 보인다.

다음 사례 56)을 보면, 중국에서 음력 2월 2일은 이날 이후로 비가 자주 오고 생활하기가 편해진다고 여겨 향을 피우고 제사를 지냈던 명절이었는데 나중에는 음력 2월 2일에 이발을 하는 풍습도 생겼다. 텍스트 내용상 뒤에 '대지가 풀리는 날'의 정보가 있어 '龙抬头'의 정보를 제거하여 전달 비용, 처리 비용, 이해 비용을 모두 낮추었다. 문화소 기능상 1회만 출현하고 맥락에서 특정 역할을 하지 않으므로 삭제하였는데 비용을 낮추는 좋은 방법이라 할 수 있다.

이어서 '庙会'가 등장하는데 이는 정보를 제대로 전달하기 위하여 한자음에 한자를 병기하고 내주까지 달아주었다. 처리 비용이 높지만, 맥락상 뒤에서 이날 이어지는 사건이 있어서 이해 비용을 낮추는 효과가 있다. 사례 57)에서 '大年'은 설날을 말하고 '小年'은 음력 12월 23일 또는 24일이다. '小年'은 옛날에 부뚜막신에게 제사를 지내는 풍속이 있었으므로 중국에서 명절로도 여긴다. 작품 속 이야기의 흐름을 보면 주인공이 또 인민대회당에 들어오게 되면 사태가 아주 심각해진다는 것을 비유하는 상황[26]이다. 20년 전에 우연한 기회로 베이징의 인민대회당에 들어가 자신의 처지를 부총리에게 호소하여 그해에 많은 정부 관원들이 자리에서 물러나게 되었기 때문이다. 번역자는 이런 상황을 텍스트 맥락에 따라 '작은 일, 큰 일'로 비유하여 처리하였다. '小年'의 정보를 음역하거나 한자를 병기하는 방법 대신 일반화하는 방법으로 처리 비용과 이해 비용을 낮추었다.

26 중국 국립 회의장으로 전국인민대표대회 및 인민정치협상회의 등 중국의 중요한 국가적 회의가 진행되는 곳이다.

몸짓과 태도

몸짓과 태도는 심리상태가 드러날 수 있는 비언어적 요소이다. 경우에 따라 이러한 비언어적 표현은 말보다 강하게 의미가 전달될 수 있다. 언어가 통하지 않아도 제스처나 표정 하나만으로도 의미를 전달할 수 있기 때문이다. 그러나 몸짓과 태도는 문화에 따라 표현의 강약이나 의미의 차이를 지니고 있기에 번역자들은 이에 대해 각별히 유념해서 번역해야 한다. 이 책의 분석 작품에서 등장한 몸짓을 보면 주로 자국화 방법을 사용하여 도착어문화권 독자들의 이해를 높이려고 하였다.

사례 59) 자국화	
ST:	县长史为民、法院院长荀正义也大呼"冤枉"。县长史为民捂着胃大骂："文件就这么下来了？还有没有说理的地方了？明天我也告状去！" 法院院长荀正义哭了："早知这样，那天晚上，我就不喝酒了。" (『潘金莲』, p. 103)

TT-E:	County Chief Shi Weimin and Chief Justice Xun Zhengyi both protested an "injustice." County Chief Shi, **experiencing a stomachache**, fulminated: "Where's the logic in that damned directive? Tomorrow I'm lodging my own complaint!" Chief Justice Xun Zhengyi lamented tearfully: "If I'd known this would happen, I wouldn't have gone out drinking that day."
TT-K:	현장 사위민만, 법원장 순정의도 '억울합니다'를 외칠 수밖에 없었다. 현장 사위민은 **오목가슴을 움켜쥐고** 욕지기를 퍼부었다. "이런 공문이 내려올 수 있는 건가? 도대체 말이 되느냐 말이야? 내일 나도 고소를 하러 가겠어!" 법원장 순정의는 울었다. "내가 이럴 줄 알았지. 그날 저녁에 내가 술을 마시지 말았어야 해." (『남편』, p. 153)

사례 60) 자국화+창작	
ST:	平日打牌，老解牌品最差。赢了牌，得意忘形，嘴里吹口哨、**唱戏**；输了牌，摔牌，**吐唾沫**，嘴里不干不净，骂骂咧咧。 (『潘金莲』, p. 276)
TT-E:	Xie was the worst player of the four. When he won, he was over the top happy, **whistling and singing opera**; when he lost, he **flung down his tiles** and sputtered angry curses.
TT-K:	보통 마작을 하면서 드러나는 인품으로 따지면 해 노인이 가장 질이 낮았다. 마작에서 이기면 득의양양해서 입으로 휘파람을 불고 **되도 않는 창을 부르며 주책을 떨었고,** 마작에서 지면 패를 집어 던지고 **게거품을 물면서** 상스러운 소리를 내뱉기 일쑤였다. (『남편』, p. 396)

방법	비용 비교		
축자역	위를 움켜지다	침을 뱉다	전달/처리 비용 낮음 이해 비용 높음
자국화	오목가슴을 움켜쥐고	-	전달/처리 비용 높음 이해 비용 낮음
자국화 +창작	-	되도 않는 창을 부르며 주책을 떨었고, 게거품을 물면서	전달/처리 비용 높음 이해 비용 낮음

위의 사례를 보면 59)에서의 '捂着胃'는 몸이 고통스럽거나 마음이 괴로울 때 하는 몸짓이다. 글자 의미는 '위를 움켜잡다'인

데 한국어에서의 '가슴을 부여잡다'와 같은 뜻이다. 고통스러워하는 몸짓의 등가성을 추구하기 위해 번역자는 자국화 방법을 사용하여 '오목가슴을 움켜쥐다'로 표현하며 처리 비용과 이해 비용을 낮추었다. 또한 사례 60)을 보면 '唱戏'라는 표현을 썼는데 중국에서 노인들이 기쁠 때 '전통극을 흥얼거리며 부르는 행위'를 잘 표현하기 위해 번역자는 '창을 부르며'로 번역하였다. 이는 정보 전달이 정확하고 독자의 이해에 도움을 주었다. 그러나 마작에서 진 후 상황에 대한 불만으로 '퉤'하고 침을 뱉는 행위는 번역자가 '게거품을 물면서'로 자국화하여 번역하였다. 이것은 한국 독자들이 침 뱉는 행위에 거부감을 느낄 것이라고 판단하여 독자의 수용성을 위해서 번역자가 처리 과정에서 몸짓 정보를 희석한 것으로 보인다. 독자의 수용성과 이해용이성에 도움이 되는 방법이라 할 수 있다.

이와 유사한 몸짓은 아래의 사례에서도 찾아볼 수 있다.

사례 61) 자국화	
ST:	吴摩西："我让你堵鸡窝，你堵了吗？" 巧玲："哎哟，我给忘了。" 吴摩西："堵去。" 巧玲有些发愁："外面天黑，我不敢去。" 吴摩西 **"呸" 了一口**："指着你，鸡早让黄鼠狼叼跑了；我早堵上了。" 巧玲笑了："明儿吧，明儿我帮你拴驴。" (『一句』, p. 189)
TT-E:	"Remember I asked you to shut the chicken coop door? Did you do it?" "Ai-ya! I forgot." "Go close it." "But it's dark out." She sounded anxious. "I don't want to go." "**Ø** A weasel would have made off with our chickens if we had waited for you to do it. I already shut it." She laughed. "I promise I'll remember to shut it tomorrow."

TT-K:	"내가 닭장 문 잠그라고 했는데, 잠갔니?" "아차 깜빡했어요." "가서 잠그고 오너라." 차오링은 약간 겁이 났다. "밖이 너무 캄캄해서 못 나가겠어요." 우모세가 **'칫'하고 코웃음을 쳤다**. "그럴 줄 알았어. 닭은 벌써 족제비가 물어 갔을 게다. 내가 진즉 잠갔어야 하는데." (『한마디』, p. 397)

사례 62) 창작	
ST:	老杨又恍然大悟，佩服老马的见识。但又有些犯愁： "让老三去，老二跟我闹咋办？" 老马："二挑一的事，抓阄呀。" 老杨："万一老二抓着，老三没抓着咋办？" 老马**呸了老杨一口**："我看不是老三脑子死性，是你脑子死性。" (『一句』, p. 42)
TT-E:	Another revelation for Yang, who had to admire Ma's insight; but then he was fretting again. "What if Number Two is unhappy with my choice?" "Have them draw lots." "What if it's Number Two who draws the right one?" **Ma harrumphed**. "I think it's you, not your third son, who's stupid.
TT-K:	이 말에 큰 깨달음을 얻은 라오양은 라오마의 식견을 부러워하게 되었다. 하지만 그래도 걱정거리가 남았다. "셋째를 보냈다가 둘째가 나와 싸우려 들면 어떡하지?"라오마가 말하였다. "둘중 하나를 고르려면 제비뽑기를 해야지." "만일 둘째가 제비를 집고 셋째가 집지 못하면 어떻게 하나?" 라오마가 **'피'하고 라오양을 비웃었다**. "내가 보기엔 셋째의 머리가 굳은 게 아니라 자네 머리가 굳은 것 같네." (『한마디』, p. 92)

방법	비용 비교	
축자역	'퉤'하고 침을 뱉었다	전달/처리 비용 낮음 이해 비용 낮음
자국화	'칫'하고 코웃음을 쳤다.	전달/처리 비용 높음 이해 비용 낮음
창작	'피'하고 라오양을 비웃었다.	전달/처리 비용 높음 이해 비용 낮음

위 두 사례에서의 '呸了一口'는 중국인들이 미움·경멸·질책 등을 표현할 때도 쓰이고, 친한 사이에서도 상대방의 말을 용납할 수 없을 때에 농담으로 사용하는 몸짓이다. 한국어의 '피, 체, 흥, 퉤' 등에 해당된다. 사례 61)은 맥락상 주인공의 양딸인 차오랑과 사이가 아주 각별하지만 딸의 말에 동의할 수 없어서 코웃음을 친다고 하였는데 이는 몸짓의 문화적 관습을 정확하게 전달한 것이다. 반면 사례 62)는 소설의 맥락을 보면 '라오마'라는 인물이 '라오양'을 겉으로는 친구처럼 지냈지만, 속으로 항상 하찮게 깔보았기 때문에 '비웃음'이 아닌 '질책'이라 할 수 있다. 따라서 작품의 인물 관계와 맥락에 의해서 "라오마는 '퉤'하고 침 뱉는 시늉을 하며 말한 것"이라 할 수 있다. 그러나 여기에서 번역자는 한국 독자의 수용성을 위해서 정보를 순화하여 이해 비용을 낮추고 양 문화 간의 차이를 조율하고자 한 것으로 판단된다.

인명

한국과 중국은 같은 유교문화를 공유하고 있기 때문에 이름을 짓고 부르는 문화도 상당히 유사하게 발전해 왔고, 또한 사람들은 이름을 짓거나 받는 데에도 신경을 썼다. 하지만 인명과 호칭이 내포하고 있는 문화는 한국과 중국에서 차이를 보인다. 이러한 현상은 문학작품 속에서 등장하는 인명과 호칭에서 두드러지게 표현되며, 그에 상응한 번역 방법도 번역자에 따라 여러 가지의 양상을 보여주고 있다. 대표적인 사례는 다음과 같다.

사례 64) 음역+한자	
ST:	老汪有学问，但给孩子起的都是俗名，大儿子叫**大货**，二儿子叫**二货**，三儿子叫**三货**，一个小女儿叫灯盏。 (『一句』, p. 28)

TT-E:	He was not inspired by his learning when it came to naming the children. The oldest son was **Dahuo (Big Goods)**, the second son **Erhuo (Second Goods)**, the third son **Sanhuo (Third Goods)**, and the girl Dengzhan (Oil Lamp).
TT-K:	라오왕은 제법 학문을 갖췄지만 아이들에게 지어준 이름은 아주 속된 이름들이었다. 큰 아들은 이름이 **다화(大貨)**였고, 둘째 아들은 **얼화(二貨)**, 셋째 아들은 **산화(三貨)**, 그리고 하나밖에 없는 딸은 덩잔(燈盞)이었다. (『한마디』, p. 65)

사례 64) 음역+한자	
ST:	老宋的孩子叫**狗剩**，在学堂也属不可雕的朽木。(『一句』, p. 30)
TT-E:	A month had passed, and Song had forgotten about the girl, so he thought Wang had come to tell him about his son misbehaving in class. **Gousheng** was a true piece of rotten wood that could not be carved.
TT-K:	라오쑹의 아이는 이름이 **거우셩(狗剩)**으로 학당에서 조각이 불가능한 이상한 나무로 통하였다. (『한마디』, p. 68)

사례 65) 음역+한자	
ST:	"班长叫个**李狗剩**，排长叫个闫之栋。" (『温故』, p. 447)
TT-E:	"Our squad leader was **Li Gousheng**, the platoon leader was Ruan Zhidong," he said.
TT-K:	"분대장이 **리고우셩(李狗剩)**, 소대장이 옌지둥(閻之棟)이었어." (『닭털』, p. 216)

방법	비용 비교			
음역	다훠, 얼훠, 산훠	거우셩	리거우셩	전달/처리 비용 낮음 이해 비용 높음
음역+한자	다화(大貨), 얼화(二貨), 산화(三貨)	거우셩(狗剩)	리고우셩(李狗剩)	전달/처리 비용 낮음 이해 비용 높음

위의 세 사례는 등장인물의 인명을 모두 중국어의 원음으로

번역하고, 옆에 작은 글씨로 한자를 표기했다. 63)은 텍스트 속에 속된 이름이라는 정보가 있기 때문에 원음과 한자로만 처리하였다. 그러나 사례 64)와 65)는 '개가 먹다 남은 음식'이라는 뜻으로 지은 속된 이름이라는 정보를 전달하지 않았다. 이는 텍스트에서 이름의 기능과 중요도를 판단하여 주석을 달지 않음으로써 처리 비용을 낮춘 것이다. 그러나 이와 다르게 일부 이름은 주석을 사용하였는데 다음과 같다.

사례 66) 음역+한자+내주	
ST:	三队四队有两个回乡的中学生，一个叫**狗蛋**，一个叫**王八**，这时分别改名叫卫东和卫彪。 (『故乡』, p. 210)
TT-E:	There were two middle school students who returned to their hometowns from the third and fourth teams. One is called **Goudan (Dog Eggs)** and the other is called **Wangba (tortoise)**. At that time, they changed their names to Weidong and Weibiao.
TT-K:	3, 4생산대에 고향에 돌아온 중학생이 두 명 있었다. 하나는 **거우단狗蛋**이고 다른 하나는 **왕바(王八. 모두 욕설에 쓰이는 표현임-옮긴이)**였는데, 그때는 각각 웨이동衛東과 웨이뱌오衛彪로 개명한 상태였다. (『고향』, p. 439)

사례 67) 음역+한자+내주	
ST:	但今天金宝来势很猛，见面就将柳条伸了出来，用柳条指着卫东说："**狗蛋蛋(卫东以前的名字)**，今天明着告诉你，我喝了点酒，别惹大爷生气。(중략)" 卫东听到金宝叫自己过去名字，感到非常恼怒, (중략) (『故乡』, p. 260)
TT-E:	But today Jinbao was very strong. He stretched out the wicker when they met, pointed it to Weidong and said, "**Goudandan (Weidong's previous name)**, I'm telling you, I drank some wine today. So, don't mess with me. (중략)" Weidong was very annoyed when he heard Jinbao called his past name, (중략)

TT-K:	하지만 오늘 진바오의 기세는 예사롭지 않았다. 그는 대뜸 회초리로 웨이동을 가리키며 말하였다. **"거우단(狗蛋 웨이동의 예쩐 이름-원저자. '개자식'이라는 뜻-옮긴이),** 분명히 말해두는데, 아저씨가 오늘 술 좀 마셨으니까 성질 건드리지 마라. (중략) " 진바오가 자신의 예전 이름을 부르자 웨이동은 화가 머리끝까지 치밀었다. (『고향』, p. 544)

사례 68) 음역+한자+내주	
ST:	县委书记**孙实根**，就是抗战时的八路军连长**孙屎根**，到邻县当了县委书记以后，才改名孙实根的。 (『故乡』, p. 226)
TT-E:	The county party secretary, **Sun shígen (real root)**, was the company commander of the Eighth Route Army during the Anti-Japanese War. He was called **Sun shígen (shit root)** and he changed his name only after he became the secretary of the county party committee of the county.
TT-K:	그는 바로 항일전쟁 당시 팔로군 중대장이었던 **쑨스건 (孫屎根 '똥 뿌리'라는 뜻 – 옮긴이)** 이었다. 현위원회 서기로 부임하고 나서 이름을 고친 것이었다. (『고향』, p. 472)

방법	비용 비교			
음역	왕바	거우단	쑨스건	전달/처리 비용 낮음 이해 비용 높음
음역+한자+내주	왕바(王八. 모두 욕설에 쓰이는 표현임-옮긴이)	거우단(狗蛋 웨이동의 예전 이름-원저자. '개자식'이라는 뜻-옮긴이)	쑨스건(孫屎根 '똥 뿌리'라는 뜻 – 옮긴이)	전달/처리 비용 높음 이해 비용 낮음

사례 66)은 인명이 '욕설 표현'이라고 일반화하여 설명하는 반면, 사례 67)은 텍스트의 맥락에서 왜 예전 이름을 부르는 것에 화가 났는지를 설명하기 위해 이름의 뜻을 내주로 달아 이해 비용을 낮추고 있다. 68)은 텍스트 내에서 두 이름 속에 있는 동음

이의한자를 해석해주기 위해 '똥 뿌리'라는 내주를 달아주었다. 그러나 전체적으로 보면 이름에 대한 정보전달에 있어서 일관성이 없고 번역자가 이해한 인명은 각주를 달아주고 이해하지 못한 인명은 일반화하여 전달하였다. 그리고 작품 앞에서는 원음으로 표기하다가 뒷부분에 와서야 인명의 뜻에 각주를 달아주는 경우가 있었는데 이는 텍스트 맥락상 이름의 정보를 전달하기 위한 것으로 번역자들은 정보 전달과 처리 비용을 높이더라도 독자의 이해용이성을 위해 텍스트 외적 해석 방법을 사용한 것이다.

사례 69) 동의어	
ST:	"这个**赵火车**，曲曲弯弯，都让他想到了。这个**赵火车**是干啥的？" (『潘金莲』, p. 13)
TT-E:	"**Zhao Huoche** has a twisted mind. How did he come up with that idea? What does he do anyway?"
TT-K:	"이런 **조화차(趙火車)** 같으니. 별 생각을 다 해냈군. 그 **작자**는 뭘 하는 사람이야?" (『남편』, p. 25)

사례 70) 절대적 일반화	
ST:	今天小四饥死了，明天又听说**友来**吃野草中毒不起，后天又看见小宝死在寨外。 (『温故』, p. 439)
TT-E:	Xiaosi died today, followed by **Youlai**, who was killed by a toxic weed, followed by Xiaobao on the outskirts of the village.
TT-K:	오늘 쓰(四)가 굶어 죽었습니다. 내일은 또 **다른 아이**가 들풀을 먹고 중독되어 일어나지 못할 것이고, 모레는 바오(寶)가 마을 밖에서 얼어 죽을지도 모릅니다. (『닭털』, p. 202)

방법	비용 비교		
음역	조우훠처	유라이	전달/처리 비용 낮음 이해 비용 높음
동의어	조화차(趙火車), 작자	-	전달/처리 비용 낮음 이해 비용 낮음
일반화	-	다른 아이	전달/처리 비용 낮음 이해 비용 낮음

반면 사례 69)는 '赵火车'라는 이름이 중복될 때, 한국어에서 일반적으로 지칭하는 사람의 인명에 대해 중복을 기피하는 언어 특성에 따라 '작자'라는 어휘를 사용하였다. 자연스러운 대화를 위해 같은 지칭대상을 다른 어휘로 표현하였는데 이는 대화 번역에서 처리 비용과 독자들의 이해 비용을 낮추는 데 좋은 방법이라 할 수 있다. 사례 70)에서는 '友來'라는 아이의 이름을 '다른 아이'로 번역하였다. 내용상 이는 대기근으로 인해 일어난 처참한 광경을 쓴 기사 내용을 그대로 작품 속에 넣은 것이다. 텍스트에서 맥락상 중요한 부분은 아니므로 일반화 방법을 사용해도 되지만 앞, 뒤 두 아이 이름은 전달하면서 중간 아이의 이름만 일반화한 것은 비용을 줄이는 장점은 있지만, 번역에 일관성이 없다는 단점을 보여준다.

사례 71) 삭제	
ST:	他的妻子、我的**金银花**舅母曾向我抱怨，说她嫁到范家一天福没享，就跟着受了几十年罪，图个啥呢？ (『温故』, p. 434)
TT-E:	His wife, Aunt **Jin Yinhua** complained to me that she hadn't enjoyed a single good day after marrying him—only decades of suffering. Why had she done that?
TT-K:	언젠가 **(Ø)** 외숙모가 불만을 털어놓은 적이 있었다. 환씨 집안에 시집 와서 단 하루도 덕을 보지 못하고…(생략). (『닭털』, p. 195)

사례 72) 오역	
ST:	我点头。说："韩老，据说一九四二年大旱很厉害？" 他坚持不摇头说："是的，当时有一场**常香玉**的赈灾义演，就是我主持的。" 我点头。对他佩服。 (『温故』, p. 437)
TT-E:	I nodded. "Old Mr. Han, I heard there was a severe drought in 1942." He managed to keep his head still. "Yes," he said. "There was a charity performance by **Chang Xiangyu** and I was in charge of that." I nodded again as a sign of respect.
TT-K:	나는 고개를 끄덕이며 물었다. "한 선생님, 듣자하니 1942년에 가뭄이 대단했다면서요?" 영감은 머리를 곧추세우며 대답하였다. "맞네, 당시 **상향옥(常香玉)**에서 이재민 구호 자선 공연을 했는데 내가 사회를 봤지." 나는 탄복하듯 고개를 끄덕였다. (『닭털』, p. 198)

방법	비용 비교		
음역	진인화	창샹위	전달/처리 비용 낮음 이해 비용 높음
삭제	(Ø)	-	전달/처리 비용 낮음
오역-		상향옥(常香玉)	거래 비용 높음

사례 71)을 보면 '金银花'라는 인명은 번역문에서 삭제되었다. 맥락상 이름 뒤에 외숙모라는 정보가 있고 이름으로 1회만 나오며 이야기 흐름에도 영향을 주지 않기에 번역자는 삭제 전략으로 처리 비용을 낮추었다. 그러나 사례 72)는 인명을 오역하는 실수를 범하였다. 이는 주인공이 현 서기를 맡았던 노인을 찾아가 1942년의 상황을 회상하면서 나눈 대화인데, 번역자는 대화 속의 인명 '常香玉'를 지명으로 판단하여 '상향옥에서'라고 번역하였다. '상향옥'은 중국 지방 전통극인 허난방즈의 대표적인 여성 출연자로서 당시 최고의 인기를 누렸다.[27] 동시에 자선 공연

27 '허난방즈'는 일명 '예극(豫劇)'으로 불리며 중국 허난성(河南省)에서 기원한 전통극이자 중국 5대 전통극 중의 하나이다. 상향옥은 '예극' 배우로 1951년 8월부터 연극단을 이끌고 '향옥극단호' 전투기를 국가에 기증하기 위해 전국적인 순회 공연을 시작하였다. 그 이듬해에 성공적으로 전투기를 기증하여 중국에서 존경받는 예술가로 자리매김하였다.

도 많이 한 인물이므로 지명으로 판단한 것은 분명한 오역이며 번역의 거래 비용을 높였다.

호칭

중국어의 호칭어에는 성, 이름, 성명에 친족 호칭어, 직함, '老-', '小-'등의 다른 어휘를 결합한 복합적 형태가 많다. 이러한 유형의 중국어 호칭어는 '성+친족 호칭어/사회호칭어/직함', '老/大/小+성', '老/大/小+성+기타어휘' 등이 있다. 그 가운데 가장 빈번하게 볼 수 있는 것이 '老', 또는 '小'에 성씨를 붙이는 형태이다. '老+성씨'의 호칭은 자신과 비슷한 연령의 사람이나 후배를 부를 때 사용되며 일반적으로 손윗사람에게는 친한 사이가 아니면 사용하지 않는 표현 방식이다. '小+성씨'의 형태는 자신보다 어린 사람을 부를 때 성이나 이름 앞에 붙여 친근감을 나타내는 표현이다. 이러한 형식은 화자와 청자가 아주 친한 관계를 유지하면서 격식을 차리지 않아도 되는 상황에서만 사용할 수 있다고륙양, 2007.

사례 73) 자국화	
ST:	为了找人帮自个儿杀人，李雪莲想到了在镇上杀猪的**老胡**。 (『潘金莲』, p. 9)
TT-E:	**Old Hu**, the town's butcher, was her next candidate for an accomplice.
TT-K:	자신이 살인하는 것을 도와줄 사람을 찾다가, 리설련은 진에서 돼지 잡는 **호(胡) 씨**를 떠올렸다. (『남편』, p. 13)

사례 74) 음역+한자	
ST:	杨百顺他爹是个卖豆腐的。别人叫他卖豆腐的**老杨**。 (『一句』, p. 3)

TT-E:	Yang Baishun's father was a tofu peddler. Everyone called him **Old Yang** the Tofu Peddler, ······
TT-K:	양바이순(楊百順)의 아버지는 두부장수다. 사람들은 모두 그를 두부 파는 **라오양(老楊)**이라고 부른다. (『한마디』, p. 13)

사례 75) 음역+한자	
ST:	**小林**家一斤豆腐变馊了。 (『温故』, p. 261)
TT-E:	A half kilo of tofu at **Lin's** house went bad.
TT-K:	**린(林)**의 집에 두부 한 근이 상하였다. (『닭털』, p. 9)

방법	비용 비교			
음역	라오후	라오양	쇼우린	전달/처리 비용 낮음 이해 비용 높음
자국화	호(胡) 씨	-	-	전달/처리 비용 낮음 이해 비용 낮음
음역+ 한자	-	라오양(老楊)	린(林)	전달/처리 비용 낮음 이해 비용 높음

우선 호칭어를 볼 때, 사례 74)와 75)는 원음과 한자를 병기하고 있고, 73)은 자국화 방법으로 번역하였다. 자국화는 처리 비용과 이해 비용을 낮추는 데 좋은 방법이다. 위의 사례에서 가장 특징적인 것은 사례 75)이다. 성씨만 번역하고 앞의 '小'는 생략하였다. 즉 이 작품에서의 호칭에서는 동년배, 윗사람, 아랫사람 사이에 관한 정보가 모두 손실되었다는 것이다. 원음과 한자의 병기 방식은 처리 비용을 낮추기는 하지만 독자들의 이해 비용을 높이고 정보손실을 초래한다. 『한마디』와 같은 작품의 경우, 대다수 인물이 이름이 없고 이런 호칭들을 사용하는데 실제 독자들의 리뷰에서도 유사한 이름 때문에 '읽기 힘들다',

'정신 차릴 수 없다', '헷갈렸다', '한자가 부담스럽다' 등의 반응으로 이해의 어려움을 호소했다.[28] 따라서 텍스트 외적, 내적 해석 또는 곁텍스트를 이용하여 설명을 해 주면 중국어를 모르는 한국 독자를 배려하여 이해 비용도 낮출 수 있는 전략이 된다.

그리고 이러한 호칭은 대화에서 변형되는 경우가 있었는데 다음의 사례를 보기로 하자.

28 '네이버'의 '책' 메뉴에서 류전윈 소설에 관한 '네티즌 리뷰'를 보면, 그중 작품 『한마디』에 대한 리뷰가 총 18건이 있다. 많은 독자들이 리뷰에 작품의 인명을 이해하기 어려웠다는 점을 강조하여 기술하였다.

사례 76) 자국화	
ST:	孙毛旦才推上东洋车回县城。推上东洋车又问老婆： "**小冯**呢？那个喂马的**小冯**呢？这次回来怎么没见他？" (『故乡』, p. 79)
TT-E:	Sun Maodan pulled the jinrickshaw and went back to the county. While he was pulling the it, he asked his wife, "Where's **Feng**? Where's **Feng** who feeds the horse? Why didn't we see him when this time?"
TT-K:	쑨마오단은 그제야 현성으로 들어가려고 동양거를 끌어내 왔다. 동양거를 끌면서 그는 마누라에게 물었다. "그런데 **평군**은? 그 말 먹이는 **평군**은 어디 갔어? 이번에는 왜 안 보이지?" (『고향』, p. 171)

사례 77) 자국화	
ST:	这天半夜起来，一边给拌料，一边又骂上了。骂： "**小冯**，你个王八羔子！" (『故乡』, p. 81)
TT-E:	Feng's wife woke up in the midnight. While mixing the sauce, she scolded again, "**Feng**, you bastard!"
TT-K:	그날도 한밤중에 일어난 그는 말에게 여물을 섞어 주면서 또 욕이 터져 나왔다. "**평가**야, 너 이 개새끼!" (『고향』, p. 175)

사례 78) 일반화+오역	
ST:	话音没落，单位的**公务员小于**提了一网兜好梨进来，说是分给男老张的。 (『温故』, p. 144)

TT-E:	Before he finished, **Xiao Yu, an office clerk**, walked in with a mesh bag filled with fine looking pears. They were for Lao Zhang, he said.
TT-K:	그러나 쑨의 말이 떨어지기가 무섭게 **잡역부에서 사람**이 와서 성한 배를 담은 그물 바구니를 내려 놓더니, 장張부국장님에게 지급 된거라고 말하였다. (『닭털』, p. 92)

방법	비용 비교			
음역	쇼우펑	쇼우펑	공무원 쇼우위	전달/처리 비용 낮음 이해 비용 높음
자국화	평군	평가	-	전달/처리 비용 낮음 이해 비용 낮음
오역	-	-	잡역부에서 사람	거래 비용 높음

사례 76), 77)은 작품 중 호칭을 원음과 한자로 병기하다가 대화 중에서의 호칭은 이해 비용을 낮추기 위해 번역자가 맥락에 따라 '평군', '평가' 등의 자국화 방법으로 대체하였다. 이러한 점을 보아 처음부터 자국화 방법의 호칭을 쓰면 처리 비용과 이해 비용을 낮추었을 것이라고 판단된다. 그리고 사례 78)은 '사람'으로 대체하였는데 '공무원'을 잡역부로 이해하고 '小于'라는 호칭을 '사람'이라는 표현으로 대체하였다. 그러나 정보의 오역으로 거래 비용을 높였다.

사례 79) 자국화	
ST:	每年老曹生日那天，荀正义便请老曹吃晚饭。酒宴上，开头一句话总是："工作一年忙到头，顾不上看望**老领导**；但**老领导**的生日，还是得我亲自来主持。" (『潘金莲』, p. 43)
TT-E:	He held a birthday party for him every year, opening the festivities at the dinner table with: "Kept busy all year long, I have not been a dutiful visitor to our **former leader**. But on his birthday, I see it as my duty to host a party for him."

TT-K:	해매다 조 법원장의 생일이면, 순정의는 그를 저녁 식사에 초대하였다. 만찬 자리를 시작하는 말은 언제나 같았다. "일년 내내 일이 바빠서 찾아뵙고 인사 한번 드리지 못했네요. 그래도 **어르신** 생신만큼은 제가 직접 나서서 챙겨야죠." (『남편』, p. 65)

사례 80) 동의어	
ST:	杨百顺还没说话，那孩子哆嗦着问："你谁呀，吓我一跳。" 杨百顺哇哇又吐了两口，说："别怕，我是杨家庄杀猪的**小杨**，从这路过。你叫啥？为啥睡在这儿？" (『一句』, p. 91)
TT-E:	Who are you? You scared me," the boy said in a trembling voice before Baishun could say anything. Baishun threw up again. "Don't be scared. I'm a butcher from Yang Village **Ø**. I'm just passing through. What's your name? Why are you sleeping here?"
TT-K:	양바이순이 아무 말도 하지 않자 아이가 몸을 떨면서 물었다. "아저씨는 누구세요? 깜짝 놀랐잖아요." 양바순이 "우엑 우엑" 두 번을 더 토하고 나서 말하였다. "겁내지 마. 나는 양자좡에서 돼지를 잡는 **양바이순**이라고 해. 그냥 지나가는 길이지. 그런데 너는 누구니? 왜 여기서 자고 있어?" (『한마디』, p. 193)

사례 81) 자국화	
ST:	老婆有些不满意，嘟嘟囔囔的，但老张就是不让她坐。除了两次下雨，实在没办法，老张征求司机意见： "小宋，你看今天下雨，让**老胡**搭一段车怎么样？" (『温故』, p. 172)
TT-E:	She grumbled, but he was adamant. She rode in the car only twice, both times on rainy days, and Zhang okayed it with his driver each time. "It's raining today, Little Song. Okay for **Lao Hu** to hitch a ride?"
TT-K:	아내는 불만족스러워 입을 삐죽거렸지만, 장의 태도는 단호하였다. 그러나 비가 심하게내리던 날은 그도 어쩔 수가 없어 기사의 의견을 물었다. "오늘은 비가 많이 오는데, **우리 집사람**을 좀 태워주겠소?" (『닭털』, p. 139)

방법	비용 비교			
축자역/음역	옛상사	쇼우양	라오후	전달/처리 비용 낮음 이해 비용 높음
자국화	어르신	-	우리 집사람	전달/처리 비용 낮음 이해 비용 낮음
동의어	-	양바이순	-	전달/처리 비용 낮음 이해 비용 낮음

위의 세 사례는 대화에서의 호칭에 관한 번역이다. 맥락과 인물 관계에 따라 대화 중의 호칭을 번역자는 자국화나 동의어 활용 방법을 사용하여 번역하였다. 대화에 대해 한국 독자들이 자연스럽게 수용하고 이해할 수 있도록 배려하여 사용한 방법으로 이해 비용을 낮추었다.

그러나 정보 전달에 있어서는 중국어 호칭어의 특성상 차이가 있어 정확하게 일치하지 못한 사례도 있다. 다음의 사례를 보자.

사례 82) 자국화	
ST:	原告或被告请别的法官喝酒，大家从法院出来，碰见董宪法在门口踱步，同事只好随口说："**老董**，一块吃饭去吧。" (『潘金莲』, p. 34)
TT-E:	When plaintiffs and defendants took judges out to drink, they set out directly from the courthouse. If they spotted Dong Xianfa pacing in front of the gate around noontime, they felt obliged to call out: "Come have lunch with us, **Dong**."
TT-K:	원고나 피고가 다른 법관에게 술자리를 청해 모두가 법원에서 나갈 때, 동헌법이 문 앞에서 서성이고 있으면 동료들은 어쩔 수 없이 인사말을 건넸다. "**동 형**, 함께 가서 식사나 합시다." (『남편』, p. 53)

위의 사례에서는 동료가 부르는 대화인데 나이가 있는 동년배 사이에서도 '老+성씨'를 쓰는 경우가 있어서 '동 형'이라고 하기에는 정보적으로 정확히 일치하지 않는다. 다만 텍스트 맥락

에서 이는 중요한 기능을 하지 않으므로 번역자는 이런 대체 방법으로 독자의 이해 비용을 낮추고자 하였다.

다음은 불특정 대상에게 두루 사용되는 친족 호칭어의 번역 사례이다. 한국과 중국은 친족 호칭어를 통칭적 호칭어로 사용하는 경우가 흔하다. 이를 친족 호칭어의 범화라고 한다. 중국어 친족 호칭어의 일반화[29]는 주로 爷爷, 奶奶, 伯伯, 伯父, 伯母, 叔叔, 阿姨, 哥哥, 姐姐, 弟弟, 妹妹, 嫂子 등 직접 사용 가능한 형태들과 '老+친족 호칭어', '小+친족 호칭어', '大+친족 호칭어', '姓+친족 호칭어' 등과 같이 복합형태들이 있다고륙양, 2007.

29 爷爷, 奶奶, 伯伯, 伯父, 伯母, 叔叔, 阿姨, 哥哥, 姐姐, 弟弟, 妹妹, 嫂子 등(할아버지, 할머니, 큰아버지, 큰아버지, 큰어머니, 작은아버지, 이모, 형, 누나, 동생, 여동생, 형수님 등)

사례 83) 자국화	
ST:	警察的手忙缩了回去。警察："县政府的证明呢？" 李雪莲："**大哥**，我都病成这样了，哪儿还有工夫去开证明呀。" (『潘金莲』, p. 232)
TT-E:	The policeman jerked his hand back. "Your county authorization letter?" "Sick as I am, **good brother**, when did I have time to wait for one of those?"
TT-K:	경찰은 얼른 손을 움츠렸다. "현 정부의 증명서는요?" "**이보시오**, 내가 지금 이렇게 아픈 것을 보시오. 어디 가서 증명서를 떼 올 시간이나 있었겠소?" (『남편』, p. 335)

사례 84) 자국화	
ST:	小林说："**王叔叔**，这是我爱人，为她工作的事，老张让我们再来找您一次！" (『温故』, p. 274)
TT-E:	"This is my wife, **Uncle Wang**. Chief Zhang told us to come see you again about her job request."
TT-K:	"**왕(王) 선생님**, 이 사람이 제 처입니다. 이 사람 일로 장 부국장님께서 다시 한번 찾아뵈라고 해서 왔습니다." (『닭털』, p. 30)

사례 85) 삭제	
ST:	火车过了丰台，老董(北京的协警)问老史：“**大哥**，啥事呀，大年关的，跑到北京上访？”(『潘金莲』, p. 279)
TT-E:	After passing the city of Fengtai, Dong asked Shi: “What took you to Beijing at this time of year, **friend**?”
TT-K:	기차가 펑타이를 지나자 동 경관이 사 노인에게 물었다. “**(Ø)** 무슨 일로 연말에 굳이 북경까지 시위를 하러 오셨답니까?” (『남편』, p. 401)

사례 86) 자국화	
ST:	吃过饭，老薛往纸杯里倒了一杯茶，递给老史：“**大哥**，喝口茶。” (『潘金莲』, p. 280)
TT-E:	After lunch, Xue poured tea for Shi. “Have some tea, **Elder Brother**,” he said.
TT-K:	밥을 먹고 나서 경관은 종이컵에 차 한 잔을 따라와 사 노인에게 건넸다. “**어르신**, 차도 좀 드세요.” (『남편』, p. 402)

사례 87) 자국화	
ST:	王公道拍李雪莲家的门，连拍了十五分钟，院里无人应答。王公道边拍边喊：“**大表姐**，我是王公道呀。” (『潘金莲』, p. 109)
TT-E:	Wang Gongdao pounded on Li Xuelian’s gate for fifteen minutes. No one in the compound responded. “It’s me, **Cousin**, Wang Gongdao,” shouted as he continued pounding.
TT-K:	왕공도는 리설련네 대문을 두드렸다. 15분 동안이나 계속 두드렸지만, 안에서는 아무도 대답하지 않았다. 왕공도는 대문을 두드리며 소리쳤다. “**누님**, 저 왕공도예요.” (『남편』, p. 162)

방법	비용 비교					
직역	오빠	왕 아저씨	형님	형님	큰 외사촌누나	전달/처리 비용 낮음 이해 비용 낮음
자국화	이 보세요	왕(王) 선생님	-	어르신	누님	전달/처리 비용 낮음 이해 비용 낮음
삭제	-	-	(Ø)	-	-	전달/처리 비용 낮음 이해 비용 낮음

위의 사례 83)에서는 대화의 맥락에 따라 주인공보다 어린 경찰이지만 대우해주기 위해 부른 '大哥'를 '이보시오'로 자국화하였다. 또 사례 84)에서는 비친족 연장자를 친근하면서도 예의 있게 호칭하는 '叔叔'을 대화 맥락에 따라 '선생님'으로 대체하였다. 그리고 사례 85)는 삭제, 86)은 '어르신'이라는 표현으로 하였고, 87)에서의 '大表姐[30]'는 '누님'으로 대체되었는데 이는 모두 대화라는 특성을 감안하고 한국인 독자들이 이해 비용을 낮추기 위한 것이다.

30 큰 외사촌누나

그러나 이런 친족어 호칭들에 대해 번역자가 잘못 이해하는 경우도 있었다.

사례 88) 축자번역+오역	
ST:	老史踌躇间，老布："**亲家**不比别人，我现在就去'又一村'找你。" (『潘金莲』, p. 275)
TT-E:	He couldn't make up his mind. "My **in-law** isn't just anybody. I'm heading over to Another Village now. I'll see you there."
TT-K:	사 노인이 망설이고 있으니 포 노인이 말하였다. "**친척**인데 나 몰라라 할 수는 없잖아. 내가 바로 우일촌으로 자네를 찾아감세." (『남편』, p. 394)

사례 89) 축자번역+오역	
ST:	那天傍晚，老史与**老伴**怄气，晚饭时多喝了几口酒；谁知越喝越气，越气越喝；一顿饭没吃完，喝得酩酊大醉。 (『潘金莲』, p. 276)
TT-E:	But Shi really got to know Xie one night the winter before when he and **his wife** had had an argument, and he'd had too much to drink at dinner. The more he drank, the angrier he got, and the angrier he got, the more he drank, until he was roaring drunk.
TT-K:	그날 저녁, 사 노인은 **오래 친구**와 사이가 틀어져 저녁을 먹을 때 술을 몇 모금 더 마셨다. 마실수록 화가 더 나고 화가 날수록 더 마실 줄 누가 알았으랴. (『남편』, p. 396)

방법	비용 비교		
직역	사돈	마누라	전달/처리 비용 낮음 이해 비용 낮음
오역	친척	오래 친구	거래비용 높음

위의 사례 88)에서는 '亲家'를 '친척'으로 이해하여 번역하였다. 고대 중국어에서는 '亲家'가 부모나 친척을 의미하기도 했지만, 현대 중국어에서는 '사돈'을 의미한다. 친척보다도 사돈의 부탁이었기 때문에 더욱 나몰라라 할 수 없었던 것이다. 다음 89)는 '老伴'을 '오랜 친구'로 번역하였는데 '老伴'이란 '오래된 반려'라는 뜻에서 노부부가 다른 한쪽의 배우자를 가리키는 말이다. 이 두 사례는 모두 오역으로 거래 비용을 높였다.

호칭은 번역하기 까다로운 문화소 중의 하나이다. 나라마다 세분화의 정도가 다르고 도착어나 출발어에 없는 호칭도 있기 때문이다. 특히나 한국어에서는 호칭에 따라 존대법이 달라지므로 중한 번역 시 여러 가지 사항을 함께 고려하여야 한다. 전체적으로 위의 네 작품에서의 호칭 번역은 전달 비용, 처리 비용, 이해 비용 면에서 크게 높지 않았다. 원음과 한자 병기 방법은 상대적으로 다른 방법에 비해 전달, 처리가 용이하므로 비용이 낮다. 다만 작품에 따라 유사한 호칭이 대량으로 등장할 때 이러한 보존 전략은 독자의 수용성을 떨어뜨리기에 비용이 높아진다. 그러나 일반화, 자국화 방법은 처리 비용과 이해 비용이 모두 낮아서 한국 독자들이 리뷰에서 말했듯이 '술술 읽혀가는 느낌'을 받게 할 수 있다.

5. 관념문화소와 번역의 거래 비용 분석

관념문화소는 사유체계나 이데올로기, 가치나 신념에 기반해 형성된 문화소를 말한다.

문화와 사고방식의 차이는 언어의 차이를 만들어낸다. 서양의 전통문화는 기독교 문화로 수많은 문화소가 성경에 기원을 두고 있다면 한국과 중국을 비롯한 동아시아의 전통문화는 유교와 불교에 기반을 두고 있다. 유교와 불교는 동양인의 사회활동과 의식세계, 종교 등 거의 일상생활의 전반을 지배하고 있다고 해도 과언이 아닐 정도이다. 따라서 종교에 기반하여 국가의 통치이념이자 윤리와 도덕의 규범으로 자리매김한 관념적인 요소들이 중국의 오랜 역사를 거치면서 사고방식, 가치관 등에서도 다층적으로 문화적 영향을 끼쳤다.

이데올로기

한중 양국은 자본주의와 사회주의라는 서로 다른 사회체제로 인해 이데올로기적으로 이질적인 부분이 많다. 아래의 사례를 보기로 하자.

사례 90) 삭제	
ST:	小林便将菜市场的巧遇原原本本给老婆说了。最后把"小李白"让他看鸭子收帐的事也说了。没想到老婆一听这事倒高兴，同意他去卖鸭子，说："一天两小时，也不耽误上班，两个小时给你二十块钱，**比给资本家端盘子挣得还多**，怎么不可以！从明天起孩子我来接，你去卖鸭子吧，这事你能干得下来！" (『温故』, p. 299

TT-E:	He told her what had happened at the market, and was delighted over the news that Li had asked him to collect the money for him. "Two hours a day and you still go to work as usual. Twenty Yuan for two hours is more than **you'd earn as a waiter for big-shot capitalists**. So why not? Starting tomorrow, I'll pick up the child after work and you go sell ducks. You can do it."
TT-K:	그는 시장에서 우연히 만난 '작은 이태백'의 이야기를 아내에게 해주었다. 이야기의 끝에 '작은 이태백'이 오리를 관리하고 판매 대금 받는 일을 그에게 부탁했다는 말도 하였다. 그 이야기를 듣자마자 아내는 뜻밖에도 무척 기뻐하면서 그렇게 하라고 하였다. "하루에 두 시간 일하고 20원이면, **(Ø) 식당에서 음식을 나르는 것보다 돈을 더 버는데**, 왜 안 해? 내일부터 아이는 내가 데려올 테니, 당신은 오리 팔러 가. 충분히 할 수 있는 일이잖아." (『닭털』, p. 70)

방법	비용 비교	
직역	자본가에게 접시를 나르는 것보다 돈을 더 버는데	전달/처리 비용 높음 이해 비용 낮음
삭제	식당에서 음식을 나라는 것보다 돈을 더 버는데	전달/처리 비용 낮음

위의 사례의 한국어 번역본에서는 '자본가'에 대한 정보가 삭제되었다. 중국은 1949년 후 정치적인 이념으로 인해 자본주의, 자본가에 대해 비하의 뜻을 담고 있는 경우가 많았고 문화대혁명을 거치면서 이러한 관념은 더욱 강해졌다. 개혁개방 이후 자본가에 대한 개념이 다시 중성적인 의미로 돌아왔지만 최근에는 농담 형식으로 '자본가'라는 말을 추가하여 풍자의 효과를 더하는 경우가 많다. 본 사례에서는 처리 비용을 낮추고 이런 이데올로기적인 요소들을 제거하여 한국 독자의 수용성을 높이고자 한 것으로 판단된다.

가치관

가치관은 사회적인 이념과 일상생활의 의식이 결합하면서 그 속에서 형성된다. 일반적으로 사람들은 어떠한 상태가 행복하고, 어떠한 상태가 불행한가를 가치관으로 판단하는데 가치관에 관한 문화소 번역의 예를 보면 다음과 같다.

사례 91) 제한적 일반화	
ST:	"这不结了。你告状告了二十年，也没耽误人家过日子；折腾来折腾去，人家**老婆孩子热炕头**一直过着，可不就剩下折腾你自己？看，头发都白了。" (『潘金莲』, p. 149)
TT-E:	"There, you see, twenty years of protesting have had no effect on him. Despite the constant harassment campaign, he continues to **sleep with his wife and child**, leaving you as the only victim of harassment. Look at you, your hair has turned gray."
TT-K:	"그래서 그런 거야. 네가 20년 동안 고소를 했는데도 그 사람은 사는 데 전혀 지장이 없잖아. 너 혼자 속을 끓일 뿐 그 사람은 **마누라, 자식이랑 등 따시고 배부르게 살더**란 말이지. 그러니 괴로움은 너 혼자 겪고 있는 게 아니야? 봐, 머리칼도 다 세고 말았잖아." (『남편』, p. 218)

사례 92) 제한적 일반화	
ST:	过去总说，**老婆孩子热炕头**，是农民意识，但你不弄老婆孩子弄什么？你把**老婆孩子热炕头**弄好是容易的？老婆变了样，孩子不懂事，工作量经常持久，谁能保证炕头天天是热的？ (『温故』, p. 267)
TT-E:	In the past, he had always considered "**having a wife and children sleeping in their own warm beds**" a sort of peasant mentality, but in the end, that's what real life boils down to. What else is there? Was it really that easy to manage **a wife, a child, and a warm bed**? The wife turns into a different woman, the child is too young to know anything, and the workload never lessens. Who can guarantee that the bed will stay warm forever?

TT-K:	과거에는 **처자식에게 따뜻한 잠자리를 마련해주는 것**을 농민의식이라고 비판했지만, 사실 처자식을 돌보지 않으면 누구를 돌보겠는가? 그리고 **처자식에게 따뜻한 잠자리를 마련해주는 게** 어디 쉬운 일인가? 아내는 변했고 아이는 철이 없고 업무는 늘 계속되는데, 누가 날마다 따뜻한 잠자리를 보장할 수 있겠는가? (『닭털』, p. 17)

방법	비용 비교	
직역	마누라와 자식이 있고 따뜻한 온돌 아랫목	전달/처리 비용 낮음 이해 비용 높음
일반화	마누라, 자식이랑 등 따시고 배부르게 살더란	전달/처리 비용 높음 이해 비용 낮음
일반화	처자식에게 따뜻한 잠자리를 마련해주는 것	전달/처리 비용 높음 이해 비용 낮음

위의 두 사례는 '老婆孩子热炕头'에 대한 번역인데 함축적인 의미를 잘 살려서 번역하였다. 원뜻은 '마누라, 자식이 있고 따뜻한 온돌 아랫목'을 가리키는데 소농사회에서 서민들이 큰 근심 없이 기본 먹을거리를 재배할 수 있는 땅과 가족, 안식처가 있기를 바라는 소박한 가치관을 잘 나타내고 있다. 중국인들이 편안하고 행복한 생활을 가리킬 때 사용되는 표현이다. 번역자는 마누라, 자식의 정보를 살려주고 온돌의 함축적 의미를 살려서 '배부르게 살더' 또는 '따뜻한 잠자리'로 대체하였기에 이해 비용을 낮추는 효과를 얻었다.

사고방식

사고방식은 사람이 어떤 사물이나 일에 대해 생각하거나 판단하는 방식 또는 태도를 말한다. 문화의 차이는 단지 언어뿐만 아니라 사람들의 삶의 습관이나 사고방식에서의 차이를 갖게 한다. 즉 어떤 사건이나 사물을 바라보고 생각하는 관점 등에서 다양한 차이가 존재하게 한다.

사고방식에 관련된 문화소의 사례를 보면 다음과 같다.

사례 93) 창작+오역	
ST:	卖驴板肠的忙绕出摊子，抱住卖肉的："张大哥别急呀。这个卖香油的，三个月前和那卖活鸡的打过一架，听说搬到岳各庄了。"又说："我可是听说啊。"又白了李雪莲一眼，嘟囔道："**哪有白问事儿的，也不买根板肠。**" (『潘金莲』, p. 242)
TT-E:	As he cocked his leg to do as he threatened, the man ran out from behind his counter and wrapped his arms around the pork seller. "Take it easy, Brother Zhang. Three months ago he got into a fight with the chicken seller, and word has it he moved to Yuegezhuang. But that's all I heard." He glared at Li Xuelian. "**Now, since I answered your question, how about buying some of my intestines?**"
TT-K:	발을 막 들어서 가게 물건을 걷어차려는 찰나, 나귀 내장 파는 가게 주인은 급하게 가게 밖으로 돌아 나와 고기 파는 남자를 말렸다. "장 형, 그 성미 좀 가라앉히시오. 참기름 가게 주인은 석 달 전에 저 닭집주인과 싸우고 악각장各莊으로 이사했답니다." 리설련을 노려보며 투덜거렸다. "나도 들은 거요. **이상한 걸 물어봐가지고 나귀 내장 하나 못 팔게 해.**" (『남편』, p. 348)

방법	비용 비교	
직역	그냥 물어보는 경우가 어디 있나요? 곱창도 사지 않으면서.	전달/처리 비용 낮음 이해 비용 낮음
창작+오역	이상한 걸 물어봐가지고 나귀 내장 하나 못 팔게 해.	거래 비용 높음
대안역	그냥 물어보는 경우가 어디 있소? 곱창 하나 사지도 않으면서.	거래 비용 낮음

위의 사례에서는 텍스트 내용상 주인공 리설련이 시장에서 장사하는 외사촌 동생을 찾으러 갔다가 동생이 사라진 상황을

묻는데, 옆에서 일하던 장사꾼이 행방을 잘 알려주지 않자 다른 장사꾼이 나서서 물어봐 주며 싸움이 일어날 뻔했던 대목이다. 마지막 말은 이런 리설련을 못마땅하게 생각해서 "그냥 물어보는 경우가 어디 있소? 곱창 하나 사지도 않으면서."의 뜻이 된다. 중국에서는 일반적으로 손님들이 물건도 사지 않으면서 장사꾼에게 난처한 부탁을 하는 것에 못마땅하게 생각하는 사고방식을 갖고 있다. 이러한 상황에 대해 번역자는 '이상한 것을 물어서 내장 하나 못 팔게 한다'는 문구로 번역하였다. 맥락상 정보전달에 큰 오류는 없지만 원 의미대로 번역했어도 처리 비용과 이해 비용을 낮출 수 있고 원문에 손실을 주지 않을 수 있었다고 판단된다.

사례 94)	
ST:	节俭自有节俭的好处，到了老熊他爹，开了一家当铺，这时就不要饭了。一开始当个衣衫帽子、灯台瓦罐，但**山西人会做生意**，到老熊手上，大多是当房子、当地的主顾。每天能有几十两银子的流水。 (『一句』, p. 23)
TT-E:	Practicing frugality had had its advantages. Old Xiong's father opened a pawnshop, which made it possible for the children to stop begging. In the beginning, they took in clothes and hats, candlesticks and clay pots, but **people from Shanxi tend to have good business sense**, so by the time Xiong's son took over, their customers mostly came to pawn houses or land, bringing in several dozen taels of silver every day.
TT-K:	절약하고 검소한 데는 나름대로의 장점이 있는 라오슝의 아버지에 이르서는 전당포를 열 수 있게 되었다. 이때부터는 밥을 얻어먹지 않게 되었다. **산시 사람들은 정말 장사를 잘 하였다**. 처음에는 옷이나 모자, 등잔이나 항아리 등을 받았지만 라오슝에 이르러서는 대부분 집이나 땅을 주요 고객으로 삼았고 매일 수십 냥의 은자(銀子)가 유통되었다. (『한마디』, p. 54)

방법	비용 비교	
직역	산시 사람들이 장사를 잘하였다.	전달/처리 비용 낮음 이해 비용 높음
축자역	산시 사람들은 정말 장사를 잘 하였다.	전달/처리 비용 낮음 이해 비용 높음
대안역	산시 사람들은 정말 장사를 잘 하였다. 각주: 산시 상인은 명(明)·청(淸) 시대부터 중국 상업계의 큰 세력으로 장사에 능하였다.	전달/처리 비용 높음 이해 비용 낮음

사례 94)에서는 '산시 사람들이 장사를 잘 한다'는 내용이 등장하는데 이는 산시 사람들이 명나라와 청나라 시대부터 남방의 신안상인과 더불어 중국 상업계의 2대 세력을 이룬 데서 유래되었다. 그들은 처음에 명나라의 몽골 방위에 대한 군량의 수송을 맡아 큰 이익을 얻었으며, 다시 염상으로서 대량의 부를 쌓았다. 한편 미곡 중개업, 면포·견직물 및 각종 기업을 경영하여 화중·화북 지방부터 랴오둥에 이르기까지 거의 전국적으로 상업에서 활약하였다. 명나라 멸망 후에는 청 정부와 밀접한 관계를 맺고, 표호·전포 등 금융업을 독점하였으므로 중국에서는 산시 사람들이 장사를 잘한다는 인식이 생기게 되었다.[31]

31 신안상인은 신안 상인은 오늘날의 중국 안휘성에 속하는 휘주부에 적을 두고 활약한 상인 집단으로 휘주 상인이라고 부르기도 한다. 염상은 소금을 사고 파는 장수이다. 표호와 전포는 중국 청나라 때에, 환전업무를 하던 상업 금융 기관으로 산시성 출신의 상인이 경영한 산시 표호가 유명하였다.

종교신화

종교는 정치, 경제, 예술, 사상, 과학 등 사회의 전 영역에 깊이 관련되어 있는 가치체계로서 기능을 해왔다. 비록 종교는 초월적·절대적 존재에 대한 경험과 신앙에 기반을 두고 있지만, 역사의 발전 단계를 반영하고 있는 구체적인 문화 현상이기도 하다. 그러므로 종교는 시대나 민족적, 문화적 전통의 차이에 따라 현저한 다양성을 보여주고 있다.

한편 신화나 설화는 비록 구전되어 내려오는 것이지만 고대인들이 생활하면서 형성한 신앙 의식의 표현이기 때문에 이를 통해 고대의 원시 신앙을 구명할 수 있다. 또한 이러한 원시 신앙은 현재까지도 강한 생명력을 갖고 이어져 내려오고 있는 무속과 거의 일관된 사고구조와 특징을 가지고 있다. 따라서 종교, 신화는 현시대에도 사람들의 일상생활을 거의 전부 지배하고 있을 만큼 영향력이 막대하다.

종교, 신화에 대한 문화소 번역사례를 보면 다음과 같다.

사례 95) 일반화	
ST:	**庙里庙外**都是人。进庙要买门票。李雪莲花十块钱买了门票，又花五块钱买了把**土香**。进庙，将土香点着，举到头顶，跪在众多善男信女之中，跪到了菩萨面前。(『潘金莲』, p. 28)
TT-E:	Visitors **swarmed the temple and its grounds**, entry to which required a ticket. She bought one for ten yuan and a bundle of **incense sticks** for five more. Once inside, she lit the incense, raised it over her head with both hands, and got down on her knees in front of the statue amid a crowd of kneeling believers.
TT-K:	**사당 안과 사당 밖**은 온통 사람들로 넘쳐났다. 사당 안으로 들어가려면 입장권을 사야 하였다. 리설련은 10위안을 주고 입장권을 샀고, 5위안을 더 주고 **조악한 향**도 한 묶음 샀다. 사당 안으로 들어가 향에 불을 붙이고 머리 위로 들어 올린 뒤 수많은 남녀 신도들 사이에 꿇어앉아 보살님 앞에 머리를 조아렸다. (『남편』, p. 44)

사례 96) 창작	
ST:	她不是'小白菜'，她不是'潘金莲'，也不是'窦娥'，她的确是**哪吒**，是**孙悟空**。怎么能动不动就抓呢？一抓，恐怕又抓瞎了！" (『潘金莲』, p. 156)
TT-E:	They tossed her in jail, that's why. You can't lock her up forever. And she's definitely no ordinary countrywoman. **Ø**
TT-K:	그녀는 소백채도 아니고 반금련도 아니며 두아도 아닐세. 그녀는 **확실히 머리 셋에 팔이 여섯인 괴물**이고, **분신술을 쓸 줄 아는 손오공**이라는 말이지. 어떻게 걸핏하면 그녀를 잡아들이겠나? 잡아도 본체는 잡을 수 없을 것인데? (『남편』, p. 227)

방법	비용 비교				
직역	묘 안과 묘 밖	토향	나타	손오공	전달/처리 비용 낮음 이해 비용 높음
일반화	사당 안과 사당 밖	조악한 향	-	-	전달/처리 비용 높음 이해 이용 낮음
창작	-	-	확실히 머리 셋에 팔이 여섯인 괴물	분신술을 쓸 줄 아는 손오공	전달/처리 비용 높음 이해 비용 낮음

사례 95)의 한국어 번역본에서는 '사당'이라는 어휘를 사용하였는데, 사당은 조상을 모시는 곳이므로 '사찰'로 번역하는 것이 더 정확하다. 중국의 사찰에는 부처와 도교의 신들을 함께 모시고 있어 '寺(절, 사찰)'와 '廟(사당, 묘당)'을 합쳐서 '寺廟'라고 쓰고 이를 줄여서 표현할 때 '廟'를 많이 사용한다. 정확한 의미를 전달하기 위해서는 이런 오류는 피해야 한다. 다음 '土香'은 가공방식이 거칠고 원자재가 싼 향이기 때문에 '조악한 향'으로 대체하였는데 이는 번역의 전달, 처리 비용과 이해 비용을 낮추었다.

다음 사례 96)에서는 신화 속에 나오는 인물 '哪吒'를 '머리 셋에 팔이 여섯인 괴물'로 대체하였다. 한국에 잘 알려지지 않은 '哪吒'라는 신화인물에 대해 그가 갖는 특징을 살려서 번역한 것은 처리 비용이 높지만 한국 독자의 이해 비용을 낮추는 데는 도움이 된다고 생각된다. 다만 도교에서 추앙하는 '신'을 '괴물'로 대체하였다는 것은 정보 전달에서 정확하다고 보기는 어렵다.

사례 97) 부연설명	
ST:	老詹和老雷有隔阂，并不是生活中有过节，而是有教义之争。争别的也就罢了，两人争的是"**和子句**"，这就要了命了。教义上有分歧，这教越传，就离老雷的想法越远。 (『一句』, p. 38)

TT-E:	They had problems not because they could not get along; their issues rested on **the phrase "and from the Son**." It would not have been so bad if they had disagreed on something other than an interpretation of the Bible.
TT-K:	라오잔과 라오레이 사이가 틀어지게 된 건 생활하면서 서로를 혐오하게 되었기 때문이 아니라 교리에 대한 쟁의 때문이었다. 쟁의의 요점은 **성부와 성자, 성령의 삼위일체에 관한 사소한 문제**였지만 두 사람은 목숨을 걸고 싸웠다. 교리상의 분기는 선교가 더 많이 이루어질수록 라오레이의 생각에서 멀어졌다. (『한마디』, p. 84)

방법	비용 비교	
음역	화자구	전달/처리 비용 낮음 이해 비용 높음
부연설명	성부와 성자, 성령의 삼위일체에 관한 사소한 문제	전달/처리 비용 높음 이해 비용 낮음

위 사례는 기독교에서의 삼위일체라고 해서 하나이자 셋이며, 셋이자 하나인 하나님이 세상을 창조했다는 것에 대한 종교 개념을 중국에서 '和子句'라고 약칭하는 데에 대해 음역과 각주를 사용하는 방식을 사용하지 않고 부연설명을 하여 번역자의 처리 비용을 높였지만 독자들의 이해 비용을 낮추었다.

생각하기

아래의 사례를 보고 원문과 번역문의 대응관계를 토론해 보세요. 관념 문화소에서 어떤 문구에서 가장 큰 차이를 보일까요?

사례	
ST:	"看门当个狗，还拿鸡毛当令箭了，里边住的都是你爹？你爹坐月子呢，怕招风不能见人？" (『潘金莲』, p. ***)
TT-E:	"Are you a guard dog, treating advice like an order, a mere token of authority? Or is your old man inside? Has he just had a baby and is afraid of catching cold?"
TT-K:	"집 지키는 개 주제에 자라보고 놀라서 솥뚜껑도 자라로 보이냐? 안에 있는 사람들은 다 니 애비야? 니 에미가 산후 조리한다고 들어앉아서 부정 탈까 봐 금줄이라도 친 거냐고?" (『남편』, p. ***)

....

....

6. 언어문화소와 번역의 거래 비용 분석

언어는 민족문화의 유산이다. 언어에는 역사와 문화가 녹아 있다. 특히 언어는 한 사람의 창작물이 아닌 동일한 문화권을 소유하고 있는 다수에 의해 창조되어 유전되고 널리 사용되는 통속적이며 구어적인 특징을 가지고 있다. 언어구조에는 풍부한 문화적인 정보와 다량의 문화특징, 문화배경, 민족적 색채 혹은 특유의 지역색채가 담겨있는데 이는 성어, 관용어, 전고, 비어,

속담어, 속담, 격언, 헐후어, 관용어구로 나눌 수 있다金惠康, 2004. 그 외에도 방언, 말장난, 높임법과 중국식 외국어 표현 등도 문화적 요소로 볼 수 있다. 왜냐하면 방언에 의해 특정 지역의 문화적 특성을 살펴볼 수 있고, 말장난은 동음이의어를 소재로 해학적으로 사용한 표현방법이므로 서로 다른 언어 간에 이러한 특징을 전달하기에는 번역자의 엄청난 노력이 요구되기 때문이다.

성어

중국어 성어는 언어 중의 정형화된 표현으로 대부분 사자성어로 되어 있으며 이 외에 3자, 5자, 7자 이상의 성어도 있다. 오랜 시간에 걸쳐 사람들에 의해 사용되어 오면서 짙은 민족적, 역사적, 지역적 색채를 보이고 있고, 그 형식이 간결하고 내용이 형상화되어 있다. 더불어 성어는 단어들의 의미만으로 전체의 의미를 알 수 없는, 특수한 의미를 나타내고 있기에 그 나라와 민족의 문화적 특징을 잘 보여주고 있다. 성어 번역에 관한 대표적 사례들은 다음과 같다.

사례 98) 자국화	
ST:	王公道看县长郑重高兴了，也知道过去和县长积下的纠葛和不快，顷刻间**烟消云散**了； (『潘金莲』, p. 258)
TT-E:	Seeing how happy Zheng was, Wang knew that his disputes with the county chief had vanished like **a puff of smoke**.
TT-K:	왕공도는 현장 정중의 기쁜 목소리를 듣고 과거에 현장에게 받았던 설움과 마음의 앙금이 **눈 녹듯 사라지는 것을 느꼈다**. (『남편』, p. 369)

사례 99) 절대적 일반화	
ST:	众徒儿和杨百利由新学到县政府的愿望也随之破灭，老杨由县政府到豆腐的理想也**烟消云散**。 (『一句』, p. 53)
TT-E:	As in Wang's last days, the students went their separate ways, their dreams of moving into the county office **shattered**, along with Old Yang's hopes for "county magistrate tofu."
TT-K:	양바이리를 비롯한 많은 학생들이 신학을 마치면 현 정부의 관원이 될 거라는 꿈에 부풀어 있었지만 이제 그런 희망도 **함께 사라지고 말았다**. (『한마디』, p. 116)

사례 100) 제한적 일반화	
ST:	一阵惊喜，好你个老喜，又让我当副村长。几天的忧愁**烟消云散**。 (『故乡』, p. 29)
TT-E:	What a surprise, my fellow Old Xi! You make me be the deputy village head again. It seems that my sadness is **all gone**.
TT-K:	놀랍고도 기쁜 마음이 잠시 그를 감쌌다. 그래도 착한 라오시가 자신을 다시 부촌장에 앉히려는구나 생각하니 며칠간의 근심걱정이 **연기처럼 사라졌다**. (『고향』, p. 70)

사례 101) 자국화	
ST:	毕业以后，大家**烟消云散**。"小李白"也分到一个国家机关。 (『温故』, p. 297)
TT-E:	Lin and Li **had gone their separate ways** after graduation; Li was assigned to a government office.
TT-K:	하지만 졸업 후 모두 **바람처럼 흩어지고 말았다**. '작은 이태백'도 국가 기관에 자리를 잡았다. (『닭털』, p. 67-68)

방법	비용 비교	
축자역	연기나 구름처럼 사라지다	전달/처리 비용 낮음 이해 비용 낮음
자국화	눈 녹듯 사라지는 것을 느꼈다	전달/처리 비용 낮음 이해 비용 낮음

일반화	함께 사라지고 말았다.	전달/처리 비용 낮음 이해 비용 낮음
일반화	연기처럼 사라졌다.	전달/처리 비용 낮음 이해 비용 낮음
자국화	바람처럼 흩어지고 말았다.	전달/처리 비용 낮음 이해 비용 낮음

위의 사례들에서의 중국어 성어 '烟消云散'은 '연기나 구름처럼 사라진다'는 표현으로 종적 없이 깨끗이 사라짐을 의미한다. 이는 번역문에서 번역자에 따라 조금씩 다르게 번역되었다. 연기와 구름이라는 정보를 사례 98), 100), 101)은 한국어에 익숙한 표현으로 '눈 녹듯', '연기처럼', '바람처럼'으로 자국화하는 반면, 사례 99)는 '사라지다'라는 뜻만 살려서 일반화하여 처리 비용과 이해 비용을 낮추었다. 특히 사례 101)은 성어의 해석에 있어서 동창들이 졸업한 후 서로 흩어지고 연락이 끊긴 상황을 고려하여 '바람처럼 흩어지고 말았다'로 번역하면서 '사라짐(消)'보다는 '흩어짐(散)'의 의미에 초점을 두었다. 번역자들은 맥락상 독자의 이해를 위해 자국화하였는데 처리 비용과 이해 비용을 낮추는 아주 좋은 예시라고 할 수 있다.

사례 102) 일반화	
ST:	正因为得过且过和厌烦，董宪法便有些**破碗破摔**，工作之余，最大的爱好是喝酒。 (『潘金莲』, p. 34)
TT-E:	All this wore him down **Ø** until his favorite activity outside of working hours was boozing.
TT-K:	그래서 동헌법은 자기 일을 되는 대로 그럭저럭 해치울 뿐 아니라 주변 환경이나 사람에 대해서도 다소 싫증을 냈다. **자포자기한** 동헌법에게 가장 큰 즐거움은 술이었다. (『남편』, p. 52)

사례 103) 축자번역+오역	
ST:	保姆看到小林和小林老婆吵架，已经习惯了，就象没看见一样，在旁边若无其事地剪指甲。这更激起了两个人的愤怒。小林已做好**破碗破摔**的准备，幸好这时有人敲门。大家便都不吱声了。(『温故』, p. 263)
TT-E:	The nanny, by now used to their fights, stood nearby clipping her nails as if nothing were wrong. Her indifference stoked the fires of the argument, and Lin was ready to **ratchet it up** a level; luckily, a knock at the door stopped them both.
TT-K:	가정부는 이들의 말다툼이 익숙한 듯, 옆에서 아무 일도 없는 것처럼 손톱을 깎고 있었다. 두 사람은 그 모습에 더욱 화가 났다. 그가 **접시를 던지려는** 찰나에 다행히도 누군가 문을 두드렸다. 순간 모두 입을 다물었다. (『닭털』, p. 12)

방법	비용 비교	
축자역	파손된 사발이니까 그냥 깨부수다	전달/처리 비용 높음
일반화	자포자기한	처리/이해 비용 낮음
오역	접시를 던지려는	거래 비용 높음

위 사례의 성어 '破碗破摔'는 '파손된 사발이니 그냥 깨부수다'의 뜻으로 어차피 잘못된 상황이니까 자포자기하는 것을 말한다. 사례 102)에서 번역자는 '자포자기'로 성어의 의미를 일반화시켜 처리 비용과 이해 비용을 낮추었다. 그러나 사례 103)에서 번역자는 오류를 범하였다. 이야기 상황을 보면 여러 가지 일로 화를 참아왔던 주인공이 옆에 가정부가 있든 없든 아내와 제대로 한바탕 싸워보려는 준비를 한 것에서 사용한 것인데, 번역자는 이 성어를 실제로 접시를 던지는 문구로 번역하였다. 번역자의 주관적인 이해로 해석이 뒤틀려지면서 오류를 범하였고 그 결과 비용이 높아졌다.

사례 104) 자국화	
ST:	下边就说不出来，头一硬就死了。他这一声喊，把路小秃喊得**胆战心惊**。(『故乡』, p. 196)
TT-E:	Xu couldn't continue his words and died with his frozen head. Lu Xiaotu **trembled with fear** by Xu's shout.
TT-K:	그러고는 더 말을 잇지 못한 채 고개를 꺾으며 죽었다. 그 고함 소리에 루샤오투는 **간담이 서늘해졌다**. (『고향』, p. 414)

사례 105) 삭제	
ST:	小林一看表，已是晚上七点半。小林见了老婆又是一番**胆战心惊**，一边看老婆的脸色，一边向老婆介绍，这是自己的老师和儿子，这是自己的爱人。 (『温故』, p. 278)
TT-E:	Lin checked his watch; it was seven thirty. He **tensed up** again, observing the look on her face as he made the introductions.
TT-K:	시계를 보니 벌써 저녁 7시 30분이었다. 그는 **(∅)** 아내의 안색을 살피면서, 손님들과 아내를 서로 소개시켜주었다. (『닭털』, p. 37)

방법	비용 비교	
축자역	담이 떨리고 심장이 놀라다	전달/처리 비용 높음
일반화	간담이 서늘해졌다.	처리/이해 비용 낮음
삭제	(∅)	처리/이해 비용 낮음

위의 사례들에서의 '胆战心惊'은 '담이 떨리고 심장이 놀라다'의 뜻으로 놀라고 겁이 나서 벌벌 떠는 상황을 묘사할 때 쓴다. 사례 104)에서와 같이 번역자는 번역문에서 한국어 관용구인 '간담이 서늘하다'로 대체하였지만, 사례 105)에서는 과감하게 생략하였다. 맥락을 보면 고향의 지인들이 자주 주인공의 집에 방문하는 것을 아내가 무척 싫어하는 데다가 주인공이 7시 30분이 넘도록 아이에게 저녁밥을 챙겨주지 않아 아내의 눈치를 살피

는 상황을 묘사한 장면이다. '안색을 살피'는 문구가 바로 뒤에 등장하면서 아내를 두려워하는 태도가 드러나고 있으므로 생략한 것으로 보인다. 맥락상 원작의 표현 방식에 개입하여 내용을 흩트리지 않으면서 처리 비용을 낮추었다고 볼 수 있다.

생각하기

한국어에는 인체의 장기, 즉 오장육부와 관련된 관용구가 아주 많습니다. 이를테면 '애를 먹다, 애간장이 타다, 마음이 아프다, 심장이 강하다, 간이 떨어지다, 밸(배알)이 꼴리다, 복장이 터지다, 염장을 지르다' 등이 있는데 이들은 어떤 상황에서 사용됩니까?

이상의 관용구 외에 또 어떤 것이 있을까요? 여러분의 모국어와 등가를 이루는 관용구는 어떤 것일까요?

사례 106) 제한적 일반화	
ST:	也闹他个**天翻地覆**，也闹他个妻离子散，让他死也死不了，活也活不成，才叫人解气呢。” (『潘金莲』, p. 16)
TT-E:	He remarried, so if you want to **work out your anger, then torment him**. Make it so that death's too easy and living's too hard."
TT-K:	"**하늘과 땅이 홀라당 뒤집어지게 난리를 쳐서**, 지금 사는 여자랑 갈라서게 해야지. 죽고 싶어도 못 죽고, 살고 싶어도 못 살게 말이야. 그래야 분이 좀 풀리지." (『남편』, p. 28)

사례 107) 창작	
ST:	那样的女人，真要离婚，她能给你闹得**天翻地覆**，这样想想也可怕， (『故乡』, p. 228)
TT-E:	That kind of woman, if she really wants to get divorce, she can **turn you upside down**. It's terrible to think so.
TT-K:	저런 여자는, 막상 이혼하자면 **천방지축 날뛰고 다닐 수도 있다**…….생각만 해도 아찔한 일이었다. (『고향』, p. 477)

방법	비용 비교	
축자역	하늘과 땅이 뒤집히다	전달/처리 비용 낮음
일반화	하늘과 땅이 홀라당 뒤집어지게	처리/이해 비용 낮음
창작	천방지축 날뛰고 다닐 수도 있다	처리/이해 비용 낮음

'천지가 뒤집히는 듯한 변화를 가져오거나 매우 소란스러운 상황'을 이르는 성어 '天翻地覆'의 번역에 있어, 사례 106)은 '하늘과 땅이 홀라당 뒤집어지게'로 번역하여 원문의 표현 형식을 유지하려고 노력하였고, 사례 107)은 '천방지축 날뛰다'라는 한국어의 관용표현으로 소설 속 인물이 이혼을 당하면 난리법석을 떨 것이라는 이야기 맥락에 따라 창작하였다. 이런 방식은 번역자의 처리 비용과 독자의 이해 비용을 낮출 수 있다.

사례 108) 일반화	
ST:	别人见董宪法**闷闷不乐**，以为他为了二十年没进步和专委的事，喝酒的时候，还替他打抱不平；董宪法**闷闷不乐**也为二十年没进步和专委的事，但比这些更重要的，他干脆不想当这个专委，想去集市上当牲口牙子。更**闷闷不乐**的是，这个**闷闷不乐**还不能说。 (『潘金莲』, p. 34)
TT-E:	Others attributed his **despondence** to not having been promoted in twenty years, and when they were out drinking they lamented the injustice he suffered. Dong shared his colleagues' **sense of injustice** over his lack of advancement, but mainly he wished he could be a broker in the livestock market. **Worst of all**, he could tell no one **why he was miserable**, ……
TT-K:	다른 사람들은 동헌법이 **갑갑하고 우울해 하는 모습**을 보면 그가 20년 동안이나 승진을 하지 못한 것이나 자문위원의 일로 그런가 보다 여기고 술을 마실 때면 그를 대신해 불만을 터뜨리기도 하였다. 동헌법의 이 **갑갑한 우울**은 물론 20년 동안이나 승진하지 못한 것이나 자문위원으로 일하는 데서 오는 것이었다. 하지만 그보다 더 큰 이유는 그가 아예 이 자문위원 노릇을 때려치우고 가축 중개인이 되기를 바란다는 데 있었다. 그는 이 **갑갑한 우울**을 어디에도 하소연할 수 없어서 더더욱 **갑갑하고 우울**하였다. (『남편』, p. 52)

사례 109) 동의어	
ST:	看着别人在那里打，自己在旁边没有事，感到自己这个组织在村里**无足轻重**。… 现在姑娘没捞着，又落个**无足轻重**，这才是狐狸没打着，落下一身臊。… 虽然这个造反团**无足轻重**，但当团长总比卖油强，起码可以天天吃"夜草"。… 自己脱离一派大组织来投奔这个**无足轻重**的小组织，到底是为了啥呢？ (『故乡』, p. 242)
TT-E:	Watching others fight there, but has nothing to deal with him, Weidong felt that his organization is **so insignificant** in the village. … Now he didn't catch any girl, and he was **left unimportant**. … Although the rebel group **counts for little**, at least the head has a good living. He is able to earn some extra money every day. … What is the purpose of leaving a large organization to join the **unimportant** group?

TT-K:	멀리서 남들이 싸우는 광경을 하릴없이 구경하게 된 것은 결국 이 조직이 마을에서 **아무런 영향력도 없는 탓**이라고 느껴졌다. (중략) 아가씨도 손에 넣지 못한 데다 **별 볼일 없는 신세**로 전락했으니, 이런 게 바로 여우는 못 잡고 괜히 노린내만 묻힌 꼴이었다. 그 조반단이 **대수롭지 않은 조직**이라고는 해도, 아무래도 단장이 기름 장수보다는 나았다. 최소한 날마다 '야초'를 뜯을 수 있었다. (중략) 큰 조직에서 나와 **하잘것없는** 조직으로 들어온 게 대체 무엇 때문이란 말인가? (고향』, p. 506)

방법	비용 비교		
축자역	답답하고 즐겁지 않다	있어도 무거워지지 않고 없어도 가벼워지지 않다	전달/처리 낮음 이해 비용 높음
일반화	갑갑하고 우울해 하는 모습, 갑갑한 우울, 갑갑한 우울, 갑갑하고 우울하였다.	-	처리/이해 비용 낮음
동의어	-	아무런 영향력도 없는 탓, 별 볼일 없는 신세, 대수롭지 않은 조직, 하잘것없는	처리 비용 높음 이해 비용 낮음

위의 두 사례에서 볼 수 있듯이, 원작의 한 문단에서 성어 '闷闷不乐'가 4회, '无足轻重'이 4회나 출현하였다. 사례 108)에서처럼 번역자는 '마음이 답답하고 울적함'을 이르는 성어 '闷闷不乐'를 '갑갑'과 '우울'을 조합한 명사구나 형용사구로 처리하면서 원문의 반복적 어휘 표현의 특징을 살리고 그 형식을 유지하고자 노력하였다. 그러나 사례 109)에서는 '중요치 않거나 하잘것없음'을 뜻하는 '无足轻重'을 '아무런 영향력 없는', '별 볼일 없는', '대수롭지 않은', '하잘것없는' 등의 유사한 뜻을 가진 서로 다른 표현으로 대체하면서 동의어 방법을 사용하였다. 비록 일반화와 동의어 방법의 차이를 보이지만, 소설가의 문체적 형식을 최대한 보존하기 위해 처리 비용을 높이면서라도 원문 중의 반복적인 표현 특징을 살렸다.

성어의 번역 방법에 있어서는 번역자들은 제한적 일반화, 절대적 일반화 방법을 가장 많이 사용하였고, 그 다음으로 자국화와 창작 방법을 사용하여 처리 비용과 이해 비용을 낮추기 위한 노력을 하였다.

생각하기

사례	
ST:	一阵惊喜，好你个老喜，又让我当副村长。几天的忧愁**烟消云散**。 (『故乡』, p. 29)
TT-E:	"What a surprise, my fellow Old Xi! You make me be the deputy village head again. It seems that my sadness is **all gone**.
TT-K:	놀랍고도 기쁜 마음이 잠시 그를 감쌌다. 그래도 착한 라오시가 자신을 다시 부촌장에 앉히려는구나 생각하니 며칠간의 근심걱정이 **연기처럼 사라졌다**. (『고향』, p. 70)

위의 사례에서 중국어 성어 '烟消云散'은 '연기처럼 사라지다'로 번역되었습니다.

한국어에서 '사라지다'에 대한 비유 대상은 아주 다양합니다. 예를 들면 '안개처럼 사라지다', '먼지처럼 사라지다', '물거품처럼 사라지다', '마법처럼 사라지다' 등이 있습니다. 이들의 차이는 무엇이고 어떤 상황에서 사용하면 적절할까요? 이외에도 '사라지다'에 대한 표현은 또 어떤 것이 있을까요?

속담

한국어와 중국어의 속담은 의미가 유사한 것들이 많고 대부분 비유법을 사용하여 표현한다. 비록 비유 대상에서 조금씩 차이가 있을 수 있지만, 함축적인 내용을 표현하는 데에는 속담의 형식이 간결하고 이해도를 높이기 때문에 이 책의 분석 작품에서 번역자들은 대부분 자국화 방법으로 대체하는 전략을 택하였다. 그 외에도 일반화하거나 삭제하는 전략을 사용하였는데 대표적 사례를 보면 다음과 같다.

사례 110) 축자번역	
ST:	"啥也别说了，从明天起，**你走你的阳关道，我过我的独木桥**，你也不是我徒弟，我也不是你师傅，咱们井水不犯河水。我再见到你，我叫你一声大爷。" (『一句』, p. 74)
TT-E:	"No need to say any more. From tomorrow on, **you go your way and I'll go mine**. You're no longer my apprentice and I'm not your master. We'll have nothing to do with each other. From now on, I'll call you Master when I see you."
TT-K:	내일부터 **자네는 자네의 밝은 길을 가게. 나는 나의 외나무다리**를 갈 테니까. (『한마디』, p. 158)

사례 111) 자국화	
ST:	郑重："怎么没关系？二十年前，这案子就是你们法院判的。再说，你不跟她还是亲戚吗？" 王公道忙说："啥亲戚呀，**八竿子打不着**。" (『潘金莲』, p. 204)
TT-E:	"Not your business? It's you people who handed down the court decision that started this twenty years ago. Besides, you and she are related, aren't you?" "Related? **We're not even shirttail cousins**."
TT-K:	"어째서 상관이 없어? 20년 전에 이 사건은 바로 당신네 법정에서 처리한 거잖아. 게다가 당신은 그녀와 친척이라고 하지 않았나?" 왕공도가 다급히 말하였다. "친척은 무슨, **사돈에 팔촌**이나 될까 싶은데요." (『남편』, p. 296)

사례 112) 제한적 일반화	
ST:	当年王公道就是这么一步步上来的，现在开始**以其人之道，还治他人之身**。 (『潘金莲』, p. 186)
TT-E:	That was how Wang Gongdao climbed the ladder to the position of chief justice; now he **played the same game on these people**.
TT-K:	예전에 왕공도도 그렇게 한 걸음씩 위로 올라왔다. 이제야 겨우 **한 자리를 차고 앉아 다른 사람에게 자신이 했던 방법을 써 먹을 수 있게 된 것**이었다. (『남편』, p. 269)

방법	비용 비교			
축자역	너는 너의 큰길을 가고 나는 나대로 외나무다리로 가겠다	팔 척 장대도 닿지 못하다	그 사람의 방법으로 그 사람을 다스리다	전달/처리 비용 낮음 이해 비용 높음
축자역	자네는 자네의 밝은 길을 가게. 나는 나의 외나무다리	-	-	전달/처리 비용 낮음 이해 비용 낮음
자국화	-	사돈에 팔촌	-	전달/처리 비용 낮음 이해 비용 낮음
일반화	-	-	한 자리를 차고 앉아 다른 사람에게 자신이 했던 방법을 써 먹을 수 있게 된 것	전달/처리 비용 높음 이해비용 낮음

우선 사례 110)을 보면 '밝은 길', '외나무다리' 등의 정보를 살려 축자번역을 하였다고 볼 수 있다. 이러한 축자번역은 처리 비용이 낮고 이해 비용도 높지 않다. 그러나 사례 111)은 전혀 관련이 없다는 '八竿子打不着(팔 척 장대도 닿지 못하다)'를 한국어 속담 '사돈에 팔촌'으로 대체하였다. 축자번역 방법보다는 자국화 방법으로 처리 비용과 이해 비용을 낮춘 것이다. 다음 사례 112)에서는 중국어 속담의 함축적 의미만 파악하여 '다른 사람이 했던 방법'으로 일반화하여 처리 비용을 낮추었다.

사례 113) 삭제	
ST:	最近单位办公室新到一个处长老关，**新官上任三把火**，对迟到早退抓得挺紧。 (『温故』, p. 261)
TT-E:	The new section head, Guan, **worked doubly hard to parade his efficiency**, watching like a hawk for anyone who came in late or left early.
TT-K:	최근 성이 관씨인 처장이 온 뒤로는 **(Ø)** 출퇴근 시간을 엄히 단속하였다. (『닭털』, p. 9)

사례 114) 오역	
ST:	因老杨兴冲冲而来，待进了老秦家，见院落**外三层里三层**，像座县衙，牲口棚里骡马成群，长工都穿着体面衣裳出来进去，心里便开始打怵。 (『一句』, p. 82)
TT-E:	He arrived at the Qin house in high spirits, but began to lose heart when he saw the grand mansion **with its three outside courtyards and three inside**, like a yamen, with a team of well-fed donkeys and horses in the stable and neatly dressed farmhands walking in and out.
TT-K:	라오양이 신이 나서 라오친의 집에 들어서 보니 마당 안팎으로 **삼층짜리 건물들이 들어서 있는 것**이 마치 현 아문 같았다. 축사에는 말과 노새 등 가축들이 무리를 이루고 있고 하인들도 하나같이 단정한 차림으로 드나들고 있었다. (『한마디』, p. 174)

방법	비용 비교		
축자역	새로 부임한 관리가 세 개의 횃불처럼 기세등등하다	바깥으로 세 겹, 안으로 세 겹	전달/처리 비용 높음 이해 비용 높음
삭제	(Ø)	-	전달/처리 비용 낮음
오역	-	삼층짜리 건물들이 들어서 있는 것	거래 비용 높음

사례 113)에서는 글자대로 하면 '새로 부임한 관리가 처음에는 의욕에 차서 일을 하지만 곧 의욕을 잃는다'는 의미를 가진

'新官上任三把火'를 삭제하고 문장 뒷부분만 살려서 번역하였다. 정보전달에서 처리 비용을 낮추려고 삭제한 것으로 판단되나 속담의 의미를 살려서 일반화 방법으로 번역하면 더 좋았을 것으로 생각된다. 사례 114)에서는 '外三层里三层'은 한국어로 '바깥으로 세 겹, 안으로 세겹'에 둘러싸여 있다는, 즉 겹겹이 싸여 있다는 뜻인데, 번역자는 이를 3층짜리 건물로 번역하였다. 원문을 잘못 해석하고 있어서 번역 거래 비용이 높아졌다.

헐후어

중국어의 헐후어는 두 개의 부분으로 구성되는데, 앞부분이 수수께끼라면 뒷부분은 그에 대한 답이다. 즉 전달하고자 하는 본래의 의미는 뒷부분에 있다는 것이다. 따라서 경우에 따라 앞부분을 그대로 유지하거나 아예 생략할 수도 있는데 이에 관한 사례는 다음과 같다.

사례 115) 자국화	
ST:	"我的叔哩，现在咱们是**一根绳上的蚂蚱**，**一损俱损，一荣俱荣**。你在领导面前立了功，我不也跟着你沾光吗？只要我当了副院长，从今往后，法院不等于是咱爷俩儿开的吗？" (『潘金莲』, p. 192)
TT-E:	"My good uncle," he said with a clap of his hands, "you and I are **grasshoppers tied to the same string. We live or die together**. If you perform a service for the leadership, I'll benefit along with you. The day I become deputy chief justice, you and I will run that courthouse, won't we?"
TT-K:	"아저씨, 우리는 이미 **한 배를 탄 거**예요. **해를 입어도 함께 입고, 흥해도 함께 흥하고, 영예를 얻어도 함께 얻는 거**예요. 아저씨가 지도자 앞에서 공로를 세우면, 저도 아저씨 덕분에 빛을 보지 않겠어요? 제가 부법원장이 되면, 그때부터 법원은 우리 앞마당이 되는 게 아닙니까?" (『남편』, p. 278)

방법	비용 비교	
축자역	한 줄에 꿴 메뚜기	이해 비용 높음
자국화	한 배를 탄 거	이해 비용 낮음

사례 115)에서는 '한 줄에 꿴 메뚜기'라는 뜻으로 번역자는 이 헐후어의 함축적 의미를 잘 도출한 후 '한배를 타다'의 한국어 관용구로 대체하였다. 축자번역을 해도 이해는 가능하겠지만 처리 비용과 전달비용을 낮추기 위해 자국화 방법을 사용하였다. 그러나 아래 두 사례는 축자번역을 하였다.

사례 116)	
ST:	整天又见女老乔在办公室趾高气扬的，走来走去，连老孙都让她三分，不由骂道："这老孙也是他妈的**老头吃柿子，专拣软的捏**！" (『温故』, p. 183)
TT-E:	When she saw Lao Qiao prance around in the office, intimidating even Lao Sun, she couldn't hold back: "Even Lao Sun is **a damned bully, always picking on the weak**."
TT-K:	게다가 차오의 기고만장한 자세하며, 쑨도 그녀에게는 한 수 집고 들어가는 것을 보고 절로 욕이 나왔다. "젠장, 저 영감도 **감 먹을 때는 물렁한 것만 골라 집는단 말**이야!" (『닭털』, p. 154)

방법	비용 비교	
축자역	감 먹을 때는 물렁한 것만 골라 집는다	처리 비용 높음
대안역	만만한 사람만 골라서 괴롭힌다	

위의 사례 116)의 경우, '만만한 사람만 골라 괴롭히다'의 뜻을 담고 있는 헐후어를 언어 외적인 정보 그대로 유지하여 번역하였다. 축자번역을 했다면 처리 비용과 이해 비용이 많이 들지만 중국어의 맛과 저자의 특징을 살린다는 점에서 이러한 전략

을 사용한 것으로 판단된다. 다만 이해 비용도 낮추고자 한다면 일반화 방법을 사용하여 '만만한 사람만 골라서 괴롭힌단 말이야!'로 번역하는 것도 좋은 선택이라 할 수 있다.

생각하기

아래의 사례를 보고 원문과 번역문의 대응관계를 토론하고 또 다른 전략으로 번역할 수 있는지를 생각해 보세요.

사례 117)	
ST:	许布袋说："你这也是害你爹呢，让日本人打了八路军，八路军回头能不找我的事！" 这时许锅妮"扑哧"一声笑了，说："爹这回是**老鼠钻风箱，两头受气**！" (『故乡』, p. 104)
TT-E:	Xu Budai said, "You framed me, didn't you? Now the Japanese is attacking the Eighth Route Army. Wouldn't the Eighth Route Army pick a fight with me later?" Xu Guoni laughed and said "**Dad, you are on the horns of a dilemma!**"
TT-K:	"그것도 이 아비를 해치는 길이지. 일본이 팔로군을 치게 해주면, 나중에 팔로군이 나한테 와서 안 따질 거 같으냐!" 그러자 쉬궈니가 까르르 웃고는 말을 받았다. "아버지, 이번엔 꼭 **풀무 속에 들어간 생쥐 꼴이네요. 양쪽 바람을 다 맞게요**!" (『고향』, p. 224)

비유법

비유법에 관한 문화소를 보면 이 책의 분석 작품에서 번역자들은 원문의 비유효과를 살리기 위해 번역문에서 주로 자국화의 비유법을 사용하여 생동감 있는 표현으로 도착어 독자의 이해도를 높였다. 대표적인 사례는 다음과 같다.

사례 118) 자국화	
ST:	老婆不好意思地解释："累了一天，**跟猪似的**，哪有不躺倒就着的道理！" (『温故』, p. 266)
TT-E:	"I work all day, and **I'm out on my feet** when I get home," she explained sheepishly. "Why wouldn't I fall asleep right away?"
TT-K:	아내는 부끄러운 듯 말하였다. "하루 일과를 마치면 **파김치가 되는데**, 어떻게 바로 잠들지 않을 수가 있어요?" (『닭털』, p. 17)

사례 119) 일반화	
ST:	杨百顺听小宋说，大伙计顺利，那个山东人，**麻秆腿**，自称武二郎者，跟二十多岁的小师母还有一腿。 (『一句』, p. 101)
TT-E:	Song once told Baishun that Shunli, a senior worker from Shandong who called himself Wu Dalang Junior **Ø**, had something going with the second wife.
TT-K:	양바이순은 샤오쑹이 고참 일꾼 순리(順利)에 관해 말하는 걸 들은 적이 있었다. 산둥 출신에 **비쩍 마른 몸매**로 자칭 무이랑(武二郎)이라고 하는 그가 작은 사모와 그렇고 그런 사이라는 것이었다. (『한마디』, p. 213)

사례 120) 창작	
ST:	李雪莲成了当代的'小白菜'，成了名人；现在，这棵白菜终于烂到了锅里。更妙的是，这白菜不是被别人炖烂的，是被他们自个儿炖烂的；驴桩不是被别人刨倒的，是被他们自己刨倒的；现在**芝麻和蚂蚁没了，西瓜和大象也就跟着解脱了**。 (『潘金莲』, p. 257)
TT-E:	Li had gained fame as a modern-day Little Cabbage. Now the cabbage had turned to mush in the pot. **Ø**
TT-K:	리설련은 오늘날의 소백채로 유명인사가 되었다. 이제서야 그 소백채가 솥 안에 던져져 삶기는 중이었다. 이 작은 배추가 다른 사람의 손에서가 아니라 제 손에서 삶기고 있다는 점, 이 말뚝이 다른 사람이 아닌 자신의 손으로 뽑혔다는 점이야말로 **이 일의 핵심이었다**. (『남편』, p. 369)

방법	비용 비교			
축자역	돼지와 같다	겨릅대(껍질을 벗긴 삼대)와 같은 다리	깨와 개미가 사라지면 수박과 코끼리도 같이 해탈한다	전달/처리 비용 높음 이해 비용 높음
자국화	파김치가 되는데	-	-	전달/처리 비용 낮음 이해 비용 낮음
일반화	-	비쩍 마른 몸매	-	전달/처리 비용 낮음 이해 비용 낮음
창작	-	-	이 일의 핵심이었다	전달/처리 비용 낮음 이해 비용 낮음

위의 사례들에서 118)은 등장인물이 피곤하여 잠만 자는 자신을 '돼지'와 같다고 비유하는 것인데 번역자는 이를 자국화하여 '파김치'로 번역하였다. 이해 비용을 낮춘 좋은 예시이다. 다음 사례 119)는 '가늘고 줄기가 긴 식물인 겨릅대'를 다리에 비유한 말인데 번역자는 '비쩍 마른 몸매'로 함축적 의미만 추출하여 일반화시킴으로써 처리 비용과 이해 비용을 모두 낮추었다. 사례 120)에서는 '깨'와 '개미'를 작은 일, '수박'과 '코끼리'를 큰 일에 비유하는 표현인데 한국어 번역문에서는 이를 맥락에 따라 '핵심'으로 창작하였다. 또한 원문에서는 이런 표현들이 반복하여 출현하는데 이러한 창작 방법으로 맥락상 의미손실을 주지는 않으나 저자의 언어표현 특징이 사라지게 되었다. 처리 비용과 이해 비용은 낮지만 저자와의 협력 차원에서는 번역의 거래 비용을 낮추는 사례라고 판단된다.

경어법

경어법은 연령, 친족, 성, 계층 등이 관여하는 복잡한 문화적 요소이다. 한국어는 경어법이 정밀하게 발달한 언어에 속하는 반면, 중국어는 상대적으로 경어법이 단순한 언어이다. 따라서 사회적 지위나 나이에 따라 한국어에서는 상대를 지칭할 때 중국어보다 훨씬 복잡하다. 경어법에 관한 사례를 보면 다음과 같다.

사례 121) 축자번역	
ST:	王公道搔着头想了想："你到底要咋样？" 李雪莲："先打官司，证明这离婚是假的，再跟秦玉河个龟孙结回婚，然后再离婚。" 王公道听不明白了，又搔头："反正你要跟**姓秦的**离婚，这折腾一圈又是离婚，你这不是瞎折腾吗？" (『潘金莲』, p. 6)
TT-E:	Wang scratched his head thoughtfully. "So what exactly do you want?" "I want to file a lawsuit to prove that this divorce was a sham, and then I'll marry that son of a bitch, Qin Yuhe, so I can really divorce him." By now utterly confused, Wang could only continue scratching his head. "If all you want is a divorce from this **Qin fellow**, why go to all this trouble? Isn't that pointless?"
TT-K:	왕공도는 머리를 긁적이며 생각하였다. "도대체 어쩌자는 겁니까?" "먼저 소송을 해서 이 이혼이 가짜라는 것을 증명하고, 진옥하 그 개자식하고의 혼인을 인정받은 뒤, 그러고 나서 다시 이혼할 거에요." 왕공도는 듣고도 무슨 말인지 몰라 또 머리를 긁적였다. "어쨌거나 당신은 **그 진 씨라는 분**과 이혼 상태인데, 한바탕 생난리를 쳐서 다시 이혼을 하겠다는 거죠? 쓸데없는 헛고생 아닌가요?" (『남편』, p. 15)

위의 사례를 보면 중국어의 '姓秦的'를 '진 씨라는 분'으로 번역하였다. 중국어에서 한 사람을 폄하하거나 욕할 때 '姓+성 씨+的'의 조합방식으로 인간이 아닌 '물건'이라는 뜻을 나타낸다. 대화 맥락을 보면 주인공이 자기 남편과의 이혼에 대해 법원 관계자를 늦은 밤에 찾아간다. 관계자는 그러한 상황이 귀찮고 황

당하다고 생각되어 이런 폄하의 표현을 쓴다. 그러나 번역자는 한국인들이 본 적이 없는 사람을 이유없이 폄하는 것이 예의에 어긋난다는 점을 감안하고, 독자 수용성과 일반적인 높임법 문화에 따라 존경의 표현으로 대체하였다. 처리 비용과 이해 비용에는 크게 영향을 주지 않았지만, 원문에서의 폄하, 불만의 정서가 사라졌다. 이를 살리려면 대안역으로 '그 진 씨라는 인간'으로 번역하면 적절할 것이라 판단된다.

언어유희

언어유희는 동음이의어 또는 비슷한 발음, 음운을 활용하거나 말의 배치를 바꿔서 하는 방법이 있다. 번역에서 언어유희는 번역자들을 가장 곤혹스럽게 하는 요소이다. 원문에서 유머 효과를 갖고 있는 언어유희를 번역으로 표현하기 어려운 부분이 많기 때문이다. 이 책의 분석 작품에서 등장한 언어유희 번역 방법을 보면 다음과 같다.

사례 122) 텍스트 내적 설명	
ST:	"牛街好，牛街好，我爱吃羊肉！再说只要脱离了这个泼妇，让我住到**驴街**也可以！" (『温故』, p. 199)
TT-E:	"Niujie is good. It's great. I love the mutton there. Besides, I'd happily move to **a dump** so long as I didn't have to be around that shrew."
TT-K:	뉴제도 좋아. 나는 양고기를 좋아하니까. 게다 저 독한 여자에게서 벗어날 수만 있다면 **당나귀가 사는 거리**라도 좋아! (『닭털』, p. 106)

사례 123) 음역+한자+각주	
ST:	呼延总理脸气得铁青，指着老费说：“你的意思，这个总理不该我当，该你当了？” 老费针锋相对：“咋该我当？我不叫 ‘**呼延**’，我也不会 ‘**胡言**’！” (『一句』, p. 150)
TT-E:	His face darkened as he pointed at Fei. “So you mean I should hand my position to you then?” “Why should it be me?” Fei shot back. “My last name isn't **Huyan**, and I don't shout ‘**hoo-yah**’!
TT-K:	후옌 총리가 라이페이에게 삿대질을 하면서 말하였다. “그 말은 내가 총리를 맡아서는 안 되고 자네가 맡아야 한다는 뜻인가?” 라오페이도 날카롭게 맞받아쳤다. “내가 어떻게 총리가 될 수 있겠소? 내 성은 ‘**후옌(呼延)**이 아니라서 **후옌(胡言)**’을 할 줄 모르니 말이오!“ **각주: 허튼 소리** (『한마디』, p. 319-320)

사례 124) 오역	
ST:	因李雪莲告状是越级；不阻止，她不找镇上的麻烦；一阻止，一不越级，这蚂蜂窝就落到了他头上。 赖小毛：“咱们在**拐弯镇**工作，心里也得会**拐弯**。” 赖小毛平时粗，谁知也有细的时候；如今郑重派他去请李雪莲喝羊汤，赖小毛虽然肚子里暗暗叫苦，但身子又不敢不去。 (『潘金莲』, p. 132)
TT-E:	They were staged for higher authorities, and if he did not try to stop them, she'd cause no trouble for the township. If he did, turning her protests into local events, the hornets' nest would fall on his head. “We work in Round the **Bend Township**,” Lai would say, “so we have to round a **mental bend** every so often.” Normally a slapdash individual, Lai sometimes surprised people by being calculating. As the person chosen by Zheng for the unpleasant job of inviting Li Xuelian to the diner, he was powerless to refuse.
TT-K:	리설련의 고소는 진을 뛰어넘어 현으로 갔기 때문에 진에는 딱히 피해가 없다는 것이 이유였다. 일단 막으면 진으로 돌아와 그 말벌 떼가 자신의 머리를 뒤덮고 말 것이니 그럴 만도 하였다. 뇌소모는 말하였다. “우리가 **괴만진**에 살아서 마음도 **구불구불 꼬였나 보군**.” 평소 뇌소모는 거친 사람이었지만 때로는 이렇게 소심해질 때도 있었다. (『남편』, p. 194)

방법	비용 비교			
음역	뤼제	후옌, 후옌	괴만진, 굽이돌다	전달/처리 비용 낮음 이해 비용 높음
텍내설명	당나귀가 사는 거리	-	-	전달/처리 비용 높음 이해 비용 낮음
원음 +한자 +각주	-	후옌(呼延), 후옌(胡言) 각주: 허튼 소리	-	전달/처리 비용 높음 이해 비용 낮음
오역	-	-	괴만진, 구불구불 꼬였나 보군.	전달/처리 비용 낮음 이해 비용 높음

위의 세 사례를 보면, 우선 사례 122)에서는 '牛街'에서 살던 주인공이 다른 곳으로 이사 간다는 말에 '소 거리[32]'가 아닌 '당나귀의 거리'라도 좋다는 뜻이다. 축자번역을 하고 '살다'의 정보를 넣어 정확하게 일치하진 않지만, 맥락에는 큰 영향을 주지 않으면서 이해 비용을 낮추었다.

32 牛街, 예전에 가축매매를 하던 거리

사례 123)에서는 총리 성함이 '呼延'인데 중국어 발음으로 '허튼소리'와 같은 말이 된다. 총리가 허튼소리만 한다는 것을 돌려서 말하는 말장난이다. 번역자는 각주를 넣어서 이것이 말장난임을 설명하고자 하였다. 처리 비용이 많이 들어가지만 맥락상 필요한 전달이라 할 수 있다.

다음 사례 124)는 주인공이 사는 곳의 이름이 '拐弯镇'인데 '拐弯'은 '생각, 말 따위의 방향을 돌려서 할 경우'에도 사용하는 어휘이다. 맥락상 주인공이 고소하는 데에 대해 자신이 있는 지방 행정단위를 넘어 상급에 직접 고소하게 되면 자신에게 해가 되지 않을 것이라 생각하고 '拐弯镇에 사니까 우회할 줄도 알아야 한다'는 말장난을 한 것이다. 따라서 번역자의 '마음이 구불구불 꼬였다'는 표현은 맥락 내용에 맞지 않아 처리 비용과 이해 비용 모두 높였다. 소설 첫시작에서 '拐弯镇'에 대한 뜻 해석이 부족하였기 때문에 뒷부분의 말장난도 제대로 해석을 하지 못한 것이다. 이처럼 처음부터 해당 어휘의 번역이 완벽하지 못하면 뒷부분에서 오류가 생길 수 있으므로 번역 거래 비용을 높이는 경우가 발생하게 된다.

중국식 외국어 표현

중국식 외국어 표현이란 중국인들이 어떤 외국어의 발음을 유사한 중국 발음으로 대체하여 표현하는 방법을 말하는데 주로 문학작품이나 연예 프로그램에 개그 소재로 자주 사용되기도 한다. 중국어로 특화된 외국어 표현의 특성을 한국어로 전환할 수 있는가에서 번역자의 번역실력을 엿볼 수 있다. 이에 대한 사례를 보면 다음과 같다.

사례 125) 자국화	
ST:	老日本兵上去搧了他一耳光：“**你的良心大大地坏了，汤里下毒药的有**？” 小得吓懵了，也不知该称呼日本人什么，说：“大爷，我是个老实人，哪里敢往汤里下毒药？” (『故乡』, p. 117)
TT-E:	The old Japanese soldier went up and slapped him: “**You've totally lost your conscience. Did you poison the soup?**” Litte De was so frightened. He didn't know how to call the Japanese, he said, “My Loard, I'm an honest person, how dare I poison the soup?”
TT-K:	고참 일본군이 달려들어 그의 귀뺨을 후려갈겼다. “**너의 양심은 크게노 나쁘다. 국물에 독약을 넣은 짓을 했음?**” 샤오더는 놀라서 얼이 빠질 지경이었다. 그는 일본군을 어떻게 불러야 할지도 모르고 대꾸하였다. (『고향』, p. 249)

사례 126) 음역+한자+내주	
ST:	他在树上打枣，其它四个日本兵在树下抢着拾枣吃，倒像一群嘻嘻哈哈的孩子。一个日本兵还把一捧枣递给许布袋："**米西米西**！" (『故乡』, p. 112)
TT-E:	He was picking the ripe dates on the tree. Like a group of children, the other four Japanese soldiers were rushing to pick and eat the dates. A Japanese soldier gave Xu Budai a handful of dates and said, "**Try some!**"
TT-K:	그는 나무 위에서 대추를 따고, 다른 일본군 네 명은 나무 밑에서 앞 다투어 대추를 주워 먹었다. 마치 어린아이들이 시시닥거리는 듯하였다. 일본군 하나가 대추 한 줌을 쉬부다이에게 건네며 말하였다. "미시미시! (米西米西, 먹어 보다'를 뜻하는 중국식 일본어. '밥'이라는 뜻의 일본어 '메시스'가 잘못 전해져 '먹다'라는 뜻의 '미시'가 되었다는 견해가 있다 - 옮긴이)" (『고향』, p. 241)

방법	비용 비교		
축자역	너의 양심 아주 나쁘다. 국물에 독약 넣는 것 있어?	-	전달/처리 비용 높음 이해 비용 높음
자국화	너의 양심은 크게노 나쁘다. 국물에 독약을 넣은 짓을 했음	-	전달/처리 비용 높음 이해 비용 낮음
음역 +한자 +내주	-	미시미시!(米西米西, '먹어 보다'를 뜻하는 중국식 일본어. '밥' 이라는 뜻의 일본어 '메시스'가 잘못 전해져 '먹다'라는 뜻의 '미시'가 되었다는 견해가 있다 - 옮긴이)	전달/처리 비용 높음 이해 비용 낮음

위의 세 사례는 작품 '고향'에서 항일전쟁 시기에 관한 내용을 다룰 때 나온 중국식의 일본어 표현이다. 중국의 영상작품이나 소설 작품에서 이처럼 문법에 맞지 않는 어색한 중국어로 일본군의 말을 자주 표현하곤 한다. 저자의 이런 느낌을 살리기 위해 번역자는 번역문에도 '크게노' 등 '한국식 일본어'의 특징들을 고안하여 어색한 한국어를 만들었다.[33] 정보 전달에서 많은

33 일제 강점기(1910-1945)년 일본어가 한국어에 큰 영향을 미쳤다. 그중의 하나를 꼽자면 일본어의 조사 'の'에 해당되는 '의'가 한국어에서 과도하게 사용되었다는 것이다. 가장 대표적인 예로 '나의 살던 고향은 꽃피는 산골'이라는 노래가사처럼 '내가 살던 고향'으로 표현해야 하는 것을 '나의 살던 고향'으로 표현한 것이다.

고심을 하였으리라 판단되는데 이는 비록 처리 비용이 높겠지만 독자의 이해 비용은 낮아지고 원문의 느낌을 잘 살릴 수 있다. 사례 126)에서는 '먹다'의 중국식 일본어 표현에 각주를 달아주었다. 각주를 달아 처리 비용은 높지만 독자의 이해 비용을 낮출 수 있게 되었다.

생각하기

아래의 사례에서 원문과 번역문의 대응관계를 본 후, '빠가'라는 표현의 사용의 적절성 여부에 대하여 토론해 보세요.

사례 127)	
ST:	这时从河套里又钻出十几个中国兵，上去就把老日本兵和娃娃脸日本兵给绑了。老日本兵叫： "**八路**，中了**八路**埋伏！" (『故乡』, p. 119)
TT-E:	More than a dozen of Chinese soldiers emerged from the river bend. They caught and tied up the old and young Japanese soldiers. The old Japanese soldier shouted, "We are ambushed by **the Eighth Route Army**!"
TT-K:	그때 모래톱에서 십여 명의 중국군이 나타나 고참 일본군과 동안의 일본군을 포박하였다. 고참 일본군이 외쳤다. "**빠가, 팔로군**의 매복에 걸렸다!" (『고향』, p. 253)

비속어

비속어는 비어와 속어로 구성된 어휘이다. 부정적이고 불쾌한 감정을 강도 높게 유발하는 비속어는 문화간 수용성에서 차이가 존재한다. 한 문화권에서는 비속어로 간주되어 금기시되는 어휘가 다른 문화권에서는 동일한 정도의 금기성과 불쾌감을 갖는 어휘로 취급되지 않을 수 있기 때문이다. 이 때문에 금기 비속어 번역의 관건은 해당 어휘가 담고 있는 부정적 감정의 강도를 원문과 최대한 유사하게 재생산하는 데에 있다한미선, 2012. 비속어에 관한 대표적인 사례를 보면 다음과 같다.

사례 128) 자국화	
ST:	一次大老婆拧过她还说： “别以为靠上硬主儿了，你等着，总有一天我用烙铁把**你的×**烙熟它！”(『故乡』, p. 11)
TT-E:	Once the eldest wife screwed her and said: “Don’t think you can rely on the master now. Wait and see, I will use an iron to burn **your x** and cook it!”
TT-K:	한번은 큰마누라가 그녀를 꼬집으면서 이런 말을 하기도 하였다. “주인 양반만 믿고 설치지 마라. 두고 봐. 언젠간 **네년 X**를 인두로 지져 놓을 테니!” (『고향』, p. 33)

사례 129) 자국화	
ST:	车开快了，他会急，扬起手，照司机脑袋上就是一巴掌： “**妈拉个×**，你爹死了，急着回去奔丧？” 车开慢了，他也会急，扬起手，又是一巴掌： “**妈拉个×**，车是你爹拉着？好好一辆汽车，让你开成了驴车。” (『潘金莲』, p. 131)
TT-E:	If his man drove too fast, he’d wave his arms excitedly, smack the back of the man’s head, and curse: “Where’s the **fucking funeral**? Your old man will wait for you!” If the driver was going too slow, he’d go through the same routine: “Who’s driving this **fucking thing**? Your dad? And when did it turn into an oxcart?”

TT-K:	차가 빨리 달리면 짜증을 내고 손을 휘두르며 운전기사의 머리통을 갈기곤 하였다. "**제미랄 X**, 니 애비가 죽어서 문상 간다고 막 달리냐?" 차가 느리게 달려도 짜증을 내면서 뒤통수를 갈겼다. "**제미랄 X**, 니 애비가 지금 차 끌고 기어가냐? 잘나가는 승용차를 노새가 끄는 수레로 만들 참이야." (『남편』, p. 193)

사례 130) 창작+희석	
ST:	小林问："你不是在公司吗？怎么又卖起了板鸭？" "**妈了个X**，公司倒闭了，就当上了个体户，卖起了板鸭！不过卖板鸭也不错，跟自己开公司差不多，一天也弄个百儿八十的！" (『温故』, p. 298)
TT-E:	"I thought you were working at a private company? How'd you wind up selling ducks?" Li laughed. "The **fucking company** went bust, so now I'm my own boss, selling ducks. It's not bad, not all that different from owning a company. I take in eighty to a hundred Yuan a day."
TT-K:	그가 물었다. "회사에 다니는 게 아니었어? 어떻게 오리 고기를 팔게 됐어?" 작은 이태백이 씩 웃었다. "**얼어 죽을 놈의 회사**! 회사가 망하는 바람에 장사를 시작했고 오리를 팔게 됐지. 그런데 오리 장사가 잘 돼, 사업하는 것과 비슷하지. 하루에 80마리에서 100마리는 거뜬히 팔아." (『닭털』, p. 68)

방법	비용 비교	
자국화	네년 X	전달/처리 비용 낮음 이해 비용 낮음
자국화	제미랄 X	전달/처리 비용 낮음 이해 비용 낮음
창작	얼어 죽을 놈의 회사	전달/처리 비용 낮음 이해 비용 낮음 (비속어 희석)

위의 세 사례를 보면 모두 'X'가 들어가는 욕이다. 사례 128)은 축자번역을 하여 중국어 욕설과의 강도를 맞추었다. 번역에서 번

역자 3은 작품에서 많이 나오는 욕설을 대부분 축자번역으로 처리하여 원문의 정보를 살리고자 노력하였다. 그리고 사례 129)는 자국화 방법으로 '제미랄'을 사용하였고 거기에 '애비', '에미'를 사용하여 욕설의 강도 면에서 중국 원문과 맞먹게 처리하였다고 볼 수 있다. 즉, 자국화 방법으로 처리 비용, 이해 비용을 모두 낮추었다. 사례 130)에서는 '얼어죽을 회사'로 하여 원문의 강한 욕설을 희석하였다. 처리 비용과 이해 비용은 낮지만 원문의 비속어가 보여준 부정적 감정의 강도는 약화되었다. 원문의 정보를 존중하는 협력관계로 보면 부족한 번역이라고 판단된다.

사례 131) 오역	
ST:	这是自吴摩西和吴香香成亲以来，吴摩西挨的头一回打。吴摩西本想还手，真打起来，吴香香也不是对手。但吴摩西没打吴香香，只说了一句话："**去㞎**！"转身走了。 (『一句』, p. 168)
TT-E:	She had never hit him before. He wanted to fight back, but he didn't, even though she was no match for him. All he did was curse: "**Fuck you!**" Then he turned and walked away, a gesture that meant he was cutting ties with her.
TT-K:	이번이 우모세가 우샹샹과 결혼한 뒤로 처음 맞는 것이었다. 우모세는 맞받아치고 싶었다. 본격적으로 싸우기 시작하면 우샹샹도 맞수가 되지 못하였다. 그러나 우모세는 우샹샹을 때리지 않고 그냥 한 마디만 하였다. "**갈게!**" (『한마디』, p. 357)

방법	비용 비교	
직역	관두자	전달/처리 비용 낮음 이해 비용 낮음
오역	갈게	거래 비용 높음

위의 사례에서의 '去㞎'는 중국 허난성, 산시성 일대를 비롯한 지역에서 쓰는 방언이자 '관두자, 꺼져, 저리 가'등의 다양한 뜻

으로 쓰이는 비속이다.[34] 번역자 2는 이를 '갈게'라고 번역하였는데 이는 '去(가다)'의 글자의미와 '转身走了'의 문구의미가 서로 연관되어 있을 것이라는 보고 이렇게 번역한 것으로 판단된다.[35] 원문에서 아내에게 처음 매를 맞은 우모세가 아내와 싸우고 싶었지만, 분노를 참고 '관두자'는 한마디 내뱉으며 나가는 상황이다. 이러한 맥락을 감안하면 '갈게'라는 번역은 원문의 분위기나 화자의 불쾌한 감정을 전달하는 측면에서 정확하다고 볼 수 없다. 따라서 저자와의 협력에서 정보 전달의 정확성을 떨어뜨렸으므로 전체 번역의 거래 비용을 높이는 경우가 된다.

정리하면 언어문화소의 번역에서 성어, 속담, 비유법, 비속어 등은 일반화 또는 자국화 방법으로 유사한 의미를 지녔거나 의미와 형태가 유사한 관용표현으로 번역하여 거래 비용을 낮추었다. 그러나 말장난과 헐후어는 유사한 관용표현이 적고, 중국식 외국어 표현은 언어적 특징을 살리기 위해 대부분 보존 전략을 사용하면서 처리 비용이 높아졌다. 비록 전략 사용에서 여러모로 차이점이 존재하지만 독자의 이해 비용을 낮추고자 공을 들인 것은 공통된 점이다. 특히 비속어의 경우는 80% 이상을 모두 일반화, 자국화 방법을 사용하여 번역의 처리, 이해 비용을 낮추었다. 이외에도 '중국식 외국어' 표현을 한국어 번역에서도 일부러 '어색한 말투'로 표현하여 한국 독자와 중국 독자에게 동일한 효과를 줄 수 있도록 처리하였는데, 이는 번역자의 창의성을 발휘한 번역이므로 독자의 이해 비용을 낮추고 수용성을 높임에 있어 높게 평가할 만한 점으로 생각된다.

34 '屎'는 남자의 생식기를 뜻하는 말인데, 중국 중원지역에서는 일반적으로 일부 표현의 중간 또는 끝에 이를 추가하여 비속어로 쓴다. 예를 들면 '麻烦(번거롭다)'의 비속어로 '麻屎烦'이라고 표현한다.

35 '转身走了'는 '돌아서 가 버렸다'의 뜻이다.

문화소 번역과 번역 비용 모델

문화소 번역이 난제가 되는 것은 문화적 차이와 함께 동반되는 인식, 경험, 행위, 사고방식, 가치관 등의 차이가 문화 간 의사소통을 어렵게 만들기 때문이다. 번역자는 이러한 난제를 안고 출발어와 도착어 문화권 사이에서 중개자 역할을 한다. 앞의 장에서 보았듯이 번역 과정에서 번역자는 보다 다양한 전략으로 문화간 간격을 좁히기 위해 최소의 비용으로 최고의 효과를 내는 것을 목표로 한다. 따라서 본 장에서는 문화소 번역에 적용되는 경제원칙을 논의하고 경제적 모델을 제시하고자 한다.

또한 번역자의 문화소 번역 모델 적용 기준과 보완적 요소들을 살펴본다. 즉 번역자가 어떤 원칙을 갖고 번역에 임해야 하는지, 문화소의 언어 형식과 내포적 의미 간에서 어떤 선택을 하는지, 왜 그렇게 해야 하는지, 기준이 무엇인지에 대한 답을 찾아 보고자 한다.

1. 경제원칙 적용

실제 번역작업은 번역자가 이익을 취득하기 위함으로부터 출발한다.[36] 작품을 번역하기 전에 번역자는 협력을 통해 어떤 이익을 거둘지를 확인하게 된다. 그리고 번역자가 번역을 일단 시작하였다면 번역 거래 비용은 더 이상 영zero이 될 수 없게 된다. 그렇기 때문에 번역자가 이익을 최대화하고 비용을 최소화할 수 있도록 통제가 가능한지를 알아볼 필요가 있다.

우선 번역자와 저자의 최대 이익 면에서, 번역자는 협력의 최대 이익을 위해 원문 정보를 전체적으로 파악하고 저자의 의도를 최대한 이해하여 원작이 전달하고자 하는 교훈과 의미를 추출해 내야 한다. 한편 저자는 작품을 통해 보여주는 내용이 번역자에게 제대로 이해되고 번역자의 반응을 얻게 되고 타인의 공감을 자아낸다는 성취감을 갖게 될 것이다.

다음으로 번역자와 독자의 최대 이익을 보면, 번역자의 최대 이익은 도착어로 번역한 내용이 독자들에게 모두 수용되고 표현력과 가독성 면에서 독자의 기대를 만족시키는 것이다. 독자는 좋은 번역을 통해 다른 나라의 문화를 접하고 신선함을 느끼며 더 나아가 그중의 일부를 자국 문화에 도입하기도 한다.

한편 비용을 최소화하기 위해서는 번역자가 원문을 읽은 후 이해하고, 그에 필요한 정보를 수집하고 처리하기 위해 들이는 모든 시간과 노력을 줄여야 하는 것이다. 따라서 번역자는 정보 전환에 관련된 모든 비용을 낮추고자 할 것이다. 일례로 욕설의 경우를 보면 다음과 같다.

36 여기에서 확인해야 할 부분은 가령 번역자가 어떠한 대가도 받지 않았다고 해도 이는 대의명분을 위해 일했다는 심리적 보상을 얻을 수 있으며, 혹은 친구를 만들거나 유지할 수도 있고 기술을 배우거나 향후 좀 더 돈이 되는 작업 참여, 번역시장 진입의 기회를 얻기 위한 투자이므로 결과적으로 보면 결국 이익을 취득하기 위한 것이라 할 수 있다(Pym, 2016, 박혜경·최효은 역).

사례 132) 자국화	
ST:	个儿矮的山东人抢先啐了老布老赖一口，又操着山东腔骂道：“**妈拉个巴子**，瞎嘀咕个啥，身上哪块肉痒痒了，明告诉爷爷呀！” (『一句』, p. 129)
TT-E:	The short one spat in Lai's direction and cursed: “What are you whispering about, **motherfucker**? Tell your granddad here where it itches and I'll scratch it for you.”
TT-K:	키가 작은 산둥 사내가 먼저 라오푸와 라오라이에게 침을 뱉더니 산둥 사투리로 욕을 해댔다. “**이 빌어먹을 새끼들**이 뭘 그렇게 소곤대는 거야. 몸이 근질근질하면 이 형님한테 말을 해야지!” (『한마디』, p. 276)

사례 133) 절대적 일반화	
ST:	孙殿元就和孙毛旦说：“我说改朝换代到了吧，可不是到了！派员还担心咱不敢干，我就不信这马村只能李家当村长，咱当它一当，**看谁能把咱的鸡巴咬下来**！” (『故乡』, p. 18)
TT-E:	Sun Dianyuan told Sun Maodan, “I did say the new dynasty has come, didn't I? See, now it comes. The dispatcher worried that we won't dare to do it. I don't believe that only the Li family can be the village head here. Let's take the psot and **see who can kick our ass off!**”
TT-K:	조사원이 돌아간 뒤에 쑨톈위엔이 쑨마오단에게 말하였다. "내가 세상을 바꿀 날이 올 거라 그랬지? 보라고, 정말 왔잖아! 조사원은 우리가 엄두를 못 낼 걸 걱정하고 있었어. 난 오히려 촌장 자리에 리씨들만 앉을 수 있다는 걸 못 믿는 사람인데 말이야. 일단 그 자릴 차지하면 **누가 또 우리를 업신여길 수 있겠어!**" (『고향』, p. 47)

사례 134) 삭제	
ST:	老张表面打哈哈，心里却说：“酸也他妈的白酸，反正这办公室老子坐上了！以后你们还得**他妈的**小心点，老子也在局委会上有一票了！” (『温故』, p. 148)

TT-E:	They were vocally jealous, so Zhang made a joke to smooth things over, but deep down he was gloating. “What’s the point of being jealous? Now that I’m sitting in that chair, all you people had better **Ø** watch out. I have a vote on the bureau party committee.”
TT-K:	그는 겉으로는 하하 웃어넘겼지만 속으로는 이렇게 말하였다. “질투해도 소용없다. 어쨌든 이 어른이 부국장이 되었으니 말이야. 너희들, 앞으로는 (Ø) 조심해야 할걸. 이 어른도 국(局)위원회에서 한 표를 행사할 수 있게 되었다고!” (『닭털』, p. 62)

위의 사례 132)에서는 ‘妈拉个巴子’를 ‘이 빌어먹을 새끼들’로 자국화하였고, 사례 133)에서는 비속어가 들어간 문구를 일반화하여 핵심내용만 추출하여 전달하였으며, 사례 134)에서는 비속어를 아예 삭제해 버렸다. 이처럼 번역자가 비속어를 맥락에 따른 정보만 선별하여 번역문에 전달하는 것은 원문의 욕설 정보를 그대로 살려서 축자번역하는 방법에 비해 처리 비용과 독자의 이해 비용을 훨씬 낮출 수 있다. 작품 4권의 모든 욕설 번역 전략을 보면 이를 더욱 잘 확인할 수 있다.

작품	보존				대체					삭제	합계
	음역+한자	축자번역	텍외해석	텍내해석	동의어	제한일반	절대일반	자국화	창작	생략	
남편		1					2	28			31
한마디		7					4	35			46
고향		12					2	27			41
닭털			1				1	13		2	17
합계		20	1				9	103		2	135
비율		15%	1%				7%	76%		1%	100%

<표 1> 작품 속 비속어의 번역 방법

표를 통해 알 수 있듯이 번역자 4명은 비속어 번역에 대해 축자번역과 텍스트 외적 해석 방법을 사용한 비율이 16%인 반면, 일반화와 자국화 방법의 비율은 83%를 차지하여 보존과 대체 전략 간의 비중에 큰 차이를 보여주었다. 문화적 배경이 다르기 때문에 비속어에 대해 각주나 부연설명의 방법보다는 자국화나 일반화의 방법이 비용 측면에서 당연히 낮을 것이다. 특히 삭제의 경우는 더욱 그러하다.

그러나 모든 문화소에 대해 번역 거래 비용을 전적으로 최소화할 수는 없다. 실제 번역에서 모든 비용을 최소화하는 것은 너무나 이상적인 바람이다. 왜냐하면 일부 문화소는 번역자가 정보를 처리하기 위해 들이는 시간과 비용이 많을 수밖에 없기 때문이다. 이를테면 성어 번역에서 '烟消云散'과 같은 경우는 함축적 의미만 추출한다면 '사라지다'의 뜻이 된다. 비용 측면으로 따질 때 모든 번역을 '사라지다'로 전환하면 처리 비용을 낮출 수 있지만, 이는 문학의 언어 표현력을 저하시키고 미학적으로도 단조로운 번역물을 만들어낸다. 또한 번역의 품질을 떨어뜨려 독자의 신뢰를 잃게 되며 저자와의 협력에 영향을 준다. 그 결과 번역을 통한 번역자의 이익 창출이 떨어지게 되므로 그에 따라 비용도 높아진다. 따라서 번역자는 정보처리 비용을 높이더라도 더욱 다양하고 더욱 자연스러운 표현을 위해 '구름처럼', '연기처럼', '바람처럼', '눈 녹듯' 등의 한국어 표현으로 대체하는 것이다.

그렇다고 거래 비용이 협력에서 얻은 이익보다 커서는 안 된다. 번역자가 이익을 취득하지 못하기 때문이다. 번역 과정에서 많은 시간과 노력을 들여 정보의 완전성을 높일 수는 있지만, 그에 대한 독자의 수용이 어려워진다. 예를 들어 번역자가 모든 문화소를 온통 각주와 부연 설명으로 상세하게 처리한다면 과도한 설명이 오히려 이해 비용을 높이기 때문이다.

따라서 문화소 번역은 거래 비용과 정보성 사이에서 '균형'이라는 경제원칙을 따라야 한다. 문화소가 다양한 함축적 의미를 지니고 있는 관계로 양 언어권 간에는 필연적으로 부등성이 존재한다. 번역자가 이를 해소하기 위해 문화소의 모든 의미를 전달하면서 완전성을 높인다면 도착어권 독자들에게는 오히려 과도한 해석으로 문화소에 거부감을 느끼고 심지어 문학작품의 가독성도 떨어뜨리게 된다. 예를 들어 원문에 등장한 특정 음식의 경우, 식자재, 조리법, 지역 특성, 내포된 사회적 의미 등 모든 정보가 번역을 통해 도착어권 독자들에게 전부 수용되어야 하는 것은 아니다. 이러한 거래 비용과 정보성 간의 관계를 그림으로 표시하면 다음과 같다.

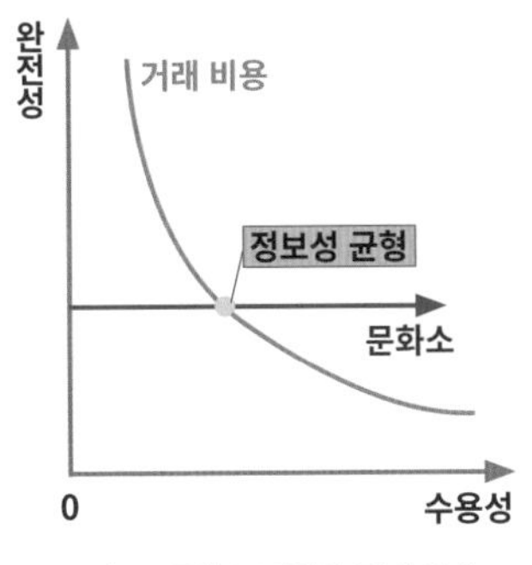

<그림 1> 문화소 번역의 경제 원칙

그림에서 볼 수 있듯이 문화소의 번역은 정보성의 균형을 지향해야 한다. 균형을 이루기 위해서는 번역자가 문화소의 수용성과 완전성의 양극을 추구해서는 안 된다. 완전성에 극단적으로 쏠려 갈수록 수용성을 포기해야 할 것이고 반대의 경우도 마찬가지로 극단적으로 한쪽을 추구하면 다른 한쪽은 포기해야 한다.

종합하여 정리하자면 경제원칙 하에서의 거래 비용이 너무 많거나 '영'이 될 수 없는 것과 마찬가지로 번역에서도 정보를 너무 많이, 또는 너무 적게 번역하지 말아야 한다는 것이다. 따라서 번역자는 거래 비용과 정보성 사이에서 적절한 균형을 찾기 위해 노력해야 한다.

2. 문화소 번역의 경제모델 제시

1) 정보수집 비용 모델

문화소는 출발어문화권의 특정 요소가 도착어 문화권에 부재하거나, 문화 간의 거리로 인해 생기는 인지적 차이이기 때문에 번역 과정에서 정보의 수집이 가장 우선이다.

번역자가 의뢰받은 텍스트의 모든 내용을 정확하게 이해하기는 어려울 것이다. 정확한 번역을 위해 문화소가 무엇을 뜻하는지, 어떤 기능으로 쓰였는지를 파악해야 한다. 이를 위한 정보수집은 모든 수단을 동원할 수 있다. 사전 또는 인터넷에서 검색하거나, 저자 또는 지인에게 연락하여 문의할 수도 있다. 예를 들어 아래의 사례를 보자.

사례 135) 축자번역+내주	
ST:	于是有一天背了一袋芝麻，跑到县政府去感谢老蒋。老蒋这时在**"三反"、"五反"**中犯了点错误，正在做检查， (『故乡』, p. 205)
TT-E:	One day, Li carried a bag of sesame seeds and went to the county government to thank Old Jiang. At that time, Old Jiang had made some mistakes during the **Three-anti and Five-anti campaigns**, and was under an inspection.

TT-K:	그래서 하루는 고맙다는 인사를 하러 참깨 한 자루를 등에 지고 현 정부로 찾아갔다. 장씨는 그때 '**3반, 5반 운동(독직, 낭비, 관료주의의 삼해三害와 뇌물, 탈세, 국유재산 도용, 노동력과 원자재 사취, 국가 경제기밀 절취의 오독五毒을 반대하자는 운동 - 옮긴이)**'의 와중에 비리를 저질러 조사를 받고 있었다. (『고향』, p. 432)

사례 136) 일반화	
ST:	有人说亲是件好事，但杨摩西平日与老崔并无交情，过去挑水时，两人见到，老崔总拿他**打镲**，以为老崔从县政府墙后过，又顺便拿他开心； (『一句』, p. 139)
TT-E:	Finding a wife was good news. But he had never had dealings with the broker; worse yet, Cui had often **taunted him** when he was delivering water. Moses thought Cui must be toying with him as he passed by.
TT-K:	사람들은 혼사가 좋은 일이라고 하지만 양모세와 라오추이 사이에는 아무런 교분도 없었다. 예전에 물을 지어나를 때, 라오추이를 만났다 하면 **자신의 일을 방해했기 때문에** 라오추이가 지나가는 길에 자신을 놀리려는 거라고 여겼다. (『한마디』, p. 297)

위 사례 135)에서는 중국의 해방 초기에 사용되었던 정치적 용어들이 등장한다. 이는 1951년부터 1952년 사이 중국 공산당 고위 간부들이 '반부패', '반탐오'를 위주로 벌인 정치적 개혁 운동이다. 그리고 사례 136)에서는 '打镲'라는 어휘가 등장한다. 중국 톈진이나 탕산일대에서 쓰는 방언으로 '남을 놀리거나 장난을 쳐서 난감하게 만드는 것'을 이르는 말이다. 만약 번역자가 원문의 역사 사건이나 방언에 익숙하지 않다면 저자나 지인과 연락하여 정확한 뜻을 이해하거나 인터넷 검색 등을 통해 의미를 알아가는 과정을 거치게 된다. 이처럼 번역자는 자신이 익숙하지 않은 정보를 이해하고 번역으로 전달하기 위해, 다양한 방법으로 정보를 선별 수집해야 하는 노력으로 정보수집 비용을

지불하게 된다. 가령 번역자가 해당 문화소 정보를 수집하지 않고 음역이나 축자역으로 번역하는 횟수가 많아진다면 이는 독자의 이해 비용을 높이고 번역 품질이 저평가되기에 향후 저자와 번역자, 번역자와 독자 사이의 협력에 영향을 주게 된다.

이 외에도 번역자는 해당 작품이 다른 언어권에서 출판되었다면 그에 관한 정보도 알아볼 수도 있다. 예를 들어 다른 번역자는 어떤 제목으로 번역하였는지, 그 번역자가 인터뷰에서 문화소 번역에 관해 언급을 한 적이 있는지 등의 정보를 수집하면 자신의 번역에도 참조할 만한 전략과 방법을 찾을 수 있고 정보의 완전성을 확보할 수 있다. 이러한 정보 수집단계의 모델을 그림으로 표시하면 다음과 같다.

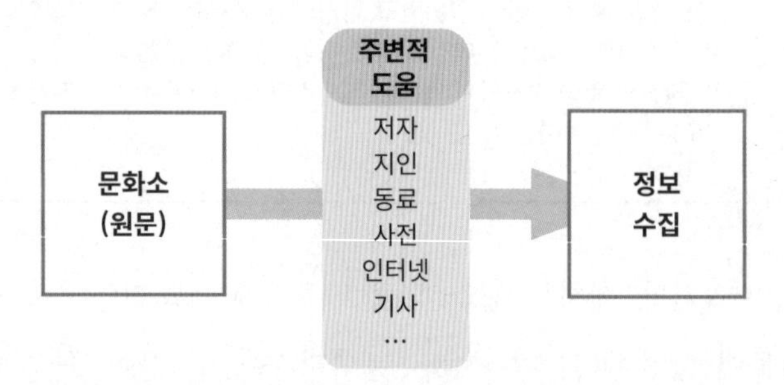

<그림 2> 문화소 정보 수집단계 모델

번역자가 문화소에 직면하게 되면 우선 〈그림 2〉와 같이 주변적 도움을 받으면서 정보를 수집해야 한다. 아무리 훌륭한 번역가라도 축적된 언어적 지식과 문화적 지식에는 한계가 있다. 문화소의 다양한 의미를 더 정확하게 이해하기 위해서 저자, 지인, 동료, 사전, 인터넷, 기사, 기타 언어권 출판물 등의 주변적 도움을 받아야 비로소 원작의 문화소 정보를 정확하게 도착어 독자들에게 전달할 수 있을 것이다. 그러므로 이러한 수집 비용은 번역 질을 높이기 위해 필요한 투자라고 할 수 있겠다.

토론하기

작품 '나는 남편을 죽이지 않았다'의 중국어 제목은 '我不是潘金莲(나는 반금련이 아니다)'입니다.

'반금련'이라는 문화소가 기타 언어권에서도 그대로 전달되기 어렵기 때문에 언어권마다 상이한 번역을 하였습니다.

영어권: '나는 남편을 죽이지 않았다'

불어권: '나는 창녀(娼女)가 아니다'

독일어: '중국식 이혼'

아랍어권: '나는 간호사가 아니다'

이상을 번역을 참조할 경우, '我不是潘金莲(나는 반금련이 아니다)'를 어떻게 번역하면 좋을까요?

....

....

....

2) 정보전달 비용 모델

수집단계를 거친 문화소는 번역자가 도착어 문화시스템에서 동등한 의미를 나타낼 수 있는 단어와 표현을 찾아야 한다. 의미의 포착에 관해서는 다음의 사례를 보기로 하자.

사례 137) 자국화	
ST:	大家愤怒地喊：“×他奶奶，要动真格的了！” “咱也不是吃素的！” “要夺咱的权，先拼了**二斤半**！”群情激愤，斗志昂扬。 (『故乡』, p. 251)

TT-E:	Everyone roared angrily, "Fuck you man, you really want a real fight, huh? "We're not easy to be bullied!" "If you try to seize power us, we will **fight till the last drop of blood!**" The crowd was furious, full of spirits.
TT-K:	모두들 분노를 담아 외쳤다. "빌어먹을, 이번엔 진짜 이판사판이야!" "제기랄, 우리도 밥만 축내는 놈들은 아니지!" "우리 정권을 뺏으러 오면, 그땐 **대갈통** 내걸고 한판 붙는 거야!" 군중들은 분노로 들끓고 사기는 하늘을 찔렀다. (『고향』, p. 526)

사례 138) 축자역+오역	
ST:	"丰茂源" 旁边, 老李又开着一个中药铺, 叫 "济世堂"。… 老李**嘴大**, 常跷着腿在街上说 : "你没病, 吃我的粮 ; 你有病, 吃我的药。" (『一句』, p. 76)
TT-E:	Old Li, the owner of Source of Abundance, also ran a Chinese medicine shop, Heal the World, next door to the granary; … **A talkative man**, Li liked to stand on tiptoes out on the street and declare, "If you're well, you eat my grain, and if you're ill, you take my medicine."
TT-K:	라오리는 펑마오위안 옆에 '지스탕(濟世堂)'이라는 이름의 한약방도 함께 운영하고 있었다. (중략) **입이 큰** 라오리는 항상 거리에 다리를 꼬고 앉아 말하였다. "사람들은 병이 없으면 우리 집 양곡을 먹고, 병이 있으면 우리 집 약을 먹지." (『한마디』, p. 162)

사례 137)에서 번역자는 '二斤半'이라는 중국어 표현의 의미를 정확하게 포착하였다. 중국의 방언에서는 머리를 '二斤半(두 근 반)'에 비유하여 표현한다. 이러한 표현은 한국어에서 대응되는 표현이 없다. 따라서 번역자는 머리의 의미를 제대로 파악한 후 문맥에 따라 비속어인 '대갈통'으로 대체하여 번역하였다. 그러나 사례 138)은 번역자가 정보 대응 관계의 판단에서 실수를 범하였다. 중국어에서의 '嘴大'는 언어 외적 의미로 '입이 크다'이지만 언어 내적으로는 '말솜씨가 능란하다, 허풍을 떨다, 비밀을 누설하다' 등 다양한 뜻을 내포하고 있다. 문맥으로 보면 여기서의 '嘴

大'는 허풍을 떤다는 의미로 해석해야 정확하지만, 번역자는 단지 언어 외적 의미에만 머물러 정보를 전달한 것이다.

이러한 정보 대응관계 모델을 그림으로 표시하면 다음과 같다.

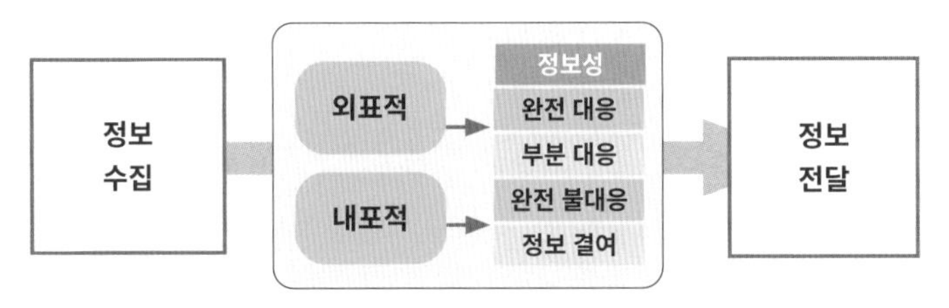

<그림 3> 문화소 정보 전달 모델 (1)

〈그림 3〉과 같이 정보 전달 모델 (1)에서 번역자는 문화소의 외표적, 내포적 의미를 모두 포착함과 동시에 해당 정보가 출발어와 도착어 간에 어떠한 대응관계를 이루는지를 확인해야 한다. 완전 대응이 되는 경우는 전달이 쉬워 비용이 낮다. 그러나 부분 대응, 완전 불대응의 경우는 정보를 잘 해석한 후 맥락과 관련된 정보를 선별하고 추출해야 하므로 비용이 높아진다. 정보의 선별과 추출에 관해서는 다음의 사례를 보자.

사례 139) 음역+한자+내주	
ST:	这时"**西安事变**"刚过，正讲国共合作，孙屎根到友军中央军的军营去参观，发现人家才像个部队的样子，(『故乡』, p. 83)
TT-E:	Right after the "**Xi'an Incident**", Kuomintang and the Communist Party were discussing ongoing cooperation. Sun Shigen visited the friendly army's barracks and found that they were well disciplined.
TT-K:	그때는 '**시안 사건'(西安事變, 1936년 12월 12일, 장제스가 자신의 부하 장쉐량에 의해 연금되어 국공내전의 중지 등을 요구 받은 사건 – 옮긴이)**이 갓 지난 시점이었다. 한창 국공합작을 외치던 터라, 쑨스건은 우군인 중앙군의 병영을 참관하러 갔는데 오히려 거기서 군대다운 군대의 모습을 발견하였다. (『고향』, p. 179)

위의 특정 역사 사건은 발생 시간과 배경, 발생원인, 과정, 결과, 영향 등 다양한 정보들을 포함하고 있다. 그러나 번역에서 그에 관한 모든 정보를 전달할 필요는 없다. 번역자는 소설 맥락에 맞게 핵심적인 내용만 간단명료하게 정리해야 한다. 따라서 복잡하고 함축의미가 많을수록 번역자가 정보를 전달하는 데에 노력이 든다.

이어서 해결해야 할 문제는 번역자가 추출한 정보를 어떤 방식으로 전달할 것인가를 판단하는 것이다. 이는 다음의 사례를 통해 분석해 보자.

사례 140) 축자역	
ST:	上次送杨百利进"延津新学"，就是老杨找老马商量的结果，结果虽是**鸡飞蛋打**，但老杨记吃不记打，遇到便宜，仍想去占。 (『一句』, p. 81)
TT-E:	But, being the indecisive type, he hesitated for two days before going to see Old Ma, who had worked out the idea of sending Baili to Yanjin New School a while back. That **had fallen apart** in the end, but Yang, who focused on gains and ignored losses, could not pass up such a good deal.
TT-K:	지난번에 양바이리를 '옌진신학'에 보낼 때도 라오양은 라오마를 찾아가 상의한 끝에 결론을 얻었었다. 그 결과 **닭은 날아가고 달걀도 깨져버렸지만** 먹는 것만 기억하고 얻어맞은 것은 잊는 성격인 라오양은 이번에도 그를 찾아갔다. (『한마디』, p. 172)

사례 141) 자국화+창작	
ST:	上次给他打电话时，告诉他李雪莲的事情圆满解决了，她要跟人结婚了，还得到马文彬的表扬；没想到两天过后，又**鸡飞蛋打**； (『潘金莲』, p. 205)
TT-E:	During his previous call he had informed Ma that everything had been taken care of, that Li Xuelian was getting married. He had only two days to bathe in the praise he'd received when **the hen flew the nest and the egg broke**.

TT-K:	지난번 그에게 전화를 했을 때는 리설련이 누군가와 결혼을 함으로써 문제를 원만히 해결하게 되었다고 보고해 칭찬을 받았었다. 이틀이 지난 지금은 또 **닭 쫓던 개가 지붕 쳐다보는 격이 되었으니 눈앞이 캄캄할 따름이었다**. (『남편』, p. 296)

사례 142) 자국화	
ST:	“也不会，就是行政会介入，会罚款，会开除公职，这不是**鸡飞蛋打**吗？” (『潘金莲』, p. 21)
TT-E:	“Not that either. It would be something administrative, like a fine or the termination of public employment. But that would be sort of **like ‘the egg breaks when the hen flies off**,’ wouldn’t it?”
TT-K:	“그렇지는 않아요. 행정적인 개입이 있겠죠. 벌금을 내고 공직에서는 잘리고요. 그렇게 되면 **동냥도 못 받고 쪽박을 깨는 일** 아닙니까?” (『남편』, p. 35)

위의 세 사례에서 나오는 성어 ‘鸡飞蛋打’는 ‘아무 소득도 얻지 못하고 도리어 손해만 봄’을 이르는 말이다. 번역자는 이를 글자 의미 그대로 전달할지, 한국어의 속담으로 대체할지, 아니면 속담 뒤에 ‘눈앞이 캄캄한’ 상황 설명까지 추가할지를 판단해야 한다. 이와 동시에 정보는 경우에 따라 의무적 혹은 선택적으로 전달할 수 있다. 맥락에서의 기능과 가치를 고려할 때 의무적으로 반드시 전달해야 하는 정보가 있는가 하면 번역자의 판단하에 선별하여 전달해도 무방한 경우도 있다. 이 단계의 요소들을 그림으로 표시하면 다음과 같다.

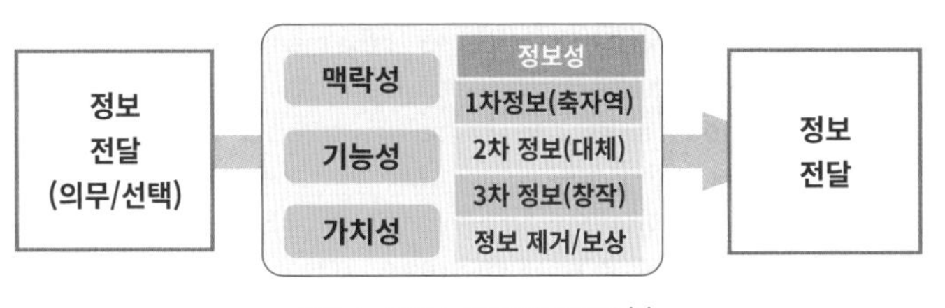

<그림 4> 문화소 정보 전달 모델 (2)

〈그림 4〉와 같이 정보 전달 모델 (2)에서 번역자는 문화소의 정보를 추출한 후에 의무적 또는 선택적으로 전달하는 갈림길에서 있게 된다. 원텍스트의 문화소에 대해 글자 의미 그대로만 번역하여 1차적 정보를 전달해야 하는지, 동의어나 일반화 방법으로 대체하여 2차 정보를 제공해야 하는지, 창작으로 완전히 새로운 3차 정보를 제공해야 하는지, 아니면 보충 설명을 넣어 정보를 확장해야 하는지, 또 아니면 삭제해야 하는지 등을 판단한다. 이러한 과정에서 번역자는 해당 문화소의 맥락성, 기능성, 가치성에 따라 필요한 정보의 전달 여부를 고민하게 되고 정확한 번역을 진행하기 위해 노력을 들이고 비용을 지불한다.[37]

37 문화소의 맥락성, 기능성, 가치성에 관해서는 5.3에서 더 구체적으로 논의한다.

3) 정보처리 비용 모델

문화소에 관한 필요한 정보를 선별한 후 번역자는 도착어로 번역하기 시작한다. 그러나 도착어 규범 또는 이데올로기, 번역 원칙 등 요소에 대해서 번역자는 이를 준수, 배척 혹은 혁신을 하여 번역문으로 처리하는데 이는 다음의 사례를 통해 살펴보자.

사례 143) 삭제	
ST:	小林便将菜市场的巧遇原原本本给老婆说了。最后把“小李白”让他看鸭子收帐的事也说了。没想到老婆一听这事倒高兴，同意他去卖鸭子，说：“一天两小时，也不耽误上班，两个小时给你二十块钱，**比给资本家端盘子挣得还多**，怎么不可以！从明天起孩子我来接，你去卖鸭子吧，这事你能干得下来！” (『温故』, p. 299)
TT-E:	He told her what had happened at the market, and was delighted over the news that Li had asked him to collect the money for him. “Two hours a day and you still go to work as usual. Twenty Yuan for two hours is **more than you’d earn as a waiter for big-shot capitalists**. So why not? Starting tomorrow, I’ll pick up the child after work and you go sell ducks. You can do it.”

TT-K:	그는 시장에서 우연히 만난 '작은 이태백'의 이야기를 아내에게 해주었다. 이야기의 끝에 '작은 이태백'이 오리를 관리하고 판매 대금 받는 일을 그에게 부탁했다는 말도 하였다. 그 이야기를 듣자마자 아내는 뜻밖에도 무척 기뻐하면서 그렇게 하라고 하였다. "하루에 두 시간 일하고 20원이면, **(∅) 식당에서 음식을 나르는 것보다 돈을 더 버는데**, 왜 안 해? 내일부터 아이는 내가 데려올 테니, 당신은 오리 팔러 가. 충분히 할 수 있는 일이잖아." (『닭털』, p. 70)

사례 144) 자국화	
ST:	老曹仍不依，摇下车窗，指着另一辆车边的荀正义，摆出老领导的架式说："**正义呀**，这案子你好好给我问一问。我给你说过的，当官不与民做主，不如回家卖红薯。" (『潘金莲』, p. 45)
TT-E:	Still struggling, he rolled down the window, pointed at Xun, who was standing by the second car, and, in an official tone of voice, said, "**Zhengyi**, you to investigate this case. I've said in the past that any official who doesn't stand up for the common people might as well go home and sell sweet potatoes."
TT-K:	그리곤 다른 차에 걸쳐 앉은 순정의를 손가락으로 가리키며 옛 상사의 건재를 과시하였다. "**이보게, 정의**! 이 사건은 자네가 나를 봐서라도 꼭 신경 써서 처리하게. 내가 자네에게 말했지. 법관이라는 사람은 언제나 국민 편에 서야 해. 그러지 않을 거면, 차라리 집어치우고 고구마 장사를 하는 게 낫지." (『남편』, p. 68)

사례 145) 축자역	
ST:	卖灌汤包的，卖煎包的，卖胡辣汤的，卖**糖梨**的，卖馄饨的，卖杂碎汤的，一家点一盏电石灯，亮了一街。 (『一句』, p. 201)
TT-E:	Shops were lit up along the major thoroughfare outside Xiangguo Temple, while small stands crammed both sides of the street, where soupy buns, pan-fried buns, hot and spicy soup, **candied pears**, wontons, and pig intestine soup were sold. The street was ablaze with carbide lamps at each stand.
TT-K:	관탕바오를 파는 집도 있는가 하면 젠바오를 파는 집도 있고 후라탕을 파는 집도 있었다. **사탕배**를 파는 집도 있고 훈툰이나 잡쇄탕을 파는 집도 있었다. 집집마다 전등을 하나씩 켜다 보니 거리 전체가 대낮처럼 밝았다. (『한마디』, p. 420)

위의 세 사례에서 사례 143)은 이데올로기적인 요소로 인해 '자본가'라는 표현을 생략하였다. 중국에서 '자본가'를 풍자적 의미로 사용하는 것이 정서적으로 한국 독자들이 수용하기 어려운 점을 감안하여 삭제 방법을 사용하여 처리하였다. 반면 사례 144)는 옛상사가 직장 후배와 대화하는 장면에서 후배의 이름을 직접 호명하고 있지만, 한국에서 직장 동료 사이에 서로 대우해 주는 관습에 따라 '이보게'라는 표현을 추가하여 번역하였다. 처리 비용으로 볼 때 사례 143)은 처리 비용을 낮추었고 사례 144)는 처리 비용을 높였다.

다음 사례 145)에서는 번역자가 원문의 '糖梨'를 글자 의미대로 '사탕배'라고 번역하였다. 한국어에 '사탕배'라는 개념이 없으므로 상위어인 '배'로 번역하면 처리 비용을 낮출 수 있었으나 번역자는 원문의 정보를 그대로 살려야 한다는 자신의 원칙에 따라 도착어 규범을 배척하면서 처리 비용을 높였다. 그러나 도착어 규범을 배척하면서 처리하는 방법은 자칫 독자의 이해 비용을 높일 수 있는 위험성이 존재하기 때문에 신중한 선택을 해야 할 것이다.

이 밖에도 정보처리는 번역자의 언어적 소양과도 관련이 있는데 다음의 사례를 보기로 하자.

사례 146) 자국화	
ST:	不会写字就不能接住了？回去卖给**摇拨浪鼓的**还能赚几块钱呢！ (『故乡』, p. 113)
TT-E:	You can sell it to **the peddler** to make some money when you go back to your hometown!
TT-K:	나중에 **장돌뱅이**한테 팔아넘기면, 다만 몇 푼이라도 건질 수 있잖아! (『고향』, p. 241)

사례 147) 축자역	
ST:	董宪法觉得，牲口市上的**牲口牙子**，与人在袖子里捏手，撮合双方买卖，都比法院的工作强。 (『潘金莲』, p. 33)
TT-E:	In his view, being a **livestock broker**, bartering over the price of an animal, fit him better than adjudicating cases at law.
TT-K:	동헌법은 법원일보다는 차라리 가축시장에서 **흥정을 붙이는 가축 중개인**이 되는 편이 낫겠다고 생각하였다. (『남편』, p. 52)

위의 사례 146)에서 '拨浪鼓'는 자루가 달린 작은 북으로 양쪽에 구슬을 달아 흔들면 소리가 나는 악기이다. 옛날 장사꾼들이 골목에서 이를 흔들며 물건을 팔았다. 원문의 '摇拨浪鼓的'를 장돌림을 낮잡아 이르는 '장돌뱅이'로 자국화한 것은 원래 정보가 갖는 폄하의 의미를 살린 번역으로 적절하다고 볼 수 있다.

반면 사례 147)에서의 '牙子'는 고대 상업에서의 중개 역할을 하는 사람을 일컫는 말이다. 그러므로 '牙子'라는 어휘의 유래와 시대적 배경을 감안한다면 '중개인'보다는 '흥정꾼'으로 처리하는 것이 더욱 적절할 것이다. 즉 대안역으로 '차라리 가축시장에서 거래를 성사시켜주는 흥정꾼이 되는 편이 낫겠다고 생각했다'로 처리하는 것이다.

이로부터 볼 때 적절한 표현으로 원문의 문화소 특성을 살리는 것은 번역자의 언어적 소양과 밀접한 연관이 있다. 문화소에 따른 언어적 소양은 번역자의 일반적인 출발어와 도착어의 사용능력에만 그치는 것이 아니라 번역자로서 문화소 번역에 필요한 비용을 어느 정도 지불할 수 있는가의 능력을 말한다. 즉 단순한 의미전달의 번역이 아니라 번역자가 출발어의 문화소 배경 또는 특성을 최대한 도착어에 정확하게 전달해 주는 능력이다. 만약 언어적 소양의 결핍으로 원문의 이해 오류나 오역을 범하게 된다면 이는 잘못된 정보 전달로 독자의 이해를 방해하게 된다. 또한 번역 결과물의 가독성이나 수용성이 떨어져 번역의 품질에도 영향을 주게 된다. 따라서 번역자는 언어적 소양을 끊임없이 높임으로써 번역에서의 정보 처리, 이해 비용을 낮추어 효율적인 번역이 되도록 해야 한다.

이러한 정보 처리단계의 모델을 그림으로 표시하면 다음과 같다.

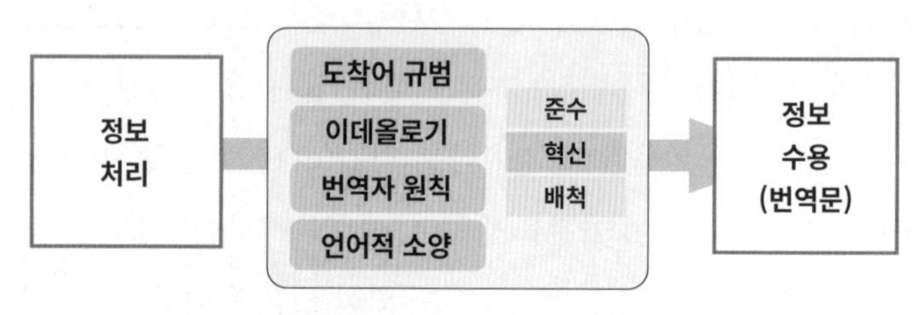

<그림 5> 문화소 정보 처리단계 모델

〈그림 5〉에서와 같이 정보 처리단계에서 번역자는 이데올로기 차이로 인해 정보를 조율하기도 하고, 도착어 규범에 따라 필요한 정보를 추가하거나 삭제할 수도 있으며, 또 번역자 자신만의 번역 원칙에 따라 도착어 규범을 배척하거나 혁신하면서 새로운 '언어적 표현'을 만들 수도 있다.

번역이 출발어를 탈부호화하여 재구성, 재표현을 하는 작업이라는 점에서 문학번역 같은 경우 이러한 처리 과정은 더욱더 어렵다. 특히 번역 완성물이 언어 표현력과 문장 구성력이 떨어진다는 평가를 받게 되면 의뢰인의 신뢰를 잃어버리게 된다. 실제 문화소 번역에 있어 번역자가 고려해야 하는 범위는 넓고 심도는 깊어야 한다. 때로는 작가처럼 맥락의 빈 부분을 채워 넣어 작품의 이해도를 돕고, 전체 맥락, 문화 배경, 트렌드를 아우르는 의미를 전달해야 한다.

4) 정보이해 비용 모델

정보이해 단계는 정보 전달, 처리와 아주 밀접한 관계를 갖고 있는 단계로서, 최종 번역된 정보는 도착어문화권 독자들에 의해 이해되고 수용될 수 있어야 한다. 만약 그렇지 못할 경우, 정보 이해를 위한 독자의 노력이 뒤따르게 되므로 이해 비용이 높아진다. 다음의 사례를 보기로 하자.

사례 148) 축자역	
ST:	找了篾匠老王，找了鞋匠老赵，找了做醋的老李，找了卖**鸭梨**的老马，不是本人手脚不利索，上不得台面，… (『一句』, p. 121)
TT-E:	He went to see Old Wang the basket weaver, Old Zhao the cobbler, Old Li the vinegar maker, and Old Ma the **pear** peddler. They either were not nimble enough to be on stage or abhorred the disorderly scene, ……
TT-K:	죽세공 장인인 라오왕(老王)을 찾고 신발 장인 라오자오(老赵), 식초 만드는 라오리(老李), **오리배**를 파는 라오마(老馬)를 찾았지만, 하나같이 동이 민첩하지 못해 무대에 올릴 수 없거나... (생략) (『한마디』, p. 258)

사례 149) 축자역	
ST:	过去老杨不给他寻媳妇他牢骚满腹，现在老杨把媳妇给他张罗来了，他从另一面又有了不满。杨百业："我是一个囫囵人，凭啥给我找个缺耳唇的？" 老杨上去踢了他一脚："你是不缺耳唇，你**缺心眼**。" (『一句』, p. 85)
TT-E:	He had been grumbling about his father's inattention to his marriage prospects, but he had a different complaint now that Yang had found him a wife. "I'm not missing any body parts, so why did you find me a wife without an earlobe?" Yang kicked him in the shin. "You're not missing an earlobe but you have **a hole in your head**."

TT-K:	과거에 라오양이 그에게 아내를 얻어주지 않을 때는 불만이 가득했는데 이제 라오양이 그에게 혼처를 구해주자 불만을 갖게 되었다. 양바이예가 말하였다. "나는 멀쩡한 사람인데 왜 귓불이 하나 없는 사람을 아내로 얻어야 하는 건가요?" 라오양이 다가가 발로 그를 걷어차면서 말하였다. "너는 귓불이 없는 게 아니라 **마음의 눈이 없잖아**, 인마." (『한마디』, p. 179)

위 사례 148)을 보면 중국어의 '鸭梨'를 '오리배'로 축자번역하였다. '鸭梨'는 서양배로서 호롱박처럼 꼭지 부분이 길쭉하고 밑부분이 둥그런 형태를 띤 배이다. 상위어 '배'로만 번역해도 맥락에 전혀 손상을 주지 않고 처리 비용도 줄일 수 있다. 그러나 번역자는 이를 글자 의미 그대로 번역하였다. 한국어에서의 '오리배'는 호수에서 타는 오리 모양의 배를 연상시키므로 한국 독자들이 이를 과일 장사꾼이라는 이미지와 연관시키기 어려울 것이다. 다음 사례에서 나오는 '缺心眼'은 중국어에서 '멍청하다. (사람이) 좀 모자라다. 머리가 아둔하다'의 뜻을 담고 있는 관용구이다. 그러나 '마음의 눈'이라는 번역은 해당 인물이 생각이 없음을 폄하하여 말하는 것과는 거리가 멀고 맥락상 이러한 표현을 수용하기 어렵다. 따라서 대안역으로 '소갈머리가 없다'라는 표현으로 대체한다면 더 적절한 번역이 되고 독자의 이해 비용을 낮출 수 있겠다. 이처럼 번역자는 정보를 처리함에 있어서 독자의 수용성과 이해용이성에 각별히 주의를 돌려야 하는데 이해단계의 모델을 그림으로 표시하면 다음과 같다.

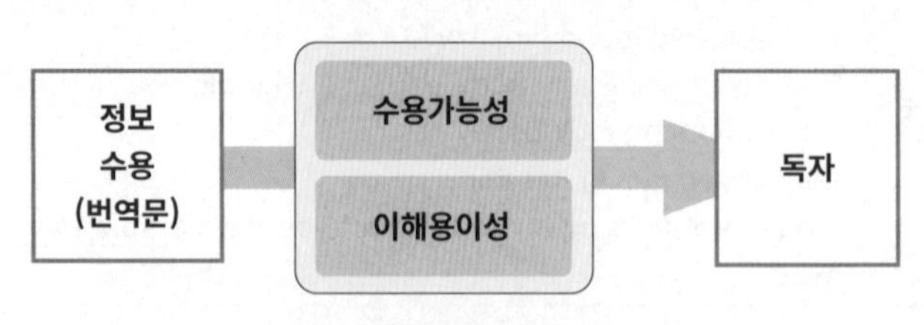

<그림 6> 문화소 정보이해 단계 모델

〈그림 6〉에서와 같이 정보이해 단계에서 번역자는 자신이 처리한 정보를 독자들이 수용할 수 있을지, 쉽게 이해할 수 있을지 고려하여 번역해야 한다. 특히 문화소를 혁신적으로 도입하는 전달 방법은 도착어문화권에 물질적 또는 정신적인 새로운 표현 방식이나 정보들을 만들어 주지만 이를 처음 접하는 독자에게는 이해의 무리를 가져올 수 있다. 난해한 용어를 쓰거나 원천텍스트의 표현을 과도하게 사용한다면 독자들이 스스로 그에 대한 정보를 수집하느라 이해 비용이 높아지는 것이다.

이상의 모델을 종합하여 정리하면 다음과 같다.

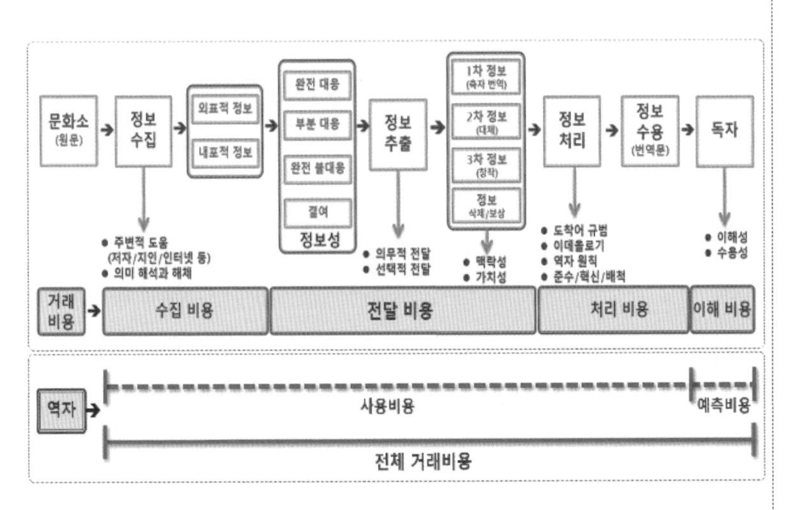

<그림 7> 문화소 번역에서의 거래 비용 모델

〈그림 7〉에 나열한 요소와 거래 비용의 관계를 설명하면 다음과 같다.

우선 정보 수집단계에서 번역자는 주변적 도움을 받아 관련 정보를 정확하게 이해한 후, 문화소의 외표적인 정보와 내포적 정보를 해석 및 해체해야 한다. 이 단계에서 들이는 시간과 노력은 모두 수집 비용에 속하며 비용이 높다고 해서 정보 수집을 지양해야 하는 것은 아니다. 정보수집이 정확할수록 전달, 처리, 이해 비용이 낮아지기 때문이다.

다음으로 정보 전달단계에서 번역자는 문화소의 정보 대응관계를 잘 포착해야 한다. 완전 대응 관계는 전달 비용이 낮지만, 부분 대응, 완전 불대응, 정보 결여 등 상황에서는 번역자가 정보를 추출하고 선별하는 데에 공을 들여야 하며 이에 따라 비용도 높아진다. 이렇게 추출된 정보는 원문의 맥락에 따라 의무적으로 반드시 전달해야 하는가 하면, 번역자 판단에 의해 선택적으로 전달될 수도 있다. 다시 말하면 문화소를 글자 의미대로 1차 정보를 전달할 것인지, 동의어, 자국화, 일반화 방법으로 기본적인 2차 정보를 제공할 것인지, 창작으로 완전히 새로운 3차 정보를 제공할 것인지, 보충 설명을 추가하여 정보를 확장할 것인지 아니면 삭제할 것인지 등을 판단해야 한다. 이러한 판단은 문화소 번역의 판단기준을 따라야 한다. 즉 문화소의 '기능, 가치, 빈도' 3요소[38]를 확인한 후 맥락에 따라 전달을 해야 할 것이다. 따라서 정보 전달에서 번역자가 들이는 노력과 비용은 정비례 관계를 이룬다.

38 '기능, 가치, 빈도' 3요소에 대한 자세한 설명은 3. 문화소 번역에서의 번역자 재량 부분을 참고하면 된다.

이어서 정보 처리단계에서는 전달하고자 하는 정보를 선별하여 번역 여부를 판단한 후 도착어로 전환해야 한다. 이 처리 과정에서 번역자는 도착어 규범을 배척, 준수, 혁신할 수 있으며 이데올로기, 번역자 자신의 번역 원칙, 언어적 소양 등에 따라 원문에 개입하고 중재하여 번역문을 완성한다. 처리 과정에서 번역자의 정신적, 체력적 노력이 최고치에 달하게 되며 처리 비용이 발생하게 된다.

마지막으로 정보 이해단계에서는 번역자가 완성한 번역물이 독자들에게 전달되었을 때 수용가능성과 이해용이성을 가늠하는 단계이다. 자연스럽고 친숙한 번역은 독자의 이해 비용을 낮추지만, 난해한 용어를 쓰거나 원천텍스트의 표현을 과도하게 갖고 온다면 독자들이 그러한 정보를 이해하는 데에 비용이 높아지는 것이다.

종합하여 정리하자면, 정보 수집, 전달, 처리, 이해단계에서 거래 비용과 정보성의 적절한 균형을 찾기 위해 노력해야 한다.

3. 문화소 번역에서의 번역자 재량

경제원칙에 따라 문화소 번역은 정보를 과도하게 또한 과소하게 전달해서는 아니 됨을 확인하였는데, 이와 함께 제기되는 문제는 바로 문화소를 직면했을 때 번역자가 어떤 기준에 따라 번역 여부를 결정하는가의 문제이다. 즉 문화소의 정보 전달 여부에 대한 판단기준이 필요한 것이다. 번역자가 문화소 번역에 따른 정보 전달단계의 비용을 줄이기 위해서 번역 여부에 대한 판단기준을 정한다면 문화소 정보 추출, 선별에 따른 각종 변수, 특히 해당 문화소를 번역할 것인지, 또한 '어떻게', '얼마만큼'의 정보를 전달할지를 빠르게 결정하여 이어지는 처리단계에 들어갈 수 있을 것이다. 이를 위해 문화소 정보전달의 판단기준을 다음과 같이 제시하고자 한다.

1) 문화소의 기능

문화소의 기능이란 작품 전체 또는 맥락적 층위에서 해당 문화소에 부여된 역할과 작용을 말한다. 구체적으로 다음과 같은 내용이 포함된다.

(1) 해당 문화소가 작품의 주제나 구성, 인물, 사건 등에서 중요한 역할을 하는가?

(2) 해당 문화소가 사회계층, 지리적 소속, 문체 등 차원에서 수행하는 기능이 있는가?

(3) 해당 문화소가 작품의 어느 부분에 사용되어 어떤 기능을 하는가?

이러한 질문에 가장 잘 답해줄 수 있는 사례는 작품명 번역이다. 이 책의 분석 작품명 번역을 보면 다음과 같다.

	중국어 제목	한국어 제목
1	『我不是潘金莲』	『나는 남편을 죽이지 않았다』
2	『一句顶一万句』	『말 한 마디 때문에』
3	『故乡天下黄花』	『고향 하늘 아래 노란꽃』
4	『一地鸡毛』	『닭털 같은 나날』

<표 2> 분석 작품명 번역 양상

이 네 작품 중『나는 남편을 죽이지 않았다』의 번역이 가장 특징적이다. 중국어의 원 제목은『我不是潘金莲(나는 반금련이 아니다)』이다. 번역자는 '반금련'이라는 문화소를 어떻게 전달할 것인가에 대한 고민이 깊었을 것이다. 제목은 작품의 주제나 구성, 인물에서 중요한 역할을 하기 때문에 반드시 번역해야 한다. 그러나 이는 또 어느 부분에서 사용되었는가와 연관된다. 반금련이라는 문화소를 제목으로 책 표지에 옮기게 되면 한국 독자들은 해당 인물에 대한 배경지식이 없어서 무엇을 의미하는지 바로 알 수 없을 것이다. 따라서 번역자는 번역본의 제목을『나는 남편을 죽이지 않았다』로 조율하였고, 작품 속에서 등장

할 때 이 인물의 정보에 대해 각주를 달아 설명해 주었다.

동시에 이 작품 속 기타 인물의 이름에도 다른 기능이 부여되었는데 다음의 사례를 보자.

사례 150) 음역＋한자＋각주	
ST:	李雪莲头一回见王公道，王公道才二十六岁。 (『潘金莲』, p. 3)
TT-E:	Li Xuelian first met Wang Gongdao —Justice Wang— when he was only twenty-six, ……
TT-K:	리설련(李雪蓮)이 처음 왕공도(王公道)*를 만났을 때, 그는 겨우 스물여섯 살이었다. *각주: 공정한 법칙, 도리라는 뜻 (『남편』, p. 11)

기타 작품에서 일반적으로 인명을 중국어 원음과 한자를 병기하는 처리방식과 달리 작품 '나는 남편을 죽이지 않았다'에서는 위의 사례와 같이 한자음과 한자를 병기하고 또 각주를 달아 주었다. 한자음으로 번역한 것은 작품에 등장하는 중요한 인물들의 이름이 중국어 원문에서 말장난처럼 사용된 것과 연관이 있기 때문이다. 인명이 그 인물의 특성을 암시하거나 혹은 그 이름의 정반대가 되는 뜻으로 지어져서 인물들의 이름 속에 저자의 유머가 녹아있다고 할 수 있다. 또한 독자들이 인물의 이름에 담겨있던 뜻과는 완전 정반대로 흘러가는 이야기를 보고 답답해하면서도 소설에 더욱 몰입하게 된다. 따라서 번역자는 한자음을 사용하고 각주로 이름의 뜻을 해석하여 문화소 기능을 살리고 한국 소설 같은 친숙한 느낌을 만들어 갔다.[39] 비록 각주로 인해 처리 비용이 많이 들지만 이는 문화소가 갖는 기능을 최대한 살리기 위한 것이다.

이 외에도 지명이나 의식주, 직함 등 문화소들은 모두 지리적

39 기타로는 '董宪法(동헌법): 헌법을 이해하다는 뜻과 발음이 같다', '史为民(사위민): 백성을 위한다는 뜻', '채부방(蔡富邦): 부유한 나라라는 뜻' 등의 이름을 번역자는 각주로 설명해주었다. 그러나 작품 속 인물의 일부, 예를 들면 '순정의(荀正义): 정의를 구하다'의 경우는 각주를 달아주지 않고 있기에 각주 설명의 일관성이 부족하다.

상황, 소속된 사회계층, 문체적인 표현 등에서 중요한 역할을 하기 때문에 번역자는 해당 문화소의 번역 여부에 대해 신중한 판단을 내리고 진행해야 할 것이다.

2) 문화소의 가치

문화소의 가치란 작품에서 해당 문화소가 지니고 있는 중요성 또는 의의를 말한다. 구체적으로 다음의 내용을 포함한다.

(1) 해당 문화소가 작품의 문화적 색채를 살려주는가?
(2) 해당 문화소가 출발어문화권에서 중요한 가치를 지니고 있는가?
(3) 해당 문화소가 도착어문화권에 이식되었을 때 어느 정도의 수용이 가능한가?

문화소는 출발어 문화권에서 해당 독자들이 서로 간의 보편적인 배경 지식, 인지적 환경을 공유하고 있기 때문에 장황한 설명 없이도 작품에서 중요한 가치를 갖고 있음을 알 수 있다, 그러나 그렇지 아니할 경우는 번역자의 중개가 필요한데 다음의 사례를 보기로 하자.

사례 151) 음역＋한자＋각주	
ST:	我不是李雪莲，我是**窦娥**。(『潘金莲』, p. 71)
TT-E:	Even better, she was the **martyred heroine Dou E in the yuan drama Snow in Midsummer**.
TT-K:	차라리 리설련이 아니라 **두아(竇娥)**였다. **각주: 원나라 때의 희곡 <두아의 원한>의 주인공, 젊은 과부 두아가 시아버지를 죽였다는 누명을 쓰고 죽은 뒤 그 원한을 법정에 호소하여 갚는다는 이야기** (『남편』, p. 107)

사례 152) 음역+한자+각주	
ST:	简直是当代的'**小白菜**'呀。比清朝的'小白菜'还离奇的是，她竟然要告她自己。(『潘金莲』, p. 97)
TT-E:	She is a modern-day '**Little Cabbage.**' No, even stranger than the Qing dynasty Little Cabbage, because she is even pressing charges against herself.
TT-K:	정말이지 오늘날의 **소백채(小白菜)**라고 할 수 있네. 청대의 소백채 사건보다 더 이상한 것은 그녀가 자기 자신까지도 고소하고 있다는 점이야. **각주: 청나라 때의 유명한 재판으로 남편을 죽였다는 억울한 누명을 쓴 주인공** (『남편』, p. 145)

위의 두 사례에서 나오는 '두아'와 '소백채'는 모두 역사적으로 억울한 누명을 쓰고 우여곡절을 겪은 대표적 인물이다. 이는 작품의 주인공 '리설련'이 '반금련'이라는 억울한 누명을 쓴 것과 깊은 관련을 맺고 있기 때문에 작품에서 중요한 가치를 가지고 있다. 따라서 번역자는 이러한 인명에 대해 한자음과 한자만 병기하지 않고 각주로 '억울한 누명 쓴 인물'이라는 점을 강조하여 설명해 주었다. 즉 문화소 가치 면에서 차지하는 비중이 아주 크므로 높은 번역 처리 비용을 지불하면서 이를 독자들에게 전달한 것을 알 수 있다.

다른 일례로 '닭털같은 나날들'의 중국어 제목은 '一地鸡毛(땅에 닭털 한가득)'이다. 작품 제목을 보고 중국 독자들은 '鸡毛蒜皮'라는 성어를 통해 아무 보잘 것 없는, 사소한 일들과 관련된 내용임을 유추할 수 있다. 또한 작품의 실제 내용도 일상의 자질구레한 일들을 써가면서 해학적으로 현실을 풍자하고 있다. 그러나 의미 그대로 옮겼을 경우 한국 독자들에게 생소한 언어 조합이고 문학 작품명으로도 적합하지 않을 수 있다. 따라서 번역자는 원작에서의 '닭털'이 문화적 색채와 가치를 지니고 있음을 파악하고 도착어권 독자들의 수용과 이해를 위해 원제목의 정보를 기반으로 '닭털같은 나날'로 조율하여 새로운 제목을 만들어 낸 것이다.

3) 문화소의 빈도

문화소의 빈도란 작품 속에서 동일한 해당 문화소가 반복적으로 출현하는 정도를 말한다. 출현빈도가 많을수록 해당 문화소의 기능과 가치가 중요해지는 것이다. 구체적인 내용으로는 다음과 같다.

(1) 해당 문화소가 작품 속에서 출현하는 빈도는 어떠한가?
(2) 해당 문화소가 작품 또는 작가의 특성을 살리는 데에 필요한 반복인가?
(3) 해당 문화소가 도착어문화권의 언어적 특징에 부합되는 반복인가?

문화소 반복에 관해서는 성어 번역을 예로 들 수 있다. 류전윈 작가는 작품 속에 중국어의 사자성어를 즐겨 쓰며 또한 동일한 성어를 반복적으로 사용하는 경향이 있다. 작품 4권 속의 5회 이상 출현한 성어를 통계해보면 '哭笑不得(23회), 久而久之(18회), 一五一十(14회), 节外生枝(13회), 恍然大悟(10회), 闷闷不乐(8회), 无足轻重(7회), 忘恩负义(7회), 作鸟兽散(7회), 胡搅蛮缠(7회), 七零八落(7회), 不由分说(6회), 阴差阳错(6회), 熟视无睹(6회), 三天两头(5회), 无精打采(5회), 烟消云散(5회), 破碗破摔(5회), 红光满面(5회), 人多势众(5회), 眉清目秀(5회)' 등 성어들이 등장하였다[40] 이석철, 2019.

40 哭笑不得: 웃을 수도 울 수도 없다, 久而久之: 오랜 시일이 지나다, 一五一十: 일일이, 节外生枝: 또 다른 문제가 파생하다, 恍然大悟: 문득 깨치다, 闷闷不乐: 마음이 답답하고 울적하다, 无足轻重: 보잘것없다, 忘恩负义: 배은망덕하다, 作鸟兽散: 뿔뿔이 흩어지다, 胡搅蛮缠: 마구 생트집을 잡다, 七零八落: 이리저리 흩어지다, 不由分说: 다짜고짜로, 阴差阳错: 뜻하지 않게 틀어지다, 熟视无睹: 본체 만체하다, 三天两头: 하루가 멀다 하고, 无精打采: 의기소침하다, 烟消云散: 연기나 구름같이 사라지다, 破碗破摔: 자포자기하다, 红光满面: 얼굴의 혈색이 좋다, 人多势众: 사람도 많고 세력도 크다, 眉清目秀: 용모가 수려하다.

이러한 중복은 류전윈 작품에서 주제에 대한 강조와 인물, 이야기의 전개에 중요한 의미를 가지며 작가의 서술 방식과 언어적 특성을 보여주는 불가결의 요소이다刘妍, 2013. 따라서 실제 번역을 보더라도 네 명의 번역자들은 '眉清目秀'를 1회만 삭제하고 모두 다양한 방법을 사용하여 완역하였다.

그러나 문화소가 여러 회 출현하였다고 해서 꼭 번역해야 하는 것은 아니다. 빈도와 더불어 해당 문화소의 기능과 가치 등을 통합하여 번역여부를 판단해야 한다. 다음의 사례를 보기로 하자.

사례 153) 음역+각주	
ST:	他用手摸了摸孩子的头，不知是孩子刚刚睡醒的缘故，还是嗅到了医院的味道，烧突然又退了下去。眼睛也有神了，指着医院对面的"**哈蜜瓜**"要吃。看情况有些缓解，小林觉得老婆的办法也可试一试。于是就跟老婆一块出医院，给孩子买了一块"**哈蜜瓜**"。吃了一块"**哈蜜瓜**"，孩子更加活泼，连咳嗽一时也不咳了，跳到地上拉着小林的手玩。 (『鸡毛』, p. 282)
TT-E:	He touched the girl's forehead. She was no longer running a fever, either because she'd just awakened or detected the smell of the hospital. Life had returned to her eyes, as she pointed at the **melons** across the street. Since she was feeling well enough to want a **melon**, he agreed to try his wife's solution. They walked out the hospital to buy **a slice of melon**, which made the girl even livelier. No longer coughing, she jumped down, took Lin's hand, and walked on her own.
TT-K:	아이의 머리에 손을 대자, 막 잠에서 깨어나서 그런지 아니면 병원 냄새를 맡아서인지 갑자기 열이 내렸다. 눈도 생기가 돌았다. 아이는 병원 건너편에 있는 **하미과(노란색 멜론 - 옮긴이)**를 가리키며 사달라고 졸랐다. 아이의 상태가 좀 나아진 듯하자, 그는 아내의 방법도 해볼 만하다고 생각하였다. 그는 일단 병원 건너편에서 파는 **하미과**를 아이에게 사주었다. 아이는 **그걸** 먹더니 더 생기가 돌았고, 기침도 전혀 하지 않았으며, 땅에 뛰어내려 그의 손을 붙잡고 놀았다. (『닭털』, p. 45)

위의 사례를 보면 '哈密瓜'라는 과일 명칭이 3회 등장한다. '哈密瓜'는 중국 신장위구르자치구의 哈密(하미) 지역을 원산지로 하는 과일인데 멜론의 일종이다. 번역문을 보면 번역자는 이를 원음으로 번역한 후 각주를 달아주었다. 원문에서 '哈密瓜'라는 과일은 이야기 맥락에서 중요한 가치를 갖고 있거나 기능을 하지 않고 단지 아이에게 사준 과일 명칭일 뿐이다. 따라서 이러한 문화소는 별도로 각주를 달 필요없이 '멜론'으로만 번역해도 독자에게 정보를 충분히 전달할 수 있다. 또 번역 거래 비용의 관점으로 볼 때 정보처리 비용과 이해 비용도 줄일 수 있다.

이로부터 볼 때 문화소 번역에서 문화소의 기능, 가치, 빈도는 번역자가 번역 여부를 결정하는 변수이다. 그러나 이러한 변수에서 번역자는 한 가지에만 초점을 맞추고 결정해야 하는 것은 아니다. 번역자는 원문에서의 문화소 기능, 가치, 빈도를 종합 고찰하여 번역 여부를 결정한 후 경제원칙에 따라 정보성과 수용성의 적절한 균형을 맞추어 가며 번역해야 한다.

4. 문화소 번역의 경제모델 보완적 원칙

문화소 번역에서 경제원칙을 과도하게 추구하다 보면 비용을 줄이기 위한 목적에 의해 번역이 단조롭고 번역자와 저자, 번역자와 독자 간의 협력관계가 약화될 수 있다. 따라서 경제원칙의 부족점을 보완할 수 있는 원칙을 살펴볼 필요가 있는데 그것이 바로 윤리원칙이다. 여기에서의 윤리원칙이란 장기적인 협력관계를 중시해야 한다는 것이다.

번역의 협력관계를 보면, 불평등한 지위로 인해 협력 시 한쪽이 손해를 보아서는 안 된다. 불평등한 협력에서 어느 쪽은 일시적인 이익을 얻을 수는 있지만, 쌍방의 장기적 이익에는 도움이 되지 않는다. 특히 저자와 번역자의 관계를 볼 때 번역자의 이익에 큰 영향을 주게 된다. 장기적인 협력이 지속되어야만 번역자의 번역 기회가 갈수록 많아질 것이고 저자나 독자의 이익도 커진다. 그러기 위해서는 종족주의, 제국주의적인 번역이나 자민족 중심의 번역은 지양해야 한다. 만약 도착어 독자들의 수용과 이해를 위해 번역자가 과도하게 일반화, 자국화 방법을 사용한 자민족 중심의 번역을 한다면 원작에 손실을 입히게 된다. 따라서 번역의 기준은 쌍방이 서로 존중을 받고 이익이 동반되는 협력하에 정해져야 한다辛广勤, 2018. 사례를 통해 보면 다음과 같다.

사례 154) 창작	
ST:	李雪莲倒“噗哧”笑了，照他脑袋上打了一巴掌：“**还镇长呢，纯粹一个泼皮**。不就一顿饭吗，就是刀山，我走一趟就是了。” (『潘金莲』, p. 134)
TT-E:	That made Li Xuelian laugh. She rapped him on the head. “**You’re more scalawag than township head**,” she said. “It’s only one meal. I’ll go even if there’s a mountain of knives waiting for me.”
TT-K:	리설련은 웃음을 터뜨리며 손으로 그의 뒤통수를 갈겼다. “**역시 진장이구만, 이 정도로 알랑방귀를 뀌는데 가 줘야지**. 그래 봤자 밥 한 끼인걸, 칼날로 세운 산이 기다리고 있다고 해도, 한 번 가는 건 문제가 안 되지.” (『남편』, p. 197-198)

위의 사례에서는 ‘불량배, 건달’을 뜻하는 ‘泼皮’가 들어간 문구에 대해 번역자는 이를 ‘알랑방귀를 뀐다’는 내용으로 창작하여 대체하였다. 원문에서는 ‘이러고도 진장이야. 완전히 불량배

잖아.'라는 의미이다. 그러나 번역문을 보면 주인공이 온 마을에서 유일하게 진장의 머리를 때리며 욕할 수 있다는 맥락에서 볼 때 '진장'에 대한 '리설련'의 태도가 다르게 해석되므로 이는 과도한 창작이 된다.[41]

41 진장은 중국의 행정 단위인 진(鎭)의 책임자로 한국의 읍장에 해당된다.

또 다른 일례로 경제원칙에서 언급했던 욕설의 경우도 마찬가지이다. 특히 사실주의 작품에서의 욕설은 인물의 이미지를 만들어 가며 그들의 저속함과 충동적, 갈등적인 면을 보여주고 있기에 '욕설' 중의 원뜻을 과도하게 '희석' 혹은 '약화'하는 번역도 원작의 독자 효과와 등가를 이루는 데에 있어서는 적절하지 못하다.

이처럼 번역자가 일반화, 자국화, 창작, 삭제 등의 방법을 지나치게 사용하면 원작의 내용에 상처를 입히게 되고, 이보다 더 심각한 경우라면 타국 문화를 접하고자 하는 독자에게, 또는 타국 문화에서 교훈과 지식을 얻고자 하는 독자에게는 해가 될 수 있다. 실제 문화소의 번역에서, 번역 과정에서 번역자가 일부 요소들을 생략하거나 첨가하는 이유도 바로 번역자가 주관적 판단하에 문화소가 전달하는 정보가 협력에서 크게 필요하지 않을 뿐더러 비용만 증가시킨다고 판단하기 때문이다. 그러나 번역자 개인은 일단 보수를 받고 해당 협력을 완성하였지만, 번역자 단체의 전반적인 이익으로 볼 때 사회적으로 번역에 대한 협력의 기회는 줄고, 번역자에 대한 신뢰뿐만 아니라 잠재적 수요까지도 감소시킨다.

번역을 일종의 담판이라고 비유한다면, 거래 비용 모델에서의 번역자는 담판하는 사람이 아니라 양측의 협력을 추진하고 소통의 장애를 제거하는 조율자가 되어야 한다. '우리가 주목해야 하는 것은 쌍방을 연결하는 번역자가 어떠한 의사소통으로 협력을 달성하는가이다Pym, 1995.' 따라서 번역자는 저자와 독자, 양쪽 모두에 관심을 두어야 하고, 출발어 문화와 도착어 문화 한쪽에만 치우치지 않고 서로 융합될 수 있도록 노력해야 한다.

정리하기

학생의 모국어로 문화소 번역에서의 경제 원칙에 대해 요약해 보세요.

....

....

....

....

....

3부

문화소 번역과 문화적 거리

B언어로서의 한국어 번역자의 관점으로 본 3부의 문화소 거리

\-

3부는 비모어 한국어 통번역사의 관점으로 다루고 있다.
여기에서는 B언어로서의 한국어 통번역 관점에서 한국어 번역을 분석한다.

11

문화소 분석 대상과 분석 기준

분석 대상 설명

3부에서는 원문인 영국 소설『On Beauty』와 그의 한국어 번역본『온 뷰티 1』,『온 뷰티 2』, 그의 중국어 번역본『关于美』을 분석하고자 한다. 분석 대상이 되는 작품의 출판 정보를 정리하면 다음과 같다.

	제목	지은이/옮긴이	출판사	출판연도
ST	『On Beauty』	Zadie Smith	Penguin	2004년
TT-K	『온 뷰티 1』 『온 뷰티 2』	정회성	민음사	2017년
TT-C	『关于美』	杨佩桦 聂清风	人民文学出版社	2008년

<표 1> 분석 대상의 출판 정보

먼저, 『On Beauty』를 쓴 작가 제이디 스미스Zadie Smith에 대해 살펴보자. 그는 1975년에 영국 런던에서 태어났는데, 어머니는 자메이카 이민자 출신이었고, 아버지는 영국인이었다. 제이디 스미스는 영국 케임브리지 대학교 영어영문학과에 재학 중이던 시절에 이미 단편 소설과 문학 비평에 관한 몇몇 논문을 발표하였다. 그리고 그가 스물다섯 살이 되던 해에 그의 첫 장편 소설 『White Teeth하얀 이빨』를 세상에 알렸다.

『On Beauty』는 영국 근대 작가인 E. M. 포스터E. M. Forster의 작품 『Howards End하워즈 엔드』의 플롯plot을 기반으로 창작한 소설이다. 이 소설은 정치적으로 보수와 진보라는 양극단에 위치한 두 중산층 지식인知識人 가정을 통해 들여다본 현대 미국 사회의 민낯을 그리고 있다. 그리고 소설에서는 킵시 가와 벨시 가의 가족을 중심으로 미국에 거주하는 이민자 가족의 구성과 영국과 미국 가정의 일상, 인종적 및 문화적 차이, 인간의 본질, 진보와 보수의 가치 등 다양한 주제를 다루고 있다. 따라서 이 소설에 담겨 있는 영국, 미국, 유럽, 아프리카, 심지어 아시아 등 각 지역의 문화소가 있어 3부의 분석 대상으로 선정되었다. 또한, 이 작품에는 다양한 일상생활, 역사적, 사회적, 학문적 어휘가 포함되어 있고 이러한 어휘도 문화소라고 할 수 있다.

On Beauty

『On Beauty』의 한국어 번역본인 『온 뷰티 1』과 『온 뷰티 2』는 하나의 독창적인 문화작품으로서 문화소를 설명하기 위해 역주를 주로 사용한다는 특징을 보인다. 따라서 이 작품은 영-한 문학 번역의 특징을 잘 보여 줄 수 있을 것이다.

첫째, 번역본의 역주에는 다양한 문화소에 대한 부연이 담겨 있다. 이 작품에는 영미 지역의 문화적 어휘뿐만 아니라 아프리카라는 지역이 가지는 특성을 드러내 주는 문화소가 등장한다. 이에 더해 동남아시아의 문화요소까지 담겨 있다. 이 작품에 대한 배경 지식을 가지고 있는 원문 독자들은 이러한 문화소가 등장할 것을 어느 정도 예상할 수 있지만, 한국어 번역본 독자들은 소설의 문화소에 대한 배경지식이 부족하므로 번역자가 역주를 넣어서 해당 문화소를 설명한 것이다.

둘째, 작품 번역 시 번역자는 '음차+파라텍스트(역주)' 방법을 주로 사용하였다. 음차번역 방법에 대해 자세히 살펴보면, 원교교2015는 음차와 관련된 번역 방법으로 '원음주의 표기 방식', '한국식 한자음 표기 방식', '영어의 한글 표기 방식', '의미를 한글로 번역하는 방식'이 있다고 하였다. 이근희2008는 '원음주의 표기 방식'은 '음차(音借)번역'인데 이러한 방식은 한국에서 널리 쓰이는 방식 중의 하나라고 하였다. 다음으로 번역학 분야의 연구를 보면, 구트Gutt, 1991와 비나이와 다르벨넷Vinay & Darbelnet, 1958은 음차번역은 직접 번역direct translation 전략에 속한다고 하였다. 다음으로 번역자는 음차번역 방법과 함께 파라텍스트 방법을 주로 사용하였다. 여기서 말하는 파라텍스트, 즉 역주란 원문에는 없으나 독자가 원문을 이해하는 데 도움을 줄 수 있다고 여겨지는 내용을 번역자가 번역문에 추가해 놓은 것을 말한다. 즉, 번역자가 원문과 번역본 사이에서 중재 역할을 수행한 것이다.

셋째, 『온 뷰티1』에서 문화소가 나타날 때는 영어와 한국어 간의 문장 구조 차이로 인해 주변 어휘가 생략되거나 첨가되는 현상이 다수 관찰되었다. 예를 보면 다음과 같다.

ST: "...... if they knew that among Belseys I'm practically Wittgenstein."

TT-K: "가장 비트겐슈타인 같은 사고를 하는 사람이란…."

원문ST에 등장하는 문화소 'Wittgenstein'은 번역 시 해결하기 쉽지 않은 난제라 할 수 있다. 위에서 "...... I'm practically Wittgenstein"라는 문장을 그대로 직역하면 '나는 거의 비트겐슈타인이에요'가 되는데, 실제 작품의 번역문에서 이 부분은 "가장 비트겐슈타인 같은 사고를 하는 사람이란...." 이라고 되어 있다. 이 번역문을 원문과 비교하면 원문에는 없던 '같은 사고를 하는 사람'이 첨가되어 있다. 번역자는 한국어 독자가 번역문을 읽었을 때, 원문의 의미를 더 쉽게 이해할 수 있도록 배려하고 있다.

『온 뷰티 1』과 『온 뷰티 2』의 번역자 정회성은 전문 번역가로서 지금까지 83권의 작품을 번역하였으며, 현재도 활발한 활동을 이어가고 있다. 그 중에 대표작을 말한다면 조지 오웰George Orwell의 소설 『1984』를 꼽을 수 있다. 이를 보았을 때 분석 자료로 삼은 번역 작품이 전문성과 충분한 경험을 가진 번역자의 번역 작품임을 알 수 있다.

다음으로 중국어 번역본 『关于美』를 살펴보고자 한다. 중국어 번역본 『关于美』의 번역자는 양페이화杨佩桦와 니에칭펑聂清风이다. 영-한 번역자와 달리 영-중 번역자는 직접 번역 전략 및 방법을 선호하고 중국어 번역본의 역주는 비교적 덜 활용하는 편이다. 예를 들면 다음과 같다.

ST: "... The sun is a lemon today, it is. It's like a huge lemon-drop...."

TT: "… 今天的太阳像个柠檬，真的很像。就像是一颗巨大的柠檬糖。…"

원문에서의 "... The sun is a lemon today, it is. It's like a huge lemon-drop...."라는 표현은 중국어로 "… 今天的太阳像个柠檬，真的很像。就像是一颗巨大的柠檬糖。…"라고 번역되었다.

번역문TT과 원문의 문장을 비교해 보면 번역자가 원문에 담긴 어휘와 문장 구조를 매우 충실하게, 축자 번역 방법을 바탕으로 옮겨 적었음을 알 수 있다. 하지만, 문화적 거리가 먼 문화소를 번역할 때 축자번역과 같은 직접번역 방법을 자주 사용하면 원문의 뜻을 온전히 독자에게 전달할 수 없을 것이다. 특히, 위의 번역 사례에서 볼 수 있듯이 중국어에서는 태양을 柠檬레몬으로 비유하는 언어적 관습이 없기 때문에 중국어권 독자는 레몬으로 비유된 태양이 어떤 태양인지 쉽게 이해할 수 없을 것이다.

분석 기준과 설명

여기에서는 문화적 거리에 대한 분석이 가능하도록 계량화된 분석 기준을 제시할 것이다. 특히, 문학 번역에 있어서 적용이 가능한 문화적 거리에 대한 기준을 아래와 같이 3가지로 나누어 살피고자 한다. 여기서 제시하고 있는 이 세 가지 기준은 페데르센Pedersen, 2011, 2020의 문화소 번역전략 체계[1]와 문화횡단성 층위 분류, 그리고 원문 안에 문화소의 부연 설명이 있는지의 여부에 따른 구분이다.

1 Pedersen(2011, 2020)에 따르면 문화의 언어적 표현을 '언어외적 문화지시어(ECR, Extralinguistic Cultural Reference)로 칭한다. 3부에서는 Pedersen이 제시한 언어외적 문화지시어와 문화소는 같은 개념으로 본다.

1) 문화적 거리 분석에 적용된 첫 번째 기준

Pedersen2020이 제시한 '문화소 번역 전략에 대한 단순화된 과정 지향적 분류 체계'는 이 책의 문화적 거리 분석의 첫 번째 기준이 된다. 그의 번역 전략을 도식화하면 〈그림 1〉과 같다.

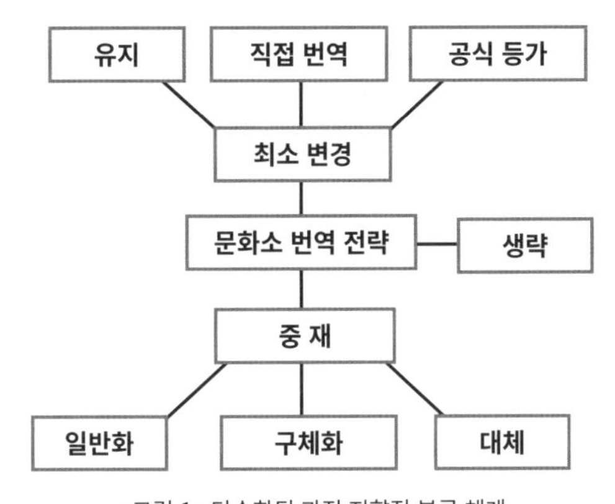

<그림 1> 단순화된 과정 지향적 분류 체계

〈그림 1〉을 보면 Pedersen은 문화소 번역 전략을 '최소 변경'과 '중재'로 대별하였다. 이전 학자들과 달리 문화소 번역 전

략을 규정할 때 '최소 변경'과 '중재'를 상·하위로 나누었다는 점이 눈에 띈다. 그리고 다시 상위 분야인 '최소 변경'은 '유지, 직접번역, 공식 등가'로, 하위 분야인 '중재'는 '일반화, 구체화, 대체'로 재분류하였다. 위와 같은 분류 기준은 번역자들이 문화소 번역 전략을 선택할 때 참고할 만한 기준으로 볼 수 있다. Pedersen의 분류 체계의 의의는 원문과 번역본TT의 문화적 거리가 가까울 때에는 '최소 변경' 전략을, 원문과 번역문의 문화적 거리가 멀 때에는 '중재' 전략이 선택될 가능성이 큼을 밝혔다는 것이다.

2) 문화적 거리 분석에 적용된 두 번째 기준

Pedersen2020이 제시한 문화횡단성은 문화 거리를 측정하는 지표가 된다고 할 수 있다. 출발언어SL와 도착언어TL는 서로 다른 언어체계에 속하기 때문에 정보를 표현하는 방식 즉, 정보체계가 다르다. 그리고 출발언어SL와 도착언어TL가 서로 공유하는 문화소가 있는가 하면 출발언어SL에서만 등장하는 문화소도 있을 수 있다.

〈그림 2〉와 제시한 바와 같이 문화횡단성 층위 분류는 문화횡단, 단일문화, 기층문화 3 층위로 되어있다. Pedersen2020에 의하면 문화횡단 층위에 속한 문화소는 출발문화SC와 도착문화TC에 모두 잘 알려져 있는 것이다. 해당 출발문화와 도착문화에 속한 구성원들이 문화횡단 문화소를 잘 알고 있고, 문화적 거리가 좁아서 번역자가 '최소 변경' 전략을 쓰는 경향이 매우 높다.

이와 달리 단일문화 층위에 속한 문화소는 출발문화의 구성원보다 도착문화의 구성원에게 익숙하지 않은 것이다. 다시 말해, 단일 문화 문화소의 문화적 거리가 멀기 때문에 번역자가 '중재 전략'을 활용할 경향이 매우 크다.

마지막으로 기층문화 층위에 속한 문화소이다. 이는 모두 출발문화의 구성원에게 잘 알려져 있는 문화소가 아니라 그의 일부 하부 문화의 구성원들만이 아는 문화소이다. 그리고 기층문화 문화소는 도착문화의 구성원에게도 잘 알려지지 않은 것이다. 따라서 기층문화 문화소의 문화적 거리가 매우 멀어서 번역자가 '중재' 전략을 쓰는 경향이 매우 높다.

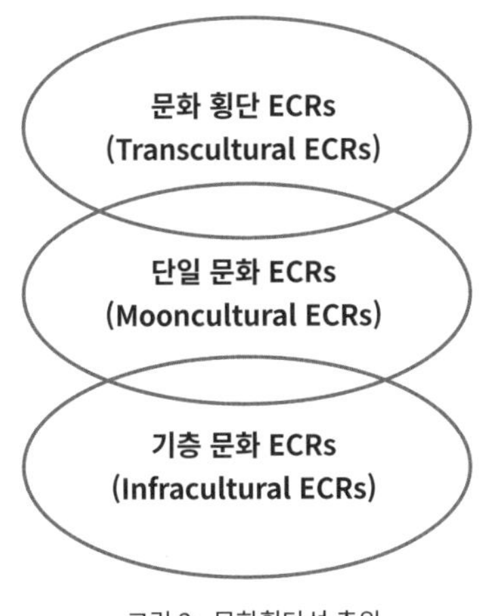

<그림 2> 문화횡단성 층위

Pedersen2020에 의하면 문화횡단성은 문화적 거리 즉, 두 문화가 얼마나 밀접하게 연관되어 있는지와 관련이 있다. Pedersen2011의 분류에 기초하여 문화소의 문화횡단성transculturality 정도를 세 가지 유형으로 분류할 수 있다.

3) 문화적 거리 분석에 적용된 세 번째 기준

원문 안에 문화소의 부연 설명이 있는지의 여부는 원문과 번역의 문화적 거리 분석의 기준이 된다. 원문 안에 혹은 원문 주변에 문화소와 관련된 설명이 있는 경우, 원문과 번역의 문화적 거리가 축소된다. 이에 문화적 거리가 가까워지므로 번역자는 최소 변경에 속하는 번역 방법을 사용하는 경향을 보일 것이다. 반대로 원문 안에 혹은 원문 주변에 문화소와 관련된 설명이 없는 경우, 원문과 번역의 문화적 거리는 멀어진다. 그로 인해 번역자는 중재에 속하는 번역 방법을 사용하게 될 것이다. 이와 같은 내용을 표로 정리하면 다음과 같다.

원문 안에 문화소의 부연 설명이 있는 여부의 문화적 거리 영향	
원문 내 문화소와 관련 설명이 있는 경우	최소 변경 번역 전략
원문 내 문화소와 관련 설명이 없는 경우	중재 번역 전략

<표 2> 원문 내 문화소와 관련 설명 유무 문화적 거리에 미치는 영향

12

문화소의 번역 전략과 분포

문화소의 분류

1부와 2부에서 제시한 바와 같이 여러 학자들이 제시한 문화소 분류를 검토한 결과, Nida1964와 Newmark1988의 분류는 매우 포괄적이며 가장 대표적인 문화소 분류이다. 이 견해에 대해 이석철2021에서는 '(앞서) 고찰했던 문화 분류 기준(Nida와 Newmark의 문화소 분류)에 가장 근접한다는 것을 알 수 있다'고 강조하고 있다. 3부에서는 이석철2021에 제시된 생태, 물질, 제도, 관습, 관념, 언어 6가지의 문화소 분류 기준을 적용하여 번역 실제를 설명하고 자한다. 위 분류를 정리하면 〈표 1〉과 같다.

문화소 분류		
(1) 생태문화소	(2) 물질문화소	(3) 제도문화소
(4) 관습문화소	(5) 관념문화소	(6) 언어문화소

<표 1> 이석철(2021)의 문화소 분류

3부에서 이석철2021의 문화소 분류틀을 채택한 이유로는 두 가지가 있다. 첫째, 이석철2021의 문화소 분류는 앞서 언급한 Nida1964와 Newmark1988의 기준의 장점을 추출해서 만든 문화소 분류이기 때문이다. 둘째, 생태, 물질, 제도, 관습, 관념, 언어 6가지의 문화소 분류는 문학 번역에 나타난 문화소를 거의 다 포섭했기 때문이다. 3장에서 다루고자 하는 영-한 번역과 영-중 번역은 중-한 번역과 다른 특성을 가진다. 그러므로 이석철2021의 분류는 그대로 적용하지 않고, 영-한 번역과 영-중 번역의 특성에 맞게 수정하였다. 수정된 분류는 다음 〈표 2〉와 같다.

<table>
<tr><th>분류</th><th colspan="2">세부 내용</th></tr>
<tr><td rowspan="2">생태문화소</td><td colspan="2">자연적 요소: 지명, 건축, 동식물 등</td></tr>
<tr><td colspan="2">인위적 요소: 도시, 시골, 마을 등</td></tr>
<tr><td>물질문화소</td><td colspan="2">의복, 주거, 음식, 교통, 통신, 도구 등</td></tr>
<tr><td>제도문화소</td><td colspan="2">정치, 제도, 조직, 경제, 역사, 법률, 교육, 예체능, 기술 등</td></tr>
<tr><td>관습문화소</td><td colspan="2">명절, 관습, 풍속, 예의, 호칭, 몸짓과 태도 등</td></tr>
<tr><td>관념문화소</td><td colspan="2">사고방식, 이데올로기, 이념, 종교, 신화, 토속신앙 등</td></tr>
<tr><td rowspan="8">언어문화소</td><td rowspan="4">규범적</td><td>관용적 표현: 관용구 및 관용표현, 속담, 격언 등</td></tr>
<tr><td>상징: 비유표현 등</td></tr>
<tr><td>경어법: 존경법, 겸양법, 공손법 등</td></tr>
<tr><td>말장난: 언어유희 등</td></tr>
<tr><td rowspan="4">비규범적</td><td>외국어: 차용어 등</td></tr>
<tr><td>비속어: 비어, 속어, 욕설 등</td></tr>
<tr><td>방언: 지역방언, 사회방언 등</td></tr>
<tr><td>말투: 일상 말투, 격식 말투, 젠더/연령대 말투 등</td></tr>
</table>

<표 2> 3부에 적용된 문화소 분류

위에 제시된 분류는 이석철2021의 분류와 비교하면 생태, 물질, 제도, 관습, 관념의 분류에서 크게 다른 것이 없지만 중국 문학작품에 나타난 성어, 혈후어, 상관어를 3부의 문화소 분류에서는 제외하였다. 완벽한 문화소의 분류 기준은 존재하지 않는다. 그럼에도 불구하고 3부에서는 영-중 및 영-한 번역에 적용될 수 있는 문화소 분류 기준을 최대한 합리적으로 분류하였다.

문화소의 번역 전략

문화소의 번역 전략에 관한 견해와 분류는 학자마다 다를 수 있다. 1부와 2부에 제시된 여러 학자의 번역 전략과 더불어 최근 Pedersen의 문화소 번역 전략 분류가 학계와 실제 번역 현장에서 주목을 받고 있다. 그리고 자막 번역에 관한 Pedersen의 ECR(언어외적 문화지시어) 번역 전략 분류 또한 문화소 번역 전략과 밀접한 관계가 있어 최근 문화소 번역 전략 연구의 관심과 주목을 받고 있다. Pederson2011에서는 ECR을, Pederson2011에서는 ECR의 번역 전략과 세부 방법 분류를 제시하였다. 이를 요약정리해 보면 다음과 같다.

1) 유지[2]

유지란 원문 문화소를 변경하지 않고 그대로 보유하는 번역 전략이다. 이때 도착언어의 요구를 반영하여 약간의 철자 변경은 있을 수 있다. 즉, 이 번역 방법은 출발어로 적힌 문화소를

2 Pedersen(2011)의 한국어 번역본 『텔레비전 자막제작 규범』(2020)에서 'retention' 방법은 '보존'이라는 대목으로 번역되었다. 3부에서 Aixelá(1996) 및 이석철(2021)에서 제시된 번역 전략을 구분하여 'retention' 번역 방법을 '유지'로 번역하였다.

전환 없이 그대로 번역문에 옮기는 것이다.

2) 구체화

구체화는 번역문의 문화소 정보를 더 추가하여 원문ST 문화소보다 더 구체화된다.

(1) 추가: 원문을 번역하기 위해 번역문에 자세한 내용을 더 붙여주는 방법이다.

(2) 완성: 원문에 제시된 약어를 번역문에서 상세하게 풀어서 번역하는 방법이다.

3) 직접번역

의미적 내용을 추가하거나 축소하지 않고 원문을 문자 그대로 번역하여 옮기는 전략이다.

4) 일반화

(1) 상위어: 문화소를 상위어 또는 동의어로 대체하는 방법이다.

(2) 바꿔쓰기: 말 그대로 원문의 문화소를 다른 말로 바꿔 번역하는 방법이다. 즉, 원문 문화소는 제거하지만, 의미 또는 관련 내용은 그대로 유지하여 번역하는 것이다.

5) 대체

대체 방법은 원문 문화소를 제거하고 다른 문화소(어휘나 표현)로 대체하는 것이다. 그 구체적인 방법은 문화 대체와 상황 대체가 있다.

(1) 문화 대체: 출발문화SC 또는 도착문화TC에 있는 다른 문화소로 대체하는 경우이다.

(2) 상황 대체: 상황에 맞는 완전히 다른 어휘나 표현으로 대체하는 경우이다.

6) 생략

원문 문화소가 번역본에서 완전히 생략하는 방법이다.

7) 공식 등가

일반적인 용법, 행정적인 결정을 통해 도착언어TL에 있는 기성 번역으로 출발문화 문화소를 대체하는 방법이다.

3부에서는 Pederson2011과 이석철2021에 제시된 문화소 번역 전략을 영-한, 영-중 번역의 특성에 맞게 수정하였다. 3부의 문화소 번역 전략과 방법 분류를 정리하면 〈표 3〉과 같다.

분류	세부 방법
유지(retention)	SL 문화소를 형태적·통사적 전환 없이 그대로 TT로 옮기는 방법
구체화(specification)	1. 추가: ST를 번역하기 위해 TT에 자세한 내용 추가 2. 완성: ST 약어를 상세하게 번역 3. 파라텍스트: 역주, 내주, 곁텍스트, 삽화 등 텍스트 외적설명을 비롯한 정보 첨가
직접번역(direct translation)	1. 음차번역: ST의 음가 중심으로 SL로 번역이나 표기. 주로 단어로 된 문화소에 사용되는 방법 2. 모사: 직역 또는 '단어 대 단어' 방식으로 TT로 대체. 주로 단어로 된 문화소에 사용하는 방법 3. 축자번역: 글자 그대로 번역. 주로 구(句)나 문장으로 된 문화소에 사용되는 방법

일반화 (generalization)	1. 상위어: 문화소를 상위어 또는 동의어로 대체하는 방법 2. 바꿔쓰기: ST의 일부 또는 전체 의미가 유지된 채 TT로 전환
대체 (substitution)	1. 문화 대체: SC 또는 TC에 있는 다른 문화소로 대체 2. 상황 대체: 상황에 맞게 완전히 다른 어휘나 표현으로 번역
생략(omission)	ST 문화소가 TT에서 완전히 생략되는 방법
공식 등가(official equivalence)	일반적인 용법, 행정적인 결정을 통해 SC 문화소를 TL에 있는 기존 번역으로 함

<표 3> 3부의 문화소 번역 전략 분류

〈표 3〉을 통해 알 수 있듯이, 3부의 문화소 번역 방법은 Pederson2011과 마찬가지로 '유지, 구체화, 직접번역, 일반화, 대체, 생략, 공식 등가'로 분류된다. 그리고 이를 문학의 문화소 분석에 적용하기 위해서 이석철2021의 연구를 기반으로 각 세부 방법을 세웠다.

문화소의 분포

앞서 언급한 문화소 분류 기준으로 제이디 스미스Zadie Smith의 소설『On Beauty』의 전체 텍스트를 살펴본 결과, 해당 소설을 번역하는 데에 있어서 어려움을 야기할 수 있는 문화소는 총 1,148개로 나타났다.

작품명	문화소 개수
『On Beauty』	1,148개

<표 4> 문화소 통계

이 1,148개의 문화소를 문화소 유형과 그것이 차지하는 비율은 다음과 같다.

문화소 분류	개수	비율
생태문화소	98개	8.5%
물질문화소	56개	4.9%
제도문화소	198개	17.2%
관습문화소	164개	14.3%
관념문화소	114개	10%
언어문화소	518개	45.1%
합계	**1,148개**	**100%**

<표 5> 문화소 유형별 통계

〈표 5〉를 살펴보면, 전체 1,148개의 문화소 중 언어문화소에 해당하는 문화소는 518개로 45.11%를 차지하여, 빈도가 가장 높은 것으로 나타났다. 그리고 제도문화소는 17.24%, 관습문화소는 14.28%로 그 뒤를 이었다. 물질문화소는 56개, 4.86%로 소설『On Beauty』의 전체 문화소 중 가장 적은 것으로 나타났다.

한국어 번역본 문화소 번역 전략별 분석 결과

위에 통계된 영어 텍스트에서의 문화소를 한국어 번역본에서 어떻게 번역되어 있는지 살펴본 결과로 해당 문화소들은 다양한 번역 방법에 의해 번역되었음을 알 수 있었다. 그리고 한국어 번역본에서 수집된 문화소를 그 번역 전략과 방법을 기준으로 정리하면 다음 〈표 6〉과 같다.

번역 방법 유형	개수	비율
유지	2개	0.2%
구체화	261개	22.7%
직접번역	174개	15.2%
일반화	89개	7.7%
대체	125개	10.9%
생략	16개	1.4%
공식 등가	18개	1.6%
이중 전략	463개	40.3%
합계	**1,148개**	**100%**

<표 6> 한국어 번역본 문화소 번역 방법 유형별 통계 상황

한국어 번역본에서 수집된 1,148개의 문화소에 대한 번역 방법은 〈표 6〉에 제시된 것과 같이 총 8개의 번역 방법으로 구분할 수 있다. 이 중에서 '이중 전략'은 40.3%로 그 비중이 가장 높게 나타났으며, 문화소를 그대로 유지하여 한국어 독자로 하여금 문화소에 대한 직접적 이해를 요구하는 '유지'는 0.2%로 가장 낮은 비율을 보였다.

중국어 번역본 문화소 번역 전략별 분석 결과

소설『On Beauty』에서 찾은 1,148개의 문화소를 중국어 번역본에서의 실현 양상을 살펴본 결과, 한국어 번역본과 마찬가지로 다양한 방법이 사용되었음을 알 수 있었다. 1,148개의 문화소가 중국어로 번역될 때 어떠한 방법들이 얼마나 자주 활용되었는지를 살펴보면 다음과 같다.

번역 방법 유형	개수	비율
유지	1개	0.1%
구체화	219개	19.1%
직접번역	105개	9.1%
일반화	207개	18.0%
대체	194개	16.9%
생략	9개	0.8%
공식 등가	21개	1.8%
이중 전략	392개	34.2%
합계	**1,148개**	**100%**

<표 7> 중국어 번역본 문화소 번역 방법 유형별 통계 상황

중국어 번역본에서 수집된 1,148개의 문화소에 대한 번역 방법은 〈표 7〉에서 볼 수 있듯이 총 8개의 번역 방법으로 구분할 수 있다. 이 중에서 '이중 전략'은 34.1%로 그 비중이 가장 높게 나타났으며, 문화소를 그대로 유지하여 중국어 독자로 하여금 문화소에 대한 직접적 이해를 요구한 '유지'가 0.1%로 가장 낮은 비율을 차지하였다. 이는 앞서 한국어 번역본의 분석 결과와 유사하다. 이를 통해 영-한 번역에서든 영-중 번역에서든 번역 시 이중 전략이 가장 빈번하게 사용되고 유지가 가장 적게 사용됨을 알 수 있었다.

13

문화소 번역과 문화적 거리

1. 생태문화소와 문화적 거리 분석

1) 지명

지명은 자연과 생태 환경과 밀접한 관련이 있어서 문학 번역에서 흔히 나타나는 생태문화소이다. 예컨대, 한국을 생각하면 서울, 부산, 광주 등의 지명을 떠올릴 수 있다. 영국의 지명으로는 런던London, 옥스퍼드Oxford, 케임브리지Cambridge 등이, 중국의 지명으로 베이징Beijing, 상하이Shanghai, 선전Shenzhen 등이 떠오를 것이다. 그러나 단순히 원문 지명에 대응할 만한 도착언어를 찾아 번역본에 넣으면 되는가? 번역본을 살펴본 결과 해당 지명이 대응되는 목표어로 번역되는 경우가 많았다. 아래 사례를 보자.

사례 1)	
ST:	It's in this bit of North London called '**Kilburn**',... (『On Beauty』, p.4)
TT-C:	这是在伦敦北部叫做"**基尔本**"的地方,⋯ (『关于美』, p.4)
TT-K:	이 집은 런던 북부의 **킬번**이라는 곳에 있어요. (『온 뷰티 1』, p.14)

번역본	번역 방법	문화횡단성	원문 내 문화소 설명	문화적 거리 판단
영-한	음차번역	단일문화	O[3]	[-D][4]
영-중	음차번역	단일문화	O	[-D]

사례 1)에 제시된 'Kilburn'은 영국 런던 북부의 지역 명칭이다. 'Kilburn'은 영국의 특정 지역을 가리키는 지명으로 해당 문화소의 문화횡단성은 단일문화에 속한다. 이것이 한국어 번역본에서 '킬번'이라고 번역되어 있다. 번역자는 직접번역에 속하는 음차번역 방법을 택하였다. 왜냐하면 사례 1)을 보면 원문에서 "It's in this bit of North London⋯."이라는 문화소에 관한 설명이 있어 영-한 번역자는 'Kilburn'이라는 문화소의 영-한 문화적 거리가 가깝다고 판단하였기 때문이다.

중국어 번역본에도 'Kilburn'이 '基尔本'로 번역되어 있다. 비록 해당 영-중 문화소의 문화횡단성은 단일문화이지만, 원문에 'Kilburn'에 관한 설명이 있어서 영-중 번역자도 최소 변경에 속하는 직접번역 방법(음차번역)을 택하였다. 영-중 번역자는 원문에 등장한 'Kilburn'에 대한 설명이 해당 문화소의 영-중 문화적 거리를 가깝게 하였다고 본 것이다.

3 본 장에서 원문 내 문화소에 관련한 설명이 있는 경우, 기호 'O'로 표시한다. 반면, 원문 내 문화소에 관련한 설명이 없는 경우 기호 'X'로 표시한다.

4 본 장에서 문화적 거리의 표시는 [+D]와 [-D]가 있다. [+D]는 문화적 거리가 멀다는 뜻을 표현한 기호이고, [-D]는 문화적 거리가 가깝다는 뜻을 표현한 기호이다.

사례 2)	
ST:	I work in Monty Kipps's own office ... , which is in the **Green Park** area. (『On Beauty』, p.3)
TT-C:	我在蒙蒂·基普斯自己的办公司工作，在**格林公园**地区。(『关于美』, p.3)
TT-K:	**그린파크** 지역에 있는 몬티 킵스 씨의 사무실에 취직도 했고요. (『온 뷰티 1』, p. 12)

번역본	번역 방법	문화횡단성	원문 내 문화소 설명	문화적 거리 판단
영-한	음차번역	단일문화	O	[-D]
영-중	음차번역+모사	단일문화	O	[-D]

사례 2)에서 제시된 'Green Park'는 영국 런던에 있는 왕립 공원이다. 한국어 번역본에 이것이 '그린파크'라고 번역되어 있어 번역자가 음차번역 방법을 택하였음 알 수 있다. 'Green Park'는 영국 런던에 위치한 공원의 고유 명칭이어서 'Green Park'라는 문화소의 문화횡단성은 단일문화이다.

앞서 살펴본 사례 1)과 달리 사례 2)에는 'Green Park'에 대한 구체적인 설명이 없다. 그러나 소설 주인공 제롬이 쓴 편지에서 킵스 가족이 런던에 산다는 것이 언급되었기 때문에 문맥상 'Green Park'라는 문화소에 대한 설명이 있다고 할 수 있다. 이에 영-한 번역자는 해당 문화소의 영-한 문화적 거리가 가깝다고 판단하여 최소 변경에 속하는 직접번역 방법(음차번역)을 사용하였다.

영-중 번역자는 최소 변경에 속한 '음차번역+모사' 방법을 활용하여 'Green Park'를 '格林公园'로 번역하였다. 이를 조금 더 자세히 보면, 'Green'은 음차번역 방법에 기반하여 '格林'으로, 'Park'는 모사 방법에 기반하여 '公园'으로 번역되었다. 해당 문화소의 문화횡단성은 단일문화에 속하나, 앞서 언급하였듯이, 원문에 'Green Park'에 관한 설명이 되어 있으므로 영-중 번역자는 최소 변경에 속한 '음차번역+모사' 방법을 택하였다.

사례 3)	
ST:	... and picked up a charm bracelet with tiny replicas of international totems hanging from it: **the Eiffel Tower, the Leaning Tower of Pisa, the Statue of Liberty**. (『On Beauty』, p.48-49)
TT-C:	... 同时拿起一个漂亮的手镯，上面挂着一些国际知名标志的微小复制品：**埃菲尔铁塔、比萨斜塔、自由女神像**。 (『关于美』, p.46)
TT-K:	그러고는 **에펠탑, 피사의 사탑, 자유의 여신상** 등 세계적인 건축물을 본떠서 만든 장식물이 주렁주렁 달린 팔찌를 들어 보였다. (『온 뷰티 1』, p.134)

번역본	번역 방법	문화횡단성	원문 내 문화소 설명	문화적 거리 판단
영-한	공식 등가	단일문화	O	[-D]
영-중	공식 등가	단일문화	O	[-D]

사례 3)에서 제시된 'Eiffel Tower', 'Leaning Tower of Pisa', 'Statue of Liberty'는 세계 각국에 있는 관광지의 지명이다. 영-한 번역을 보면 이러한 지명은 '에펠탑', '피사의 사탑', '자유의 여신상'으로 번역되었는데 이를 통해 번역자가 공식 등가 번역 방법을 택하였음을 알 수 있다.

'Eiffel Tower', 'Leaning Tower of Pisa', 'Statue of Liberty'는 출발문화와 도착문화 모두에서 잘 알려진 세계의 관광지 명칭이다. 이에 'Eiffel Tower', 'Leaning Tower of Pisa', 'Statue of Liberty'를 한국어로 번역할 때 다른 명칭 예를 들어, '에펠의

탑', '피사사탑', '자유의 여신 동상' 등으로 번역하게 되면 매우 어색한 느낌이 있다. 이와 같이 이를 다른 명칭으로 대체하는 것이 불가능하므로 '행정적인 결정'에 의한 공식 명칭을 따른다.

사례 3)의 'Eiffel Tower', 'Leaning Tower of Pisa', 'Statue of Liberty' 문화소의 문화횡단성은 문화횡단에 속한다. 영-한 번역자는 도착언어(한국어)권 독자에게 사례 3)에 해당한 문화소가, 출발언어(영어)권 독자에게와 마찬가지로, 익숙하다고 판단한 것으로 보인다. 다시 말해, 영-한 문화적 거리가 가깝다고 보아 최소 변경에 속하는 공식 등가 방법을 사용하였다.

중국어 번역본을 보면, 해당 지명은 '埃菲尔铁塔', '比萨斜塔', '自由女神像'로 번역되었다. 이를 통해 영-중 번역자는 최소 변경에 속한 공식 등가 방법을 선택하였음을 알 수 있다. 이 문화소의 문화횡단성은 문화횡단에 속하고 영-중 번역자는 해당 문화소의 영-중 문화적 거리가 가깝다고 판단한 것으로 보인다.

생각하기

지도에서 수많은 지명을 찾을 수 있다. 자신 모국어로 된 지도에서 지명을 5개 찾고 모국어로 된 지명과 그 지명의 한국어 공식 번역을 모두 써보시오.

모국어	한국어

사례 4)	
ST:	I'm giving a paper in **Cambridge** on Tuesday anyway... (『On Beauty』, p.15)
TT-C:	我星期二要去**剑桥**发表一篇论文，... (『关于美』, p.15)
TT-K:	화요일까지 **케임브리지**에 제출해야 하는 논문이 있어. (『온 뷰티 1』, p.45)

번역본	번역 방법	문화횡단성	원문 내 문화소 설명	문화적 거리 판단
영-한	공식 등가	문화횡단	O	[-D]
영-중	공식 등가	문화횡단	O	[-D]

사례 4)에서 제시된 'Cambridge'라는 문화소는 영국의 고유 지명 또는 영국 잉글랜드 케임브리지 지역에 있는 케임브리지 대학교로 해석될 수 있는데 사례 4)의 'Cambridge'는 케임브리지 대학교를 가리킨다. 한국어 번역본에서 '케임브리지'의 번역을 보면 영-한 번역자가 공식 등가 번역 방법을 택하였음을 알 수 있다. 사례 3)과 마찬가지로 'Cambridge'라는 문화소는 출발문화와 도착문화 모두에서 잘 알려진 지명이다.

또한, 한국과 중국에서 공식적으로 'Cambridge'를 가리키는 제3의 번역은 없고 이 문화소는 한국어로는 '케임브리지', 중국어로는 '剑桥'라는 공식적인 명칭으로 번역된다. 따라서 'Cambridge'라는 문화소의 문화횡단성은 문화횡단에 속하므로 영-한 번역자는 해당 문화소의 영-한 문화적 거리가 가깝다고 판단하여 번역 과정에서 최소 변경에 속한 공식 등가 방법을 사용하였다.

앞서 언급하였듯이 'Cambridge'는 중국어 '剑桥'로 번역된다. 해당 문화소의 문화횡단성은 문화횡단 층위에 속하고 'Cambridge'라는 문화소의 영-중 문화적 거리가 가깝다고 할 수 있다. 따라서 영-중 번역자는 최소 변경에 속하는 공식 등가 방법을 택하였다.

영-한 번역자와 영-중 번역자가 왜 케임브리지 대학교를 가리키는 'Cambridge'를 '케임브리지 대학(교)'가 아닌 '케임브리지'로, '剑桥大学'가 아닌 '剑桥'로 번역하였는가? 어쩌면 이것이 잘못된 번역으로 보일 수 있으나 사례 4)의 원문에 'I'm giving a paper.' 즉, '내가 제출해야 할 논문이 있다.'라는 문화소 설명 구문이 있다. 다시 말해, 논문을 '케임브리지' 지역에 제출할 가능성이 거의 없고, '케임브리지 대학(교)'에 제출할 가능성이 매우 크므로 굳이 이를 대학교라고 번역하지 않은 것이다. 이는 영-한과 영-중 번역자가 일상생활 대화를 간결하게 번역하는 것을 선호하는 편임을 보여 준다. 하지만, 원문 내의 문화소에 관한 설명이 없는 경우, 번역 양상은 달라질 수 있다.

사례 5)	
ST:	But hopefully **Cambridge** will straighten her out.' (『On Beauty』, p.114)
TT-C:	但是**剑桥大学**有希望纠正她的态度。 (『关于美』, p.108)
TT-K:	부디 **케임브리지 대학**에서 그런 선입견을 바로잡을 수 있기를 바랄 뿐이오. (『온 뷰티 1』, p.314)

번역본	번역 방법	문화횡단성	원문 내 문화소 설명	문화적 거리 판단
영-한	추가	문화횡단	x	[+D]
영-중	추가	문화횡단	x	[+D]

사례 4)와 달리 사례 5)에 제시된 'Cambridge'는 영-한 번역과 영-중 번역에서 다른 번역 양상을 보인다. 우선, 사례 4)와 마찬가지로 사례 5)의 원문 'Cambridge'는 케임브리지 대학교를 가리킨다. 그런데 한국어 번역본에서 'Cambridge'는 '케임브리지 대학'으로 번역되었다. 'Cambridge'라는 문화소의 영-한 문화횡단성은 사례 4)와 마찬가지로 문화횡단 층위에 속하는데 영-한 번역자가 중재에 속한 구체화 번역 방법을 사용한 것이다. 이를 통해 영-한 번역자가 해당 문화소의 영-한 문화적 거리가 멀다고 보았음을 알 수 있다.

중국어 번역을 보면 'Cambridge'는 '剑桥大学'로 번역되었다. 'Cambridge'라는 문화소의 문화횡단성은 문화횡단에 속하지만 영-중 번역자도, 영-한 번역자와 마찬가지로, 중재에 속한 구체화 방법(추가)을 택하였다. 사례 5)의 원문에 문화소에 관한 설명이 없다는 점이 두 번역자의 전략과 방법 선택에 영향을 미쳤을 것이다. 다시 말해, 영-한과 영-중 번역자는 해당 문화소의 문화 간의 거리가 멀다고 보아 원문에 등장하는 'Cambridge'를 번역본에 옮길 때 번역자의 중재intervention가 필요하다고 판단한 것이다.

사례 6A)	
ST:	Like one of those statuaries in the bottom of the Fitzwilliam, in **Cambridge**. (『On Beauty』, p.123)
TT-C:	就像是**剑桥**菲茨威廉博物馆底楼的一尊雕像一样。(『关于美』, p.117)
TT-K:	(내가 보기엔) **케임브리지 대학교** 피츠윌리엄 미술관 1층에 있는 조각상들과 닮았어요. (『온 뷰티 1』, p.339)

사례 6B)	
ST:	... never discovered that this was Mozart's Ave Verum, and this choir, **Cambridge** singers; (『On Beauty』, p.287)
TT-C:	没有发现这是莫扎特的《圣体颂》，也没有发现这个唱诗班是**剑桥**的歌手们； (『关于美』, p.275)
TT-K:	… 그는 이 곡이 모차르트의 「아베 베룸 코르푸스」인 것도, 성가대가 **케임브리지 대학**의 합창단인 것도 알지 못했을 뿐만 아니라... (『온 뷰티 2』, p.201-202)

번역본	번역 방법	문화횡단성	원문 내 문화소 설명	문화적 거리 판단
영-한	추가	문화횡단	x	[+D]
영-중	공식 등가	문화횡단	x	[+D]

사례 6A)와 사례 6B)는 사례 4), 사례 5)와 달리 문화소 'Cambridge'가 영-한 번역과 영-중 번역에서 각기 다르게 번역된다. 원문ST에 등장하는 문화소 'Cambridge'는 사례 4)와 사례 5)와 마찬가지로 케임브리지 대학교를 가리킨다. 그런데 한국어 번역본에는 해당 문화소가 '케임브리지 대학교' 또는 '케임브리지 대학'으로 번역되어 있다. 즉, 번역자는 구체화에 속하는 추가 방법을 활용하였다. 이러한 번역 방법이 선택된 이유는 'Cambridge'라는 문화소의 문화횡단성은 문화횡단에 속하지만 원문 내 문화소에 대한 추가 설명이 없어서 영-한 번역자가 해당 문화소의 영-한 문화적 거리가 멀다고 판단하였기 때문이다.

이와 달리 'Cambridge'는 중국어 '剑桥'로 번역되어 영-중 번역자가 최소 변경에 속한 공식 등가 방법을 사용하였음을 알 수 있다. 즉, 영-중 번역자는 해당 문화소의 영-중 문화적 거리가 가깝다고 보았다. 그러나 원문에 있는 'Fitzwilliam(피츠윌리엄)'

이라는 박물관과 'Cambridge singers(케임브리지 합창단)'가 케임브리지 대학교에 속한 박물관과 합창단이기 때문에 영-중 번역자의 전략과 방법 선택이 적절해 보이지 않는다. 왜냐하면 번역의 정확성 차원에서 불충실한 번역이 되었기 때문이다.

한국어로 번역하기

다음 ST를 한국어로 번역하시오.

ST-E & ST-C	TT-K
ST-ENG: Oxford is a city in England and it is the only city of Oxfordshire. ST-C: 牛津是英格兰的一座城市,也是牛津郡唯一的城市。	
ST-ENG: He was accepted by Harvard. ST-C: 他被哈佛录取了。	
ST-ENG: Oxford and Cambridge host rowing races every year. Oxford students call it the "Oxbridge Row", while Cambridge students call it the "Camford Row". ST-C: 牛津和剑桥每一年都会举办划艇比赛。牛津学生会把它叫做"牛桥划艇赛",而剑桥学生则称之为"剑津划艇赛"。	

2) 동식물

동식물은 생태문화소의 한 부분으로 간주할 수 있다. 분석 대상에 등장하는 동식물 관련 명칭은 많지 않고 대부분이 서양 동식물을 가리키는 것이다.

사례 7)	
ST:	... 'Those are my **bougainvillea** –....' (『On Beauty』, p.96)
TT-C:	"那些是我的**叶子花**⋯⋯" (『关于美』, p.92)
TT-K:	'저쪽에 보이는 게 **부겐빌레아**예요' (『온 뷰티 1』, p.269) 역주: 남아메리카 원산의 분꽃과 식물.

번역본	번역 방법	문화횡단성	원문 내 문화소 설명	문화적 거리 판단
영-한	음차번역 +파라텍스트	단일문화	x	[+D]
영-중	문화대체	단일문화	x	[+D]

사례 7)에 제시된 문화소 'bougainvillea'는 영-한 번역의 역주 부분에서 제시된 것처럼 '남아메리카 원산의 분꽃과 식물'이다. 영-한 번역자는 '음차번역' 방법을 바탕으로 이를 '부겐빌레아'로 번역하였고 이와 관련된 역주를 추가해 놓았다(파라텍스트(역주) 방법). 'Bougainvillea'라는 문화소의 문화횡단성이 단일문화 층위에 속하여 영-한 번역자는 독자에게 해당 문화소에 대한 부연 설명이나 정보가 더 제공될 필요가 있다고 본 듯하다. 다시 말해, 영-한 번역자는 해당 문화소의 문화적 거리가 멀다고 보아 이를 올바로 번역하기 위해 이중 전략을 선택하였다.

중국어 번역본을 보면 영-중 번역자는 중재에 속하는 대체 방법(문화대체)을 사용하여 'Bougainvillea'를 '叶子花'로 번역하였다. 'Bougainvillea'라는 문화소의 문화횡단성은 단일문화에 속하며 영-중 번역자는 해당 문화소의 영-중 문화적 거리가 멀다고 보았다.

한국어 번역본과 중국어 번역본을 비교해 보면 영-한 번역자와 영-중 번역자 모두가 해당 문화소의 문화적 거리가 멀다고 생각해도 번역 시 선택하는 방법이 다를 수 있다는 것을 알 수 있다. 이는 원문이 어떠한 언어로 번역되는지가 전략과 방법 선택에 영향을 미침을 보인다.

3) 도시, 시골, 마을

도시, 시골, 마을은 생태문화소의 중요한 부분이다. 분석 대상에서 나오는 도시, 시골, 마을 명칭은 주로 영국, 미국, 유럽, 아프리카의 명칭이다.

사례 8)	
ST:	'Bloody hell. Could you excuse us? Like **Piccadilly Circus** in here. Jerome! Zora?' (『On Beauty』, p.102)
TT-C:	"该死。请原谅我们。这里面就像是**伦敦的皮卡迪利广场**。杰尔姆！佐拉？" (『关于美』, p.97)
TT-K:	'이런 젠장! 또 한 번 실례해야겠군. 오늘 이 자리는 **피카딜리 서커스처럼 정신이 하나도 없어**. 제롬! 조라! 어디 있어?' (『온 뷰티 1』, p.285)

번역본	번역 방법	문화횡단성	원문 내 문화소 설명	문화적 거리 판단
영-한	음차번역+추가	단일문화	x	[+D]
영-중	음차번역+모사+추가	단일문화	x	[+D]

사례 8)에서 제시된 문화소 'Piccadilly Circus'는 영국 런던에 위치한 번화가 사거리를 가리킨다. 한국어 번역본에는 '피카딜리 서커스처럼 정신이 하나도 없어'로 번역되어 있다. 즉, 영-한 번역자는 원문 문화소인 'Piccadilly Circus'를 음차번역 방법을 사용해서 '피카딜리 서커스'로 번역하고, 독자의 문맥 이해를 돕고자 '정신이 하나도 없어'라는 정보를 추가하였다. 이와 같이 영-한 번역자는 '음차번역'과 '추가' 즉, 이중 전략을 사용하였다. 'Piccadilly Circus'는 한국어권 독자에게 잘 알려지지 않는 문화소로서 문화횡단성이 단일문화에 속한다. 따라서 영-한 번역자는 'Piccadilly Circus'의 영-한 문화적 거리가 멀다고 판단하여 독자에게 정보를 더 제공할 필요가 있다고 보았다.

영-중 번역자는 문화횡단성이 단일문화에 속하는 'Piccadilly Circus'를 '伦敦的皮卡迪利广场'라고 번역하였다. 영-중 번역자는 '음차번역(Piccadilly - 皮卡迪利)'와 '모사(Circus - 广场)', '추가(London's - 伦敦的)' 방법을 활용하였다. 이처럼 영-중 번역자가 이중 전략을 사용한 이유는, 영-한 번역자와 마찬가지로, 'Piccadilly Circus'라는 문화소의 영-중 문화적 거리가 멀다고 보았기 때문이다.

2. 물질문화소와 문화적 거리 분석

1) 의복

의복은 물질문화소의 한 부분이다. 분석 대상에 등장하는 의복 명칭은 주로 유럽, 미주 및 아프리카의 의복에 관한 것이다.

사례 9)	
ST:	On his small feet he wore a pair of **pointed Cuban-heeled shoes**. (『On Beauty』, p.65)
TT-C:	小脚穿着一双尖头古**巴式后跟的鞋**。 (『关于美』, p.62)
TT-K:	유난히 자그마한 발에는 **앞코가 뾰족한 키높이 구두**가 신겨 있었다. (『온 뷰티 1』, p.182)

번역본	번역 방법	문화횡단성	원문 내 문화소 설명	문화적 거리 판단
영-한	바꿔쓰기	단일문화	x	[+D]
영-중	축자번역	단일문화	x	[+D]

사례 9)에 제시된 문화소 'pointed Cuban-heeled shoes'는 앞코가 뾰족하고 굽이 높은 쿠바식 구두이다. 이는 한국어 번역본에서 '앞코가 뾰족한 키높이 구두'로 번역되어 영-한 번역자가 일반화에 속하는 바꿔쓰기 번역 방법을 사용하였음을 알 수 있다. 'Pointed Cuban-heeled shoes'의 문화횡단성은 단일문화에 속한다. 영-한 번역자가 'Cuban-heeled shoes(굽이 높은 쿠바식 구두)'의 의미를 완전히 새로운 표현인 '키높이 구두'로 번역하였다. 이는 번역자가 해당 문화소의 영-한 문화적 거리가 멀다고 판단하였기 때문이다.

이와 달리 'pointed Cuban-heeled shoes'는 '尖头古巴式后

跟的鞋'로 번역되었다. 이 문화소의 문화횡단성은 단일문화이지만 영-중 번역자는 최소 변경에 속한 축자번역 방법을 선택하였다. 이를 통해영-중 번역자는 해당 문화소의 영-중 문화적 거리가 가깝다고 판단하였음을 알 수 있다.

비록 영-중 번역본에 원문에 담긴 정보가 그대로 번역되어 원문 문화소의 의미가 어느 정도 중국어권 독자에게 전달될 수 있을 것이다. 그러나 '쿠바식 뒤꿈치인 구두(古巴式后跟的鞋)'가 어떤 구두인지 이에 대한 정보를 중국어 번역본에서 전혀 찾을 수 없다. 이에 정보 전달 차원에서 번역이 충실이 이루어졌다고 할 수 없을 것이다.

정리하기

세계 각국이 그 국가를 대표하는 의복이 있다. 표에 제시되어 있는 영어 의복 명칭을 한국어로 번역하시오.

모국어	한국어
Kimono (きもの/着物)	
Hanbok (한복)	
Aodai (Áo dài)	
Hanfu (汉服)	
Sari/Saree (साड़ी)	

사례 10)	
ST:	Zora waded around in the visual information: the strangely **Victorian get-up** of the older man – the waistcoat, the pocket-handkerchief – and... (『On Beauty』, p.111-112)
TT-C:	年老些的那个男人穿着奇怪的**维多利亚时代式的服装** - 背心、手帕 - (『关于美』, p.106)
TT-K:	중년 남자는 짧은 양복 조끼에 행커치프까지 꽂은 기묘한 **빅토리아식 옷차림**이었다. (『온 뷰티 1』, p.309)

번역본	번역 방법	문화횡단성	원문 내 문화소 설명	문화적 거리 판단
영-한	모사	단일문화	O	[-D]
영-중	모사	단일문화	O	[-D]

사례 10)에서 제시된 문화소 'Victorian get-up'은 한국어로 '빅토리아식 옷차림'이라고 번역되었다. 즉, 번역자가 직접 번역에 속한 모사 방법을 사용하였다. 'Victorian get-up'은 한국어권 독자에게 잘 알려지지 않은 문화소로 문화횡단성은 단일문화에 속한다. 그러나 영-한 번역자는 해당 문화소의 영-한 문화적 거리가 가깝다고 판단하였다. 왜냐하면 원문에 'the waistcoat, the pocket-handkerchief(짧은 양복 조끼, 행커치프)'라는 문화소와 관련 설명이 나오기 때문이다.

마찬가지로 영-중 번역자가 모사 방법을 사용하여 'Victorian get-up'을 '维多利亚时代式的服装'로 번역하였다. 'Victorian get-up'의 문화횡단성은 단일문화에 속하나 영-중 번역자는, 영-한 번역자과 마찬가지로, 원문에 'Victorian get-up'에 대한 설명이 있으므로 해당 문화소의 문화적 거리가 가깝다고 본 것이다.

2) 음식

음식은 물질문화소의 중요한 부분이라고 할 수 있다. 분석 대상에 나오는 음식 명칭은 대부분 영국, 미국, 유럽, 아프리카의 음식과 관련된 것이다.

사례 11)	
ST:	Howard watched his wife calmly pour herself a third glass of **clamato juice**. (『On Beauty』, p.10)
TT-C:	霍华德注视着他的妻子平静地给自己倒上第三杯**蛤蜊番茄汁**。 (『关于美』, p.9)
TT-K:	하워드는 아내가 조용히 자신의 컵에 **클라마토 주스**를 세 잔째 따르는 모습을 지켜보았다. (『온 뷰티 1』, p.30) 역주: 토마토와 모시조개 농축액을 섞어 만든 주스로 칵테일 제조에 많이 쓰인다.

번역본	번역 방법	문화횡단성	원문 내 문화소 설명	문화적 거리 판단
영-한	음차번역 +파라텍스트	단일문화	X	[+D]
영-중	상위어+모사	단일문화	X	[+D]

사례 11)을 보면 'clamato juice'는 한국어 번역본에서 '클라마토 주스'로 번역되었고 역주도 추가되어 있다. 번역자가 '음차번역+파라텍스트'인 이중 전략을 선택하였다. 왜냐하면 원문 내에서 문화소 'clamato juice'에 대한 설명이 없으므로 영-한 번역자는 해당 문화소의 영-한 문화적 거리가 멀다고 판단하였기 때문이다. 'clamato juice'는 한국어권 독자에게 낯선 음식 명칭이므로 영-한 번역자는 최소 변경에 속하는 음차번역 방법과 함께 중재에 속한 파라텍스트 번역 방법(역주)도 같이 사용하였다.

영-중 번역자는 '상위어+모사' 번역 방법을 바탕으로 'clamato juice'를 '蛤蜊番茄汁'로 번역하였다. 이처럼 번역자가 이중 전략을 사용한 이유는 'clamato juice'라는 문화소의 문화 횡단성은 단일문화에 속하고 해당 문화소의 영-중 문화적 거리가 멀다고 판단하였기 때문이다. 번역을 조금 더 자세히 보면, 'clamato juice(클라마토 주스)'의 재료는 'short-necked clam(모시조개)'과 '토마토(tomato)'인데 'short-necked clam'을 중국어로 직역하면 '黃蛤(모시조개)'이고 이것은 '蛤蜊(조개)'의 일종이다. 따라서 '蛤蜊'는 '黃蛤'의 상위어로 중국어권 독자에게도 좀 더 익숙한 명칭이다.

알아보기

'Clamato juice'는 영국에서 인기가 많은 주스인데 '토마토와 모시조개 농축액을 섞어 만든 주스'를 의미한다.

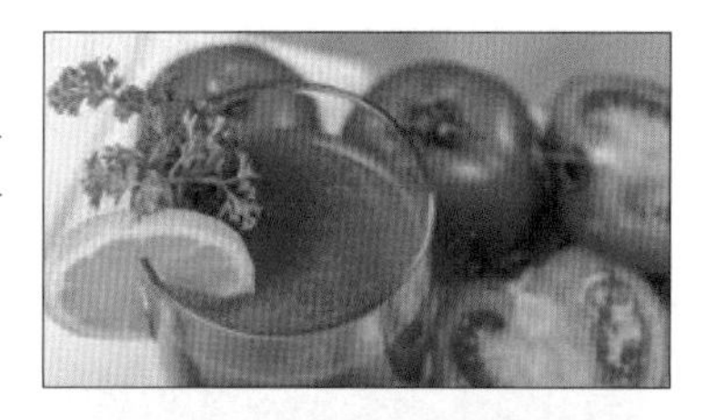

'Burrito'는 전통 멕시코 음식이다. 토르티야(tortilla)에 콩과 고기를 말아서 오븐에 구운 후 그 위에 다양한 소스를 발라 먹는 멕시코의 전통 요리이다.

사례 12)	
ST:	'I'm going to get a **burrito**.' (『On Beauty』, p.48)
TT-C:	我要去买个**玉米馅饼**。(『关于美』, p.45)
TT-K:	전 가서 **부리토**나 사 먹을래요. (『온 뷰티 1』, p.132)

번역본	번역 방법	문화횡단성	원문 내 문화소 설명	문화적 거리 판단
영-한	음차번역	단일문화	X	[-D]
영-중	문화대체	단일문화	X	[-D]

사례 12)에서 제시된 문화소 'burrito'는 멕시코의 전통요리인데 토르티야에 콩과 고기 등을 넣어 만든 음식이다. 영-한 번역자는 최소 변경에 속한 직접번역(음차번역)을 사용하여 해당 문화소를 '부리토'로 번역하였다. 'Burrito'라는 문화소의 문화횡단성은 단일문화에 속하나 영-한 번역자는 해당 문화소의 영-한 문화적 거리가 가깝다고 판단한 것으로 보인다. 그러나, 단일문화에 속하는 문화소 'burrito'에 관한 보충 설명을 원문에서 찾을 수 없다. 이에 'burrito' 번역 시 최소 변경에 해당하는 직접번역(음차번역)만을 사용한다면 이러한 음식에 대한 정보가 전혀 없는 독자에게 매우 불친절한 번역이라는 느낌을 줄 수 있다.

이와 달리 중국어 번역본을 보면 'burrito'는 '玉米馅饼'이라고 번역되었다. 이를 통해 영-중 번역자가 중재에 속한 대체 전략(문화대체)을 선택하여 원문ST에 있는 문화소 'burrito'를 중국어 독자에게 더 친숙한 '玉米馅饼(콘 파이)'으로 대체하였음을 알 수 있다. 영-중 번역자는 단일문화에 속하는 'burrito'의 영-중 문화적 거리가 먼 정도로 보았기에 이러한 방법을 사용한 것으로 보인다. 그렇지만 중국어권 독자가 받아들이는 '玉米馅饼'의 의미와 'burrito'의 의미는 똑같은지, 이러한 번역이 적절한지에 대해서 의심의 여지가 있다.

사례 13)	
ST:	Not the canned, not the single, **not the half and half – the double** (『On Beauty』, p.85)
TT-C:	不是罐装的，**不是单独的，也不是一半一半的 – 是英国浓缩鲜奶油。** (『关于美』, p.81)
TT-K:	깡통에 든 크림 말고, **싱글 크림도 하프앤하프도 아닌 잉글리시 더블 크림이야.** (『온 뷰티 1』, p.236-237) 역주: 싱글 크림: 유지방 함량 18퍼센트의 크림. 하프앤하프: 유지방 함량 10~12퍼센트의 크림. 잉글리시 더블 크림: 유지방 함량 45퍼센트 이상의 진한 크림

번역본	번역 방법	문화횡단성	원문 내 문화소 설명	문화적 거리 판단
영-한	음차번역+추가 +파라텍스트	단일문화	X	[-D]
영-중	모사	단일문화	X	[-D]

<표 1> 문화소 'the single'에 대한 분석

사례 13)에 제시된 문화소 'the single', 'the half and half', 'the double'은 영국에서 지방 함유율을 기준으로 크림의 종류를 분류할 때 사용하는 어휘이다. 사례 13)의 영-한 번역과 영-중 번역 결과를 비교하면 번역 방법과 문화적 거리 판단에서 서로 다른 양상이 볼 수 있다.

먼저 문화소 'the single'부터 살펴보자. 문화소 'the single'은 영-한 번역에 제시되어 있는 역주와 같이 유지방 함량 18퍼센트의 크림을 가리킨다. 영-한 번역자는 직접번역에 속하는 음차번역 방법을 사용하여 'the single'이라는 문화소를 '싱글 크림'으로 번역하였고 추가 정보를 제공하기 위해 파라텍스트(역주) 방법도 같이 사용하였다. 더불어 번역자은 원문ST에는 없는 '크림cream'이라는 추가 정보를 번역본TT에 넣었다. 영-한 번역자는 해당 문화소의 영-한 문화적 거리가 멀다고 보아 번역을 위해 세 가지 방법을 동시에 사용하였다. 해당 문화소는 한국어권 독자에게 잘 알려져 있지 않기 때문에 문화소의 문화횡단성은 단일문화에 속한다.

이와 달리 중국어 번역본을 보면 'the single'은 '单独的'로 번역되었다. 영-중 번역자가 'the single'을 번역할 때 직접번역에 속한 모사 방법을 사용하였다. 문화소 'the single'의 문화횡단성이 단일문화 층위에 속하는데도 영-중 번역자는 최소 변경에 속한 모사 방법을 선택하였다. 그 이유는 영-중 번역자가 'the single'이라는 문화소의 영-중 문화적 거리가 가깝다고 판단하였기 때문이다. 그러나 중국어 번역본에 '单独的'이 무엇을 가리키는지에 대한 설명이 부재하여 번역의 충실성이 의심된다.

번역본	번역 방법	문화횡단성	원문 내 문화소 설명	문화적 거리 판단
영-한	음차번역+ 파라텍스트	단일문화	X	[+D]
영-중	모사	단일문화	X	[+D]

<표 2> 문화소 'the half and half'에 대한 분석

다음으로 'the half and half'를 보면 한국어 번역본에는 이에 대한 역주(유지방 함량 10~12퍼센트의 크림)가 달려 있다. 영-한 번역자는 직접번역에 속한 음차번역 방법을 사용해서 'the half and half'라는 문화소를 '하프앤하프'로 번역하였으나 추가

정보가 제공될 필요성을 느껴 파라텍스트 방법도 같이 사용하였다. 번역자는 두 가지 번역 전략 즉 이중 전략을 사용하고 있다. 'The half and half'라는 문화소의 문화횡단성은 한국어권에서 잘 알려지지 않은 문화소로서 단일문화 층위에 속한다. 따라서 영-한 번역자는 해당 문화소의 영-한 문화적 거리가 멀다고 판단하였다.

이와 달리 영-중 번역자는 직접번역에 속하는 모사 방법을 사용하여 'the half and half'를 '一半一半的'로 번역하였다. 문화소 'the half and half'의 문화횡단성은 단일문화 층위에 속하는데도 영-중 번역자는 최소 변경에 속한 모사 방법을 선택하였다. 이는 영-중 번역자가 'the half and half'라는 문화소의 영-중 문화적 거리가 가깝다고 판단하였기 때문이다. 그러나 앞서 살펴본 '单独的'의 영-중 번역과 마찬가지로 '一半一半的'이 무엇을 가리키는지에 대한 설명이 부재하여 중국어권 독자가 이를 이해하기가 매우 어려울 것으로 보인다.

번역본	번역 방법	문화횡단성	원문 내 문화소 설명	문화적 거리 판단
영-한	음차번역+추가 +파라텍스트	단일문화	X	[+D]
영-중	추가+문화대체	단일문화	X	[+D]

<표 3> 문화소 'the half and half'에 대한 분석

마지막으로 문화소 'the double'을 보면 이는 영-한 번역에 제시되어 있는 역주와 같이 유지방 함량 45퍼센트 이상의 진한 크림을 가리킨다. 한국어 번역본을 보면 영-한 번역자는 'the double'이라는 문화소를 '잉글리시 더블 크림'으로 번역하

였다. 이때 '더블'은 음차번역 방법에 의한 번역이고 '잉글리시(English)'와 '크림(cream)'은 원문에 없는 정보를 번역자가 추가해 놓은 것이다. 이와 더불어 한국어 번역본에는 'the double'에 대한 역주가 포함되어 있어 번역자는 파라텍스트(역주) 방법도 사용하였음을 알 수 있다. 다시 말해, 번역자는 'the double'를 번역하기 위해 이중 전략을 사용하였다. 한국어권에 잘 알려지지 않은 'The double'의 문화횡단성은 단일문화 층위에 속한다. 따라서 영-한 번역자가 해당 문화소의 영-한 문화적 거리가 멀다고 보았다.

이와 달리 영-중 번역자는 중재에 속하는 '추가+문화대체' 전략을 바탕으로 'the double'을 '英国浓缩鲜奶油'로 번역하였다. 다시 말해, 문화소인 'the double'을 번역할 때 구체화에 속하는 추가 번역 방법과 대체에 속하는 문화대체 방법을 동시에 사용하였다. 문화소 'the double'의 문화횡단성은 단일문화 층위에 속하고 영-중 번역자는 'the double'이라는 문화소의 영-중 문화적 거리가 멀다고 판단하였다.

그런데 원문과 번역문에 등장하는 어휘를 조금 더 자세히 보면 그 의미의 차이가 있음을 알 수 있다. 먼저 원문에 등장하는 헤비 크림(heavy cream) 또는 더블 크림(double cream)은 고지방 크림으로 설탕이 첨가되어 있지 않다.[5] 그러나 영-중 번역에서 등장하는 '浓缩鲜奶(농축 우유/연유)'는 우유와 설탕의 혼합물이자 맛이 달콤한 유제품이다. 영-중 번역자가 해당 문화소 번역 시 상황대체 번역 방법을 사용했을 가능성도 있으나 이러한 번역이 오역일 가능성도 배제할 수 없다.

5 영국 유제분 지방 함량과 관련자료 참조

사례 14)	
ST:	She picked up a plate of **bang-bang chicken canapés**. (『On Beauty』, p.98)
TT-C:	她又取出一盘**鸡味烤面包**。(『关于美』, p.93)
TT-K:	키키는... **양념이 진한 닭고기 카나페**가 담긴 접시를 집어 들었다.(p.273)

번역본	번역 방법	문화횡단성	원문 내 문화소 설명	문화적 거리 판단
영-한	음차번역+추가	단일문화	X	[+D]
영-중	바꿔쓰기	단일문화	X	[+D]

사례 14)에 제시된 문화소 'Bang-bang chicken canapés'는 중국 쓰촨 지역의 유명한 방방지(棒棒鸡)라는 요리를 변형시켜 만든 미국의 퓨전(fusion) 음식이다. 방방지(棒棒鸡)는 갈가리 찢긴 닭고기, 채를 썬 오이, 매운 소스로 만든 전통 중국 음식이지만 미국식 'Bang-bang chicken canapés'는 마요네즈를 얹은 프라이드 치킨이다. 'Bang-bang chicken canapés'이 한국어 번역본에 '양념이 진한 닭고기 카나페'로 번역되어 있어 영-한 번역자가 '음차번역+추가' 전략을 활용하였음을 알 수 있다. 'Bang-bang chicken canapés'라는 문화소의 문화횡단성은 단일문화 층위에 속하며 영-한 번역자는 해당 문화소의 영-한 문화적 거리가 멀다고 판단하였다.

다음으로 중국어 번역을 보면 'bang-bang chicken canapés'는 '鸡味烤面包'로 번역되어 영-중 번역자가 중재에 속한 '바꿔쓰기' 방법을 선택하였음을 알 수 있다. 즉, 영-중 번역자는 원문 문화소 bang-bang chicken canapés를 중국어권 독자에게 보다 친숙한 '鸡味烤面包(닭고기 맛의 빵)'으로 대체하였다. 영-중 번역자는 해당 문화소의 영-중 문화적 거리가 멀다고 판단한 것을 보인다. 그러나, 사례 12)와 마찬가지로, 중국어권 독자가 받아들이는 '鸡味烤面包'의 의미와 원문 'bang-bang chicken canapés'의 의미가 똑같다고 할 수 있을지 의문이 든다. 이에 원문의 문화소가 적절하게 번역되었는지에 대해 고민해 볼 필요가 있다.

돌아보기

퓨전음식은 말 그대로 다양한 음식재료와 조리방법이 혼합된 요리이다. 퓨전 음식의 의미는 크게 두 가지로 볼 수 있는데 넓게는 서로 다른 문화권의 음식재료와 요리기법 등이 혼합된 음식을 의미하고 좁게는 미국 켈리포니아에서 주로 발달한 요리기법을 일컫기도 한다.

이러한 퓨전 음식이 번역된 예를 보면 한국 영화 '기생충'의 영어 자막에서 '짜파구리'는 'Ram-Don'으로 번역되었다. 'Ram-Don'에서 나온 'Ram'은 라면(ramyeon)을 뜻하는 것이고 'Don'은 우동(udon)을 뜻하는 것이다. '짜파구리'를 'Ram-Don'로 번역한 사례는 '직역-의역', '형태적 등가-동태적 등가', '이국화-자국화'의 전략에 해당하지 않은 것이다. 이러한 번역을 위해서는 '번역자 임의 표현(autonomous creation)' 방법이 사용되었다.

3) 주거 및 건축

주거 및 건축은 물질문화소의 한 부분이다. 분석 대상에 나오는 주거 및 건축 명칭은 주로 영국 및 미국에 있는 주거 및 건축 양식과 관련된 명칭이다.

사례 15)	
ST:	I was being evicted from the '**bedsit**' place in Marylebone. (『On Beauty』, p.3)
TT-C:	… 当我被人从玛丽莱伯恩露那 "**卧室兼客厅**" 的住所驱逐出来的时候。 (『关于美』, p.3)
TT-K:	저는 매리번에 있는 **원룸**에서 쫓겨날 상황이었지요. (『온 뷰티 1』, p.13)

번역본	번역 방법	문화횡단성	원문 내 문화소 설명	문화적 거리 판단
영-한	문화대체	단일문화	X	[+D]
영-중	상황대체	단일문화	X	[+D]

사례 15)에 제시된 문화소 'bedsit'는 한 방에 침대, 테이블, 의자 및 요리 공간이 모두 포함되어 있는 임대주택 형식을 의미한다. 영-한 번역자는 중재에 속하는 대체 번역 방법(문화대체)을 선택하여 이를 한국어 번역본에서 '원룸'으로 번역하였다. 'bedsit'라는 문화소의 문화횡단성은 단일문화 층위에 속하며 영-한 번역자는 이 문화소의 영-한 문화적 거리가 멀다고 판단하였다.

한편, 'bedsit'는 중국어 '卧室兼客厅'로 번역되었다. 이를 통해 번역자가 중재에 속하는 대체 번역 방법(상황대체)을 사용하였음을 알 수 있다. '卧室(침실)', '兼(겸)', '客厅(거실)'을 조합한 '卧室兼客厅(침실 겸 거실)'이라는 어휘를 사용하였는데 이는 원문에 없는 어휘이다. 즉 완전히 새로운 어휘로 'bedsit'를 대체함으로써 중국어권 독자가 원문 문화소에 담긴 거주 형태를 바로 알 수 있도록 하였다. 영-중 번역자는 'bedsit'라는 문화소의 영-중 문화적 거리가 멀다고 판단하였기에 이러한 전략을 사용한 것으로 보인다. 그러나, '卧室兼客厅'라는 번역보다 조금 더 순화된 '单身公寓'로 번역하는 것이 더 적합해 보인다.

모국어로 번역하기

다음 한국어 문장을 모국어로 번역하시오.

한국어 ST	모국어 TT
ST-K: 이 근처 **원룸** 보증금이 얼마예요?	
ST-K: 학교 주변에 **단독주택**이 많아요.	
ST-K: 처음에 한국에 왔을 때 **고시원**에 살았어요.	
ST-K: **아파트 월세**가 너무 비싸서 내년에 **전셋집**을 구하고 싶네요.	

사례 16)	
ST:	Here were mid-century monstrosities with **mock-Tudor** fronts and crazy-paved driveways. (『On Beauty』, p.35)
TT-C:	这里有世纪中叶**仿都铎王朝风格的**庞然怪物，还有铺得很不平整的车道。 (『关于美』, p.33)
TT-K:	... 주택의 정면은 **튜더 양식**을 재현하고, 진입로는 불규칙한 크기의 판석으로 포장한 20세기 중반의 기괴한 건축물들이 늘어서 있었다. (『온 뷰티 1』, p.96)

번역본	번역 방법	문화횡단성	원문 내 문화소 설명	문화적 거리 판단
영-한	음차번역+모사	단일문화	X	[-D]
영-중	모사+음차번역+추가	단일문화	X	[+D]

사례 16)에 제시된 문화소 'mock-Tudor'는 '실물 크기만큼 튜더(양식) 모형으로 세운 건물'을 의미한다. 'mock-Tudor'는 한국어 번역본에서 '튜더 양식'으로 번역되어 있어 영-한 번역자가 최소 변경에 속하는 '음차번역+모사' 방법을 선택하였음을 알 수 있다. 'mock-Tudor'라는 문화소의 문화횡단성은 단일문화 층위에 속하나 영-한 번역자는 해당 문화소의 영-한 문화적 거리가 가깝다고 판단하였다.

중국어 번역본에서 'Mock-Tudor'는 '仿都铎王朝风格的'로 번역되었다. 즉, 영-중 번역자는 '모사'와 '음차번역', '추가' 방법을 모두 사용하고 있다. 이를 조금 더 자세히 보면 '仿都铎王朝风格的'의 '仿(모방)'는 모사 번역 방법에 의해 'mock(모의)'의 대응어가 되었고, 'Tudor'는 음차번역되어 '都铎(튜더)'가 되었다. 그리고 '仿都铎'의 번역 부분 뒤에 '王朝风格的(왕조 스타일의)'이라는 번역이 덧붙여졌다. 이는 기존 원문에서는 볼 수 없었던 것으로 번역자가 추가해 놓은 것이다. 영-중 번역자가 선택한 번역 방법을 통해 'mock-Tudor'라는 문화소의 영-중 문화적 거리가 멀다고 할 수 있다.

4) 교통

교통은 물질문화소의 한 부분인데 분석 대상에 나오는 교통 명칭은 많지 않다. 등장하는 명칭은 주로 영국 및 미국의 교통과 관련된 것이다.

사례 17)	
ST:	...Victoria, who I've seen only in photos (she's **inter-railing** in Europe)... (『On Beauty』, p.4)
TT-C:	… 维多利亚，我只在照片上见过（他正在欧洲旅游），… (『关于美』, p.4)
TT-K:	사진으로 본 킵스 씨의 딸 빅토리아(가)... **인터레일**로 유럽 여행을 하고 있다는데... (『온 뷰티 1』, p.15) 인터레일: 유럽 각국의 국유 철도를 일정 기간 무제한 탈 수 있는 승차권.

번역본	번역 방법	문화횡단성	원문 내 문화소 설명	문화적 거리 판단
영-한	음차번역+추가 +파라텍스트	단일문화	X	[+D]
영-중	바꿔쓰기	단일문화	X	[+D]

사례 17)에 제시된 문화소 'inter-railing'은 영-한 번역에 제시된 역주와 같이 '유럽 각국의 국유 철도를 일정 기간 무제한 탈 수 있는 승차권'을 의미한다. 이것은 한국어 번역본에서 '인터레일로 유럽 여행을 하고 있다는데'로 번역되었다. 번역자는

'음차번역'와 '추가', '파라텍스트' 방법을 사용하였다. 'inter-railing'이라는 문화소의 문화횡단성은 단일문화 층위에 속하여 이 문화소의 영-한 문화적 거리가 멀다. 그러므로 영-한 번역자는 독자에게 더 많은 정보를 제공해 줄 필요가 있다고 판단하여 이중 전략을 선택하였다.

이와 달리 영-중 번역자는 중재에 속하는 바꿔쓰기 번역 전략을 사용하여 'inter-railing'를 '他正在欧洲旅游(그는 유럽에 여행하고 있다)'로 번역하였다. 다시 말해, 원문에 있는 핵심적 어휘인 'inter-railing'은 번역되지 않았고 주인공 빅토리아가 유럽에 여행하고 있다는 정보만이 번역본에 실려 있다. 번역자는 'inter-railing'이라는 문화소의 문화횡단성은 단일문화에 속하며 이 문화소의 영-중 문화적 거리는 멀다고 판다하였기에 이러한 전략을 선택한 것으로 보인다.

생각하기

교통은 우리 일상생활에서 자주 접할 수 있다. 교통과 관련된 5개 명칭을 찾고 그것을 모두 모국어와 한국어 표현으로 써보시오.

모국어	한국어

5) 가구

가구는 물질문화소의 한 부분으로 분석 대상에는 주로 영·미의 가구 명칭이 등장한다. 영-한 및 영-중 번역에서 가구를 번역할 때 사용하는 방법은 매우 다른데 대표적 사례는 다음과 같다.

사례 18)	
ST:	Here a bookshelf filled with their oldest paperbacks kept company with a **suede beanbag and ottoman**... (『On Beauty』, p.8)
TT-C:	客厅里，有一个书架，上面放满最旧的平装书，与它为伴的是一个**麂皮豆袋椅，… 长软椅**…（『关于美』, p.8)
TT-K:	그 공간은 오래된 페이퍼백 서적으로 채워진 책장 하나와 **스웨이드 재질의 빈백 체어, 오토만** 등으로 꾸며져 있었다. (『온 뷰티 1』, p.25-26) '스웨이드 재질의 빈백 체어'에 관한 역주: 커다란 자루 같은 천에 작은 플라스틱 조각을 채워 편하게 사용하는 의자. '오토만'에 관한 역주: 등받이와 팔걸이가 없는 긴 의자.

번역본	번역 방법	문화횡단성	원문 내 문화소 설명	문화적 거리 판단
영-한	음차번역+추가+파라텍스트	단일문화	X	[+D]
영-중	모사	단일문화	X	[+D]

<표 4> 문화소 'suede beanbag'에 대한 분석

사례 18)에 제시된 문화소 'suede beanbag'과 'ottoman'은 서양식 가구 명칭이다. 원문ST에 있는 이 문화소는 영-한 번역과 영-중 번역에서 다르게 번역되는 양상을 보인다.

먼저 문화소 'suede beanbag'부터 살펴보자. 문화소 'suede beanbag'은 마른 콩 또는 이와 유사한 충전제로 채워진 큰 가방 모양의 부드러운 의자를 가리킨다. 영-한 번역자는 직접번역에 속한 음차번역 방법을 사용해서 'suede beanbag'이라는 문화소를 '스웨이드... 빈백'으로 번역하였고 파라텍스트 방법을 사용하여 역주를 제공하였다. 이와 더불어 '... 재질의'와 '체어chair' 라는 정보를 추가해 놓기도 하였다. 이와 같이 세 가지 번역 방법이 채택된 이유는 한국어권에서 잘 알려지지 않은 문화소인 'suede beanbag'의 문화횡단성이 단일문화 층위에 속하고 해당 문화소의 영-한 문화적 거리가 멀기 때문이다.

이와 달리 영-중 번역자는 직접번역에 속하는 모사 방법을 사용하여 이것을 '麂皮豆袋椅'라고 번역하였다. 문화소 'suede beanbag'의 문화횡단성이 단일문화 층위에 속함에도 불구하고 영-중 번역자가 최소 변경에 속하는 모사 방법을 선택한 이유는 해당 문화소인 'suede beanbag'의 영-중 문화적 거리가 가깝다고 판단하였기 때문이다.

번역본	번역 방법	문화횡단성	원문 내 문화소 설명	문화적 거리 판단
영-한	음차번역+ 파라텍스트	단일문화	X	[+D]
영-중	상위어	단일문화	X	[-D]

<표 5> 문화소 'ottoman'에 대한 분석

원문에 있는 두 번째 문화소 'ottoman'을 보면 이것은 영-한 번역에서 제시된 역주와 같이 '등받이와 팔걸이가 없는 긴 의자'을 가리킨다. 영-한 번역자는 직접번역에 속한 음차번역 방법을 사용하여 'ottoman'을 '오토만'이라고 번역하였다. 그리고 역주를 통해 부연 설명을 덧붙이고 있다(파라텍스트 방법). 번역자는 한국어권에 잘 알려지지 않은 문화소인 'ottoman'의 문화횡단성이 단일문화 층위에 속하고 해당 문화소의 영-한 문화적 거리가 멀다고 판단하였기에 이러한 방법을 선택한 것으로 보인다.

이와 달리 중국어 번역본에서 'ottoman'은 '长软椅(길고 부드러운 의자)'로 번역되었다. 즉, 번역자는 'ottoman'을 번역할 때 일반화에 속하는 상위어 번역 방법을 사용하였다. '长软椅'를 상위어로 보는 이유는 'ottoman'이 길고 부드러운 의자의 일종이기 때문이다. 문화소 'ottoman'의 문화횡단성은 단일문화 층위에 속하고 영-중 번역자는 중재에 속한 상위어 방법을 선택하였다. 이를 통해 'ottoman'의 영-중 문화적 거리는 멀다고 할 수 있다. 그렇지만, 과연 '长软椅'라는 번역을 통해 중국어권 독자가 원문 문화소 'ottoman'을 연상할 수 있을지 의문이 든다.

3. 제도문화소와 문화적 거리 분석

1) 정치, 행정, 조직제도

제도문화소의 한 부분인 정치, 행정, 조직제도 문화소는 분석 대상에 상당히 많이 등장한다. 해당 명칭은 주로 영국 및 미국에 있는 정치, 행정, 조직제도와 관련된 명칭이다.

사례 19)	
ST:	... she knew **Powell** personally, and **Rice**; she liked to explain patiently to Howard that such people 'lifted the race'. (『On Beauty』, p.117)
TT-C:	她与**鲍威尔**和**赖斯**有私交；她喜欢耐心地向霍华德解释是这样的人"提升了这个种族的地位"。 (『关于美』, p.111)
TT-K:	전 국무 장관인 **콜린 파월**, **콘돌리자 라이스**와도 개인적인 친분이 있었다. 그녀는 하워드 앞에서 그들이 '흑인의 격을 높였다'고 점잖게 설명하기를 즐겼다. (『온 뷰티 1』, p.324.)

번역본	번역 방법	문화횡단성	원문 내 문화소 설명	문화적 거리 판단
영-한	공식 등가	문화횡단	X	[-D]
영-중	공식 등가	문화횡단	X	[-D]

사례 19)에 제시된 문화소 'Powell'과 'Rice'는 미국 정치인 이름이다. 'Powell'은 미국 조지 W. 부시 대통령 때 국무장관(65대)이었고, 'Rice'는 콜린 파월의 뒤를 이어 66대 국무장관으로 임명되었다. 번역자는 최소 변경에 속하는 공식 등가 방법을 선택하여 'Powell'과 'Rice'를 한국어 번역본에 '콜린 파월'과 '콘돌리자 라이스'로 번역해 놓았다. 콜린 파월과 콘돌리자 라이스는 한국에서도 잘 알려진 미국 정치인이므로 해당 문화소의 문화횡단성은 문화횡단 층위에 속한다. 이에 영-한 번역자는 두 문화소의 영-한 문화적 거리가 가깝다고 보았다.

이와 마찬가지로 'Powell'과 'Rice'는 중국어로 '鲍威尔'과 '赖斯'로 번역되었다. 해당 문화소의 문화횡단성은 단일문화에 속하므로 영-중 번역자는 최소 변경에 속하는 공식 등가 번역 전략을 사용하였다. 영-중 번역자는, 영-한 번역자와 마찬가지로, 해당 문화소의 영-중 문화적 거리가 가깝다고 판단한 것으로 보인다.

정리하기

번역할 때 특정 국가의 정치인 이름을 많이 보게 된다. 자신 국가의 정치인 이름을 5개 찾아 그 이름을 쓰고 다시 한국어로 번역해서 써보시오.

모국어	한국어

사례 20)	
ST:	Claire was only truly excited by the apocalyptic on the world stage: **WMD, autocratic presidents, mass death**. (『On Beauty』, p.122)
TT-K:	클레어는 세계의 종말과 관련된 사안(**대량 파괴 무기, 독재적인 정치가, 대량 학살** 등)에 유일하게 흥미를 느꼈다. (『온 뷰티 1』, p.338.)
TT-C:	克莱尔只会为世界舞台上的巨大事件而兴奋激动：**大规模杀伤武器、独裁总统、大规模死亡**。 (『关于美』, p.116)

번역본	번역 방법	문화횡단성	원문 내 문화소 설명	문화적 거리 판단
영-한	완성	단일문화	X	[+D]
영-중	완성	단일문화	X	[+D]

<표 6> 문화소 'WMD'에 대한 분석

사례 20)에 제시된 문화소 'WMD', 'autocratic presidents', 'mass death'는 정치적 용어이다. 원문ST에 있는 문화소는 영-한 번역과 영-중 번역에서 각기 다르게 번역되는 양상을 보인다.

먼저 문화소 'WMD'부터 살펴보자. 문화소 'WMD'는 'Weapon of Mass Destruction'의 약자로 '대량살상무기'를 뜻한다. 영-한 번역자는 구체화에 속하는 완성 번역 방법을 사용해서 'WMD'를 '대량 파괴 무기'로 번역하였다. 그리고 추가 정보를 제공하기 위해 역주를 덧붙였다(파라텍스트 방법). 'WMD'는 한국어권에서 잘 알려지지 않은 문화소이므로 문화소의 문화횡단성은 단일문화 층위에 속한다. 비록 원문에 'the apocalyptic on the world stage(세계의 종말과 관련된 사안)'라는 설명이 있지만 이는 'WMD'를 이해하는 데 도움이 되지 않는다. 그러므로 원문에 문화소에 대한 설명이 있다고 볼 수 없어 영-한 번역자는 해당 문화소의 영-한 문화적 거리가 멀다고 판단하였다. 따라서 중재에 속하는 완성 번역 방법을 사용하였다.

이와 마찬가지로 영-중 번역자는 구체화에 속하는 완성 번역 방법을 사용하여 'WMD'를 '大规模杀伤武器'로 번역하였다. 문화소 'WMD'의 문화횡단성은 단일문화이며 영-중 번역자는 중재에 속하는 완성 번역 방법을 선택하였다. 이를 통해 영-중 번역자는 'WMD'라는 문화소의 영-중 문화적 거리가 멀다고 보았음을 알 수 있다.

번역본	번역 방법	문화횡단성	원문 내 문화소 설명	문화적 거리 판단
영-한	상위어	문화횡단	X	[+D]
영-중	모사	문화횡단	X	[-D]

원문ST에 있는 두 번째 문화소 'autocratic presidents'와 'mass death'을 보자. 전자는 '독재(獨裁) 대통령'을 의미하는

데 영-한 번역자는 'autocratic presidents'의 'presidents'를 번역할 때, '대통령' 대신 '정치가'라는 어휘를 사용하였다. 정치인은 대통령의 상위어로 볼 수 있으므로 번역자는 일반화에 속하는 상위어 번역 방법을 사용하였다. 한국 정치 역사에 독재적 대통령이나 정치인이 있었기에 'autocratic presidents'라는 문화소는 한국어권에 잘 알려진 문화소라고 할 수 있다. 따라서 'autocratic presidents'라는 문화소의 문화횡단성은 문화횡단 층위에 속하나 영-한 번역자는 해당 문화소의 영-한 문화적 거리가 멀다고 판단하였다.

이와 달리 중국어 번역본에서 'autocratic presidents'는 '独裁总统(독재적인 대통령)'로 번역되었다. 영-중 번역자는 문화소 'autocratic presidents'를 번역할 때 직접번역에 속하는 모사 번역 방법을 사용하였다. 문화소 'autocratic presidents'의 문화횡단성은 문화횡단 층위에 속하며 영-중 번역자가 최소 변경에 속한 모사 방법을 선택하였다. 이를 통해 영-중 번역자가 'autocratic presidents'라는 문화소의 영-중 문화적 거리가 가깝다고 보았음을 알 수 있다.

번역본	번역 방법	문화횡단성	원문 내 문화소 설명	문화적 거리 판단
영-한	모사	문화횡단	X	[-D]
영-중	모사	문화횡단	X	[-D]

<표 7> 문화소 'mass death'에 대한 분석

원문ST에 있는 세 번째 문화소 'mass death'를 보면 이것은 '대량 학살'로 번역된다. 한국 정치 용어에도 '대략 학살'이라는

용어가 있어 'mass death'는 한국어권에 잘 알려진 문화소라고 할 수 있다. 따라서 영-한 번역자는 직접번역에 속하는 모사 번역 방법을 사용하였다. 해당 문화소의 문화횡단성은 문화횡단 층위에 속하므로 영-한 번역자가 'mass death'라는 문화소의 영-한 문화적 거리가 가깝다고 보았다.

이와 마찬가지로 'mass death'는 중국어로 '大规模死亡(대규모 사망)'이라고 번역되었다. 영-중 번역자는 직접번역에 속하는 모사 번역 방법을 선택하였고 문화소 'mass death'의 문화횡단성은 문화횡단 층위에 속한다. 따라서 영-중 번역자는 'mass death'라는 문화소의 영-중 문화적 거리가 가깝다고 판단한 것으로 보인다.

사례 21)	
ST:	Haitian Aids patients in Guanta´namo, drug barons, institutionalized torture, state-sponsored murder, enslavement, **CIA** interference, American occupation and corruption. (『On Beauty』, p.356)
TT-C:	在关塔那摩的海地艾滋病人、大麻巨头、制度化的刑法、国家委派的杀手、奴役、**中央情报局**的干涉/美国人的占领和腐化。(『关于美』, p.340)
TT-K:	관타나모에 있는 아이티 난민 증 에이즈 환자와 마약왕, 제도화된 고문과 국가 주도의 살인, 노예 상태, **CIA** 개입, 미국의 점령과 부패 등... (『온 뷰티 2』, p.338.)

번역본	번역 방법	문화횡단성	원문 내 문화소 설명	문화적 거리 판단
영-한	유지	문화횡단	X	[-D]
영-중	완성	문화횡단	X	[+D]

사례 21)에 제시된 문화소 'CIA'는 미국 정보 부처 중 하나인 '중앙정보국'의 약자이다. 번역자는 유지 방법을 선택하여 이를

한국어 번역본에 'CIA'로 제시하였다. 'CIA'는 한국어권 독자에게도 익숙하고 잘 알려진 미국의 기관이기 때문에 문화횡단성 층위를 보면 문화횡단에 속한다. 그리고 영-한 번역자는 유지 방법을 사용하였는데 이를 통해 번역자가 해당 문화소의 영-한 문화적 거리가 가깝다고 판단하였음을 알 수 있다.

앞서 영-한 번역 시 유지 번역 방법이 사용된 것과 달리 영-중 번역에서는 구체화에 속하는 완성 번역 방법이 사용되었다. 원문에 등장하는 약자 'CIA'는 원문을 상세하게 완성하기 위해 사용되는 구체화 방법에 의해 '中央情报局(중앙정보국)'로 번역되었다. 해당 문화소의 문화횡단성은 문화횡단이지만 번역 시 사용된 전략과 방법을 보면 번역자가 해당 문화소의 영-중 문화적 거리가 멀다고 판단한 것으로 보인다.

2) 사회

사회와 관련한 문화소는 제도문화소의 중요한 부분이다. 이와 관련된 문화소가 분석 대상에 상당히 많이 포함되어 있다. 해당 명칭은 주로 영·미국에 속한 사회 문화소 명칭이다.

사례 22)	
ST:	She expressed herself eccentrically – she referred to Erskine's girls imperiously as those **mulattos** – and gave no clue as to her real feelings. (『On Beauty』, p.117)
TT-C:	她表达自己的方式很反常-她提到厄斯金的女人们时狂妄地称之为"**那些黑白混血儿**"-丝毫也不会流露她的真实感情。 (『关于美』, p.111)

TT-K:	어스킨의 여자들을 '**물라토**'라고 부르면서 자신의 진짜 속마음은 조금도 드러내지 않았다. (『온 뷰티 1』, p.323-324) 역주: 각각 흑인과 백인인 부모 사이에서 태어난 혼혈인. 흑인 또는 백인의 세계에 맞춰진 미국 사회에서 완전히 적용하기 힘든 비극적 피해자로 알려져 있다.

번역본	번역 방법	문화횡단성	원문 내 문화소 설명	문화적 거리 판단
영-한	음차번역+ 파라텍스트	단일문화	X	[+D]
영-중	완성	단일문화	X	[+D]

사례 22)에서 제시된 문화소 'mulattos'는 백인과 흑인의 혼혈인, 특히 부모뿐만 아니라 조부모도 모두 백인과 흑인인 사람을 가리킨다. 'mulattos'는 한국어 번역본에 '물라토'로 번역되어 있다. 즉, 번역자는 직접번역에 속한 음차번역 방법을 사용하였다. 그리고 보충 설명을 위해 역주도 제시하였다. 이처럼 'mulattos'를 번역하기 위해 이중 방법 즉, '음차번역'과 '파라텍스트 방법'이 모두 사용되었다. 'Mulattos'라는 문화소의 문화횡단성 층위는 단일문화에 속한다. 이에 영-한 번역자는 한국어권 독자에게 더 많은 정보를 제공할 필요가 있다고 보아 역주를 활용하였다. 이에 해당 문화소의 영-한 문화적 거리가 멀다고 할 수 있다.

영-중 번역자는 중재에 속하는 바꿔쓰기 방법을 활용하여 'mulattos'를 '那些黑白混血儿'로 번역하였는데 이를 통해 번역자가 해당 문화소의 문화적 거리가 멀다고 보았음을 알 수 있다. 그리고 원문에 등장하는 'mulattos'의 문화횡단성은 단일문화이다.

3) 역사

역사와 관련된 문화소는 제도문화소의 한 부분이다. 분석 대상에 등장하는 역사와 관련된 문화소 대부분은 영국과 미국의 역사에 대한 것이다.

사례 23)	
ST:	... the culture museums of **bourgeois Victoriana**.... (『On Beauty』, p.34)
TT-C:	也如同展示**中产阶级维多利亚时代文物的**文化博物馆…… (『关于美』, p.33)
TT-K:	**빅토리아 시대의 부르주아적** 문화 박물관이자... (『온 뷰티 1』, p.95)

번역본	번역 방법	문화횡단성	원문 내 문화소 설명	문화적 거리 판단
영-한	음차번역+모사	단일문화	X	[-D]
영-중	음차번역+모사+추가	단일문화	X	[+D]

사례 23)에서 제시된 문화소 'bourgeois Victoriana'는 빅토리아 시대의 중산계층을 가리키는 말이다. 'bourgeois Victoriana'는 한국어 번역본에서 '빅토리아 시대의 부르주아적'으로 번역되어 번역자가 직접번역에 속하는 음차번역과 모사 방법을 사용하였음을 알 수 있다. 'bourgeois Victoriana'라는 문화소의 문화횡단성 층위는 단일문화에 속한다. 그러나 영-한 번역자는 해당 문화소의 영-한 문화적 거리가 가깝다고 판단하여 최소 변경에 속하는 '음차번역+모사' 번역 방법을 사용하였다.

영-한 번역자와 달리 영-중 번역자는 이것을 '中产阶级维多利亚时代文物的'로 번역하였다. 번역을 위해 이중 전략 즉 '음차번역(Victoriana-维多利亚...的)'과 '모사(bourgeois-中产阶级)', '추가(时代文物)' 방법이 채택되었다. 해당 문화소의 문화횡단성은 단일문화이며 번역자가 선택한 전략과 방법을 통해 영-중 번역자가 'bourgeois Victoriana'의 영-중 문화적 거리가 멀다고 판단하였음을 알 수 있다.

모국어로 번역하기

다음 한국어 문장을 모국어로 번역하시오.

한국어 ST	모국어 TT
ST-K: **빅토리아 시대**는 **조지 시대**와 **에드워드 시대**의 사이에 있다. 유럽 전체 시대의 흐름을 보면 **빅토리아 시대** 말은 유럽 대륙의 **벨 에포크**의 전기와 겹친다.	
ST-K: **에도 시대**는 도쿠가와 이에야스가 세운 에도 막부가 일본을 통치한 1603년부터 1868년까지의 시기를 가리키며 **에도 시대** 일본은 급격한 경제 발전이 이루어졌고 유례없는 번영을 누렸다.	
ST-K: **미국 서부 개척시대**는 19세기미국의 시대 구분의 하나로 **'올드 웨스트'** 또는 **'와일드 웨스트'**라고도 불린다. 이는 그 시대의 프론티어 스트립의 역사, 전설, 신앙 등 문화적인 의미를 포괄하는 용어로 볼 수 있다.	
ST-K: **조선시대**에는 사회적 신분 질서가 엄격하였는데 15세기에는 신분이 양반·상민·천인으로 구분되었고, 16세기 초에는 중인층이 새로이 형성되면서 양반·중인·상민·천인 네 계층으로 구분되었다.	

사례 24)	
ST:	They turned into a new street, **clearly bombed in the last war**. (『On Beauty』, p.35)
TT-C:	他们拐入另一条街道，这条街道**显然在上次战争中被轰炸过**。(『关于美』, p.33)
TT-K:	두 남자는 새로운 거리로 접어들었다. **2차 대전 때 폭격을 당한 것이 분명해 보이는 거리**에는... (『온 뷰티 1』, p.96)

번역본	번역 방법	문화횡단성	원문 내 문화소 설명	문화적 거리 판단
영-한	축자번역+추가	단일문화	X	[+D]
영-중	축자번역	단일문화	X	[-D]

사례 24)에 제시된 문화소 'clearly bombed in the last war'는 '전쟁 때 폭격을 당한 것이 분명하다'라는 뜻이다. 번역자는 '축자번역+추가' 방법을 활용하여 이것을 '2차 대전 때 폭격을 당한 것이 분명해 보이는 거리'로 번역하였다. 이때 추가된 정보는 '2차 대전'이다. 'Clearly bombed in the last war'라는 문화소의 문화횡단성은 단일문화에 속하며 영-한 번역자가 해당 문화소의 영-한 문화적 거리가 멀다고 판단하였기에 이러한 전략과 방법을 사용한 것으로 보인다.

이와 달리 'clearly bombed in the last war' 번역 시 영-중 번역자는 직접번역에 속하는 축자번역 방법을 선택하여 '显然在上次战争中被轰炸过'로 번역하였다. 그리고 한국어 번역과 달리 추가 정보가 포함되어 있지 않다. 해당 문화소의 문화횡단성이 단일문화에 속함에도 불구하고 영-중 번역자는 직접번역에 속하는 축자번역 방법을 선택하였는데 이는 영-중 번역자가 'clearly bombed in the last war'라는 문화소의 영-중 문화적 거리가 가깝다고 보았기 때문이다.

사례 25)	
ST:	... **all the Jews in the first tower had been warned beforehand or that you can't trust Mexicans not to steal the rug from under your feet or that more roads were built under Stalin**... (『On Beauty』, p.96)
TT-C:	… **所有在第一座集中营里的犹太人事先都得到过警告，或者，你不能相信墨西哥人不会从你脚下偷走地毯，或者，斯大林统治时期修建了更多的路**…… (『关于美』, p.91)
TT-K:	... **9.11 때 첫 테러 대상이어던 북쪽 타워에 있던 유대인들은 모두 미리 경고를 들었다는 둥, 멕시코 사람들은 뒤통수를 잘 치기 때문에 믿을 수 없다는 둥, 경제는 스탈린 치하에서 엄청난 발전했다는 둥**... (『온 뷰티 1』, p.266-267)

번역본	번역 방법	문화횡단성	원문 내 문화소 설명	문화적 거리 판단
영-한	축자번역+추가	단일문화	X	[+D]
영-중	축자번역	단일문화	X	[-D]

사례 25)에 제시되어 있는 문화소 'all the Jews in the first tower had been warned beforehand or that you can't trust Mexicans not to steal the rug from under your feet or that more roads were built under Stalin'은 미국과 소련에서 발생한 역사 사건과 관련된 것이다. 이를 한국어 번역본에서는 '9.11 때 첫 테러 대상이었던 북쪽 타워에 있던 유대인들은 모두 미리 경고를 들었다는 둥, 멕시코 사람들은 뒤통수를 잘 치기 때문에 믿을 수 없다는 둥, 경제는 스탈린 치하에서 엄청난 발전했다는 둥'으로 번역되었다. 이때 번역자는 '축자번역'과 '추가' 방법을 모두 사용하였다. 이때 추가된 정보는 '9.11 때 첫 테러 대상이었던 북쪽 타워에 있던'이다. 해당 문화소의 문화횡단성은 단일

문화에 속한다. 번역자가 번역 시 이중 전략을 사용한 이유는 해당 문화소의 영-한 문화적 거리가 멀다고 판단하였기 때문이다.

이와 달리 해당 문화소는 중국어로 '所有在第一座集中营里的犹太人事先都得到过警告，或者，你不能相信墨西哥人不会从你脚下偷走地毯，或者，斯大林统治时期修建了更多的路'라고 번역되었다. 다시 말해, 영-중 번역자는 해당 문화소 번역을 위해 직접번역에 속하는 축자번역 방법을 선택하였다. 번역 결과에서 볼 수 있듯이 해당 문화소의 문화횡단성은 단일문화에 속한다. 그럼에도 불구하고 번역자가 추가 정보 없이 원문을 그대로 번역한 이유는 영-중 번역자가 해당 문화소의 영-중 문화적 거리가 가깝다고 판단하였기 때문일 것이다. 그러나 중국어 번역의 '第一座集中营(첫 번째 수용소)'는 오역일 가능성이 매우 크다.

사례 26)	
ST:	**Haitian Aids patients in Guantanamo, drug barons, institutionalized torture, state-sponsored murder, enslavement**, CIA interference, **American occupation and corruption**. (『On Beauty』, p.356)
TT-C:	**在关塔那摩的海地艾滋病人**、**大麻巨头**、**制度化的刑法**、**国家委派的杀手**、**奴役**、中英情报局的干涉、**美国人的占领和腐化**。 (『关于美』, p.340)
TT-K:	**관타나모에 있는 아이티 난민 중 에이즈 환자와 마약왕, 제도화된 고문과 국가 주도의 살인, 노예 상태**, CIA 개입, **미국의 점령과 부패** 등.... (『온 뷰티 2』, p.368.)

번역본	번역 방법	문화횡단성	원문 내 문화소 설명	문화적 거리 판단
영-한	음차번역+축자번역	단일문화	O	[-D]
영-중	음차번역+축자번역	단일문화	O	[-D]

사례 26)에서 제시된 문화소 'Haitian Aids patients in

Guantanamo, drug barons, institutionalized torture, state-sponsored murder, enslavement, CIA interference, American occupation and corruption'은 미국에서 발생한 일련의 역사적 사건이다. 이를 한국어 번역본에는 '관타나모에 있는 아이티 난민 중 에이즈 환자와 마약왕, 제도화된 고문과 국가 주도의 살인, 노예 상태, CIA 개입, 미국의 점령과 부패'로 번역되어 있다. 이를 통해 영-한 번역자가 직접번역에 속한 축자번역 방법을 사용하였음을 알 수 있다. 사례 25)에서 제시된 문화소는 한국어권 독자에게 잘 알려지지 않은 문화소이기 때문에 해당 문화소의 문화횡단성은 단일문화에 속한다. 그러나 사례 26) 바로 앞부분에서 주인공 레비가 미국과 아이티를 비교하는 내용이 있는데 이는 해당 문화소에 대한 설명이 될 수 있다. 이처럼 해당 문화소에 대한 설명이 원문에 포함되어 있으므로 영-한 번역자는 이 문화소의 영-한 문화적 거리가 가깝다고 판단하였다.

이와 마찬가지로 해당 문화소는 중국어 번역본에 '在关塔那摩的海地艾滋病人、大麻巨头、制度化的刑法、国家委派的杀手、奴役、中英情报局的干涉、美国人的占领和腐化'로 번역되어 있다. 문화소의 문화횡단성이 단일문화에 속하나 해당 문화소에 대한 설명이 원문에 포함되어 있으므로 영-중 번역자는 직접번역에 속하는 축자번역 방법을 선택하였다. 즉, 영-중 번역자는, 영-한 번역자와 마찬가지로, 해당 문화소의 영-중 문화적 거리가 가깝다고 판단하였다.

4) 예술

문학 번역에서 예술과 관련된 문화소는 매우 중요한 제도문화소로 간주된다. 이에 분석 대상에도 많은 문화 관련 문화소가 등장하는데 대부분이 영국과 미국의 예술을 나타내는 문화소이다.

사례 27)	
ST:	'Well... it's more like **Spoken Word**, as it happens.' (『On Beauty』, p.75)
TT-C:	"嗯…… 这更像是吟**说**，事实就是如此。" (『关于美』, p.71)
TT-K:	"음... 랩이라기보다 **스포큰 워드**라고 해야 겠지." (『온 뷰티 1』, p.208) 역주: 시를 리듬감 이게 읊으며 음악과 함께 약간의 퍼포먼스를 보여 주는 공연 장르의 하나.

번역본	번역 방법	문화횡단성	원문 내 문화소 설명	문화적 거리 판단
영-한	음차번역+ 파라텍스트	단일문화	X	[+D]
영-중	문화대체	단일문화	X	[+D]

사례 27)에 제시된 문화소 'Spoken Word'는 '시를 리듬감 있게 읊으며 음악과 함께 약간의 퍼포먼스를 보여 주는 공연 장르의 하나'를 말한다. 영-한 번역자는 음차번역 방법을 활용하여 해당 문화소를 '스포큰 워드'로 번역하였다. 그리고 번역자는 문화소에 대한 역주도 번역본에 추가해 놓았다(파라텍스트 방법). 영-한 번역자는 '음차번역'과 '파라텍스트' 방법을 동시에 사용하였는데 'Spoken Word'라는 문화소가 한국어권 독자에게 잘 알려지지 않는 문화소이기 때문이다. 해당 문화소의 문화횡단성은 단일문화 층위에 속하며 영-한 번역자는 해당 문화소의 영-

한 문화적 거리가 멀다고 판단하여 이중 전략을 선택하였다.

중국어 번역본에는 'Spoken Word'가 '吟说'로 번역되어 있다. 'Spoken Word'의 문화횡단성은 단일문화에 속하므로 영-중 번역자는 중재이자 대체에 속하는 문화대체 번역 방법을 선택하였다. 이를 통해 영-중 번역자가 해당 문화소의 영-중 문화적 거리가 멀다고 판단하였음 알 수 있다. 그러나 중국어권 독자가 이해하는 '吟说'의 의미와 원문 문화소인 'Spoken Word'의 의미가 얼마나 가까운지 판가름하기 매우 힘들다는 문제점이 있다.

알아보기

스포큰 워드(Spoken word). '말로 쓰는 글', 또는 '말로 쓰는 시'. 이야기 풀이의 미학에 초점을 두는 시문학이며, 재치있는 언어의 기술(word play)과 억양 등에 초점을 맞추는 말하기 예술(oral art) 장르이다. 시 낭송, 힙합과 재즈 시, 전통적인 시 읽기, 코미디 형식, 산문적인 독백 등을 포괄한다. 미국 할렘 흑인들의 시문학은 현대의 스포큰 워드에 많은 영향을 끼쳤고, 미국 시카고 시인 마크 스미스(Marc Smith)에 의해 스포큰 워드는 단순히 시를 읽는 것이 아닌 글쓴이 자신을 짧고 강렬하게 표출하는 방법으로 발전해 왔다.[6]

6 출처: '스포큰 워드' - 위키백과, 우리 모두의 백과사전

5) 음악

음악과 관련된 문화소는 영·미 소설에서 중요한 제도문화소로 여겨진다. 이에 분석 대상에 많은 음악 관련 문화소가 포함되어 있다. 이러한 문화소는 주로 서양 문화권과 관련된 것이다.

사례 28)	
ST:	... Somewhere around the **Confutatis**, Kiki's careful tracing of the live music with the literal programme broke down. (『On Beauty』, p.70)
TT-C:	到了**《受判之徒》**部分的某个地方，姬姬根据字面的节目单对现场音乐小心翼翼的追踪断了线。(『关于美』, p.66)
TT-K:	... 확인하던 키키는 급기야 '**콘푸타티스**'의 중반쯤에서 완전히 길을 잃고 말았다. (『온 뷰티 1』, p.193) 역주: 저주받은 자들.

번역본	번역 방법	문화횡단성	원문 내 문화소 설명	문화적 거리 판단
영-한	음차번역+ 파라텍스트	단일문화	X	[+D]
영-중	모사	단일문화	X	[-D]

사례 28)에 제시된 문화소 'Confutatis'는 모차르트 레퀴엠에 있는 악장樂章의 하나이다. 한국어 번역본에 'Confutatis'가 '콘푸타티스'로 번역되어 있고(음차번역) 이에 대해 '저주받은 자들'이라는 역주가 덧붙여 있다(파라텍스트 방법). 번역자는 'Confutatis'의 번역을 위해 이중 전략을 사용하였는데 'Confutatis'가 고전음악 전공자가 아닌 일반 한국어권 독자에게 잘 알려지지 않는 문화소이기 때문이다. 해당 문화소의 문화횡단성은 단일문화 층위에 속하고 이 문화소의 영-한 문화적 거리가 멀다고 할 수 있다.

중국어 번역본에는 'Confutatis'가 '《受判之徒》'로 번역되어 있다. 'Confutatis'의 문화횡단성은 단일문화에 속하는데도 영-중 번역자는 직접번역에 속하는 모사 번역 방법을 사용하였다. 이를 통해 영-중 번역자가 해당 문화소의 영-중 문화적 거리가 가깝다고 판단하였음을 알 수 있다. 그러나 음악을 전공하지 않은 일반 중국어권 독자에게 '《受判之徒》'라는 번역이 원문의 의미를 충실히 전달할 수 있을지 의문이 든다.

사례 29)	
ST:	... In the **Lacrimosa** or miles ahead? (『On Beauty』, p.70)
TT-C:	是在 **《爱怜颂》** 部分还是几英里之外的前方？(『关于美』, p.66)
TT-K:	'**라크리모사**' 근처 어디쯤인가, 아니면 더 많이 왔나? (『온 뷰티 1』, p.193) 역주: 역주: 눈물과 한탄의 날

번역본	번역 방법	문화횡단성	원문 내 문화소 설명	문화적 거리 판단
영-한	음차번역+ 파라텍스트	단일문화	X	[+D]
영-중	모사	단일문화	X	[-D]

사례 29)에 제시된 문화소 'Lacrimosa'는 모차르트 레퀴엠에 있는 악장樂章의 하나이다. 영-한 번역자는 음차번역 방법을 바탕으로'Lacrimosa'를 '라크리모사'로 번역하고 '눈물과 한탄의 날'이라는 역주를 추가해 놓았다(파라텍스트 방법). 번역자가 이와 같이 이중 전략을 사용한 이유는 'Lacrimosa'가 고전음악 전공자가 아닌 일반 한국어권 독자에게 잘 알려지지 않는 문화소이기 때문이다. 이에 사례 28)과 마찬가지로 해당 문화소의 문화횡단성은 단일문화 층위에 속하고 이 문화소의 영-한 문화적

거리는 멀다고 할 수 있다.

중국어 번역본을 보면 'Lacrimosa'는 '《爱怜颂》'이라는 번역되어 있다. 즉. 번역자는 번역을 위해 직접번역에 속하는 모사 번역 방법을 사용하였다. 'Lacrimosa'의 문화횡단성이 단일문화에 속한다고 해도 번역자는 해당 문화소의 영-중 문화적 거리가 가깝다고 판단하였기에 최소 변경에 속하는 모사 번역 방법을 사용한 것으로 보인다. 그러나 사례 28)과 마찬가지로 일반 중국어권 독자에게 '《爱怜颂》'이라는 번역이 본문 이해의 걸림돌이 되지는 않을까 염려가 된다.

4. 관습문화소와 문화적 거리 분석

1) 명절

명절과 관련된 문화소는 문학 번역에서 매우 중요한 관습문화소를 간주된다. 분석 대상에는 주로 서양 문화권의 명절과 관련된 문화소가 등장한다.

사례 30)	
ST:	... She called me up and said it's **the birthday of St John the Baptist**, let's do it, and we did it. (『On Beauty』, p.56)
TT-C:	她打电话给我，说那天是**圣约翰的生日**，我们结婚吧，于是我们就结婚了。(『关于美』, p.53)
TT-K:	어느 날 갑자기 전화를 걸어와서는 오늘이 **세례 요한 탄생 축일**이니 결혼이나 하자고 하더군요. 그래서 그냥 해 버린 거예요. (『온 뷰티 1』, p.153-154) 역주: 신약 성경에서 아름다운 살로메는 관능적인 춤으로 계부인 헤롯 왕을 유혹한 뒤 세례 요한의 잘린 머리를 갖고 싶다는 소원을 말해 그를 죽게 만든다.

번역본	번역 방법	문화횡단성	원문 내 문화소 설명	문화적 거리 판단
영-한	모사+ 파라텍스트	단일문화	O	[+D]
영-중	모사	단일문화	O	[-D]

사례 30)에 제시된 문화소 'the birthday of St John the Baptist'의 의미는 한국어 번역본에서 나온 역주의 설명과 같이 '신약 성경에서 아름다운 살로메는 관능적인 춤으로 계부인 헤롯 왕을 유혹한 뒤 세례 요한의 잘린 머리를 갖고 싶다는 소원을 말해 그를 죽게 만든다'라는 것이다. 한국어 번역본에는 이것이 '세례 요한 탄생 축일'로 번역되어 있는데 이를 통해 번역자가 '모사' 방법을 사용하였음을 알 수 있다. 그리고 역주를 통해 문화소에 대한 보충 설명을 하고 있다(파라텍스트 방법).

본문에 등장한 'The birthday of St John the Baptist'는 천주교나 기독교 신도가 아닌 한국어권 독자에게 다소 생소한 문화소이다. 이에 해당 문화소의 문화횡단성은 단일문화에 속한다고 할 수 있다. 그러나 사례 30) 원문 바로 앞·뒤에 주인공 클레어가 세례 요한과 관련된 인물인 살로메Salome를 언급하고 있기 때문에 원문 내 문화소 설명이 포함되어 있다고 보인다. 그러나 번역자는 이중 전략(모사+파라텍스트)을 선택하였다. 이를 통해 번역자는 본문 내 문화소에 대한 설명이 있다고 해도 이 문화소의 영-한 문화적 거리가 멀다고 판단하였음을 알 수 있다.

이와 달리 중국어 번역본을 보면, 'the birthday of St John the Baptist'는 '圣约翰的生日'로 번역되어 있다. 해당 문화소의 문화횡단성이 단일문화에 속함에도 불구하고 영-중 번역자는 직접번역에 속하는 모사 번역 방법만을 택하였다. 영-한 번역자와 달리 영-중 번역자는 원문 내 문화소 설명 포함되어 있으므로 이 문화소의 영-중 문화적 거리가 가깝다고 판단한 것으로 보인다.

한국어로 번역하기

다음 영어 문장을 한국어로 번역하고 이때 사용한 번역 방법도 써보시오.

영어 ST	한국어 TT	번역 방법
ST-E: Each year on June 24 the Catholic Church honors **the birth of John** by reflecting on his unique role as the precursor of Jesus.		
ST-E: **Buddha's Birthday** is a Buddhist festival that is celebrated in most of East Asia and South Asia commemorating the birth of the Prince Siddhartha Gautama, later the Gautama Buddha.		
ST-E: **Songkran** is the traditional Thai New Year festival since the former time. It is a celebration that embraces goodwill, love, compassion and thankfulness, using water as the means of expression.		
ST-E: Every 9 October is **Hangeul Day** in South Korea to commemorate the invention of the Korean alphabet in the year 1443.		

2) 인명

인명은 중요한 관습문화소이다. 분석 대상에 나오는 인명은 주로 영·미 문화와 관련된 것이다.

사례 31)	
ST:	if they knew that among Belseys I'm practically **Wittgenstein**. (『On Beauty』, p.6)
TT-C:	我不知道如果他们知道在贝尔西家族里我简直是**维特根斯坦**的话… (『关于美』, p.6) 역주: 维特根斯坦（1889-1951），奥裔英国哲学家和数理逻辑学家。
TT-K:	그나마 제가 벨시 집안에서 가장 **비트겐슈타인** 같은 사고를 하는 사람이란 걸 알면.... (p.20) 역주: 영국에서 활약한 철학자. 논리학 이론과 언어 철학에 관해 독창적 사유 체계를 제시한 것으로 유명하다.

번역본	번역 방법	문화횡단성	원문 내 문화소 설명	문화적 거리 판단
영-한	음차번역+ 파라텍스트	단일문화	X	[+D]
영-중	음차번역+ 파라텍스트	단일문화	X	[+D]

사례 31)에 제시된 문화소 'Wittgenstein'은 '영국에서 활약한 철학자'의 이름이다. 이와 같은 설명은 영-한 번역의 역주에 제시되어 있다. 즉, 한국어 번역본에는 'Wittgenstein'에 대한 추가 설명이 역주로 달려 있다. 본문에는 'Wittgenstein'이 '비트겐슈타인'으로 제시되어 있다(음차번역 방법). 이처럼 번역자는 'Wittgenstein'를 번역하기 위해 이중 전략을 활용하고 있는데 그 이유는 'Wittgenstein'라는 철학자가 철학에 관심을 가지지 않는 한국어권 독자에게 다소 익숙하지 않은 인물이기 때문이다. 이에 해당 문화소의 문화횡단성은 단일문화에 속하고 영-한 번역자는 이 문화소의 영-한 문화적 거리가 멀다고 판단하였다.

이와 마찬가지로 중국어권 학습자에게 'Wittgenstein'은 익숙하지 않은 철학자이다. 이에 번역자는 'Wittgenstein'를 '维特根斯坦'라고 음차번역하고 '维特根斯坦(1889-1951), 奥裔英国哲学家和数理逻辑学家'라는 역주를 추가해 놓았다. 해당 문화소의 문화횡단성은 단일문화에 속하므로 영-중 번역자는 '이중 전략(음차번역+파라텍스트)'을 선택하였다. 이를 통해 해당 문화소의 영-중 문화적 거리가 멀다는 것을 알 수 있다.

3) 애칭

애칭과 관련된 문화소는 관습문화소의 하나로 간주될 수 있다. 분석 대상에는 주로 영·미 문화에서 흔히 볼 수 있는 애칭이 등장한다. 그러나 다른 문화권의 문학작품과 비교해 보면 분석 대상에 등장하는 애칭 문화소는 많지 않은 편이다.

사례 32)	
ST:	Really, **Howie**. He's twenty. (『On Beauty』, p.10)
TT-C:	"说真的，**霍伊**。他二十岁。…" (『关于美』, p.10)
ST:	'**Howie** – you're making yourself ridiculous,' (『On Beauty』, p.122)

TT-K:	'**여보**, 그 애는 이제 겨우 스무 살이에요.' (『온 뷰티 1』, p.30)
TT-C:	"**霍伊**-你在让自己显得荒唐。" (『关于美』, p.116)
ST:	'**여보**, 그렇게 말해 봐야 당신 꼴만 우스워져요.' (『온 뷰티 1』, p.336)

번역본	번역 방법	문화횡단성	원문 내 문화소 설명	문화적 거리 판단
영-한	문화대체	단일문화	X	[+D]
영-중	음차번역	단일문화	X	[-D]

사례 32)에 제시된 문화소 'Howie'는 원문 소설에 등장하는 주인공 하워드의 애칭이다. 소설에 등장하는 애칭 사용의 특징을 보면 'Howie'라는 애칭이 총 10개 있고 하워드의 부인 키키 Kiki만이 이를 사용하였다. 서양권 사회에서 애칭을 사용하는 양상은 동양권 사회와 다르다. 그 사용 양상은 아래와 같다.

서양권 문화에서 애칭 사용 규범	
관계	애칭 사용 가능 여부
윗사람이 아랫사람에게	가능
아랫사람이 윗사람에게	불가
촌수(寸數)의 경우	가능

한국어 번역본에서 'Howie'는 '여보'로 번역되었다. 즉, 영-한 번역자는 'Howie'를 대체할 만한 한국어 표현을 찾아 번역본에 실었다(문화대체 번역 방법). 'Howie'는 서양권에서만 통하는 애칭으로 한국어권 독자에게 다소 익숙하지 않은 문화소이다. 이에 해당 문화소의 문화횡단성은 단일문화에 속하므로 번역자는 이 문화소의 영-한 문화적 거리가 멀다고 보아 중재에 속하는 '문화대체' 번역 방법을 선택하였다.

이와 달리 중국어 번역본에는 'Howie'가 '霍伊'로 번역되어 번역자가 음차번역 방법을 사용하였음을 알 수 있다. 해당 문화소의 문화횡단성이 단일문화에 속하나 번역자는 최소 변경에 속하는 음차번역 방법의 사용하였다. 이를 통해 번역자는 해당 문화소의 영-중 문화적 거리가 가깝다고 판단하였음을 알 수 있다. 그러나 원문의 문화소를 최소한으로 변경한 이러한 번역이 중국어권 독자에게 서양권의 애칭 문화 사용 규범을 제대로 보여 줄 수 있을지 의문이 든다.

사례 33)	
ST:	'Oi – where's **Zoor**?' (『On Beauty』, p.24)
TT-C:	"哦-**佐儿**上哪儿去了？"… (『关于美』, p.23)
ST:	'참, **조라**는 어디 갔니?' (『온 뷰티 1』, p.70)

ST:	'**Zoor** – it's not yours – it's this guy's.; (『On Beauty』, p.74)
TT-C:	"**佐儿**-这不是你的-这是哪家伙的。" (『关于美』, p.70)
TT-K:	'나 참! **누나**, 그건 누나 게 아니야. 이 사람 거라고.' (『온 뷰티 1』, p.204)

번역본	번역 방법	문화횡단성	원문 내 문화소 설명	문화적 거리 판단
영-한	바꿔쓰기/문화대체	단일문화	X	[+D]
영-중	음차번역	단일문화	X	[-D]

사례 33)에 제시된 문화소 'Zoor'는 원문 소설에 등장하는 주인공 조라의 애칭이다. 사례 32)에 제시된 서양권 문화의 애칭 사용 규범이 사례 33)에도 적용될 수 있다. 한국어 번역본TT에서 'Zoor'는 '조라(주인공 실제 이름)'와 '누나(주인공 레비와 조라의 관계어)'로 번역되었다. 번역자는 일반화에 속하는 바꿔쓰기 전략과 대체에 속하는 문화대체 번역 방법을 사용하였다. 'Zoor'는, 사례 32)와 마찬가지로, 서양어권에서만 사용하는 애칭이다. 이에 한국어권 독자에게 다소 친숙하지 않은 문화소라고 할 수 있다. 해당 문화소의 문화횡단성은 단일문화에 속하므로 번

역자는 이 문화소의 영-한 문화적 거리가 멀다고 판단한 것으로 보인다. 이에 번역 시 중재에 속하는 '바꿔쓰기'와 '문화대체' 번역 전략을 활용하였다.

이와 달리 영-중 번역자는 음차번역 전략을 사용하여 'Zoor'를 '佐儿'로 번역하였다. 해당 문화소의 문화횡단성은 단일문화에 속하나 영-중 번역자는 최소 변경에 속하는 음차번역 방법의 사용하였다. 이는 영-중 번역자가 'Zoor'라는 문화소의 영-중 문화적 거리가 가깝다고 판단하였음을 보인다. 그러나 앞서 사례 32)에서 언급하였듯이 이러한 최소한의 번역이 독자에게 서양어권 문화의 애칭 사용 규범을 제대로 보여 주기 어려울 것이다. 따라서 최소 변경이 아닌 중재에 속하는 번역 전략을 사용하는 것이 독자가 내용을 이해하는 데 도움이 될 것이라고 본다.

5. 관념문화소와 문화적 거리 분석

1) 이데올로기

이데올로기와 관련된 문화소는 관념문화소의 하나로 간주될 수 있다. 이데올로기는 '사회 집단에 있어서 사상, 행동, 생활 방법을 근본적으로 제약하고 있는 관념이나 신조의 체계'이며, '역사적·사회적 입장을 반영한 사상과 의식의 체계'이다.[7] 분석 대상에 등장하는 이데올로기와 관련된 문화소는 주로 서양적인 이데올로기에 대한 것이다.

7 출처: '이데올로기' - 네이버 국어사전

사례 34)	
ST:	...to hear that **Equality was a myth, and Multiculturalism a fatuous dream**;... (『On Beauty』, p.44)
TT-C:	**平等是一个神话，多元文化主义是一个虚幻的梦**；… (『关于美』, p.42)
TT-K:	**평등은 신화 같은 개념이고, 다문화주의는 실체가 없는 환상**일 뿐이라는 주장도 묵묵히 듣고 넘겼다. (『온 뷰티 1』, p.122)

번역본	번역 방법	문화횡단성	원문 내 문화소 설명	문화적 거리 판단
영-한	축자번역	단일문화	X	[-D]
영-중	축자번역	단일문화	X	[-D]

사례 34)에 제시된 문화소 'Equality was a myth, and Multiculturalism a fatuous dream'은 원문 소설의 주인공인 제롬의 심경을 서술한 것이다. 한국어 번역본에는 '평등은 신화 같은 개념이고, 다문화주의는 실체가 없는 환상'이라고 번역되어 있다. 사례 34)에서 제시된 'equality(평등)'와 'multiculturalism(다문화주의)'이라는 문화적 어휘는 한국어권 독자에게도 익숙한 문화소이기 때문에 영-한 번역자는 직접번역에 속하는 축자번역 방법을 사용하였다. 해당 문화소의 문화횡단성은 문화횡단에 속하고 영-한 번역자에는 이 문화소의 영-한 문화적 거리가 가깝다고 판단하여 '축자번역' 방법을 채택하였다.

이와 마찬가지로 영-중 번역자도 축자번역 방법을 활용하여 'Equality was a myth, and Multiculturalism a fatuous dream'를 '平等是一个神话，多元文化主义是一个虚幻的梦'로 번역하였다. 해당 문화소의 문화횡단성은 문화횡단에 속하므로 영-중 번역자는 최소 변경에 속하는 축자번역 방법을 사용하였다. 이를 통해 영-중 번역자가 사례 34)에서 제시된 문화소의 영-중 문화적 거리가 가깝다고 판단하였음을 알 수 있다.

사례 35)	
ST:	... and most Literature merely a veil for poorly reasoned **left-wing ideologies**. (『On Beauty』, p.44)
TT-C:	… 大多数文学只是揭开糟糕的**左翼意识形态**的面纱。(『关于美』, p.42)
TT-K:	대부분의 문학은 논리가 빈약한 **좌파적 이데올로기**를 감추기 위한 포장이라... (『온 뷰티 1』, p.122)

번역본	번역 방법	문화횡단성	원문 내 문화소 설명	문화적 거리 판단
영-한	모사	문화횡단	X	[-D]
영-중	모사	문화횡단	X	[-D]

사례 35)에서 제시된 문화소 'left-wing ideologies'는 원문 소설의 주인공인 제롬이 가지고 있는 개인적인 관념이다. 번역자는 모사 방법을 활용하여 이것을 '좌파적 이데올로기'로 번역하였다. 즉, 번역자는 직접번역에 속하는 모사 방법을 사용하였는데 이는 'left-wing ideologies'라는 문화소가 한국어권 독자에게도 친숙한 문화소이기 때문이다. 해당 문화소의 문화횡단성은 문화횡단에 속하고 이 문화소의 영-한 문화적 거리가 가깝다고 할 수 있으므로 번역자는 최소 변경에 속하는 모사 번역 방법을 선택하였다.

이와 마찬가지로 영-중 번역자 역시 모사 번역 방법을 활용하여 'left-wing ideologies'를 '左翼意识形态'로 번역하였다. 번역자가 이러한 직접번역 방식을 선택한 이유는 해당 문화소의 문화횡단성은 문화횡단에 속하기 때문이다. 번역자 선택한 방법과 문화횡단성의 층위를 통해 번역자가 이 문화소의 영-중 문화적 거리가 가깝다고 보았음을 알 수 있다.

사례 36)	
ST:	Everywhere we go, I'm alone in this... this sea of white. I barely know any black folk anymore, Howie. **My whole life is white**. I don't see any black folk... (『On Beauty』, p.206)
TT-C:	我们每到一个地方，我就孤立地待在这个……这个白人的海洋里。我几乎不再认识任何黑人。**霍伊，我的整个生活都是白色的**。我看不到任何黑人。 (『关于美』, p.197)
TT-K:	나는 어디를 가든 외톨이에요....... 어디를 둘러봐도 백인의 바다죠. 아는 흑인을 만나기란 하늘의 별따기고...... **내 인생이 하얗게 물들어 버렸어요**. (『온 뷰티 1』, p. 544)

번역본	번역 방법	문화횡단성	원문 내 문화소 설명	문화적 거리 판단
영-한	바꿔쓰기	단일문화	X	[+D]
영-중	축자번역	단일문화	X	[-D]

사례 36)에 제시된 문화소 'my whole life is white'는 원문 소설에 등장하는 주인공 '키키'의 개인적인 심경을 서술한 것이다. 문화소에 등장하는 'white'가 단순히 색깔을 가리키는 것이 아니라 '백인의 사회적인 것'이라는 뜻을 함축하고 있음에 주목해야 한다. 해당 문화소가 한국어 번역본에는 '내 인생이 하얗게 물들어 버렸어요'로 번역되어 있다. 즉, 영-한 번역자는 일반화에 속하는 바꿔쓰기 방법을 사용하였다. 번역자가 이러한 전략을 사용한 이유는 '백인의 사회'를 비유하는 표현인 'my whole life is white'가 한국어권 독자에게 익숙하지 않을 수 있다고 보

았기 때문이다. 해당 문화소의 문화횡단성은 단일문화에 속하고 영-한 번역자는 해당 문화소의 영-한 문화적 거리가 멀다고 판단하였다. 이에 중재에 속하는 바꿔쓰기 번역 전략과 방법을 활용한 것으로 보인다.

이와 달리 영-중 번역자는 작접번역에 속하는 축자번역을 활용하여 'my whole life is white'를 '我的整个生活都是白色的'이라고 번역하였다. 해당 문화소의 문화횡단성이 단일문화에 속함에도 불구하고 영-중 번역자는 최소 변경에 속하는 축자번역 방법을 사용하였다. 이를 통해 영-중 번역자가 'my whole life is white'라는 문화소의 영-중 문화적 거리가 가깝다고 판단하였음을 알 수 있다. 그러나 '我的整个生活都是白色的(한국어 역번역: 나의 모든 생활은 하얀색이다)'이라는 번역을 보고 독자는 생활이 왜 하얗게 되었는지, 원문의 '하얀색white'이 가지는 의미가 무엇인지를 파악할 수 없을 것이다.

사례 37)	
ST:	'**Any black lady who be white enough to live on Redwood thinks 'zackly the same way as any old white lady.**' (『On Beauty』, p.85)
TT-C:	'**任何住在雷德伍德大街上的足够白的黑人妇女和白人妇女的思维完全相同。**'(『关于美』, p.81)
TT-K:	'**레드우드 가에 살 만큼 하얗게 된 흑인 할머니라면 여느 백인 할머니와 생각하는 게 똑같을 거예여.**' (『온 뷰티 1』, p.238)

번역본	번역 방법	문화횡단성	원문 내 문화소 설명	문화적 거리 판단
영-한	축자번역	단일문화	X	[-D]
영-중	축자번역	단일문화	X	[-D]

사례 37)에 제시된 문화소 'any black lady who be white enough to live on Redwood thinks 'zackly the same way as any old white lady'는 원문 소설의 주인공인 하워드가 '할머니'를 평가할 때 사용한 것이다. 한국어 번역본에서 이것은 '레드우드 가에 살 만큼 하얗게 된 흑인 할머니'로 번역되었다. 이를 통해 영-한 번역자가 직접번역에 속하는 축자번역 방법을 사용하였음을 알 수 있다. 여기서 'white'는, 사례 36)과 마찬가지로, '백인 사회'을 가리키는데 이러한 문화소는 한국어권 독자에게 친숙하지 않다. 이에 해당 문화소의 문화횡단성은 단일문화에 속한다고 할 수 있다. 그러나 영-한 번역자는 해당 문화소의 영-한 문화적 거리가 가깝다고 판단하여 최소 변경에 속한 축자번역 방법을 선택하였다. 그런데 이러한 번역이 적절하였는지에 대해서는 조금 더 생각해 볼 필요가 있다. 왜냐하면 독자들이 '하얗게 된 흑인 할머니'가 어떠한 의미를 가지는지를 번역문에서 쉽게 찾을 수 없어 내용을 이해하는 데 어려움을 겪을 수 있기 때문이다.

이와 마찬가지로 영-중 번역자 역시 축자번역 방법을 활용하여 'be white enough'를 '足够白的黑人妇女'로 번역하였다. 해당 문화소의 문화횡단성은 단일문화에 속하나 영-중 번역자는 최소 변경에 속하는 축자번역 방법을 사용하였다. 즉, 영-중 번역자는 사례 37)에 제시되어 있는 'be white enough'라는 문화소의 영-중 문화적 거리가 가깝다고 보았다. 그러나 앞서 영-한 번역에서 언급하였듯이 '足够白的黑人妇女(한국어 역번역: 매우 하얗게 된 흑인 할머니)'라는 번역에 등장하는 '하얗게 된 흑인 할머니'가 어떠한 의미를 함축하고 있는지를 독자들은 알 수가 없다.

사례 38)	
ST:	... and he in turn said something irreverent about your **Marxist past**. (『On Beauty』, p.106)
TT-C:	作为回应，他会谈到关于你所研究的**马克思主义的过去**或…(『关于美』, p.101)
TT-K:	... 상대의 **사회주의적 과거 행적**이나... (『온 뷰티 1』, p.296)

번역본	번역 방법	문화횡단성	원문 내 문화소 설명	문화적 거리 판단
영-한	상위어+추가	단일문화	X	[+D]
영-중	모사	단일문화	X	[-D]

사례 38)에 제시된 문화소 'Marxist past'를 한국어로 직역하면 '마르크스주의의 과거'이다. 한국어 번역본TT에서는 이것은 '사회주의적 과거 행적'으로 번역되었다. 영-한 번역자는 일반화에 속하는 상위어 방법과 구체화에 속하는 추가 번역 전략을 사용하였다. 원문에 등장하는 문화소 'Marxist'는 '마르크스주의적'으로 번역되어 있지 않고 보다 상위어 '사회주의적'으로 번역되었고, 'past'에는 '행적'이라는 표현이 추가되었다. 원문에 등장하는 'Marxist past'가 한국어권 독자에게 익숙하지 않을 수 있으므로 해당 문화소의 문화횡단성은 단일문화에 속하며 영-한 문화적 기리 판단은 멀다고 판단했음을 알 수 있다.

이와 달리 영-중 번역자는 직접번역에 속하는 모사 번역 방법을 사용하여 'Marxist past'를 '马克思主义的过去'라고 번역하였다. 해당 문화소의 문화횡단성은 단일문화에 속하나 영-중 번역자는 최소 변경에 속하는 모사 번역 방법을 사용하였다. 이를 통해 번역자가 'Marxist past'라는 문화소의 영-중 문화적 거리가 가깝다고 판단하였음을 알 수 있다. 이에 최소 변경에 속하는 모사 번역 방법을 선택한 것으로 보인다.

2) 사고방식

사고방식과 관련된 문화소는 개념문화소의 하나이다. 분석 대상에 나오는 사고방식과 관련된 문화소는 주로 서양 사람들의 사고방식과 관련된 것이다.

사례 39)	
ST:	We're not animals. We can sit for half an hour **like respectable folk**. (『On Beauty』, p.62)
TT-C:	"… 我们不是没有自制力的动物。我们可以**像值得尊敬的人们**一样坐上半个小时。" (『关于美』, p.59)
TT-K:	"... 어쨌거나 우리는 동물이 아니라 **문명인이니까** 삼십 분쯤은 점잖게 앉아 있을 수 있어." (『온 뷰티 1』, p.172)

번역본	번역 방법	문화횡단성	원문 내 문화소 설명	문화적 거리 판단
영-한	상황대체	단일문화	X	[+D]
영-중	축자번역	단일문화	X	[-D]

사례 39)에 제시된 문화소 'like respectable folk'의 의미는 '존경을 받는 친구'로 원문 소설의 주인공 키키가 제시한 의견이다. 영-한 번역자는 이것을 대체에 속하는 상황대체 방법을 기반으로 '문명인이니까'로 번역하였다. 'Like respectable folk'라는 표현은 영어 특유의 표현으로서 한국어권 독자에게 친숙하

지 않은 문화소이다. 이에 해당 문화소의 문화횡단성은 단일문화에 속하고 영-한 번역자는 해당 문화소의 영-한 문화적 거리가 멀다고 판단하였다. 이에 영-한 번역자는 원문ST에 있는 문화소를 한국어권 독자에게 더 익숙한 표현인 '문명인(civilized people)'으로 번역하였다.

중국어 번역은 조금 다른 양상을 보인다. 영-중 번역자는 'like respectable folk'를 '像值得尊敬的人们(like respectable fellows)'로 번역하였다. 이는 직접번역에 속하는 축자번역의 결과이다. 해당 문화소의 문화횡단성은 단일문화에 속하나 영-중 번역자는 최소 변경에 속하는 축자번역 방법을 사용하였다. 이를 통해 영-중 번역자가 'like respectable folk'라는 문화소의 영-중 문화적 거리가 가깝다고 보았음을 알 수 있다.

사례 40)	
ST:	**False opposition**. (『On Beauty』, p.46)
TT-C:	**虚假的反对**。(『关于美』, p.44)
TT-K:	**무슨 말인지 통 모르겠어요**. (『온 뷰티 1』, p.127)

번역본	번역 방법	문화횡단성	원문 내 문화소 설명	문화적 거리 판단
영-한	상황대체	단일문화	X	[+D]
영-중	모사	단일문화	X	[-D]

사례 40)에 제시된 문화소 'false opposition'의 의미는 '사용 가능한 선택을 잘못 제한하는 전제에 기반한 오류'이고 원문 소설의 주인공 제롬이 제시한 의견이다. 한국어 번역본TT에는 이것이 '무슨 말인지 통 모르겠어요'로 번역되어 있다. 영-한

번역자는 대체에 속하는 상황대체 방법을 사용하였다. 'False opposition'은 학술적이고 논리적 사고와 관련된 영어 특유의 표현이다. 따라서 이러한 문화소는 한국어권 독자에게 친숙하지 않을 수 있다. 이에 해당 문화소의 문화횡단성은 단일문화에 속한다. 따라서 영-한 번역자는 원문ST에 있는 문화소를 한국어권 독자에게 더 익숙한 표현 '무슨 말인지 통 모르겠어요'로 전환하였다. 이처럼 영-한 번역자는 해당 문화소의 영-한 문화적 거리는 멀다고 판단하였고 중재에 속하는 상황대체 방법이 활용하였다.

이와 다르게 영-중 번역자는 이를 '虛假的反对(false objection)'이라고 번역하였는데 이는 직접번역에 속하는 모사번역의 결과이다. 해당 문화소의 문화횡단성은 단일문화에 속하나 영-중 번역자는 최소 변경에 속하는 모사 번역 방법을 사용하였다. 이는 영-중 번역자가 'false opposition'이라는 문화소의 영-중 문화적 거리가 가깝다고 판단하였음을 보여 준다. 그러나 '虛假的反对'라는 번역이 중국어권 독자에게 원문에 등장한 문화소의 의미를 제대로 전달해 줄 수 있을지 의문이 든다.

사례 41)	
ST:	'**When in doubt, say Shakespeare. And when it's sport, say Michael Jordan.**' (『On Beauty』, p.102)
TT-C:	"**不确定的时候，就说是莎士比亚。而当你谈到体育的时候，就说迈克尔·乔丹**。" (『关于美』, p.97)
TT-K:	'**긴가민가 의심스러울 때는 무조건 세익스피어인데 말예요. 스포츠에서는 무조건 마이클 조던인 것처럼요.**' (『온 뷰티 1』, p.284)

번역본	번역 방법	문화횡단성	원문 내 문화소 설명	문화적 거리 판단
영-한	축자번역	문화횡단	X	[-D]
영-중	축자번역	문화횡단	X	[-D]

사례 41)에 제시된 문화소 'when in doubt, say Shakespeare. And when it's sport, say Michael Jordan'은 소설의 주인공 키키가 제안한 의견이다. 한국어 번역본에는 '긴가민가 의심스러울 때는 무조건 세익스피어인데 말예요. 스포츠에서는 무조건 마이클 조던인 것처럼요'라고 번역되어 있다. 영-한 번역자는 직접번역에 속하는 축자번역 방법을 사용하였는데 해당 문화소의 핵심 표현인 'Shakespeare'와 'Michael Jordan'이 한국어권 독자에게도 친숙한 문화소이기 때문이다. 이에 해당 문화소의 문화횡단성은 문화횡단에 속한다. 영-한 번역자는 해당 문화소의 영-한 문화적 거리가 가깝다고 보아 최소 변경에 속한 축자번역 방법을 선택하였다.

이와 마찬가지로 영-중 번역자 역시 축자번역 방법을 활용하여 해당 문화소를 '不确定的时候，就说是莎士比亚。而当你谈到体育的时候，就说迈克尔·乔丹'이라고 번역하였다. 해당 문화소의 문화횡단성은 문화횡단에 속하므로 영-중 번역자는 최소 변경에 속하는 축자번역 방법을 선택하였다. 영-중 번역자가 선택한 번역 전략과 방법과 문화횡단성의 층위를 보면 사례 41)에서 제시된 문화소의 영-중 문화적 거리는 가깝다고 할 수 있다.

정리하기

나라와 지역에 따라 사고방식이 다르고 그로 말미암아 표현 방식도 다르다. 자신의 나라나 지역에서 자주 쓰인 사고방식과 관한 모국어 표현을 5개 찾아서 이들을 한국어로 번역하시오.

모국어	한국어

3) 종교와 신화

서양권 문학 번역에서 종교 및 신화와 관련된 문화소는 중요한 개념문화소로 간주된다. 분석 대상에 나오는 종교 및 신화와 관련된 문화소는 주로 영국과 미국에서 흔히 볼 수 있는 것이다.

사례 42)	
ST:	It's come over us like **the Song of Solomon**.... (『On Beauty』, p.7)
TT-C:	爱情就像**所罗门之歌**一样降临在我俩身上，…（『关于美』, p.7)
TT-K:	사랑이라는 감정은 「**솔로몬의 노래**」처럼 우리를 사로잡았지요. (『온 뷰티 1』, p.23) 역주: 상경에 나오는 사랑에 관한 연작시.

번역본	번역 방법	문화횡단성	원문 내 문화소 설명	문화적 거리 판단
영-한	모사+ 파라텍스트	단일문화	X	[+D]
영-중	모사	단일문화	X	[-D]

사례 42)에 제시된 문화소 'the Song of Solomon'은 성경에 나오는 인물인 솔로몬이 만든 노래이다. 영-한 번역자는 직접 번역에 속하는 모사 번역 방법을 활용하여 이를 '「솔로몬의 노래」'로 번역하였다. 그리고 천주교나 기독교 신자가 아닌 일반 한국어권 독자에게 「솔로몬의 노래」는 친숙한 문화소가 아니므로 이에 대한 역주를 달아 놓았다. 해당 문화소의 문화횡단성은 단일문화에 속하고 영-한 번역자는 이 문화소의 영-한 문화적 거리가 멀다고 보았다. 이에 '모사' 방법만 사용하지 않고 파라텍스트 번역 방법도 함께 활용하였다.

이와 달리 영-중 번역자는 이를 '所罗门之歌(솔로몬의 노래)'라고 번역하였다. 이는 직접번역에 속하는 축자번역의 결과이다. 이처럼 최소 변경에 속하는 방법이 활용된 이유는 해당 문화소의 문화횡단성이 단일문화에 속하나 영-중 번역자는 해당 문화소의 영-중 문화적 거리가 가깝다고 판단하였기 때문이다. 그러나 '所罗门之歌'라는 번역이 천주교나 기독교 신자가 아닌 중국어권 독자에게 원문에 등장하는 문화소의 의미를 제대로 전달할 수 있을지 의문이 든다.[8]

사례 43)	
ST:	He rolled his eyes because I dressed up as **Salomé**. (『On Beauty』, p.55)

8 중국 성경에는 'the Song of Solomon'이 '雅歌'로 번역되어 있는데 이는 공식 등가 번역의 결과물이다. 그리고 중국 웹사이트에서 '所罗门之歌'라는 표현을 검색해 보면 미국 소설 『솔로몬의 노래』에 대한 정보가 많이 나온다. 바이두 바이커(백두백과)에 따르면 "《所罗门之歌》是一部细腻描写了一位黑人男青年奶娃在美国这一异质文化冲突激烈的环境中求生存、谋发展的成长小说。"라는 설명을 참조하시기 바란다.

TT-C:	他有点大惊小怪，因为我穿得像**莎乐美**。(『关于美』, p.53)
TT-K:	'내가 **살로메**처럼 차려입은 모습을 보고는 한동안 멍하니 눈만 끔벅거리더군요.' (『온 뷰티 1』, p.153)

번역본	번역 방법	문화횡단성	원문 내 문화소 설명	문화적 거리 판단
영-한	음차번역	단일문화	O	[-D]
영-중	음차번역	단일문화	O	[-D]

사례 43)에 제시된 문화소 'Salomé'는 성경 등장하는 인물인 'Salomé'를 가리킨다. 한국어 번역본에는 '살로메'로 번역되어 있는데 이는 음차번역 방법의 결과물이다. 해당 문화소의 문화횡단성 층위는 단일문화에 속하다 영-한 번역자는 이 문화소의 영-한 문화적 거리가 가깝다고 판단한 것으로 보인다. 이렇게 판단한 이유는 원문 소설 56페이지에 나오는 'St John the Baptist(세례 요한)'가 'Salomé'를 보충해 주는 역할을 하기 때문이다.

세례 요한과 살로메가 어떠한 관계를 가지고 있는지를 보기 위해서는 살로메의 이야기를 조금 더 자세히 살펴볼 필요가 있다. 살로메의 이야기는 신약 성경 '마태복음'에서 가지고 온 것으로 등장인물은 세례 요한과 헤롯 왕, 그리고 헤롯 왕의 부인인 헤로디아, 그녀의 딸 살로메이다. 〈헤롯 왕은 당시 이스라엘 백성들에게 존경받는 세례 요한을 감옥에 가두었다. 헤롯 왕의 생일날 왕비인 헤로디아는 자신이 첫 번째 결혼에서 얻은 딸인 살로메에게 춤을 추도록 하였다. 이 춤에 매료된 헤롯 왕은 살로메에게 모든 소원을 들어주겠다고 말하는 이때 헤로디아는 살로메에게 "세례 요한의 머리를 접시에 담가서 저에게 주시오." 라고 말하게 하였다. 왜냐하면 헤로디아는 자신과 헤롯 왕의 결혼을 반대한 세례 요한에게 앙심을 품고 있었기 때문이다. 결국 헤롯 왕은 사람을 보내어 세례 요한의 목을 베게 하고 그의 머리를 접시 위에 올려 살로메에게 주었다.〉 이와 같은 이야기가 원문에 등장하므로 영-한 번역자는 해당 문화소의 영-한 문화적 거리가 가깝다고 판단하였다.

이와 마찬가지로 영-중 번역자도 음차벽연을 활용하여 'Salomé'를 '莎乐美'라고 번역하였다. 해당 문화소의 문화횡단성은 단일문화이지만 소설 원문에 해당 문화소를 보충해 주는 'St John the Baptist(세례 요한)'이 있으므로 영-중 번역자도 최소변경에 속하는 음차번역 방법을 택하였다. 이를 통해 영-중 번역자는 해당 문화소의 영-중 문화적 거리가 가깝다고 판단하였음을 알 수 있다.

번역하기

표에 제시된 한국 신화에 관한 문장을 모국어로 번역하시오.

한국어	모국어
고조선의 건국 신화는 한민족 최초의 나라인 고조선의 건국에 대한 이야기로 흔히 **단군 신화**라 불린다.	
온조 설화는 백제의 시조가 온조임을 밝히고 있으며, 현재 가장 널리 알려진 백제 건국 설화이다.	
무당은 동아시아 한자문명권의 **샤머니즘**인 무에 종사하는 사제자를 말하며 **굿판**에서 무당은 신의 대리자로서 역할을 한다.	

6. 언어문화소와 문화적 거리 분석

1) 감탄사

감탄사는 영어에서 매우 중요한 언어 부문으로 여겨지므로 문학 번역에서도 매우 중요한 언어문화소로 간주된다. 분석 대상에 등장하는 감탄사는 다음과 같다.

사례 44)	
ST:	'I guess you could say I hit my own books in my own way.' '**Scene**.' (『On Beauty』, p.76)
TT-C:	"我想你可以说我用自己的方式读书。" "**真不赖**。" (『关于美』, p.72)
TT-K:	'나는 나만의 방식으로 공부하고 있어.' '**와, 죽인다!**' (『온 뷰티 1』, p.210)

번역본	번역 방법	문화횡단성	원문 내 문화소 설명	문화적 거리 판단
영-한	바꿔쓰기	기층문화	X	[+D]
영-중	바꿔쓰기	기층문화	X	[+D]

사례 44)에 제시된 문화소 'scene'은 보편적으로 사용되는 영어가 아니라 서양 젊은 세대들이 속한 하위문화(subculture) 집단에서 사용되는 표현이다. 'scene'에는 감탄과 긍정의 의미가 담겨 있으며 '다르다(different)'와 '매우 특별하다/독특하다(unique)'[9]를 표현할 때 쓰인다. 한국어 번역본에는 '와, 죽인다!'로 번역되어 있어 번역자가 일반화에 속하는 바꿔쓰기 번역 방법을 사용하였음을 알 수 있다. 특정 집단 내에서 사용되는 표현인 'Scene'은 한국어권 독자에게 매우 생소할 것이다. 이에 해당 문화소의 문화횡단성은 기층문화 층위에 속한다고 보인다.

9 'Urban Dictionary'에서 'scene'에 관한 설명 참조.

영-한 번역자가 해당 문화소의 영-한 문화적 거리가 가깝다고 판단해서 해당 문화소를 번역할 때 중재에 속하는 바꿔쓰기 번역 방법을 선택하였다. 비록 '와 죽인다!'가 'scene'보다 'Wow, awesome!'에 더 가까울 수도 있으나 이러한 번역이 원문 문화소가 가지고 있는 감탄과 긍정의 의미를 잘 나타내 줄 수 있다.

이와 마찬가지로 영-중 번역자도 일반화에 속하는 바꿔쓰기 번역 방법을 사용해서 원문의 문화소를 '真不赖'로 번역하였다. 해당 문화소의 문화횡단성은 기층문화에 속하며 영-중 번역자는 중재에 속하는 바꿔쓰기 번역 방법을 선택하였다. 이를 통해 영-중 번역자가 'scene'의 영-중 문화적 거리가 멀다고 판단하였음을 알 수 있다. 영-한 번역과 마찬가지로, '真不赖'도 '정말 괜찮은데!/정말 훌륭하다!/정말 굉장한데!'[10] 라는 의미를 나타내므로 원문 문화소가 가지고 있는 감탄과 긍정의 의미를 담고 있다.

10 네이버 사전 저의 참조. https://zh.dict.naver.com/#/entry/zhko/8b6bc1639ff343d495dda81f15d54a75

2) 비유

영어에서 비유는 중요한 수사 방식이다. 이에 문학 번역에서도 매우 중요한 언어문화소로 간주된다. 분석 대상에 나오는 다양한 비유의 예를 살펴보도록 하자.

사례 45)	
ST:	To enact with one sudden tug (**like a boy removing his friend's shorts in front of the opposing team**) a complete exposure... (『On Beauty』, p.29)
TT-C:	突然间猛力一拉（**就像一个男孩在对手的队伍面前扯下他朋友的短裤一样**），然对方暴露无遗…（『关于美』, p.28）
TT-K:	갑자기 홱 잡아당겨서(**상대 팀이 보는 앞에서 친구의 운동복 바지를 벗겨 버리는 소년처럼**) 완전히 까발리는 것, ... (『온 뷰티 1』, p.81)

번역본	번역 방법	문화횡단성	원문 내 문화소 설명	문화적 거리 판단
영-한	축자번역	문화횡단	X	[-D]
영-중	축자번역	문화횡단	X	[+D]

사례 45)에 제시된 문화소 'like a boy removing his friend's shorts in front of the opposing team'는 비유 표현이다. 소설의 주인공인 하워드는 같은 렘브란트 주제를 연구하는 모티에게 심하게 비판을 받고 나서 자신의 심정을 '마치 뒤통수를 맞은 느낌'이라고 표현했다. 비유와 관련된 문화소를 번역할 때는 가장 먼저 비유의 형식(직유, 제유, 환유, 은유 등)이 무엇인지를 살펴보아야 한다. 그리고 비유의 대상이 독자에게 친숙하거나 익숙한 것인지에 대해서도 생각해 봐야 한다. 다시 말해, 비유 대상의 문화횡단성이 어느 층위에 속하는지를 제대로 파악하여야 한다. 마지막으로 출발언어SL와 도착언어TL가 어떤 맥락문화context culture에 속하는지도 보아야 한다. 요약하면 비유 표현을 도착언어로 어떻게 번역할 것인지 번역자가 많이 고민해 봐야 할 매우 중요한 과제이다.

한국어 번역본TT을 보면 번역자가 직접번역에 속하는 축자번역 방법을 사용하였음을 알 수 있다. 원문에 등장하는 상대 팀이 보는 앞에서 친구의 운동복 바지를 벗겨 버리는 상황은 한국문학작품이나 영화에서 흔히 볼 수 있는 것이다. 따라서 한국어권 독자들은 이러한 번역을 통해 하워드가 느낀 감정을 제대로 이해할 수 있을 것이다. 이에 사례 45)의 문화횡단성은 문화횡단 층위에 속한다. 이에 영-한 번역자는 해당 문화소의 영-한 문화적 거리가 가깝다고 보아 최소 변경에 속하는 축자번역 방법을 선택하였다.

이와 마찬가지로 영-중 번역자도 직접번역에 속하는 축자번역 방법을 사용해서 원문 문화소를 '一个男孩在对手的队伍面前扯下他朋友的短裤一样'이라고 번역하였다. 해당 문화소의 문화횡단성은 횡단문화에 속하므로 영-중 번역자는 최소 변경에 속하는 축자번역 방법을 선택한 것이다. 이를 통해 영-중 번역자가 사례 45)에서 제시된 문화소의 영-중 문화적 거리가 가깝다고 판단하였음을 알 수 있다.

돌아보기

언어의 맥락문화

문화소를 번역할 때 번역자는 해당 비유가 문화횡단 층위에 속한다고 판단하면 원문과 번역본에 등장하는 비유의 문화적 거리가 가깝다고 느낄 수 있을 것이다. 이로 인해 번역을 수행할 때 번역자는 최소 변경에 속하는 번역 방법을 선택하게 된다. 그러나 언어 맥락문화가 고맥락문화와 저맥라문화로 나누는 점를 고려하여 문화적 거리의 한 가지 기준이 되면 번역자의 문화적 거리에 대한 판단과 번역 전략과 방법 선택, 번역의 결과물 등이 상당히 다른 양상을 보임을 알 수 있다.

번역본	번역 방법	문화횡단성	원문 내 문화소 설명	맥락문화	문화적 거리 판단
영-한	축자번역	문화횡단	X	한국어: 고맥락문화	[+D]
영-중	축자번역	문화횡단	X	중국어: 고맥락문화	[+D]

영어에 비해 한국어와 중국어는 고맥락문화에 가깝다.[11] Hall1976에 의하면 '고맥락(문화)의 의사소통이나 메시지의 전달을 보면 대부분 정보가 물리적 맥락(문장, 텍스트)에 담겨 있다'라고 하였다.[12] 결론적으로 번역의 관점에서 저맥락문화의 특징을 가진 언어와 고맥락문화를 가진 언어는 서로 메시지를 전달 방법이 매우 다를 수 있다. 이에 번역자가 비유 표현 문화소를 번역할 때 문화적 거리가 멀다고 판단하기 쉽다. 이는 번역자의 번역 전략과 방법에 영향을 미칠 수 있다. 즉, 번역자는 최소 변경에 속하는 번역 방법이 아닌 중재에 속하는 방법을 사용할 가능성이 높다. 중재 번역 전략을 사용해서 번역한 결과물은 다음과 같다.

11 김재희(2018), 「한국 문학작품에 나타난 문화소 번역 방법 연구: 단편소설의 한-영, 한-아 번역을 중심으로」 참조.

12 영문 원문 참조: A high-context (HC) communication or message is one in which most of the information is either in the physical context or internalized in the person, while very little in the coded, explicit, transmitted part of the message.

중재 번역 방법이 적용한 번역		
원문	Like a boy removing his friend's shorts in front of the opposing team	
영-한	문화대체	마치 원수의 눈앞에 동료에게 뒤통수를 치는 것
영-중	상황대체	就像一个背信弃义的家伙让他的伙伴在对手面前丢尽脸面。

사례 46)	
ST:	Pampas grass, **like the tails of huge suburban cats**, drooped over the front walls, ... (『On Beauty』, p.35)
TT-C:	**如同乡下大猫一**样的潘帕斯草低垂在前墙上。(『关于美』, p.33)
TT-K:	담장 너머로 **커다란 들고양이의 꼬리처럼** 축축 늘어져 있는 팜파스 그래스도 눈에 띄었다. (『온 뷰티 1』, p.96) 역주: 갈대와 비슷한 남미 원산의 풀. 흔히 정원 관상용으로 기른다.

번역본	번역 방법	문화횡단성	원문 내 문화소 설명	문화적 거리 판단
영-한	문화대체	단일문화	X	[+D]
영-중	모사	단일문화	X	[-D]

사례 46)에 제시된 문화소 'like the tails of huge suburban cats'의 뜻은 '커다란 시골 고양이의 꼬리처럼'이다. 한국어 번역본에는 '커다란 들고양이의 꼬리처럼'으로 번역되어 있는데 이를 통해 번역자가 대체에 속하는 문화대체 번역 방법을 사용하였음을 알 수 있다. 독자가 원문에서 가리키는 'huge suburban cats'가 일반적인 시골 고양이라고 연상할 수 있으나, 작가가 가리키는 시골 고양이가 어떠한 의미를 가지고 있는지 원문에서 나와 있지 않아 독자는 작가가 말하는 고양이가 정확히 어떠한 이미지를 가지고 있는지 떠올릴 수 없을 것이다. 원문에 나온 'huge suburban cats'의 문화횡단성을 단일문화에 속한다. 그리고 영-한 번역자는 해당 문화소의 영-한 문화적 거리가 멀다고 판단하였다. 이에 중재에 속하는 문화대체 번역 방법을 선택하여 '시골 고양이'를 한국어권 독자에게 더 친숙한 '들고양이'로 대체하였다.

이와 달리 영-중 번역자는 직접번역에 속하는 모사 번역 전략을 사용하여 원문 문화소를 '如同乡下大猫一样'으로 번역하였다. 해당 문화소의 문화횡단성은 단일문화이나 영-중 번역자는 최소 변경에 속하는 모사 번역 방법을 선택하였다. 영-중 번역자가 'huge suburban cats'라는 문화소의 영-중 문화적 거리가 가깝다고 판단한 것으로 보인다. 그러나 원문에서 말하고자 하는 것은 '시골 고양이'가 아니라 '시골 고양이의 꼬리'이다. 영-중 번역에서 '꼬리'가 누락되어 있어 번역이 충실히 이루어지지 못하였다는 느낌이 든다.

사례 47)	
ST:	"… **The sun is a lemon today, it is. It's like a huge lemon-drop**…." (『On Beauty』, p.52)
TT-C:	"… **今天的太阳像个柠檬，真的很像。就像是一颗巨大的柠檬糖。**…" (『关于美』, p.49)
TT-K:	'… **오늘은 태양이 마치 레몬 같아요. 커다란 레몬맛 사탕 말이에요**….' (『온 뷰티 1』, p.142)

번역본	번역 방법	문화횡단성	원문 내 문화소 설명	문화적 거리 판단
영-한	축자번역	문화횡단	X	[-D]
영-중	축자번역	문화횡단	X	[-D]

사례 47)에 제시된 문화소 'The sun is a lemon today, it is. It's like a huge lemon-drop'의 뜻은 한국어 번역본에서 제시된 것처럼 '오늘은 태양이 마치 레몬 같아요. 커다란 레몬맛 사탕 말이에요'이다. 번역자는 직접번역에 속하는 축자번역 방법을 사용하였다. 문화소의 관점에서 본 사례 47)의 비유 대상은 'lemon(레몬)'과 'lemon-drop(레몬맛 알사탕)'이다. 해당 문화소는 일상생활 속에 쉽게 접할 수 있는 식품이고 한국어권 독자에게도 친숙한 문화소이기 때문에 비유 대상인 문화소의 문화횡단성은 문화횡단으로 설정할 수 있다. 이에 영-한 번역자는 해당 문화소의 영-한 문화적 거리가 가깝다고 판단하여 최소변경에 속하는 축자번역 방법을 선택한 것이다.

이와 마찬가지로 영-중 번역자도 직접번역에 속하는 축자번역 방법을 사용하여 원문에 있는 문화소를 '今天的太阳像个柠檬，真的很像。就像是一颗巨大的柠檬糖'으로 번역하였다. 해당 문화소의 문화횡단성은 문화횡단 층위에 속하고 영-중 번역자는 최소 변경에 축자번역 방법을 선택하였다. 즉, 영-중 번역자는 'lemon'과 'lemon-drop'이라는 문화소의 영-중 문화적 거리가 가깝다고 판단하였다.

앞서 살펴본 영-한 번역과 영-중 번역에서 주목해야 하는 것은 비유의 형식이 바뀌었다는 것이다. 예를 들어 보면 다음과 같다.

	ST와 TT	비유 형식
원문	The sun is a lemon today, it is.	은유
영-한	오늘은 태양이 마치 레몬 같아요.	직유
영-중	今天的太阳像个柠檬,真的很像。	직유

위에서 정리한 것과 같이 원문에 등장하는 'The sun is a lemon today, it is.'의 비유 형식은 은유이다. 그러나 영-한 번역본과 영-중 번역본을 보면 번역자는 해당 번역의 비유 형식을 직유로 바꾸었다. 이러한 현상은 한국어와 중국어에서 태양을 레몬으로 은유하는 문화적 관습이 거의 없기 때문에 발생한 것이라고 유추해 볼 수 있다. 직유와 달리 은유가 허용되는 비유 대상의 폭이 비교적 좁다. 따라서 만약 원문을 '오늘의 태양은 레몬이에요. 정말이에요'나 '今天的太阳真是个柠檬'으로 번역하게 된다면 독자들은 문장을 이해하는 데 어려움을 느낄 것이

다. 따라서 문화 관습을 고려하여 영어 원문에 있는 은유를 한국어와 중국어로 번역할 때 직유로 전환하는 것은 충분히 가능하고 이러한 전환은 매우 합리적이라고 할 수 있다.

더 나아가 비유 대상과 비유 방식이 원문과 번역문 문화소 간의 문화횡단성과 문화적 거리를 판단하는 데에 영향을 미칠 수도 있다. 가령, 문화소 분석의 관점에서 본 비유 대상은 일종의 문화소로 볼 수 있다면 특히 은유와 같은 경우, 비유 대상과 비유에 적용 대상도 문화소로 간주할 수 있다. 이는 정호정2012이 제시한 '제유의 문화특수성'과 매우 유사하다. 이러한 점을 고려한다면 원문과 번역문 간의 문화적 거리 판단이 다를 수 있다. 위에 제시된 관점을 사례 47)에 적용한다면 문화횡단성 설정과 문화적 거리의 판단 그리고 번역 전략이 달라질 수 있다. 이러한 변화를 정리해 보면 다음과 같다.

번역본	번역 방법	문화 횡단성	문화적 거리 판단	번역문
영-한	축자번역	단일문화	[+D]	오늘의 태양은 화로이다. 커다란 붉은 난로와 같다. (은유+직유)
영-중	축자번역	단일문화	[+D]	今天的太阳真是个大苹果。像个红丹丹的大红苹果。(은유+직유)

사례 48)	
ST:	'Can't we just have a party here? You and me and **the girls**?' (『On Beauty』, p.103)
TT-C:	"难道我们不能在这里办一个聚会？你、我还有"**姑娘们**"？" (『关于美』, p.99)
TT-K:	'우리는 여기서 파티를 즐기면 안 될까? 당신하고 나, 그리고 이 **예쁜이들**끼리만.' (『온 뷰티 1』, p.288)

번역본	번역 방법	문화횡단성	원문 내 문화소 설명	문화적 거리 판단
영-한	상황대체	단일문화	O	[+D]
영-중	모사	단일문화	O	[-D]

사례 48)에 제시된 문화소 'the girls(이 여자들)'는 주인공 키키의 가슴을 비유적으로 가리키는 것이다. 영-한 번역자는 대체에 속하는 상황대체 방법을 사용하여 해당 문화소를 '이 예쁜이들'로 번역하였다. 'The girls'의 문화횡단성은 당연히 단일문화이다. 그러나 원문에 주인공 하워드가 자신의 머리를 키키의 가슴에 대고 섹스를 요청하는 장면이 나오는데 이를 통해 'the girls'가 키키의 가슴을 가리킨다는 것을 바로 알 수 있다. 위와 같이 원문 내 문화소에 대한 설명이 있다면 해당 문화소의 문화적 거리는 어느 정도 축소될 수 있을 것이라고 예상된다. 그럼에도 불구하고 번역자는 해당 문화소의 영-한 문화적 거리가 멀다고 판단하여 중재에 속하는 상황대체 방법을 선택하였다.

이와 달리 영-중 번역자는 직접번역에 속하는 모사 번역 방법을 사용하여 원문의 문화소를 '姑娘们'으로 번역하였다. 해당 문화소의 문화횡단성은 단일문화 층위에 속하나 영-중 번역자는 최소 변경에 속하는 모사 번역 방법을 선택하였다. 이를 통해 영-중 번역자가 'the girls'라는 문화소의 영-중 문화적 거리가 가깝다고 판단하였음을 알 수 있다. 그러나 과연 중국어권 독자가 '姑娘们(여자들이)'이라는 영-중 번역을 읽고 이것이 주인공 키키의 가슴을 가리키는 것임을 알 수 있을지 의심할 여지가 있다.

3) 경어

비록 영어에는 진정한 경어법은 없지만 경어 표현은 영어에서도 중요한 언어 부문이다. 분석 대상에서 나오는 경어 표현을 살펴보도록 하자.

사례 49)	
ST:	(did you know that he's actually **Sir Monty?**) (『On Beauty』, p.3)
TT-C:	(你知不知道其实他是**蒙蒂爵士**？？) (『关于美』, p.3)
TT-K:	(혹시 이분 **이름 앞에 '경(卿)'이라는 칭호가 붙는다**는 사실 아셨어요?) (『온 뷰티 1』, p.12)

ST:	In fact, I think your wife was telling me it's now **Sir Monty**... (『On Beauty』, p.114)
TT-C:	"… 事实上，我想你的妻子告诉过我你现在是**蒙蒂爵士**了……" (『关于美』, p.109)
TT-K:	참, 부인께 들은 바로는 이제는 **몬티 경(卿)**이시리고....... (『온 뷰티 1』, p.316)

ST:	'I want to meet **Sir Montague Kipps**. Howard's being tricky about it.' (『On Beauty』, p.121)
TT-C:	"我想见**蒙蒂·基普斯爵士**。霍华德对此在耍滑头。" (『关于美』, p.115)
TT-K:	'**몬티 킵스 경**한테 저 좀 소개해 주실래요? 하워드는 너무 까다롭게 구네요.' (『온 뷰티 1』, p.334)

번역본	번역 방법	문화횡단성	원문 내 문화소 설명	문화적 거리 판단
영-한	추가	단일문화	X	[+D]
영-중	모사	문화횡단	X	[-D]

사례 49)에 제시된 문화소 'Sir Monty/Sir Montague Kipps'는 주인공 몬티를 높여 부르는 표현이다. 이러한 표현은 영국에서 작위를 받은 귀족을 부르는 존칭 표현이다. 한국어 번역본에는 "이름 앞에 '경(卿)'이라는 칭호가 붙는다..."로 번역되었다. 즉, 번역자는 구체화에 속하는 추가 번역 방법을 사용하였다. 'Sir'이라는 문화소의 문화횡단성은 단일문화이므로 번역자는 해당 문화소의 영-한 문화적 거리가 멀다고 판단하였다. 이에 중재에 속하는 추가 번역 방법을 선택한 것으로 보인다.

이와 달리 영-중 번역자는 직접번역에 속하는 모사 번역 방법을 사용하여 원문의 문화소를 '爵士'로 번역하였다. 중국의 역사를 보면 귀족에게 '爵작'이라는 존칭을 붙여 부르던 때가 있었음을 알 수 있다. 이에 '爵작'이나 '爵士훈작사'라는 존칭은 널리 알려져 있는 것이고 이러한 표현은 영국에서 작위를 받은 귀족을 부르는 존칭과 유사한 개념을 가지므로 사례 49)의 해당 문화소의 영-중 문화횡단성은 문화횡단 층위에 속한다. 따라서 영-중 번역자는 최소 변경에 속하는 모사 번역 방법을 선택하였다.

사례 50)	
ST:	... they even call me **Lady Kipps** because of Montague's achievements... (『On Beauty』, p.95)
TT-C:	"由于蒙塔古的成就，他们甚至称呼我为**基普斯夫人**……" (『关于美』, p.91)
TT-K:	'제 남편의 업적을 기려서 저를 '**레이다 킵스**'라고 부르는 사람들도 있었답니다....' (『온 뷰티 1』, p.265-266) 역주: 영국에서 귀족의 아내나 딸 또는 남성의 나이트(knight)에 해당하는 자위를 받은 여성이나 나이트의 부인을 칭함.

ST:	... **Lady Kipps**, loving wife of Sir Montague Kipps, devoted mother of Victoria and Michael, Windrush passenger, tireless church worker, patron of the arts. (『On Beauty』, p.280)
TT-C:	**基普斯夫人**，蒙塔古·基普斯爵士忠实的妻子，维多利亚和迈克尔挚爱的母亲，"帝国疾风号"乘客，不知疲倦的教堂义工，艺术赞助人。(『关于美』, p.267)
TT-K:	**레이디 킵스**, 몬터규 킵스 경의 사랑하는 아내이자 빅토리아와 마이클의 헌신적인 어머니였고, 엠파이어 윈드러쉬호의 승객이자 교회에 헌신적으로 봉사한 예술의 보호자였다. (『온 뷰티 2』, p.186)

번역본	번역 방법	문화횡단성	원문 내 문화소 설명	문화적 거리 판단
영-한	음차번역+ 파라텍스트	단일문화	X	[+D]
영-중	문화대체	문화횡단	X	[-D]

사례 50)에 제시된 문화소 'Lady Kipps'는 주인공 칼린을 부르는 존칭어이다. 이는 한국어 번역본의 역주에 제시되어 있는 바와 같이 영국에서 작위를 받은 귀족의 부인을 부르는 표현으로서 존경의 의미를 담고 있다. 한국어 번역본에는 '레이디 킵스'로 번역되어 있다. 번역자는 일차적으로 음차번역 방법을 활용하였고 보충 설명을 위해 파라텍스트 방법을 추가로 사용하였다. 'Lady'의 문화횡단성은 단일문화 층위에 속하고 영-한 번역자는 해당 문화소의 영-한 문화적 거리가 멀다고 판단하였기에 이중 전략을 선택한 것으로 보인다.

영-중 번역자는 대체에 속하는 상황대체 번역 방법을 사용하여 원문의 문화소를 '夫人'으로 번역하였다. '夫人'은 존경을 받는 여성을 부르는 일반적인 호칭이다. 역사적으로 중국은 남성 중심주의적 사회이다. 이에 지위가 높은 남성을 부르는 '爵작'이나 '爵士훈작사'라는 존칭은 있으나 이들의 부인을 높여 부르는 존칭은 따로 존재하지 않는다. 따라서 번역자는 이 문화소의 영-중 문화적 거리가 멀다고 판단하여 중재에 속하는 문화대체 번역 방법을 사용하였다.

4) 비속어

현대 영·미 문학에서는 비속어 표현을 흔히 볼 수 있다. 이에 영·미 문학에서 비속어는 중요한 언어 부문이라고 할 수 있다. 분석 대상에 나오는 비속어 표현은 주로 욕설인데 아래에 제시된 예시와 같다.

사례 51)	
ST:	"I've seen that. That film **eats my ass** ..." "Quite." (『On Beauty』, p.62)
TT-C:	"我看过。那部电影**糟糕透了**……" "是糟透了。"(『关于美』, p.59)
TT-K:	"아, 영화라면 저도 본 적 있어여. 보는 내내 **좀이 쑤실 만큼 더럽게 지루**....' '아이고, 이제 그만해라.' (『온 뷰티 1』, p.173)

번역본	번역 방법	문화횡단성	원문 내 문화소 설명	문화적 거리 판단
영-한	문화대체	단일문화	X	[+D]
영-중	바꿔쓰기	문화횡단	X	[+D]

사례 51)에 제시된 문화소 'eats my ass'는 '어떤 일이 매우 지루하거나 화자의 기분을 나쁘게 만들다'라는 뜻을 나타낸다. 'Ass'는 원래 '항문'을 뜻하나 분노나 기분이 나쁨을 표현하는 욕설이나 비속어에 자주 쓰인다. 영-한 번역자는 대체에 속하는 문화대체 번역 방법을 사용하여 해당 문화소를 '좀이 쑤실 만큼 더럽게 지루'라고 번역하였다. 한국어 번역본TT에 등장하는 '좀

13 출처: '좀이 쑤시다' - 네이버 국어사전

이 쑤신다'라는 표현은 한국 고유의 관용어로 '마음이 들뜨거나 초조하여 가만히 참고 기다리지 못하다'[13]라는 의미가 있다. 이와 같이 번역자는 도착언어인 한국어에 있는 문화소로 원문에 있는 문화소를 대체하였다. 'Eats my ass'는 영어로 된 고유 비속어이므로 이것의 문화횡단성은 단일문화이다. 이에 영-한 번역자는 해당 문화소의 영-한 문화적 거리가 멀다고 보아 중재에 속하는 문화대체 번역 방법을 선택하였다.

중국어 번역본을 보면 번역자는 일반화에 속하는 바꿔쓰기 번역 방법을 사용하여 원문의 문화소를 '糟糕透了(엉망진창이다)'로 번역하였다. 이를 통해 영-중 번역자도 해당 문화소의 영-중 문화적 거리가 멀다고 판단하였음을 알 수 있다.

사례 52)	
ST:	'So we did some **half-assed research** and... (『On Beauty』, p.101)
TT-C:	"我们做了个**有点傻的研究**, …" (『关于美』, p.96)
TT-K:	"저희가 **엉터리로 대충 조사**해 봤는데, ...' (『온 뷰티 1』, p.282)

번역본	번역 방법	문화횡단성	원문 내 문화소 설명	문화적 거리 판단
영-한	바꿔쓰기	단일문화	X	[+D]
영-중	상황대체	단일문화	X	[+D]

사례 52)에 제시된 문화소 'half-assed research'는 '기법 없이 대충대충 하는 연구'라는 뜻이다. 한국어 번역본에는 '엉터리로 대충 조사'로 번역되었다. 이를 통해 번역자는 일반화에 속하는 바꿔쓰기 번역 방법을 사용하였음을 알 수 있다. 이러한 번

역 전략과 방법을 사용할 경우 원문 문화소의 의미는 전달되나 문화소인 비속어의 뉘앙스는 전달되지 못한다.

원문ST의 비속어를 번역할 때 일대일로 직역할 만한 한국어 어휘나 표현을 찾기 어려우므로 보편적으로 번역자는 중재 번역 전략을 사용한다. 그러나 이러한 전략을 사용하게 되면 비속어의 의미만 살리고 그것의 뉘앙스는 살리지 못한다는 문제가 발생한다. 이는 문학 번역과 같이 번역에 대한 포용성이 높은 장르에서 매우 아쉬운 일이다. 이러한 관점을 고려하여 사례 52)의 'half-assed research'는 '개뿔 조사'라고 번역할 수 있지 않을까 싶다. 'Half-assed research' 또한 영어로 된 고유 비속어이므로 단일문화 층위에 속한다. 이에 영-한 번역자는 해당 문화소의 영-한 문화적 거리가 멀다고 판단하여 일반화에 속하는 바꿔쓰기 번역 방법을 선택한 것으로 보인다.

영-중 번역자는 대체에 속하는 상황대체 방법을 사용하여 원문의 문화소를 '有点傻的研究(어리석은 연구)'로 번역하였다. 원문에는 '어리석다'라는 의미가 존재하지 않으나 번역자는 문맥 상황을 고려하여 이러한 새로운 어휘나 표현을 사용하였다 영-중 번역자는 해당 문화소의 영-중 문화적 거리가 멀다고 보아 중재에 속하는 상황대체 방법을 선택하였다.

사례 53)	
ST:	"The girls hate Christian Von **Asshole**..." (『On Beauty』, p.104)
TT-C:	"'姑娘们'讨厌克里斯琴·冯·'**卑鄙**', ……" (『关于美』, p.99)
TT-K:	'예쁜이들은 크리스티안 폰 **개새끼**가 싫대요.' (『온 뷰티 1』, p.289)

번역본	번역 전략	문화횡단성	원문 내 문화소 설명	문화적 거리 판단
영-한	문화대체	단일문화	X	[+D]
영-중	상황대체	단일문화	X	[+D]

사례 53)에 제시된 문화소 'Asshole'는 원래 항문을 가리키는 말이지만 의미가 확장되어 지겹거나 멍청한 녀석을 가리키는 비속어로 사용된다. 한국어 번역본TT에는 '개새끼'로 번역되어 있다. 번역자는 대체에 속하는 문화대체 번역 방법을 사용하였는데 이러한 번역은 원문 문화소의 의미만을 담고 있고 비속어나 욕설의 뉘앙스까지는 전달하지는 못한다. 'Asshole' 역시 영어 고유의 비속어이므로 문화횡단성은 단일문화 층위에 속한다. 이에 영-한 번역자는 해당 문화소의 영-한 문화적 거리가 멀다고 보고 중재에 속하는 문화대체 번역 방법을 선택하였다.

영-중 번역자는 대체에 속한하는 상황대체 전략을 사용하여 원문의 문화소를 '卑鄙비열(卑劣)'로 번역하였다. 이를 통해 영-중 번역자도 해당 문화소의 영-중 문화적 거리가 멀다고 판단하였음을 알 수 있다. 그러나 번역본에 '비열'이 무엇을 의미하는지가 드러나 있지 않아 독자가 내용을 이해하는 데 어려움을 겪을 수 있다.

사례 54)	
ST:	'Don't be a **wise-ass**,' (『On Beauty』, p.120)
TT-C:	"别做**明智的笨蛋**," (『关于美』, p.114)
TT-K:	'**건방 떨지 마.**' (『온 뷰티 1』, p.331)

번역본	번역 방법	문화횡단성	원문 내 문화소 설명	문화적 거리 판단
영-한	문화대체	단일문화	X	[+D]
영-중	모사+상황대체	단일문화	X	[+D]

사례 54)에 제시된 문화소 'wise-ass'는 '스스로 재치 있거나 영리하다고 생각되는 사람'[14]을 가리키는 말이다. 한국어 번역본 TT에는 '건방 떨지 마'로 번역되어 있다. 번역자는 대체에 속하는 문화대체 번역 방법을 사용하였다. 즉, 'wise-ass'를 도착문화에 있는 다른 문화소로 대체하였다. 이를 조금 더 자세히 보면, 한국어 번역본에 제시되어 있는 '건방 떨지 마'는 한국어의 관용적 표현으로서 '젠체하여 주제넘은 태도로 좀스럽게 행동하지 마'라는 의미를 담고 있다. 이처럼 한국어의 관용적 표현을 활용한 번역은 한국어권 독자에게 더 친숙하게 느껴질 수 있다. 영어권에서만 사용되는 비속어 'wise-ass'의 문화횡단성은 단일문화 층위에 속한다. 이에 영-한 번역자는 해당 문화소의 영-한 문화적 거리가 멀다고 보고 중재에 속하는 문화대체 번역 방법을 선택하였다.

영-중 번역자는 이중 전략(모사+상황대체)을 사용하여 원문의 문화소를 '明智的笨蛋(영리한 바보)'으로 번역하였다. 원문에 있는 'wise'는 모사 방법을 바탕으로 '明智'로 번역되었고 'ass'는 상황대체 방법을 기반으로 '笨蛋'으로 번역되었다. 영-중 번역자가 '모사' 방법과 '상황대체' 방법을 사용한 이유는 해당 문화소의 영-중 문화적 거리가 먼 멀다고 판단하였기 때문이다.

14 콜린스 영영 사전 참조: 'a person who thinks he or she is being witty or clever'

사례 55)	
ST:	**Nobody gives a fuck** about Rembrandt, Howard – (『On Beauty』, p.120)
TT-C:	"… **没有人在乎**伦勃朗，霍华德 –" (『关于美』, p.114)
TT-K:	'... 지금 세상에 빌어먹을 렘브란트 따위**에 관심을 가질 사람은 아무도 없다고**! 하워드, 그러니....' (『온 뷰티 1』, p.332)

번역본	번역 방법	문화횡단성	원문 내 문화소 설명	문화적 거리 판단
영-한	바꿔쓰기	단일문화	X	[+D]
영-중	바꿔쓰기	단일문화	X	[+D]

사례 55)에 제시된 문화소 'nobody gives a fuck'에서 'fuck'은 원래 '–와 성교性交하다'라는 의미를 가진다. 그러나 'fuck'은 영어 비속어 용법에서 매우 다양하게 활용되고 '가혹하게 대하다', '학대하다', '속이다', 심지어 '이용하다', '실수하다' 등의 확장 의미를 가진다.[15] 한국어 번역본에는 '–에 관심을 가질 사람은 아무도 없다고'로 번역되어 있어 번역자가 일반화에 속하는 바꿔쓰기 번역 방법을 사용하였음을 알 수 있다. 이 번역도, 사례 52)와 마찬가지로, 원문 문화소의 의미를 담고 있으나 비속어의 뉘앙스까지는 전달하지 못한다. 원문 문화소의 뉘앙스를 살리기 위해서 '들어쳐 먹는 사람은 아무도 없다고'로 번역할 수도 있을 듯하다. 'Nobody gives a fuck'은 영어로 된 고유 비속어이므로 문화횡단성이 단일문화임이 분명하다. 이에 영–한 번역자는 해당 문화소의 영–한 문화적 거리가 멀다고 판단하여 중재에 속하는 바꿔쓰기 번역 방법을 선택하였다.

15 출처: 'fuck' - 네이버 영어사전

마찬가지로 영–중 번역자도 일반화에 속하는 바꿔쓰기 번역 방법을 사용해서 원문 문화소를 '没有人在乎(관심을 가진 사람이 없다)'로 번역하였다. 영-중 번역자가 해당 문화소의 영-중 문화적 거리가 멀다고 판단하였기에 중재에 속한 바꿔쓰기 번역 방법을 선택한 것으로 보인다.

사례 56)	
ST:	'Dear **Motherfuckers**,'... '... I really could not give a fuck. **Get your asses back to work**....' (『On Beauty』,p.188)
TT-C:	"亲爱的**混账东西们**：… "… 我真的一点也不在乎。**乖乖地回去干活吧**。…" (『关于美』, p.179-180)
TT-K:	'친애하는 **멍청이들**이여! ...... 나는 자네들의 의견에 눈곱만큼도 관심이 없네. 좋게 말할 때 **일터로 돌아오게**....' (『온 뷰티 1』, p.500).

사례 56)에서 제시된 문화소 'motherfuckers'와 'get your asses back to work'는 영어권에서 매우 자주 쓰이는 비속어이다. 원문의 문화소는 각각 다르게 한국어와 중국어로 번역되는 양상을 보였다.

번역본	번역 방법	문화횡단성	원문 내 문화소 설명	문화적 거리 판단
영-한	상위어	단일문화	X	[+D]
영-중	모사	단일문화	X	[+D]

<표 8> 문화소 'motherfuckers'에 대한 분석

먼저 문화소 'motherfuckers'부터 살펴보자. 이 문화소는 특히 미국에서 '후레자식' 또는 '인간말짜'를 가리킬 때 사용되는 비속어이다.[16] 영-한 번역자는 일반화에 속하는 상위어 방법을 사용하여 'motherfuckers'라는 문화소를 '멍청이들'로 번역하였다. 즉, 번역자는 '후레자식'과 '인간말짜'보다 상위어이며 욕설의 느낌이 약화된 '멍청이들'이라는 표현으로 원문의 문화소를

16 출처: 'motherfuckers' - 네이버 영어사전

대체하였다. 'Motherfuckers'는 영·미권에서만 쓰이는 비속어 표현으로 한국어권 독자에게 친숙하지 않은 표현일 수 있다. 이에 이 문화소의 문화횡단성은 단일문화 층위에 속한다. 따라서 영-한 번역자는 해당 문화소의 영-한 문화적 거리가 멀다고 판단한 것으로 보인다.

중국어 번역본에서 'motherfuckers'은 '混账东西们(후레자식들)'라고 번역되었는데 이를 통해 영-중 번역자가 직접번역에 속하는 모사 방법을 사용하였음을 알 수 있다. 번역자가 이러한 전략과 방법을 쓴 이유를 추측해 보면, 영-중 사전에서 'motherfucker'에 대응하는 중국어 표현이 나와 있기 때문일 것이다. 즉 번역자가 사전의 표현을 그대로 가져와 사용했을 가능성이 크다.[17] 문화소 'motherfuckers'의 문화횡단성은 단일문화 층위에 속하나 영-중 번역자는 최소 변경에 속하는 모사 방법을 선택하였다. 이는 영-중 번역자가 해당 문화소의 영-중 문화적 거리가 가깝다고 판단하였기 때문이다.

17 케임브리지 영중사전에서 '不要臉的傢伙，混帳東西，混蛋'이라는 설명 참조.

번역본	번역 방법	문화횡단성	원문 내 문화소 설명	문화적 거리 판단
영-한	바꿔쓰기	단일문화	X	[+D]
영-중	추가+바꿔쓰기	단일문화	X	[+D]

<표 9> 문화소 'get your asses back to work'에 대한 분석

다음으로 문화소 'get your asses back to work'를 보자. 이 문화소를 직역하면 '너희 엉덩이를 들고 일터로 다시 오게'가 된다. 영-한 번역자는 일반화에 속하는 바꿔쓰기 방법을 사용하여 해당 문화소를 '일터로 돌아오게'라고 번역하였다. 'Get your asses…'라는 문화소는 영어권에서 빈번하게 쓰이는 비속어 표현이지만 한국어권 독자에게 익숙하지 않은 표현이다. 이에 해당 문화소의 문화횡단성은 단일문화 층위에 속한다. 따라서 영-한 번역자가 해당 문화소의 영-한 문화적 거리가 멀다고 판단하였다.

중국어 번역을 보면, 번역자는 이중 전략(추가+바꿔쓰기)을 활용하여 원문의 문화소를 '乖乖地回去干活吧(순순히 응하여 일터로 돌아와라)'로 번역하였다. 번역자는 바꿔쓰기 방법을 사용하여 원문 문화소의 의미를 그대로 살렸다. 그리고 의미를 조금 더 명확하게 전달하기 위해 원문에 없는 '乖乖地(순순히)'라는 표현을 추가하였다. 해당 문화소의 문화횡단성은 단일문화 층위에 속하고 영-중 번역자는 번역을 위해 '추가' 방법과 '바꿔쓰기' 방법을 활용하였다. 이에 영-중 번역자가 해당 문화소의 영-중 문화적 거리가 멀다고 판단한 것으로 보인다.

5) 관용적 표현

영·미 문학에서 수사 방법 중 하나인 관용적 표현은 매우 중요한 언어 부문이라고 여겨진다. 분석 대상에 나오는 관용적 표현은 아래에 제시된 예시와 같다.

사례 57)	
ST:	which sounds bucolic, but **boy oh boy** is not bucolic in the least, … (『On Beauty』, p.4)
TT-C:	…, 地名听起来颇有田园风味，**可是好家伙**，这儿没有一丁点儿田园味儿，…(『关于美』, p.4)
TT-K:	이름만 들으면 흔해 빠진 시골 마을이 떠오르겠지만 실상은 그렇지 않아요. (『온 뷰티 1』, p.14)

번역본	번역 방법	문화횡단성	원문 내 문화소 설명	문화적 거리 판단
영-한	생략	단일문화	X	[+D]
영-중	문화대체	단일문화	X	[+D]

사례 57)에 제시된 문화소 'boy oh boy'는 영어권에서 자주 쓰이는 관용적 표현으로 화자는 자신의 흥분이나 감탄을 나타내기 위해 이를 사용한다.[18] 영-한 번역자는 생략 번역 전략을 활용하여 해당 문화소를 '이름만 들으면 흔해 빠진 시골 마을이 떠오르겠지만 실상은 그렇지 않아요'라고 번역하였다.

18 콜린스 영영사전 참조: 'Some people say 'boy' or 'oh boy' in order to express feelings of excitement or admiration.'

번역자가 이렇게 번역한 이유를 두 가지로 나누어 볼 수 있다. 첫째, 번역자가 해당 문화소가 독자에게 별로 중요하지 않다고 판단하여 일부러 번역을 하지 않았을 가능성이다. 둘째, 번역자의 부주의로 생략이 발생했을 가능성이다. 첫 번째 이유로 생략이 이루어졌다면 해당 문화소의 문화횡단성과 문화적 거리 판단은 무의미해진다. 다시 말해 해당 문화소의 문화횡단성이 문화횡단이든 단일문화이든 기층문화이든 중요하지 않으며 문화적 거리가 가까든지 멀든지 상관없다는 것이다. 왜냐하면 해당 문화소는 번역자에 의해 이미 생략되었기 때문이다.

영-중 번역자는 대체에 속하는 문화대체 번역 방법을 사용해서 원문의 문화소를 '可是好家伙(그것참!)'로 번역하였다. '可是好家伙'라는 표현은 중국어에서 감탄을 표현할 때 쓰는 관용어이다. 영-중 번역자는 해당 문화소의 영-중 문화적 거리가 멀다고 보아 중재에 속하는 문화대체 번역 방법을 선택하였다.

사례 58)	
ST:	**'Can't I be street?'** (『On Beauty』, p.63)
TT-C:	**"我不能成为街道上的人吗？"** (『关于美』, p.60)
TT-K:	**'이래도 내가 스트리트가 될 수 없을까?'** (『온 뷰티 1』, p.176)

번역본	번역 방법	문화횡단성	원문 내 문화소 설명	문화적 거리 판단
영-한	음차번역+ 축자번역	단일문화	X	[-D]
영-중	축자번역	단일문화	X	[-D]

사례 58)에 제시된 문화소 'Can't I be street?'의 핵심 문화소는 'street'이다. 원래 'street'는 영어의 명사로 '길거리'를 가리킨다. 그러나 사례 58)의 'street'는 길거리 래퍼rapper나 예술가를 가리키는 말이다. 위와 같은 해당 문화소의 해석은 원문 뒤에 나오는 주인공 하워드가 길거리 래퍼를 모방하여 랩을 부르는 장면과 호응한다.[19] 한국어 번역본에는 '이래도 내가 스트리트가 될 수 없을까?'로 번역되어 있다. 번역자는 직접번역에 속하는 음차번역과 축자번역 방법을 사용하였다.

19 『온 뷰티 1』 177쪽 참조.

여기서 주목해야 할 것은 'street'가 '길거리'로 번역되지 않고 '스트리트'로 번역되었다는 것이다. 한국어 사전인 '우리말샘'에는 '스트리트 아트street art'나 '스트리트 댄스street dance' 등의 어휘가 수록되어 있으나 '스트리트'는 수록되어 있지 않다. 이에 한국어 독자가 '스트리트'라는 번역을 보고 원문의 의미인 '길거리에서 공연하는 예술가'를 떠올리기 어려울 것이다. 따라서 '스트리트'라는 번역은 독자에게 정확한 의미를 전달해 주지 못하는 듯하다.

원문에 등장하는 'street'는 사전적 의미가 아닌 확장 의미를 가지므로 해당 문화소의 문화횡단성은 단일문화 층위에 속한다. 그러나 영-한 번역자는 해당 문화소의 영-한 문화적 거리가 가깝다고 판단하여 최소 변경에 속하는 음차번역과 축자번역 방법을 선택하였다.

영-중 번역자는 직접번역에 속하는 축자번역 방법을 사용해서 원문ST의 'Can't I be street?'를 '我不能成为街道上的人吗？'로 번역하였다. 이때 핵심 문화소인 'street'는 '街道上的人(길거리에 있는 사람)'으로 번역되었다. 이러한 번역 양상을 통해 영-중 번역자가 해당 문화소의 영-중 문화적 거리가 가깝다고 판단하였음을 알 수 있다. 그러나 아무리 봐도 이 영-중 번역은 오역에 가까운 것 같다. 중국어 '街道上的人'이라는 표현은 길거리에 다니는 사람이나 행인行人을 가리킬 수 있는데 '스트리트 예술가'의 의미와 연상하기 매우 힘들다.

사례 59)	
ST:	'Please, take the rest too. **Don't dangle carrots.**' (『On Beauty』, p.66)
TT-C:	"拜托，把其他的也带去吧。**别拿着胡萝卜引诱人**。" (『关于美』, p.63)
TT-K:	'제발 진정하게! **공연히 남의 애 꼬드기지 말라고.**' (『온 뷰티 1』, p.184)

번역본	번역 방법	문화횡단성	원문 내 문화소 설명	문화적 거리 판단
영-한	상황대체	단일문화	X	[+D]
영-중	축자번역	단일문화	X	[-D]

사례 59)에 제시된 문화소 'Don't dangle carrots'를 직역하면 '당근을 가지고 남을 유혹하지는 마'라는 뜻이다. 즉, 이 표현은 '남의 마음을 꼬드기지는 마'라는 의미의 영어 관용구이다. 한국어 번역본에는 '공연히 남의 애 꼬드기지 말라고'로 번역되었다. 번역자는 대체에 속하는 상황대체 번역 방법을 사용하였다. 이를 조금 더 자세히 보면, 번역자는 원문 대화의 맥락을 고려하여 해당 문화소를 상황에 맞게 완전히 다른 표현으로 대체하였다. 해당 문화소는 영어의 관용구이기 때문에 문화횡단성이 단일문화 층위에 속한다. 이에 영-한 번역자가 해당 문화소의 영-한 문화적 거리가 멀다고 보고 중재에 속하는 상황대체 방법을 선택하였다.

이와 달리 영-중 번역자는 직접번역에 속하는 축자번역 방법을 사용하요 원문을 '别拿着胡萝卜引诱人(당근을 가지고 남을 유혹하지는 마)'으로 번역하였다. 영-중 번역자는 해당 문화소의 영-중 문화적 거리가 가깝다고 보아 최소 변경에 속하는 축자번역 방법을 선택하였다. 그러나 번역자가 선택한 축자번역 방법이 정말 해당 문화소 번역에 적합한지 다시 한번 생각해 봐야 할 것이다. 왜냐하면 당근이 정말을 사람을 유혹할 만한 것인지 의문이 들기 때문이다. 따라서 '胡萝卜(당근)'을 '好处(이익)'으로 번역하는 것이 독자가 의미를 이해하는 데 더 도움이 될 것이다.

한국어로 번역하기

다음 영어 관용표현 ST를 한국어로 번역하시고 번역 방법도 적으시오.

ST	한국어 TT
ST-E: I'll **turn a blind eye** once, but next time you'll be in trouble.	
ST-E: My son was sick yesterday, and now I'm feeling a bit **under the weather**.	
ST-E: Stop **beating around the bush** and tell me what really happened.	

사례 60)	
ST:	Howard was **full of beans**. (『On Beauty』, p.97)
TT-C:	霍华德**精神饱满**, … (『关于美』, p.93)
TT-K:	하워드는 **빈백에 앉아**... (『온 뷰티 1』, p.272)

번역본	번역 방법	문화횡단성	원문 내 문화소 설명	문화적 거리 판단
영-한	축자번역	단일문화	X	[-D]
영-중	바꿔쓰기	단일문화	X	[-D]

사례 60)에 제시된 문화소 'full of beans'는 영어의 관용구로 '정력이 넘친다' 또는 '원기 왕성하다'라는 의미를 나타낸다.[20] 한국어 번역본에는 '빈백에 앉아'로 번역되어 있는데 이러한 번역은 오역으로 보인다. 다시 말해 번역자가 착각하여 'beans'를

20 네이버 사전 참조: https://en.dict.naver.com/#/entry/enko/a0c795287a4e4aa6ad4075e9018190cf

'빈백beanbag'으로 번역하고 축자번역을 활용하여 'full of beans'를 '빈백에 앉아'로 오역한 것이다. 이러한 착각으로 인해 영-한 번역자는 해당 문화소의 영-한 문화적 거리가 가깝다고 판단하여 최소 변경에 속하는 축자번역 방법을 선택한 것으로 보인다. 사례 60)을 한국어로 제대로 번역하면 적어도 '하워드는 힘이 가득 차 있고...'로 번역해야 되지 않나 싶다.

이와 달리 영-중 번역자는 일반화에 속하는 바꿔쓰기 방법을 사용하여 원문을 '精神饱满(힘이 가득 찬다)'으로 번역하였다. 원문의 기본적인 의미가 유지되었다고 할 수 있다. 영-중 번역자는 해당 문화소의 영-중 문화적 거리가 멀다고 보았기 때문에 중재에 속하는 바꿔쓰기 번역 방법을 선택하였다.

14

문화적 거리와 거래 비용의 발생가능성

문화적 거리에 의한 문화소 번역 거래 비용 발생의 가능성

문화적 거리는 번역자의 번역 전략과 방법 선택에 영향을 미친다. 앞 장 이야기한 것처럼 문화적 거리가 멀면 멀수록 '중재'에 속한 번역 방법이 사용되는 경향이 높고, 문화적 거리가 좁으면 좁을수록 '최소 변경'에 속한 번역 방법이 사용될 가능성이 더 높다. 문화적 거리 분석은 번역자의 번역 전략에 적용될 뿐만 아니라 문화적 거리는 번역학이나 번역 실무 영역에서 적용될 수 있다. 이석철2021은 거래 비용이 문화소 번역 분석에 적용될 수 있는 기준을 제시하였다. 이에 의하면 문화소 번역 분석에 적용되는 거래 비용은 총 네 가지 범주 '정보수집 비용, 정보전달 비용, 정보처리 비용, 정보이해 비용'으로 나뉜다.

14장에서는 '문화소의 문화횡단성'과 '문화적 거리 판단'을 이석철2021이 언급한 네 가지 거래 비용 범주에 적용하여 분석하고자 한다.

번역자나 독자의 모국어가 출발언어SL인지 도착언어TL인지에 따라 문화소를 번역하고 이해하는 데 드는 거래 비용이 다를 수 있다.

1) 정보수집 비용 발생 가능성

이석철2021에 의하면 정보수집 비용은 '원문의 내용과 관련된 정보를 수집하는 데 드는 비용'이다. 문화소의 문화횡단성과 번역자의 문화적 거리 판단을 적용하여 번역 시 발생 가능한 정보수집 비용을 분석해 보면 아래의 표와 같다.

문화 횡단 성층위	번역 전략 지향	원문내 문화소 설명	문화적 거리 판단	이유	정보수집 비용 발생 가능성
문화횡단	최소 변경	X	[-D]	ST 및 TT 문화소 공동 존재	매우 낮음
		O	[-D]	원문 내 문화소 설명 정보 수집	낮음-보통
	중재	X	[+D]	문화소에 관한 (추가) 정보 수집, 중재 전략 사용 정보 수집	높음
		O	[+D]		
	이중 전략	X	[+D]	문화소에 관한 (추가) 정보 수집, 이중 전략 사용 정보 수집	매우 높음
		O	[+D]		

<표 1> 문화횡단 층위에서 SL과 TL 번역자의 정보수집 비용 발생 가능성

위의 〈표 1〉에 제시된 바와 같이, 문화횡단성 층위가 문화횡단인 경우, 번역자의 모국어는 정보수집 비용 발생에 크게 영향

을 미치지 않는다. 이는 출발문화SC와 도착문화TC 모두에 해당 문화횡단 문화소가 존재하기 때문이다. 이러한 경우 번역자는 해당 문화소의 문화적 거리가 가깝다고 판단하여 최소 변경 전략을 선택하는 경향을 보인다. 이처럼 두 문화에 동일한 문화소가 존재하는 경우 정보수집 비용이 발생할 가능성은 매우 낮다. 또한, 이 경우에는 원문 내에 문화소에 대한 설명이 있으면 정보수집 비용 발생의 가능성이 높아질 수 있다. 그 이유는 해당 문화소의 설명 정보와 그 설명을 최소 변경 전략으로 번역할 때 필수적인 정보를 수집해야 하기 때문이다. 원문 내에 문화소 설명의 양에 따라 정보수집 비용이 발생할 가능성은 높아질 것이다. 다음 사례 1)을 보자.

사례 1)	
ST:	**BMW(Bayerische Motoren Werke AG)**, is a German multinational manufacturer of luxury vehicles and motorcycles located in Munich, Bavaria, Germany. (Wikipedia)
TT-C:	**宝马（巴伐利亚引擎制造厂股份有限公司，**英文缩写为**BMW）**是位于德国巴伐利亚邦慕尼黑的一家跨国豪华汽车、机车和引擎制造商。(维基百科)
TT-K:	**비엠더블유(BMW,** 정식 명칭: **바이에른 원동기공업 주식회사)**는 독일 바이에른주 뮌헨에 위치한 고급 자동차, 모터사이클 및 엔진 제조 회사이다. (위키백과)

사례 1)에 제시된 문화소는 'BMW'이며 그 문화소의 원문 안에 설명은 'Bayerische Motoren Werke AG'이다. 한국어 번역본에는 '비엠더블유(BMW, 정식 명칭: 바이에른 원동기공업 주식회사)'로 번역되어 있고, 중국어 번역본에는 '宝马(巴伐利亚引擎制造厂股份有限公司, 英文缩写为BMW)'로 번역되어 있다. 영-한 번역과 영-중 번역은 번역자가 모두 모사 번역 방법을 선택하였

다. 이러한 경우, 번역자가 단순히 문화소 'BMW'에 관한 정보를 수집하는 것보다 원문 내의 문화소 설명에 관한 정보까지 수집해야 해서 정보수집 비용이 발생할 가능성이 높아질 수 있다.

한편, 문화횡단에 속하는 문화소를 번역할 때 번역자가 중재 또는 이중 전략을 선택하는 경우가 있을 수 있다. 이는 번역자가 해당 문화소의 문화적 거리가 멀다고 판단하였기 때문이다. 이러한 경우 문화소와 관련된 추가 정보를 수집하고 중재나 이중 전략 사용을 위한 정보를 수집해야 하므로 정보수집 비용 발생 가능성이 높아진다.

한편 문화횡단성 층위가 단일문화에 속하는 경우, 번역자의 모국어가 정보수집 비용에 영향을 미칠 수 있다.

문화 횡단 성층위	번역 전략 지향	원문내 문화소 설명	문화적 거리 판단	이유	정보수집 비용 발생 가능성
단일문화	최소 변경	X	[-D]	TT 문화소 정보수집	보통
		O	[-D]	TT 문화소 및 원문 내 문화소 설명 정보 수집	높음
	중재	X	[+D]	TT 문화소 (추가) 정보 수집, 중재 전략 사용 정보 수집	높음
		O	[+D]		
	이중 전략	X	[+D]	TT 문화소 (추가) 정보 수집, 이중 전략 사용 정보 수집	매우 높음
		O	[+D]		

<표 2> 단일문화 층위에서 SL 번역자의 정보수집 비용 발생 가능성

위의 〈표 2〉는 문화횡단성 층위가 단일문화이고 번역자의 모국어가 출발언어SL인 경우 발생 가능한 정보수집 비용을 분석한

것이다. 도착언어TL가 모국어인 번역자에 비해 출발언어가 모국어인 번역자가 원문ST과 원문ST의 문화소에 익숙할 것이다. 이에 번역자는 해당 문화소의 문화적 거리가 가깝다고 판단하여 번역 시 최소 변경 전략 사용을 선택할 것이다. 이때, 번역본에 실릴 문화소에 대한 정보를 수집하고 원문에 문화소 관련 설명을 넣기 위한 정보수집 비용이 발생한다. 이러한 정보수집 비용의 정도는 보통에서 높은 수준이다.

번역자가 해당 문화소의 문화적 거리가 멀다고 판단하여 중재나 이중 전략을 선택하는 경우도 많다. 이때는 번역본에 포함할 정보를 찾고 중재나 이중 전략을 사용하는 데 필요한 정보를 수집하게 되므로 정보수집 비용 발생 가능성이 높다. 다음 사례 2)를 살펴보자.

사례 2)	
ST:	A '**Full English**' is a breakfast meal, often served in the United Kingdom and Ireland, that typically includes bacon, sausages, fried eggs, black pudding, baked beans, tomatoes, mushrooms and toast.
TT-K:	☺는 영국과 아일랜드 지역의 아침 식사이며 베이컨, 소시지, 계란 프라이, 블랙 푸딩, 구운 콩, 토마토, 버섯, 토스트 등 음식이 포함된다.

사례 2)에 제시된 문화소는 'Full English'이다. SL 번역자가 원문 문화소에 대한 정보에 친숙하지만 그 문화소에 관한 번역 정보에 익숙하지 않을 수도 있다. 이때, SL 번역자가 ☺에 대해서 "Full English'를 한국어로 어떻게 불렀는가?', '이 문화소가 어떻게 번역된 것인가?', '기존 번역이 몇 개 있는가?', '기존 번역은 어떠한 번역 전략과 방법이 사용된 것인가?'라는 정보 수집

에 관한 문제를 확인해야 한다. 그러므로 정보수집 비용이 발생할 가능성이 높아진다.

'Full English'의 기존 번역과 번역 방법 사용에 대한 정보 수집		
TT-K	**기존 번역**	**번역 방법**
1	영국식 아침 식사	모사
2	풀 잉글리쉬	음차번역
3	풀 잉글리쉬 브렉퍼스트	음차번역 + 추가
4	영국식 아침 식사 또는 풀 잉글리쉬 브렉퍼스트	모사 + 음차번역 + 추가
5	영국식 아침 식사(영어: 'Full English')	모사 + 내주

다음으로 문화횡단성 층위가 단일문화에 속하는 문화소를 도착언어TL 번역자가 번역할 때 발생하는 정보수집 비용을 살펴보면 다음과 같다.

문화 횡단 성층위	번역 전략 지향	원문내 문화소 설명	문화적 거리 판단	이유	정보수집 비용 발생 가능성
단일문화	최소 변경	X	[-D]	TT 문화소 정보 수집	보통
		O	[-D]	ST 문화소 및 원문 내 문화소 설명 정보 수집	높음
	중재	X	[+D]	ST 문화소(추가)정보 수집, 중재 전략 사용 정보 수집	높음
		O	[+D]		
	이중 전략	X	[+D]	ST 문화소(추가)정보 수집, 이중 전략 사용 정보 수집	매우 높음
		O	[+D]		

<표 3> 단일문화 층위에서 TL 번역자의 정보수집 비용 발생 가능성

위의 〈표 3〉은 〈표 2〉와 마찬가지로 문화횡단성 층위가 단일문화에 속하는 경우를 가리킨다. 이때 번역자의 모국어는 도착

언어TL이다. 〈표 2〉와 〈표 3〉을 분석함으로써 분석 대상이 되는 문화소의 문화횡단성 층위는 단일문화로 동일하나 번역자의 모국어는 달라지는 경우 정보수집 비용이 어떻게 달리지는지를 알 수 있다. 출발언어SL 모국어 번역자는 도착언어TL 모국어 번역자에 비해 번역본TT과 번역본TT의 문화소에 더 익숙하다. 이에 번역자는 해당 문화소의 문화적 거리가 가깝다고 판단하여 최소변경 전략을 사용하는 경향을 보인다. 이때 원문ST 문화소에 대한 정보를 수집하고 원문 내 문화소에 대한 설명을 추가하기 위한 정보도 찾아야 하므로 정보수집 비용이 발생한다. 정보수집 비용의 발생 가능성은 보통에서 높은 수준이다.

반면에 중재 또는 이중 전략을 선호하는 번역자도 있다. 번역자가 이러한 전략을 선택한 이유는 해당 문화소의 문화적 거리가 멀다고 판단하였기 때문이다. 따라서 번역자는 원문ST 문화소에 관한 정보 수집하고 중재나 이중 전략을 사용하는 데 필요한 정보를 모아야 하므로 정보수집 비용이 높은 편이다.

다음으로 문화횡단성 층위가 기층문화에 속하는 문화소를 번역했을 때 발생할 수 있는 정보수집 비용을 정리해 보면 아래 〈표 4〉와 같다.

문화 횡단 성층위	번역 전략 지향	원문내 문화소 설명	문화적 거리 판단	이유	정보수집 비용 발생 가능성
기층문화	최소 변경	X	[-D]	ST 및 TT 문화소 정보 수집	높음
		O	[-D]	ST 및 TT 문화소(추가) 정보 수집	매우 높음
	중재	X	[+D]	ST 및 TT 문화소(추가) 정보 수집, 중재 전략 사용 정보 수집	매우 높음
		O	[+D]		

기층문화	이중 전략	X	[+D]	ST 및 TT 문화소(추가) 정보 수집, 이중 전략 사용 정보 수집	매우 높음
		O	[+D]		

<표 4> 기층문화 층위에서 SL과 TL 번역자의 정보수집 비용 발생 가능성

위의 〈표 4〉에서 제시된 바와 같이 문화횡단성 층위가 기층문화인 경우, 번역자의 모국어는 정보수집 비용 발생에 크게 영향을 미치지 않는다. 기층문화 문화소는 출발문화SC와 도착문화TC에서 흔히 볼 수 있는 문화소가 아니다. 따라서 번역자는 해당 문화소를 이해하기 위해 문화횡단이나 단일문화 층위에 속하는 문화소를 번역할 때보다 더 많은 정보를 수집하여야 한다. 그런데 이러한 경우에도 번역자가 해당 문화소의 문화적 거리가 가깝다고 판단하여 최소 변경 전략을 활용하기도 한다. 그러나 이러한 번역을 위해서는 원문과 번역본에 포함될 문화소에 대한 많은 정보를 수집하여야 하므로 정보수집 비용이 발생할 가능성이 높다.

한편, 어떤 번역자는 해당 문화소의 문화적 거리가 멀다고 판단하여 중재 전력이나 이중 전략을 사용하기도 한다. 이때, 원문ST과 번역본TT에 실을 문화소에 대한 정보를 수집하거나 중재나 이중 전략 사용을 위한 정보를 찾는 데 많은 비용이 든다. 따라서 정보수집 비용은 매우 높은 편이다.

2) 정보전달 비용 발생 가능성

이석철2021에 의하면 정보전달 비용은 '역자가 해당 내용의 의미를 파악하고 필요한 정보를 추출, 선별하는 데 드는 비용'이다. 문화소 번역에 문화소의 문화횡단성과 문화적 거리 판단을 적용하여 정보전달 비용 발생의 가능성을 분석해 보면 다음과 같다.

<table>
<tr><th>문화
횡단
성층위</th><th>번역
전략
지향</th><th>원문내
문화소
설명</th><th>문화적
거리
판단</th><th>이유</th><th>정보전달 비용
발생 가능성</th></tr>
<tr><td rowspan="6">문화횡단</td><td rowspan="2">최소
변경</td><td>X</td><td>[-D]</td><td>문화소 정보량이 많지 않아서 추출 및 선별 작업이 매우 적음</td><td>매우 낮음</td></tr>
<tr><td>O</td><td>[-D]</td><td>문화소 (추가) 정보량이 많지 않아서 추출 및 선별 작업이 적음</td><td>낮음</td></tr>
<tr><td rowspan="2">중재</td><td>X</td><td>[+D]</td><td rowspan="2">문화소 (추가) 정보량 많지 않을 수도 있음. 중재 전략 사용 정보가 많아서 추출 및 선별 작업이 많음</td><td rowspan="2">높음</td></tr>
<tr><td>O</td><td>[+D]</td></tr>
<tr><td rowspan="2">이중
전략</td><td>X</td><td>[+D]</td><td rowspan="2">문화소 (추가) 정보량 많지 않을 수도 있음.
이중 전략 사용 정보가 많아서 추출 및 선별 작업이 매우 많음</td><td rowspan="2">매우 높음</td></tr>
<tr><td>O</td><td>[+D]</td></tr>
</table>

<표 5> 문화횡단 층위에서 SL과 TL 번역자의 정보전달 비용 발생 가능성

위의 〈표 5〉에서 제시한 바와 같이 문화횡단성 층위가 문화횡단인 경우, 번역자의 모국어는 정보전달 비용의 발생 가능성에 크게 영향을 미치지 않는다. 왜냐하면 출발문화SC와 도착문화TC에 동일한 문화횡단 문화소가 존재하기 때문이다. 따라서 번역자는 해당 문화소의 문화적 거리가 가깝다고 판단하여 최소변경 전략을 선택한다. 이러한 경우, 정보 전달 차원에서 문화소 정보량이 많지 않기 때문에 문화소의 추출 및 선별 작업에 드

는 비용이 상대적으로 적다. 따라서 정보전달 비용이 발생할 가능성은 낮다.

번역자는 문화횡단에 속하는 문화소를 분석할 때 중재 또는 이중 전략을 활용하기도 한다. 이는 번역자가 해당 문화소의 문화적 거리가 멀다고 판단하였기 때문이다. 이러한 경우, 정보전달 차원에서는 문화소 정보량이 많지 않을 수도 있으나 중재나 이중 전략 사용을 위한 정보가 많으므로 문화소 추출 및 선별 작업이 많이 이루어진다. 이에 정보전달 비용 발생 가능성이 매우 높다고 할 수 있다.

한편 문화횡단성 층위가 단일문화인 경우, 번역자의 모국어에 따라 정보전달 비용 발생 가능성이 달라질 수 있다. 먼저 번역자의 모국어가 출발언어SL인 경우를 보면 다음과 같다.

문화 횡단 성층위	번역 전략 지향	원문내 문화소 설명	문화적 거리 판단	이유	정보전달 비용 발생 가능성
단일문화	최소 변경	X	[-D]	TT 문화소 정보량이 많아서 추출 및 선별 작업이 많음	보통-높음
		O	[-D]	TT 문화소 (추가)정보량이 많아서 추출 및 선별 작업이 많음	높음
	중재	X	[+D]	TT 문화소 (추가)정보량이 많고 중재 전략 사용 정보량도 많아서 추출 및 선별 작업이 많음	높음
		O	[+D]		
	이중 전략	X	[+D]	TT 문화소 (추가)정보량이 많고, 이중 전략 사용 정보가 많아서 추출 및 선별 작업이 매우 많음	매우 높음
		O	[+D]		

<표 6> 단일문화 층위에서 SL 번역자의 정보전달 비용 발생 가능성

위의 〈표 6〉은 출발언어SL 모국어 번역자가 문화횡단성 층위가 단일문화인 문화소를 번역할 때 발생 가능한 정보전달 비용을 분석한 결과이다. 출발언어SL 모국어 번역자가 도착언어TL 모국어 번역자보다 원문ST과 원문ST의 문화소에 익숙하다. 이에 번역자는 해당 문화소의 문화적 거리가 가깝다고 판단하여 최소변경 전략을 선호한다. 이러한 경우, 정보 전달 차원에서 번역본TT에서의 문화소 정보량이 많고 추출 및 선별 작업이 많이 이루어진다. 따라서 정보전달 비용이 발생할 가능성이 보통이나 높은 정도이다.

반면, 번역자가 해당 문화소의 문화적 거리가 멀다고 판단하여 중재 또는 이중 전략을 선택하는 경우, 번역본TT에서의 문화소에 대한 정보뿐만 아니라 중재나 이중 전략 사용을 위한 정보도 방대하여 추출 및 선별 작업이 많이 이루어진다. 따라서 정보전달 비용 발생 가능성이 매우 높은 편이라고 할 수 있다.

문화횡단성층위	번역전략지향	원문내 문화소 설명	문화적 거리 판단	이유	정보전달 비용 발생 가능성
단일문화	최소변경	X	[-D]	ST 문화소 정보량이 많아서 추출 및 선별 작업이 많음	보통-높음
		O	[-D]	ST 문화소 (추가) 정보량이 많아서 추출 및 선별 작업이 많음	높음
	중재	X	[+D]	ST 문화소 (추가) 정보량이 많고 중재 전략 사용 정보량도 많아서 추출 및 선별 작업이 많음	높음
		O	[+D]		
	이중전략	X	[+D]	ST 문화소 (추가) 정보량이 많고 이중 전략 사용 정보가 많아서 추출 및 선별 작업이 매우 많음	매우 높음
		O	[+D]		

<표 7> 단일문화 층위에서 TL 번역자의 정보전달 비용 발생 가능성

위의 〈표 7〉은 도착언어TL 모국어 번역자가 문화횡단성 층위가 단일문화에 속하는 문화소를 분석하는 데 드는 정보전달 비용의 발생 가능성을 분석한 결과이다.

도착언어TL 모국어 번역자는 해당 문화소의 문화적 거리가 가깝다고 판단하여 번역 시 최소 변경 전략을 활용한다. 이 경우 정보 전달 차원에서 원문ST 문화소 정보량이 많고 추출 및 선별 작업이 많이 이루어져야 하므로 정보전달 비용이 발생한다. 따라서 정보전달 비용 발생 가능성은 보통이나 높음 수준이다.

한편, 번역자가 중재 또는 이중 전략을 선택하기도 하는데 이는 번역자가 해당 문화소의 문화적 거리가 멀다고 판단하였기 때문이다. 이 경우, 원문ST 문화소와 관련된 정보가 많고, 중재나 이중 전략을 사용하는 데 필요한 정보도 많아 추출 및 선별 작업이 많이 이루어진다. 따라서 정보전달 비용이 매우 높은 편이다. 아래 사례 3)을 보자.

사례 3)	
ST:	윷놀이는 한국 전통 민속놀이이며, 한자어로는 한자어로는 '척사(擲柶)' 또는 '사희(柶戲)'라고 한다.
TT-C:	Yutnori[21], also known as Nyout or Yoot, is a Korean traditional board game. It is also called Cheok-sa or Sa-hee.
TT-C:	柶戏（韩语：사희、적사、윷놀이）是韩国的传统游戏，又称'掷柶'，音译为"尤茨"

'윷놀이'의 기존 영어 번역과 번역 방법 사용 정보		
TT-E	기존 번역	번역 방법
1	Yut Nori, Yunnori, Nyout, Yoot, Nyout-nol-ki	음차번역
2	Yut Board Game	음차번역 + 모사 + 추가
3	Nyout Game	음차번역 + 모사

21 In Korean, Nori means game.

'윷놀이'의 기존 중국어 번역과 번역 방법 사용 정보		
TT	기존 번역	번역 방법
1	柶戏	모사
2	掷柶	
3	掷柶戏	
4	尤茨	음차번역

단일 층위에 속한 문화소는 도착문화에 잘 알려진 문화소가 아니기 때문에 문화횡단 층위에 속한 문화소보다 다양한 기존 번역을 발견할 수 있다. 이때, TL 번역자가 원문 문화소에 대한 정보에 익숙하지 않을 가능성이 있으므로 정보 추출 시 의무적 전달과 선택적 전달을 결정할 때 어려움을 겪을 수 있다. 예를 들면, 사례 3)에 제시된 정보와 같이 TL 번역자가 수집한 번역 정보가 많으면 많을수록 '가장 필요한 정보는 무엇인가?' 혹은 '어떤 정보를 취사取捨할 수 있는가?'라는 문제를 고심할 수밖에 없다. 이로 말미암아 정보전달 비용을 발생할 가능성이 높아진다.

다음으로 문화횡단성 층위가 기층문화에 속하는 문화소를 번역할 때 발생 가능한 정보전달 비용을 살펴보자.

문화 횡단 성층위	번역 전략 지향	원문내 문화소 설명	문화적 거리 판단	이유	정보전달 비용 발생 가능성
기층문화	최소 변경	X	[-D]	ST 및 TT 문화소 정보량이 많아서 추출 및 선별 작업이 많음	높음
		O	[-D]	ST 및 TT (추가) 문화소 정보량이 많아서 추출 및 선별 작업이 많음	매우 높음

<table>
<tr><td rowspan="4">기층문화</td><td rowspan="2">중재</td><td>X</td><td>[+D]</td><td rowspan="2">ST 및 TT 문화소 (추가) 정보량이 많고 중재 전략 사용 정보량도 많아서 추출 및 선별 작업이 많음</td><td rowspan="2">매우 높음</td></tr>
<tr><td>O</td><td>[+D]</td></tr>
<tr><td rowspan="2">이중 전략</td><td>X</td><td>[+D]</td><td rowspan="2">ST 및 TT 문화소 (추가) 정보량이 많고 이중 전략 사용 정보가 많아서 추출 및 선별 작업이 매우 많음</td><td rowspan="2">매우 높음</td></tr>
<tr><td>O</td><td>[+D]</td></tr>
</table>

<표 8> 기층문화 층위에서 SL과 TL 번역자의 정보전달 비용 발생 가능성

위의 〈표 8〉에 제시된 바와 같이 문화소의 문화횡단성 층위가 기층문화에 속하는 경우, 정보전달 비용 발생 가능성에 번역자의 모국어가 미치는 영향은 크지 않다. 기층문화 문화소는 출발문화SC와 도착문화TC에서 흔히 볼 수 있는 문화소가 아니다. 따라서 번역자는 해당 문화소를 올바르게 번역하기 위해 원문ST 및 번역문TT 문화소에 관한 정보를 많이 수집해야 한다. 다시 말해, 번역자는 문화횡단이나 단일문화 층위에 속하는 문화소를 번역할 때보다 더 많은 정보를 수집하게 된다. 그러므로 번역자가 최소 변경 전략을 선택하였다고 해도 실제로는 해당 문화소와 관련된 매우 많은 정보를 추출하고 선별해야 하므로 정보전달 비용이 발생할 가능성이 매우 높다.

한편 번역자는 기층문화에 속하는 문화소를 번역 시 해당 문화소의 문화적 거리가 멀다고 판단하여 중재 또는 이중 전략을 선택하기도 한다. 이 경우, 원문ST 및 번역본TT 문화소에 대한 정보가 많을 뿐만 아니라 중재나 이중 전략을 활용하기 위해 필요한 정보도 많다. 따라서 추출 및 선별 작업이 많이 이루어져 정보전달 비용 발생 가능성은 매우 높은 편에 속할 것이다.

3) 정보처리 비용 발생 가능성

이석철2021에 의하면 처리거래 비용은 '역자가 필요한 정보를 추출한 후 번역 텍스트에 이를 반영하는 데 드는 비용'이다. 문화소의 문화횡단성과 문화적 거리를 적용하여 문화소 번역 시 발생하는 정보처리 비용을 정리해 보면 다음과 같다.

문화횡단 성층위	번역 전략 지향	원문내 문화소 설명	문화적 거리 판단	이유	정보처리 비용 발생 가능성
문화횡단	최소 변경	X	[-D]	최소 변경 전략 사용	매우 낮음
		O	[-D]	최소 변경 전략을 사용해서 문화소 및 원문 내 설명을 번역함	낮음
	중재	X	[+D]	중재 전략을 사용함	높음
		O	[+D]	중재 전략을 사용해서 문화소 및 원문 내 설명을 번역함	
	이중 전략	X	[+D]	이중 전략 사용함	매우 높음
		O	[+D]	이중 전략을 사용해서 문화소 및 원문 내 설명을 번역함	

<표 9> 문화횡단 층위에서 SL과 TL 번역자의 정보처리 비용 발생 가능성

위의 〈표 9〉에 제시된 바와 같이 문화횡단성 층위가 문화횡단에 속하는 경우, 번역자의 모국어는 정보처리 비용 발생 가능성에 큰 영향을 주지는 않는다. 앞서 언급하였듯이, 문화횡단에 속하는 문화소는 출발문화SC와 도착문화TC 모두에 존재한다. 따라서 번역자는 해당 문화소의 문화적 거리가 가깝다고 판단하여 최소 변경 전략을 선택한다. 이에 정보처리 작업이 많이 이루어질 필요가 없어 정보처리 비용 발생 가능성은 매우 낮음이나 낮음에 속한다.

그러나 번역자가 해당 문화소의 거리가 멀다고 판단하여 중재나 이중 전략을 사용하게 된다면 정보처리 비용 발생 가능성은 매우 높음에 속할 것이다. 중재나 이중 전략을 사용하기 위해 문화소뿐만 아니라 이에 대한 원문의 설명을 번역해야 하므로 정보처리 작업이 많이 이루어지기 때문이다.

문화횡단성 층위가 단일문화인 경우, 정보처리 비용 발생 가능성은 번역자의 모국어가 무엇인지에 따라 달라질 수 있다. 먼저 번역자의 모국어가 출발언어SL인 경우를 살펴보면 다음과 같다.

문화 횡단 성층위	번역 전략 지향	원문내 문화소 설명	문화적 거리 판단	이유	정보처리 비용 발생 가능성
단일문화	최소 변경	X	[-D]	최소 변경 전략을 사용함	매우 낮음
		O	[-D]	최소 변경 전략을 사용해서 문화소 및 원문 내 설명을 번역함	낮음
	중재	X	[+D]	TT에 적용한 중재 전략을 고려해서 번역함	높음
		O	[+D]	TT에 적용한 중재 전략을 고려해서 문화소 및 원문 내 설명을 번역함	
	이중 전략	X	[+D]	TT에 적용한 이중 전략을 고민해서 번역함	매우 높음
		O	[+D]	TT에 적용한 중재 전략을 고민해서 문화소 및 원문 내 설명을 번역함	

<표 10> 단일문화 층위에서 SL 번역자의 정보처리 비용 발생 가능성

위의 〈표 10〉은 문화횡단성 층위가 단일문화에 속하는 문화소를 출발언어SL 모국어 번역자가 번역 시 발생하는 정보처리 비용을 분석한 결과이다. 출발언어 모국어 번역자는 도착언어TL

모국어 번역자보다 원문ST과 원문의 문화소에 익숙하다. 이에 번역자는 해당 문화소의 문화적 거리가 가깝다고 판단하여 최소 변경 전략을 선택하게 된다. 이처럼 최소 변경 전략을 활용하면 해당 문화소와 이와 관련된 원문 내 설명을 번역할 때 정보처리 비용이 많이 발생하지 않는다. 따라서 정보처리 비용 발생 가능성이 매우 낮음이나 낮음에 속한다.

그러나 번역자가 해당 문화소의 문화적 거리가 멀다고 보아 중재 또는 이중 전략을 선택하게 되는 경우, 정보처리 비용 발생 가능성은 매우 높아진다. 왜냐하면 번역자가 중재나 이중 전략을 사용하여 문화소와 이와 관련된 원문 내 설명을 번역할 때 정보처리 비용이 많이 들기 때문이다. 아래 사례 4)를 보자.

사례 4)	
ST:	"My exam **went down in flames**, I should have learned my translation theories."

TT-K 1:	"내 시험이 **불길 속으로 내려가듯이 파멸됐어**. 번역 이론을 많이 공부했어야 하는데…"	모사 + 추가
TT-K 2:	"시험이 **완전 망했어**. 번역 이론을 많이 공부했어야 하는데…"	일반화
TT-K 3:	"시험을 봤는데 **미역국을 실컷 먹었어**. 번역 이론을 많이 공부했어야 하는데…"	문화대체

사례 4)에 제시된 문화소는 언어문화소 'went down in flames'이다. TT-K 1, TT-K 2, TT-K 3에서는 각각 '불길 속으로 내려가듯이 파멸됐어(모사+추가)', '완전 망했어(일반화)', '미역국을 실컷 먹었어(문화대체)'로 번역되어 있다. SL 번역자가 비교적으로 번역문에 다소 생소하기 때문에 '중재'나 '이중 전략'

으로 번역 대안들을 구성할 때 오랜 시간이 걸릴 수 있다. 그러므로 SL 번역자에게 정보전달 비용이 발생할 가능성이 높아질 것이다.

다음으로 출발언어 모국어 번역자가 단일문화 층위에 속하는 문화소를 번역할 때에 발생 가능한 정보처리 비용을 살펴보도록 하자.

문화 횡단 성층위	번역 전략 지향	원문내 문화소 설명	문화적 거리 판단	이유	정보처리 비용 발생 가능성
단일문화	최소 변경	X	[-D]	최소 변경 전략을 사용함	매우 낮음
		O	[-D]	최소 변경 전략을 사용해서 문화소 및 원문 내 설명을 번역함	낮음
	중재	X	[+D]	중재 전략을 이용해서 ST를 적절하게 표현한 고려	높음
		O	[+D]	중재 전략을 이용해서 문화소 및 원문 내 설명을 적절하게 표현한 고려	
	이중 전략	X	[+D]	이중 전략을 이용해서 ST를 적절하게 표현한 고민	매우 높음
		O	[+D]	중재 전략을 이용해서 문화소 및 원문 내 설명을 적절하게 표현한 고민	

<표 11> 단일문화 층위에서 TL 번역자의 정보처리 비용 발생 가능성

위의 〈표 11〉은 도착언어SL 모국어 번역자가 문화횡단성 층위가 단일문화에 속하는 문화소를 번역할 때 발생 가능한 정보처리 비용을 분석한 것이다. 번역자는 해당 문화소의 문화적 거리가 가깝다고 판단할 경우 최소 변경 전략을 활용하여 번역을 진행할 것이다. 따라서 문화소와 이와 관련된 원문 내 설명을 번

역할 때 발생하는 정보처리 비용이 많지 않아 정보처리 비용 발생 가능성은 매우 낮음이나 낮음에 속한다.

반면에 번역자가 해당 문화소의 문화적 거리가 멀다고 보아 중재 또는 이중 전략을 사용하게 된다면 정보처리 비용은 많이 들게 될 것이다. 다시 말해, 번역자가 중재 또는 이중 전략을 바탕으로 해당 문화소와 이와 관련된 설명을 적절하게 번역하기 위해 오랜 시간 고민하게 되므로 정보처리 비용 발생 가능성이 매우 높아진다.

다음으로 문화횡단성 층위가 기층문화에 속하는 문화소를 번역할 때 발생 가능한 정보처리 비용을 살펴보면 아래 〈표 12〉와 같다.

문화 횡단 성층위	번역 전략 지향	원문내 문화소 설명	문화적 거리 판단	이유	정보처리 비용 발생 가능성
기층문화	최소 변경	X	[-D]	최소 변경 전략을 사용함	매우 낮음
		O	[-D]	최소 변경 전략을 사용해서 문화소 및 원문 내 설명을 번역함	낮음
	중재	X	[+D]	중재 전략을 이용해서 ST에서 TT로 문화소를 적절하게 표현한 고려	높음
		O	[+D]	중재 전략을 이용해서 ST에서 TT로 문화소 및 원문 내 설명을 적절하게 표현한 고려	
	이중 전략	X	[+D]	이중 전략을 이용해서 ST에서 TT로 문화소를 적절하게 표현한 고민	매우 높음
		O	[+D]	이중 전략을 이용해서 ST에서 TT로 문화소 및 원문 내 설명을 적절하게 표현한 고민	

<표 12> 기층문화 층위에서 SL과 TL 번역자의 정보처리 비용 발생 가능성

위의 〈표 12〉에 제시된 바와 같이 문화횡단성 층위가 기층문화인 경우, 번역자의 모국어는 정보처리 비용 발생 가능성에 크게 영향을 미치지 않는다. 위의 표에서 볼 수 있듯이, 번역자는 해당 문화소를 번역하기 위해 최소 변경 전략을 활용하는데 이는 해당 문화소의 문화적 거리가 가깝다고 생각하기 때문이다. 이처럼 번역자가 최소 변경 전략을 사용하여 문화소 및 원문 내 설명을 번역한다면 정보처리 비용이 발생할 가능성은 매우 낮음이나 낮음에 속한다.

한편, 번역자가 해당 문화소의 문화적 거리가 멀다고 판단하여 중재 또는 이중 전략을 선택한다면 정보처리 비용 발생 가능성은 높아질 것이다. 번역자가 원문ST의 문화소와 원문 내 설명을 번역하기 위해 적절한 도착언어 표현을 찾아야 하는데 이러한 표현을 찾는 데는 많은 시간이 소요된다. 이에 정보처리 비용 발생 가능성은 높음에 속하게 된다.

정보이해 비용 발생 가능성

1) 독자의 정보이해 비용 발생 가능성

이석철2021에 의하면 정보이해 비용은 '역자가 처리한 텍스트 정보를 도착어 독자들이 수용하고 이해하는 데에 드는 비용'이다. 여기에서는 문화소의 문화횡단성과 문화적 거리 판단을 적용하여 독자가 문화소를 이해하는 데 발생하는 정보이해 비용을 살펴보고자 한다.

문화 횡단 성층위	번역 전략 지향	원문내 문화소 설명	문화적 거리 판단	이유	정보이해 비용 발생 가능성
기층문화	최소 변경	X	[-D]	ST 및 TT 문화소 모두 대응	매우 낮음
		O	[-D]	원문 내 문화소 설명을 이해할 시간 필요	낮음-보통
	중재	X	[+D]	가독성이 낮음	높음
		O	[+D]	가독성이 낮고 원문 내 문화소 설명까지 이해할 시간 필요	
	이중 전략	X	[+D]	가독성이 매우 낮음	매우 높음
		O	[+D]	가독성이 매우 낮고 원문 내 문화소 설명까지 이해할 시간 필요	

<표 13> 문화횡단 층위에서 독자의 문화소 정보이해 비용 발생 가능성

위의 〈표 13〉은 문화횡단에 속하는 문화소를 독자가 이해하는 데 드는 정보이해 비용 분석한 결과이다. 번역자가 해당 문화소의 문화적 거리가 가깝다고 보아 최소 변경 전략을 선택한다면 원문과 번역본의 문화소가 대응 관계를 이루게 된다. 따라

서 독자의 정보이해 비용 발생 가능성은 낮다.

반면, 번역자가 해당 문화소의 문화적 거리가 멀다고 보아 중재 또는 이중 전략을 사용하는 경우 가독성이 낮아질 수 있다. 또한 독자는 원문에 있는 문화소 설명까지 이해해야 하므로 독자의 정보이해 비용 발생 가능성이 높아진다.

그러나 문화횡단성 층위가 단일문화인 경우, 독자의 정보이해 비용은 달라질 수 있다. 단일문화 층위의 문화소를 독자가 이해할 때 발생 가능한 정보이해 비용을 살펴보면 다음과 같다.

문화횡단성 층위	번역 전략 지향	원문 내 문화소 설명	문화적 거리 판단	이유	정보이해 비용 발생 가능성
단일문화	최소 변경	X	[-D]	충실성이 높지만, 가독성이 매우 낮음	매우 높음
		O	[-D]	충실성이 높지만, 원문 내 문화소 설명이 번역되었지만 가독성이 낮음	보통-높음
	중재	X	[+D]	가독성이 높음	낮음
		O	[+D]	가독성이 높지만, 원문 내 문화소 설명을 이해할 시간 필요	보통
	이중 전략	X	[+D]	가독성이 높지만, 이중 전략으로 인해 TT 정보 증가	낮음-보통
		O	[+D]	가독성이 높지만, 이중 전략으로 인해 TT 정보 증가, 원문 내 문화소 설명을 이해할 시간 필요	보통-높음

<표 14> 단일문화 층위에서 독자의 문화소 정보이해 비용 발생 가능성

위의 〈표 14〉는 문화소의 문화횡단성 층위가 단일문화인 경우 독자가 정보를 이해하는 데 드는 비용을 분석한 결과이다. 원문에 등장하는 문화소가 도착문화TC에는 없기 때문에 번역자

가 어떠한 전략을 사용했는지에 따라 독자의 정보이해 비용 발생 가능성이 달라진다. 이를 조금 더 자세히 보면, 번역자가 해당 문화소의 문화적 거리가 가깝다고 보아 최소 변경 전략을 선택한 경우 번역의 충실성은 높아지나 가독성은 낮아진다. 따라서 독자의 정보처리 비용 발생 가능성이 매우 높아질 것이다. 아래 사례 5)와 사례 6)을 살펴보자.

사례 5)	
ST:	John and Peter love **Acai Bowl**.
TT-C:	约翰和彼得都爱**阿萨伊碗**。
TT-K:	존과 피터는 **아사이볼**을 좋아한다.

사례 5)에 제시된 문화소는 'Acai Bowl'이며 해당 문화소에 관한 원문 설명이 없다. 'Acai Bowl'이라는 문화소는 한국어권과 중국어권 독자에게 친숙한 문화소가 아니기 때문에 단일문화 층위에 속한 것으로 판단할 수 있었다. 그리고 한국어 번역본에는 '아사이볼'로 번역되어 있고 중국어 번역본에는 '阿萨伊碗'으로 번역되어 있는데 이는 최소 변경 번역 전략을 적용한 것으로 볼 수 있다. 직접번역 방법을 통해 사례 5)의 한국어와 중국어 번역이 충실성있게 번역되어 있긴 하나 '아사이볼'이나 '阿萨伊碗'을 모르는 독자에게 아무리 번역문을 몇 번을 읽어도 '이 단어가 도대체 무슨 뜻인가?'라는 의문을 들 수 있다. 그러므로 번역자가 문화소의 문화적 거리가 가깝다고 해서 최소 변경 전략으로 단일문화 층위에 속한 문화소를 번역하면 도착언어 독자에게 오히려 이해성과 수용성이 낮고 가독성이 떨어진 번역문을 만들

수 있다. 이때, 독자의 정보이해 비용은 매우 높다고 판단할 수 있다.

사례 6)	
ST:	John and Peter love a desert called **Acai Bowl**.
TT-C:	约翰和彼得都爱**一款叫做阿萨伊碗的甜品**。
TT-K:	존과 피터는 **아사이볼이라는 디저트**를 좋아한다.

사례 5)와 마찬가지로 사례 6)에 제시된 문화소는 'Acai Bowl'이다. 그런데 사례 6) 원문에서 'a desert called...'라는 해당 문화소에 관한 설명이 있다. 최소 변경 번역 전략을 번역문에 적용한 경우, 한국어 번역본에는 '아사이볼이라는 디저트'로 번역되어 있고 중국어 번역본에는 '一款叫做阿萨伊碗的甜品'으로 번역되어 있다. 직접번역 방법을 통해 사례 6)의 한국어와 중국어 번역이 원문에 있는 문화소 설명까지 매우 충실성있게 번역되어 있다. 사례 5)와 달리 원문에 있는 문화소 부연 설명의 도움으로 도착언어 독자가 그 설명의 번역을 읽고 문화소 'Acai Bowl'의 의미를 파악할 수 있다. 그러므로 원문에 문화소 설명이 있는 경우, 번역자가 문화소의 문화적 거리가 가깝다고 판단해서 최소 변경 전략으로 단일문화 층위에 속한 문화소를 번역해도 도착언어 독자의 이해성과 수용성을 높이고 가독성을 갖춘 번역문을 생산할 수 있다. 이때, 독자의 정보이해 비용이 낮아질 수 있다.

여기서 번역자가 유의해야 하는 것은 설명의 적절도adequacy 즉, 원문에 있는 문화소 부연 설명이 해당 문화소를 얼마나 잘 설명하는지이다. 왜냐하면 설명의 적절도는 번역문의 이해성과 수용성에 영향을 미치기 때문이다.

다음으로 번역자가 해당 문화소의 문화적 거리가 멀다고 보아 중재 전략을 활용한다면 번역본의 가독성이 높아지므로 독자의 정보이해 비용은 낮아질 것이다. 마지막으로 번역자가 해당 문화소의 문화적 거리가 멀다고 판단하여 이중 전략을 사용한 경우, 번역본의 가독성은 높아지나, 이중 전략으로 인해 번역본에 등장하는 정보가 증가하게 된다. 그리고 독자는 원문에 나오는 문화소 관련 설명도 이해해야 하므로 독자의 정보이해 비용은 보통 수준이 된다.

기층문화 층위에 속하는 문화소를 독자가 이해할 때 발생 가능한 비용을 살펴보자.

문화 횡단성 층위	번역 전략 지향	원문 내 문화소 설명	문화적 거리 판단	이유	정보이해 비용 발생 가능성
기층문화	최소 변경	X	[-D]	충실성이 높지만, 가독성이 매우 낮음	매우 높음
		O	[-D]	충실성이 높지만, 원문 내 문화소 설명은 독자의 이해에 도움이 됨	높음
	중재	X	[+D]	가독성이 높음	낮음
		O	[+D]	가독성이 높지만, 원문 내 문화소 설명을 이해할 시간 필요	보통
	이중 전략	X	[+D]	가독성이 높지만, 이중 전략으로 인해 TT 정보 증가	낮음-보통
		O	[+D]	가독성이 높지만, 이중 전략으로 인해 TT 정보 증가, 원문 내 문화소 설명을 이해할 시간 필요	보통-높음

<표 15> 기층문화 층위에서 독자의 문화소 정보이해 비용 발생 가능성

위의 〈표 15〉는 문화횡단성 층위가 기층문화인 경우 독자가 정보를 이해하는 데 드는 비용을 분석한 결과이다. 기층문화소는 출발언어SL나 도착언어TL에서 쉽게 볼 수 없는 것이므로 번역자가 어떠한 전략을 사용하는지에 따라 독자의 정보이해 비용 발생 가능성이 매우 다를 수 있다.

먼저, 번역자가 해당 문화소의 문화적 거리를 가깝다고 판단하여 최소 변경 전략을 활용한 경우, 번역의 충실성은 높아지나 가독성은 매우 낮아진다. 심지어 독자는 원문에 등장하는 문화소에 대한 설명까지 이해해야 하므로 독자의 정보이해 비용이 발생할 가능성이 매우 높다.

다음으로 번역자가 해당 문화소의 문화적 거리가 멀다고 보아 중재 전략을 선택한 경우, 번역본TT의 가독성이 높아지므로 독자의 정보이해 비용은 낮아질 것이다. 마지막으로 번역자가 해당 문화소의 문화적 거리가 멀다고 생각하여 이중 전략을 사용한 경우, 번역본TT의 가독성은 높아지나 이중 전략으로 인해 번역본TT에 포함되어 있는 정보가 증가하게 된다. 그리고 독자는 원문에 나오는 문화소에 대한 설명도 이해하므로 독자의 정보이해 비용 발생 가능성은 높음 수준에 도달하게 된다.

2) 번역자의 정보이해 비용 발생 가능성

독자가 수월하게 의사소통하고 이해에 도달할 수 있게 충분한 정보를 제공하는 것은 번역의 중요한 기능으로 볼 수 있다. 이를 위해 번역자는 수집된 정보를 이해해야 하는데 이때 정보이해 비용이 발생할 가능성이 크다. 번역 시 발생 가능한 번역자의 정보이해 비용을 문화소의 문화횡단성과 문화적 거리 판단을 기준으로 분석해 본 결과는 다음과 같다.

문화횡단성 층위	번역 전략 지향	원문 내 문화소 설명	문화적 거리 판단	이유	정보이해 비용 발생 가능성
문화횡단	최소변경	X	[-D]	ST 및 TT 문화소 정보 모두 대응	매우 낮음
		O	[-D]	원문 내 문화소 설명의 정보이해	낮음
	중재	X	[+D]	중재 전략으로 전환할 문화소에 관한 정보 이해	보통-높음
		O	[+D]	중재 전략으로 전환할 TT 정보 및 원문 내 문화소 설명의 정보이해	
	이중 전략	X	[+D]	이중 전략으로 전환할 문화소에 관한 정보 이해	보통-높음
		O	[+D]	이중 전략으로 전환할 TT 정보 및 원문 내 문화소 설명의 정보이해	

<표 16> 문화횡단 층위에서 SL과 TL 번역자의 정보이해 비용 발생 가능성

위의 〈표 16〉에 제시된 바와 같이 문화횡단성 층위가 문화횡단인 경우, 번역자의 모국어는 정보이해 비용 발생 가능성에 큰 영향을 주지 않는다. 이는, 앞서 언급하였듯이, 출발문화SC와 도착문화TC에 해당 문화횡단 문화소가 공존하기 때문이다. 이럴 때 번역자는 해당 문화소의 문화적 거리가 가깝다고 보고 최소 변경 전략을 사용한다. 이에 원문ST과 번역본TT에 등장하는 문화소 정보가 모두 대응하므로 정보이해 비용이 발생할 가능성이 매우 낮거나 낮은 수준이다.

반면에 번역자가 해당 문화소의 문화적 거리가 멀다고 판단하여 중재 또는 이중 전략을 선택한 경우, 번역자는 중재나 이중 전략을 바탕으로 전환할 문화소와 관련된 정보를 이해해야 하므로 번역자의 정보이해 비용 발생 가능성이 높아진다.

문화횡단성 층위가 문화횡단이 아닌 단일문화인 경우 번역자의 모국어가 정보이해 비용 발생 가능성에 영향을 미칠 수 있다. 먼저 출발언어SL 모국어 번역자가 단일문화소를 번역할 때에 발생하는 번역자의 정보이해 비용을 보면 다음과 같다.

문화횡단성 층위	번역 전략 지향	원문 내 문화소 설명	문화적 거리 판단	이유	정보이해 비용 발생 가능성
단일문화	최소 변경	X	[-D]	TT 문화소 이해	보통
		O	[-D]	TT 문화소 이해 및 원문 내 문화소 설명을 전환할 TT에 관한 정보 이해	높음
	중재	X	[+D]	TT 문화소를 중재 전략으로 전환할 문화소의 정보 이해	높음-매우 높음
		O	[+D]	TT 문화소 및 원문 내 문화소 설명을 중재 전략으로 전환할 TT에 관한 정보 이해	
	이중 전략	X	[+D]	TT 문화소를 이중 전략으로 전환할 문화소의 정보 이해	매우 높음
		O	[+D]	TT 문화소 및 원문 내 문화소 설명을 이중 전략으로 전환할 TT에 관한 정보 이해	

<표 17> 단일문화 층위에서 SL 번역자의 정보이해 비용 발생 가능성

위의 〈표 17〉은 문화횡단성 층위가 단일문화에 속하는 경우 출발언어SL 모국어 번역자가 정보를 이해하는 데 드는 비용을 분석한 결과이다. 출발언어 모국어 번역자는 도착언어TL 모국어 번역자보다 원문ST과 원문의 문화소에 더 친숙하다. 번역자는 해당 문화소의 문화적 거리가 가깝다고 생각할 때 최소 변경 전

략을 사용한다. 이때 번역자는 번역본TT 문화소를 이해하고 원문 내에 있는 문화소 설명을 번역본에 옮기기 위해 또 다른 정보를 이해해야 하므로 정보이해 비용이 발생할 가능성은 보통이나 높음 수준이다.

한편, 번역자가 해당 문화소의 문화적 거리가 멀다고 느껴 중재 또는 이중 전략을 선택한 경우, 번역자가 번역본TT 문화소를 이해하는 데 정보이해 비용이 든다. 또한 원문 내에 있는 문화소 설명을 중재나 이중 전략으로 전환할 TT 정보를 이해해야 해서 번역자의 정보이해 비용 발생 가능성은 매우 높음에 다다른다.

다음으로 단일문화에 속하는 문화소를 도착언어TL 번역자가 번역하는 경우 발생하는 번역자의 정보이해 비용을 살펴보자.

문화 횡단성 층위	번역 전략 지향	원문 내 문화소 설명	문화적 거리 판단	이유	정보이해 비용 발생 가능성
단일문화	최소 변경	X	[-D]	ST 문화소 이해	높음
		O	[-D]	ST 문화소 이해 및 원문 내 문화소 설명의 정보 이해	높음-매우 높음
	중재	X	[+D]	ST 문화소 이해 및 중재 전략으로 전환할 문화소에 관한 정보 이해	매우 높음
		O	[+D]	ST 문화소 및 원문 내 문화소 설명을 중재 전략으로 전환할 때의 정보 이해	
	이중 전략	X	[+D]	ST 문화소 이해 및 이중 전략으로 전환할 문화소에 관한 정보 이해	매우 높음
		O	[+D]	ST 문화소 및 원문 내 문화소 설명을 이중 전략으로 전환할 때의 정보 이해	

<표 18> 단일문화 층위에서 TL 번역자의 정보이해 비용 발생 가능성

위의 〈표 18〉은 문화횡단성 층위가 단일문화인 경우 도착언어TL 모국어 번역자가 정보를 이해하는 데 드는 비용을 분석한 것이다. 도착언어 모국어 번역자가 해당 문화소의 문화적 거리가 가깝다고 생각하여 최소 변경 전략을 사용한 경우 번역자의 정보이해 비용 발생 가능성은 높음이나 매우 높음 수준이다. 번역자가 원문ST 문화소나 원문 내에 있는 문화소 설명 정보를 이해해야 하기 때문이다.

번역자가 해당 문화소의 문화적 거리가 멀다고 판단하여 중재 또는 이중 전략을 선택한 경우에도 번역자의 정보이해 비용 발생 가능성이 매우 높다. 번역자가 이중 전략을 바탕으로 원문ST 문화소나 원문 내에 있는 문화소 설명을 어떻게 전환할 것인지에 대해 깊이 있는 고민을 해야 하기 때문이다. 아래 사례 7)을 살펴보자.

사례 7)	
ST:	봉산탈춤은 약 200년전부터 매년 단오와 하지날 밤에 행해졌다. 놀이는 4상좌춤·8목중춤·사당춤·노장춤·사자춤·양반춤·미얄춤의 7과장으로 구성되어 있다. (문화재청 국가문화유산포털)
TT-E:	Bongsan Talchum was started in Bongsan-gun and Hwanghae-do about 200 years ago. Performed on the night of Dano (the fifth day of the fifth lunar month) and Haji (summer solstice), it is composed of dances associated with four monks, eight monks in black robe, a female member of a troupe, an old monk, a nobleman, and an old woman. (Cultural Heritage Administration of ROK)

사례 7)은 한국문화재청 국가문화유산포털에 기제된 봉산탈춤에 관한 자료이다. 이를 분석하기 위해서는 먼저 두 가지 상황을 가정할 필요가 있다. 첫째, 한국어 설명은 원문이고 영어

설명은 번역문이다. 둘째, 영어 설명은 TL 번역자의 번역이다. 번역을 수행하기 위해 TL 번역자가 필수적으로 이해해야 할 문화소 정보를 정리하면 다음과 같다.

ST	TT	번역 방법
봉산탈춤	Bongsan Talchum	음차번역
단오	Dano (the fifth day of the fifth lunar month)	음착번역+내주
하지	Haji (summer solstice)	음착번역+내주
4상좌춤	(a dance of) four monks	일반화
8목중춤	(a dance of) eight monks in black robe	일반화+추가
사당춤	(a dance of) a female member of a troupe	바꿔쓰기
노장춤	(a dance of) an old monk	모사
양반춤	(a dance of) a nobleman	모사
미얄춤	(a dance of) an old woman	모사

단일문화 층위에서 TL 번역자의 정보이해 비용이 발생할 가능성이 아주 높다고 판단할 수 있다. 그 이유는 TL 번역자가 문화소, 문화소의 부연 설명, 번역 전략을 이용하여 전환할 정보를 잘 이해해야 모든 번역 작업이 가능하기 때문이다. 사례 7)에 제시된 문화소는 'Bongsan Talchum'이며 원문에 해당 문화소에 관한 부연 설명이 상당히 많다. TL 번역자에게 출발언어와 출발언어에 담긴 정보가 생소하더라도 원문에 있는 많은 문화소와 관련 정보를 이해해야 번역을 수행할 수 있다. 따라서 TL 번역자의 정보이해 비용이 높아질 수밖에 없다.

문화횡단성 층위가 기층문화인 경우 발생 가능한 번역자의 정보이해 비용을 살펴보면 다음과 같다.

문화 횡단 성 층위	번역 전략 지향	원문 내 문화소 설명	문화적 거리 판단	이유	정보이해 비용 발생 가능성
단일문화	최소 변경	X	[-D]	ST 및 TT 문화소 이해	매우 높음
		O	[-D]	ST 및 TT 문화소 이해 및 원문 내 문화소 설명의 정보 이해	매우 높음
	중재	X	[+D]	ST 및 TT 문화소 이해 및 중재 전략으로 전환할 문화소의 정보 이해	매우 높음
		O	[+D]	ST 및 TT 문화소 이해 및 중재 전략으로 전환할 문화소의 정보 이해	
	이중 전략	X	[+D]	ST 및 TT 문화소 이해 및 이중 전략으로 전환할 문화소의 정보 이해	매우 높음
		O	[+D]	ST 및 TT 문화소 및 원문 내 문화소 설명까지 이중 전략으로 전환할 때의 정보 이해	

<표 19> 기층문화 층위에서 SL과 TL 번역자의 정보이해 비용 발생 가능성

위의 〈표 19〉에 제시된 바와 같이 문화횡단성 층위가 기층문화인 경우, 번역자의 모국어는 정보이해 비용 발생 가능성에 큰 영향을 미치지 않는다. 번역자가 해당 문화소의 문화적 거리가 가깝다고 느끼는 경우 최소 변경 전략을 선택하게 된다. 이때 번역자는 원문ST 및 번역본TT 문화소와 원문에 등장하는 문화소에 대한 설명까지 이해해야 하므로 번역자의 정보이해 비용이 발생할 가능성이 매우 높을 듯하다.

한편, 번역자가 해당 문화소의 문화적 거리가 멀다고 보아 중재 또는 이중 전략을 활용한 경우, 번역자는 원문ST 및 번역본TT 문화소와 원문 내에 있는 문화소 설명, 중재나 이중 전략을 바탕으로 전환할 정보까지 이해해야 하므로 정보이해 비용 발생 가능성이 매우 높아진다.

부록

참고문헌

한국어 참고문헌

1. 강수정(2010), 「중한 번역에서 문화소의 부등성에 따른 번역 전략」, 『번역학연구』, 11.4, 7-23쪽.
2. 고륙양(2007), 『한중 호칭어의 대조 연구』, 서울: 박이정. Go, R. Y.
3. 권금숙(2012), 「한국어 속담의 중국어 번역방법 연구」, 『Journal of Korean Culture』, 21, 65-97쪽.
4. 권인경(2013), 「문화소 번역 방법 연구-제주도 관광안내텍스트를 중심으로」, 『동화와 번역』, 25, 37-59쪽.
5. 금지아(2015), 「한중 번역에서의 문화소 번역 전략」, 『번역학연구』, 16.3, 7-26쪽.
6. 김경선(2015), 「문화 번역과 탈 언어적 요소」, 『한중인문학연구』, 48, 87-100쪽.
7. 김경희(2006), 「한불 문학번역에서의 역주의 실태」, 『통역과 번역』 14.2, 35-61쪽.
8. 김도훈(2006), 「문화소 번역에서의 인지적 축적물의 역할 및 번역전략」, 『국제회의 통역과 번역』, 8(2), 3-29쪽.
9. 김도훈(2006), 「문화소의 부등성 보상을 위한 번역전략」, 『번역학연구』, 7(2), 31-51쪽.
10. 김명순(2017), 「중국어 관용어의 한국어 번역에 관한 연구: 대학중국어 중급회화교재에 등장한 표현을 중심으로」, 『 Foreign languages education』, 24.4, 203-223쪽.
11. 김세정(2003), 「텍스트의 정보성 - 문학작품 속 어휘번역」, 『번역학연구』, 4(2), 49-69쪽.
12. 김순미(2014), 「번역사의 지위와 가시성을 중심으로 본 역자후기의 내용과 기능」, 『번역학연구』, 15(3), 33-81쪽.
13. 김영명(2017), 「비판 · 해체 · 대화: 劉震雲(류전윈)의 '故鄕' 三部作을 중심으로」, 한국외국어대학교 일반대학원, 박사학위논문.
14. 김영신(2010), 「문화간 커뮤니케이션으로서의 번역」, 『통번역교육연구』, 제8권1호, 91-110쪽.
15. 김유경(2004), 「문화거리(Cultural distance)에 따른 커뮤니케이션 거리(Communication distance)에 관한 연구」, 『국제지역연구』, 8.3, 31-60쪽.
16. 김윤진(2007), 『문학번역의 이해』. 서울: 북스토리. Kim, Y. J.
17. 김윤진(2016), 「莫言의 『紅高粱』·『高粱酒』의 번역과 文化誤讀」, 한국외국어대학교 일반대학원, 박사학위논문.

18. 김재희(2008), 「문화 관련 어휘(Culture-bound terms) 번역 방법 연구 - 코리아나 아랍어 번역 텍스트 분석을 중심으로」, 『통역과 번역』, 10.1, 25-42쪽.

19. 김재희(2018), 「한국문학작품에 나타난 문화소 번역 방법」, 『글로벌문화연구』, 9.2, 27-48쪽.

20. 김정연(2011), 「문학 작품들에 나타난 문화적 요소들의 번역 방법 연구」, 고려대학교 대학원, 박사학위논문.

21. 김준길(2010), 「한국학의 국제적 소통에 관한 연구: 한국의 역사와 문화 관련 용어 및 개념의 영어 표현을 중심으로」, 『국제한국학연구』, 4, 51-91쪽.

22. 김현정(2012), 「가독성 제고의 관점에서 본 지자체 번역에 대한 고찰」, 『일어일문학』, 53, 47-65쪽.

23. 김혜림 외(2016), 「문화용어의 중국어 번역 실태조사 및 번역 방안 연구」, 『T&I review』, 6.-, 49-73쪽.

24. 김효중(1998), 『번역학』, 서울: 민음사.

25. 김효중(2004), 『새로운 번역을 위한 패러다임』, 서울: 푸른사상사

26. 김효중(2005), 「문학작품 번역에서 문화 적용의 문제」,『어문학』, 87, 519-539쪽.

27. 남성우(2016), 『통번역의 이해와 수행』, 서울: 한국문화사

28. 남철진(2013), 「한국 신문에 나타난 문화소의 중국어 번역 고찰」, 『통번역학연구』, 17, 173-199쪽.

29. 남철진(2016), 「중국 소설 번역에 보이는 오역의 원인 및 양상에 관한 연구 - 중국 소설『师傅越来越幽默』번역을 중심으로」, 『외국학연구』, 36, 113-146쪽.

30. 노드, 크리스티안(2006), 『번역행위의 목적성』, 한국외국어대학교 출판부.

31. 노영희(2009), 『문화·스포츠관련 국제기구 지식정보원』, 한국학술정보(주)

32. 노진서(2005), 「문화간 커뮤니케이션으로서의 속담 번역」, 『통역과 번역』, 7.1, 19-49쪽.

33. 노진서(2007), 「한-영 시에 활용된 문화소의 번역 전략」, 『이중언어학』, 35, 127-146쪽.

34. 노진서(2013), 「한국 고전소설의 한영 번역 연구 - 문화소 번역의 양태와 문화적 요소를 중심으로」, 『이중언어학』, 52, 101-120쪽.

35. 류전윈(2004), 『닭털 같은 나날』, 김영철 역, 소나무.

36. 류전윈(2007), 『고향하늘 아래 노란꽃』, 김재영 역, 황매.

37. 류전윈(2015), 『나는 남편을 죽이지 않았다』, 문현선 역, 오퍼스프레스.

38. 류전윈(2015), 『말 한마디 때문에』, 김태성 역, 주식회사 아시아.

39. 박영준(2000), 「한국어 숙달도 배양을 위한 문화적 어휘 표현의 교육」, 『한국어교육』, 11.2, 89-110쪽.

40. 박홍수(2005), 「사회언어학적 관점에서 본 중국 호칭어의 변화」, 『中國學硏究』, 0.34, 147-168쪽.

41. 서유경(2012), 「한국 여성어 번역과 문화 간극 - 김주영의 〈천둥소리〉 러시아어 번역을 중심으로」, 『통번역학연구』, 16.2, 39-67쪽.

42. 서준(2015), 「한국어 문화어휘의 중국어 번역 연구」, 한국외국어대학교 일반대학원, 박사학위논문.

43. 심재기(2004), 「문화적 전이로서의 번역 - 문학번역에 있어서의 '토속적인 표현'의 번역의 문제」, 『번역문학』, 5, 30-40쪽.

44. 악신(2018), 「중한 번역에서의 문화소 번역 방법에 대한 연구」, 국외국어대학교 대학원, 국내석사학위논문.

45. 야오캉(2012), 「중국 문학 작품에 나타난 욕설표현의 번역 연구 - 쑤통(蘇童)의 『이혼지침서』를 중심으로」, 『통번역학연구』, 16.4, 145-167쪽.

46. 양창헌(2015), 「Gutt의 적합성 번역이론에 기반한 문화특정어 번역 연구」, 동국대학교, 박사학위논문.

47. 왕영균 외(2009), 「관광 사이트 번역시 발생하는 문화적 차이에 대한 연구 -영국여행을 중심으로」, 『동화와 번역』, 18.-, 159-176쪽.

48. 원교교(2015), 「한국 신문에서의 중국 TV 프로그램명의 수용 양상」, 경희대학교 대학원, 국내석사학위논문.

49. 윤성우 · 이향(2007), 「베르만 vs 핌: 번역윤리를 바라보는 서로 다른 관점」, 『프랑스학연구』, 41, 67-87쪽.

50. 이근희(2003), 「문화와 밀접한 상관어(相關語)의 번역 전략」, 『번역학연구』, 4.2, 5-27쪽.

51. 이근희(2003), 「문화와 밀접한 상관어의 번역 전략」, 『번역학 연구』, 10.2, 83-104쪽.

52. 이근희(2005), 『번역산책: 번역투에서 번역의 전략까지』, 서울: 한국문화사.

53. 이근희(2008), 『번역의 이론과 실제』, 서울: 한국문화사.

54. 이근희(2012), 「문화층위와 문화소: 번역에 대한 문화적 접근」, 『번역학연구』, 13.1, 137-166쪽.

55. 이금(2018), 「중국 관광안내서의 한국어 번역에 나타난 고유명사 연구」, 한국외국어대학교 대학원, 국내석사학위논문.

56. 이나경(2016), 「한국근대소설 한일번역의 통시적 연구」, 한국외국어대학교 통번역대학원, 박사학위논문.

57. 이다현(2003), 「문화요소적 어휘 대응번역」, 세종대학교 대학원, 국내석사학위논문.

58. 이석철(2019), 「조지 스타이너의 해석학으로 본 역자 주체성 - 중국어 성어를 중심으로」, 『현대사회와다문화』, 9(1), 45-69쪽.

59. 이석철(2021), 「중한 문화소 번역 전략 연구」, 한국외국어대학교 대학원, 국내박사학위논문.

60. 이승재(2012a), 「문화층위와 문화소: 번역에 대한 문화적 접근」, 『번역학연구』, 13.1, 137-166쪽.

61. 이승재(2012b), 「번역등가와 언어학적 갭에 대한 고찰」, 『통번역학연구』, 16.1, 129-144쪽.

62. 이용관(2016), 『산업의 문화화 활성화를 위한 정책과제 연구』, 서울: 한국문화관광연구원.

63. 이현경(2014), 「아동문학의 유머와 문화소 영한번역 전략 비교 연구」, 한국외국어대학교 통번역대학원, 국내박사학위논문.

64. 전기정(2008), 「문학번역에서의 문화소와 번역 전략」, 『중국어문학논집』, 0.51, 275-299쪽.

65. 정수복(2007), 『한국인의 문화적 문법 - 당연의 세계 낯설게 보기』, 서울: 생각의 나무.

66. 정인영(2011), 「일본현대소설의 문화관련 어휘 번역 小考 - 村上春樹 『ノルウェイの森』의 번역텍스트 비교 」, 『日本文化學報』, 0.50, 215-234쪽.

67. 정일영 · 정의상(2011), 「광주 · 전남 관광문화포털 '남도코리아(南道コリア)'의 문화소 번역전략의 적절성 문제」, 『번역학연구』, 12.1, 239-262쪽.

68. 정호정(2008), 「번역된 문화텍스트의 정보성 등가와 로마자 표기 방식의 문제점」, 『국제회의 통역과 번역』, 10(1), 161-188쪽.

69. 정호정(2008), 『(제대로 된) 통역 · 번역의 이해』, 서울: 한국문화사.

70. 제이드 스미스(2017), 『온 뷰티 1』, 민음사.

71. 제이드 스미스(2017), 『온 뷰티 2』, 민음사.

72. 조보로((Zhao Bao-lu))(2018), 「朴婉绪小说《그 남자네 집》汉译本《那个男孩的家》中零等值文

化负载词的翻译策略研究」,『中語中文學』, 71, 23-38쪽.

73. 조숙희, 조의연(2013),「글자번역 형식과 문화특정어 용례분석」,『번역학연구』, 14.5, 241-262쪽.

74. 조재범(2015),「한영 자막 번역과 문화소 번역 전략」, 한국외국어대학교 통번역대학원, 국내박사학위논문.

75. 최정화(1997),『통역과 번역을 제대로 하려면』, 서울: 신론사한미선(2012),「비속어의 영-한 번역연구」, 이화여자대학교 통역번역대학원, 박사학위논문.

76. 편기영(2017),「문화가 다른 두 언어사이 고유명사 비등가 번역」, 광운대학교 대학원, 국내석사학위논문.

77. 허용(2014).『대조언어학』, 경기도: 소통.

78. 황지연(2007),「대장금 문화단어 번역의 고찰」,『통번역학연구』, 10, 127-142쪽.

영어 참고문헌

1. Aixelá, J. F. (1996), 「Culture-Specific Items in Translation」, In R. Alvarez, & C. A. Vidal (Eds.), 『Translation, Power, Subversion』, Frankfurt: Multilingual matters, 52-78.
2. Al-Hassan, A. (2013), 「The Importance of Culture in Translation: Should Culture be Translated?」, 『International Journal of Applied Linguistics & English Literature』, 2.2, 96-100.
3. Baker, Mona. (1992), 『In Other Words: A Coursebook on Translation』, London: Routledge.
4. Bierstedt, R.(1970), The Social Order, NY: McGraw Hill.
5. Catford, J. C.(1965), A Linguistic Theory of Translation, London: Oxford Comparative Literature Context, New York: Modern.
6. Chesterman, A.(1997), Memes of Translation, John Benjamins Publishing
7. Fred Plog, Daniel G. Bates(1988), Cultural Anthropology, Random House USA Inc; 2nd edition
8. Gaosheng, Deng. (2019), 「Rendering ECR in Subtitles: A Case Study of the Traditional Chinese Martial Arts Films」, 『Asian Culture and History』, 11.1, 31-40.
9. Gilja Byun, Wonbo Kim. (2014). 「The importance of Nida(1964)'s theory in translation」, 『Journal of Linguistic Studies』, 19.1, 107-126.
10. Gutt, E.A. (1991), 『Translation and Relevance: Cognition and Context』, Oxford.
11. Hammerly, H.(1982), Synthesis in Second Language Teaching: An Introduction to Linguistic, Blaine, Wash: Second Language Publications.
12. Harvey, K.(2000) 「Translating Camp Talk: Gay Identities and Cultural Transfer」, The Translator, 4/2, p. 295-320.
13. Koller, W. (1979). 『Einführung in die Übersetzungswissenschaft』, Quelle and Meyer.
14. Larson, M. L. (1984), 『Meaning-Based Translation: A Guide to Cross-Language Equivalence』, University Press of America.

15. Lefevere, A.(1992), Translating Literature: Practice and Theory in a comparative literature contex, Modern Language Assoc. of America.
16. Leppihalme, R. (1997), 『Culture Bumps: An Empirical Approach to the Translation of Allusions』, Multilingual matters.
17. Marvin, E.(1968), The Process of Social Organization, N.Y: Holt, Rinehart and Washington.
18. Munday, J.(2001)/정연일·남원준 역(2006), 『번역학 입문』, 한국외국어대학교 출판부.
19. Newmark, Peter. (1981), 『Approches to Translation』, Pregamon Press.
20. Newmark, Peter. (1988), 『A Text Book of Translation』, Prentice Hall.
21. Nida, Eugene A. (1964), 『Towards a Science of Translating』, E. J. Brill.
22. Nida, E. A. (1993), Language, Culture and Translating, 上海外语教育出版社.
23. Nida, E. A. (2006), Language and Culture. 上海外语教育出版社.
24. Nord, Christiane. (1997a), 『Translating as a Purposeful Activity』, St. Jerome Pub.
25. Nord, Christiane. (1997b), 「Defining translation functions. The Translation Brief as a Guideline for the Trainee Translation」, Ilha do Desterro, Special Issue: 『Translation Studies in Germany』, ed. by W. Lörscher, 2, 39-53.
26. Nord, Christiane. (2005), 「Making Otherness Asscessible - Functionality and Skops in the Translation of New Testament Text」, 『Meta: journal des traducteurs / Meta: Translators' Journal』, vol. 50, 3, 868-880.
27. Pedersen J. (2011), 『Subtitling Norms for Television - An exploration focussing on extralinguistic cultural references』, Benjamins Translation Library.
28. Pedersen J. (2020), 『텔레비전 자막제작 규범 - 언어외적 문화지시어를 중심으로』, 동인.
29. Powell, J. (2008), 「Translation and culture in ancient Rome: Cicero's theory and practice of translation (Übersetzungstheorie und Übersetzungspraxis bei Cicero)」, In H. Kittel, A. Frank, N. Greiner, T. Hermans, W. Koller, J. Lambert & F. Paul (Ed.), 2. Teilband: 『Ein internationales Handbuch zur Übersetzungsforschung』, 1132-1137.

30. Pym, Anthony. (1992), Translation and Text Transfer: An Essay on the Principles of Intercultural Communication, Frankfurt, Berlin, New York, Paris & Wien: Peter Lang.

31. Pym, Anthony. (1995), 「Schleiermacher and the Problem of Blendlinge」. Translation and Literature, 4/1, p. 5-30.

32. Pym, Anthony. (1995), 「Translation as a Transaction Cost」, Meta, vol.4, p. 594-605.

33. Pym, Anthony. (1998), Method in Translation History. Manchester: St. Jerome.

34. Pym, Anthony. (2001), "Introduction: The Return to Ethics in Translation Studies", The Translator, vol.2, p. 129-138.

35. Pym, Anthony. (2004), The Moving Text Localization. Translation and Distribution. Amesterdam & Philadelphia: John Bnejamins Publishing Company.

36. Pym, Anthony. (2010), Exploring Translation Theories, New York: Routledge.

37. Pym, Anthony. (2012), On Translator Ethics. Amesterdam & Philadelphia: John Bnejamins Publishing Company.

38. Pym, Anthony. (2014), 『Exploring translation theories』, Routledge.

39. Pym, Anthony. (2015), 「Translating as Risk Management」, Vournal of Pragmatics, vol.85, p. 67-80.

40. Pym, Anthony. (2016)/박혜경 최효은 역(2016), 『문화간 중재 원칙으로서의 번역윤리』, 한국외국어대학교출판부

41. Raymond Williams. (1984)/설준규, 송승철 역, 『문화 사회학』, 서울: 까치글방

42. Reiss, K. (2000), 『Translation Criticism - Potentials and Limitations Categories and Criteria for Translation Quality Assessment』, Routledge.

43. Reiss, K. & Vermeer, H. J. (2013), 『Towards a General Theory of Translational Action - Skopos Theory Explained』, Routledge.

44. Richards, J. C. and T. S. Rogers (1986), Approaches and methods in language teaching: A description and analysis. Cambridge, UK: Cambridge University Press.

45. Smith, Zadia. (2005), 『On beauty』, Penguin Press.

46. Stolze Radegundis(1992), Hermeneutisches Übersetzen – linguistische Kategorien des Verstehens und Formulierens beim Übersetzen, Tübingen

47. Ting-Toomey, S. & Chung, Leeva C. (2012), 『Understanding Intercultural Communication』, Oxford University Press.

48. Tylor, Edward B. (1872), 「Primitive Culture: Researches Into the Development of Mythology, Philosophy, Religion, Art, and Custom」, North American Review, 114, p. 227-231

49. Venuti, Lawrence. (1995), 『The Translator's Invisibility: A History of Translation』, Routledge, p.17-24.

50. Vermeer, H. (1990), Skopos und Translationsauftra - Aufsätze. Frankfurt: IKO.

51. Vinay, J. & Darbelnet, J. (1958), 『Stylistique Comparee du Francais et de l' anglais』, Didier.

52. Vinay, J. & Darbelnet, J. (2003), 『불어와 영어의 비교문체론』, 고려대학교출판부.

53. Vlahov, Sz. & Florin, Sz. (1980), 『Nyeperevogyimoje v perevogye』, Mezsdunarodnije otnosenyija.

54. Werner Köller. (1979), 『Einführung in die Übersetzungswissenschaft』, Quelle und Meyer.

55. Williams, J. & Chesterman, A. (2002)/정연일 역(2006), 『번역학 연구의 길잡이』. 서울:이지북스.

중국어 참고문헌

1. 包惠南(2001),『文化语境与语言翻译』, 北京: 中国对外翻译出版公司.

2. 包惠南, 包昂(2004),『中国文化与汉英翻译』, 北京: 外文出版社.

3. 曾文雄(2010),「翻译的文化参与」, 华东师范大学, 博士学位论文.

4. 柴聪俐, 丁志斌(2020), 「巴斯奈特文化翻译观视角下的《边城》文化负载词英译研究」,『牡丹江大学学报』, (09), 91-94页.

5. 陈甜(2015),「《三国演义》中文化专有项英译研究」, 湖南师范大学, 博士学位论文.

6. 陈甜(2016),「文化专有项再定义及其翻译问题研究」,『海外英语』, 15, 96-97+104页.

7. 董建波, 李学昌(2004),「文化:一个概念的内涵与外延」,『探索与争鸣』, 10, 37-39页.

8. 谷亚峰(2017),「安东尼·皮姆翻译伦理理论下的《天堂蒜薹之歌》英译本研究」, 四 川外国语大学, 硕士学位论文.

9. 管兴忠(2012),「安东尼·皮姆翻译思想研究」,『解放军外国语学院学报』, 02, 86-91页.

10. 何元建(2010),「论本源概念的翻译模式」,『外语教学与研究』, 03, 211-219+241页.

11. 江畅(2012),「西方近现代主流价值文化构建的启示」,『人民论坛·学术前沿』, 14, 42-51页.

12. 金惠康(2004),『跨文化交际翻译续编』, 中国对外翻译出版公司. 李晓静(2008),「翻译作为交易成本模式的译文分析标准」,『湖南科技学院学报』, 11, 170-171+190页.

13. 廖七一(2000),『当代西方翻译理论探索』, 译林出版社. 刘處庆(2005),『文化翻译论纲』, 武汉: 湖北教育出版社.

14. 刘妍(2013),「论刘震云小说情节和语言的重复性艺术特征 — 以《一句顶一万句》为例」,『中州大学学报』, 30(6), 42页.

15. 刘震云(2009),『故乡天下黃花』, 作家出版社.

16. 刘震云(2011),『温故一九四二』, 人民文学出版社.

17. 刘震云(2012),『我不是潘金莲』, 长江文艺出版社.

18. 刘震云(2013),『一句顶一万句』, 长江文艺出版社.

19. 卢青亮(2014),「艾克西拉文化专有项翻译策略在汉译英中的适用性与补充」, 北京外国语大学, 硕士学位论文.

20. 孟柱億, 徐睿振(2017),「影响韩中跨文化交际的文化因素的调查分析 — 以中国初中教科书『思想品德』为例」,『중국학연구』, 81.0, 73-96页.

21. 潘平亮(2017),「试论安东尼·皮姆对技术翻译理论的建构」,『东方翻译』, 03, 24-27+69页.

22. 邱懋如(1998),「文化及其翻译」,『外国语』, 2期, 20-23页.

23. 孙晓坤, 陈垄(2002),「交易与合作——对皮姆翻译思想的几点反思」,『上海科技翻译』, 03, 47-50页.

24. 陶敏(1998),「刘震云小说的言语修辞透视」,『南京师大学报(社会科学版)』, 02, 3-5页.

25. 田学军, 熊毅(2017),「文化分类、文化发展和文化推广的互动研究",『华北水利水电大学学报(社会科学版)』, 05, 73-78页.

26. 汪世蓉(2013),「《三国演义》文化专有项的描述性英译研究」, 武汉大学, 博士学位论文.

27. 王辞(2002),「习语翻译中的 "等效性" 与文化缺失现象的理解」,『云梦学刊』, 23(5), 111-113页.

28. 王德春, 王建华(1998),『论双语国俗语义的差异模式』, 上海: 上海外语教育出版社

29. 王东风(1997),「文化缺省与翻译中的连贯重构」,『外国语(上海外国语大学学报)』, 06, 50-61页.

30. 王洪林(2018),「也评皮姆的《论译者伦理:文化间协调原则》」,『东方翻译』, 02, 85-88+92页.

31. 王彦涵(2020),「影响翻译的文化因素」,『海外英语』, 01, 130-131页.

32. 吴云涛(2011),「文化间性视野下的译者协调者身份研究」, 兰州大学, 硕士学位论文.

33. 辛广勤(2018),「译者伦理"ー皮姆翻译伦理思想析辨」,『中国外语』, 04, 96-103页.

34. 许明武(2004),『新闻英语与翻译』, 北京: 中国对外翻译出版公司.

35. 许祖芸(2019),「皮姆翻译伦理视角下俄译汉与俄译英翻译策略研究」, 北京外国语大学, 硕士学位论文.

36. 杨德峰(1999),『汉语与文化交际』, 北京大学出版社.

37. 于翠玲(2015),「《射雕英雄傳》饮食文化韩译之考察」, 中國人文科學, 0.60, 493-518页.

38. 张南峰(2004), 「艾克西拉的文化专有项翻译策略评介」, 『中国翻译』, 01, 20-25页.

39. 张琦(2005), 「中韓文化對比及韓訳中時文化因素的処理」, 『比較文化研究』, 9, 251-263页.

40. 章人英(1992), 『社会学词典』, 上海 : 上海辞书出本社

41. 章小凤(2015), 「《红楼梦》俄译本中文化空缺现象的补偿策略」, 北京外国语大学, 博士学位论文.

42. 赵金铭(2004), 『对外汉语教学概论』, 商务印书馆.

43. 赵明(2010), 「从交易费用论翻译的信息传播与读者接受」, 『东南大学学报(哲学社会科学版)』, 04, 89-92+127-128页.

44. 赵贤州(1992), 「关于文化导入的再思考」, 『语言教学与研究』, 03, 31-39页.

45. 周德海(2003), 「对文化概念的几点思考」. 『巢湖学院学报』, 05, 19-23+88页.

사전류

1. 『표준국어대사전』, http://stdweb2.korean.go.kr/main.jsp

2. 『우리말샘사전』, https://opendict.korean.go.kr/main

3. 『고려대 중한사전』, 고려대민족문화연구소(2002).

4. 『百度词典』, https://dict.baidu.com

B언어로서의 한국어 통번역
문화소 번역의 이론과 실제

초판 인쇄 2022년 4월 23일
초판 발행 2022년 5월 1일

저　　자 임형재(서울, Korea) · 이석철(지린, China) · 리번켈빈(홍콩, China)
펴 낸 이 박찬익

펴 낸 곳 (주)박이정
주　　소 경기도 하남시 조정대로45 미사센텀비즈 7층 F749호
전　　화 031)792-1193　　팩　　스 02)928-4683
홈페이지 www.pjbook.com
이 메 일 pijbook@naver.com
등　　록 2014년 8월 22일 제2020-000029호

ISBN 979-11-5848-406-4 93700

책값은 뒤표지에 있습니다.